人を生かす倫理　フッサール発生的倫理学の構築

人を生かす倫理

フッサール発生的倫理学の構築

山 口 一 郎 著

知泉書館

はじめに

自分が「生きている」ことを自覚するそのつど、人によって「生かされてきた」ことに気づくのは、言ってみれば、当たり前のことです。また、親が親であり、子が子であることは、その人の行いの善し悪しを判断するはるか手前で、すでに親として、子として「生きている」ことを意味しています。さらに、親が親であり、子が子であることそのことが、その人の行いの善し悪しの判断をそれとして、包み込みつつ、判断に尽くせない「人が人であること」の真意を含みつつ、予感させているものです。

この私にとって「当たり前」と思え、善悪の以前を意味し、善悪を超える「人の真意」の予感といえるものを、ただ、私の思い込みとしてではなく、誰にとっても納得のいく学問としての「倫理学」として表現するというのが、本著の課題です。哲学とは、生きることの自覚を学問として表現することであるとすれば、哲学としての倫理学は、人が人として生きるとき、問わざるをえない「行いの善し悪しの基準」を求め、それを、小説やエッセイとして表現するのではなく、誰もが納得できる原理や原則の論述を通して、つまり、その意味で学問として表現しようとします。

親が親であり、子が子であることの自覚は、人が生きるにつれ、常に深まっていくものです。「生きる」、「生きている」、「生かされる」という、生きるこの全体の自覚も同様です。生きている自分の感じ方、考え方や癖などが、親に似ていると言われて、思春期にある多くの若者は、その枠組みを突破しようと躍起になるものです。

「生きている」のは自分であり、「生かされている」など、経済的にも、精神的にも、独立して生きるためには、克服しなければならない課題としてしか、感じ、考えられません。そのとき、生きている自分の自覚の中心にあるのは、「快不快を感じ分け、いつも社会の評価を気にかけつつ、そのつど、行動の決断をするのは、他でもない、感じ考え、決断するこの自分である」という自覚です。

「生きていることを自覚する自分」は、まさに、「この自分」であり、他の誰でもありません。また、自分のことは、自覚できても、他の人のことは、自分のように直接、自覚できないことも、はっきりしています。そのとき、問われることは、「誰にとっても納得できる原理原則」を表現する学問としての倫理学というとき、本当は、自分しか自覚できないのに、他の人が「本当に納得できた」ということをどうやって、真に受けることができるのか、という問いです。自分の自覚と他の人自身の自覚の間をつなぎ、「誰もが納得できる」という学問の客観性を保証できるものは、いったいどこにあるのでしょうか。

それは、自分や他の人が「納得した」というときの、そういうのだから、そう信用する他ない「言葉」でしょうか。時代と文化を超えた、生活に役立つ自然科学が使っている「数学」でしょうか。「あの人は、善人だけど、善人じゃない」という屁理屈は成り立たないとする、すべての人に妥当するとされる「論理」でしょうか。しかし、「親としての自覚」といっても、「親であり、子である」ことは、自分の言葉で言い尽くせないことも分かりきっています。また、親の財産は、数で表せても、子に対する思いを数で表そうとする親はいません。「可愛さ余って憎さ百倍」とかいう言い方や「善男善女よ、あなたがたは、善でないからこそ、善である」という仏教の教えは、いくら理屈（論理）で考えても、理解できない内容を内に含んでいます。

言語と数理と論理が、自分の自覚と他の人の自覚を結び付ける「誰もが納得できる」学問の基盤として十分といえないとするとき、学問としての倫理学の基礎は、いったい、どこに置けばいいのでしょうか。

このとき、最も厳密な学問としての哲学として「現象学」を作りあげたフッサールは、ここで言われている「一人一人に直接、疑いきれないように与えられている各自の自覚」に学問の基礎を置きます。「夢だろうと現実だろうと、この自分に直接与えられている感じと考え」、「何が何だか分からなくなった、どうしていいか分からない」というときのその「分からなさそのもの」、その刻々変化もする自分のそのつどの、感じと考えの疑い切れなさを確実さの根拠にすえたのです。極端にいうと、なにもかもわからない、そのつどのあなたでいい、「その分からなさのまま」を学問の出発点にしようというのです。

そのとき、そのようなそのつどの感じや考えに満ちた自分の自覚に対して、他者の自覚にどう届くかという問いは、次のような問い方で解明されることになります。まず問われるのは、そもそも、自分の自覚、他者の自覚というときの「自他の区別」が、どのように、学問の出発点とされる、疑いきれないこの自分の自覚にもたらされるようになったのか、という問い方です。先にあげた「自分が生きていることを自覚するとき、他の人によって生かされていたことに気づく」という当たり前のことを表現するときに使われている「自分と他の人」の区別が、いったい、どのようにして、「疑いきれない自と他の区別」の自覚になったのか、と改めて問われることになります。

このとき、フッサールはこの問いに答えて、①わたしたちは、生誕して、物心つくとされる三歳児ごろまでに、それとして自覚されること無く、その意味で無意識に、親を中心にした周りの世界に対し直向《ひたむ》きに生き貫き、その世界を作り上げてくる。②そのころまでは、「自分は自分、他の人は他の人」という自覚ができあがっていない。本能の覚醒と衝動の形成と情動の働きの世界から、次第に、自分の身体と他の人の身体の区別が自覚されてくる。③自他の身体の区別の自覚が、自分と他の人の区別、そして自分の自覚と他の人の自覚という区別の起源である、としました。そして、このことは、各自、自分の自覚の生成を厳密にたどれば、誰にでも、納得できることであると主張し、論証してきています。

ということは、善悪の基準を問う倫理学は、各自、自分という自覚以前を問うことを通して、学問としての厳密さを獲得せねばならないという、無自覚から、自覚がどう生成してくるのかを問わねば、学問としての倫理学にならないことを意味します。

このような自分の自覚の領域からさらに、無自覚、無意識の領域に踏み込んで、「無意識の現象学」を構想していたフッサールは、無意識において「人に生かされている」ことに気づけるような倫理学を構築しようとしていました。しかも、この無意識は、「人が生きる無意識」ですので、「意識の自由」に対置される「自然の因果性が支配する無意識」を意味するのではありません。「意識の自由か、自然の因果か」という近世哲学で考察される倫理学とは異なり、自覚の生成を問う発生的現象学は、各自の自覚を学問の基礎とする「意識の現象学」から出発して、人が生きる無意識の領域に、「意識の自由」でも「自然の因果」でもない、「時間－連合－原創設」という基礎原理が力動的に躍動していることを分析し、開示しえたのです。

本著で私が試みたのは、このフッサールの倫理学の構想を、無意識の身体性の形成までにたどりうる「発生的倫理学」と名づけ、倫理学として成立しうることを論証し、その基本構造を明らかにして、現在の倫理学の個別的課題とされる、「自然の因果性に対する自由意志の可能性」、「倫理の基礎である身体性の形成」、「規範と事実の関係」といった個別問題の解決に、発生的倫理学がどのように寄与できるかを示すことです。

その際、基本的構想となっているのは、自他の自覚が成立していない、人に生かされていることが自覚できない段階を「倫理以前」の領域と呼び、自他の自覚が成立して、行動の善悪の基準を求めて生きる段階を「倫理」の領域とするとき、すでに、この倫理以前の領域において、身体を媒介にした人の間の情動的つながりという倫理の基礎と土壌が作り上げられていること、そして、倫理の領域において善悪の基準を求める人間に、言語と数理と論理を超え、しかも同時にそれらの源泉と見做される「生きる動機」が自覚にもたらされる、すなわち、自己の身体中心性と自我中心性から解放された「無私性」という倫理以後の、倫理を超えた領域が開かれてくるということです。したがって、発生的倫理学の倫理の領域は、この倫理以前と倫理以後の間にこそ、正当に位置づけられ、現実に「人を生かしている」ということを基本的構想としているのです。

この基本構想が熟してくる過程に一つのエピソードが介在しています。

「過去把持とはカップリングのことである」といったのを、「カップリングとは過去把持である」と自分に聞こえたのは、「カップリングと過去把持が同じ領域を指し示している」と確認しあった、一九九八年に来日したF・ヴァレラとの会話の内容でした。このことがずっと、気になっていて、「カップリングとは、対化のことではないか」とヴァレラとの共同研究者であったN・デプラスに確認のメールを送り、デプラスから、一九九七年来、ヴァレラと彼女の間でこの同一の見解のもとに研究を重ね、それを今年、彼女一人の論文にした、と知らされたのは、今年の四月のことでした。

このオートポイエーシス論の中核概念である「カップリング」とフッサール発生的現象学における受動的綜合（過去把持もそこに属す）の基本形式とされる「対化」とが同一の事象に関わるという見解は、発生的現象学における倫理学の基本構想を構築する際、脳科学を中心にした自然科学の研究とフッサールの指針として与えられている発生的現象学とが、どのような共同研究の可能性の場を切り開くことができるのかという問いに、決定的な指針を与えるものでした。

発生的現象学の基本原理である「時間－連合－原創設」は、対化を通して形態化されてきます。意識の自覚に上る以前の脳内活動が、「対化＝カップリング」を通して働いているのであれば、倫理の基礎が築かれる倫理以前の身体性の形成の領域に、対化が実際、どのように働いているのかを記述分析することを通して、発生的現象学の側からの接近が可能になります。また、同時に、カップリングの働き方に「現象学的還元」と実験を通して接近する「神経現象学」の方向性も明確になります。

こうして、発生的現象学において、「自分が生きることの自覚と、生かされていることの自覚」が問われるとき、自我の概念を前提にするエゴロギーを超えたモナドの概念のもとに、最終的に、モナドロギーにおける生命のエンテレヒー（完成態）としての「生きる動機」という事態が、次第に自覚にもたらされてくることになります。この意味での「生きる動機」は、それによって、無意識に駆り立てられるものではあれ、自覚にもたらされていない場合がほとんどです。この無意識的に働いてしまっている生きる動機の自覚という基本構想の中で、レヴィナスのいう、すでに自己の内部に侵入してしまっている「他者の他者性」とは、実は、ブーバーのいう、幼児の無自覚の中で遂行される「生得的汝」への関わりの中で出会われている汝であること、そして、レヴィナスのいう「汝への接近」の可能性とは、ブーバーの成人における「我汝関係」の実現の可能性（すでに幼児において出会われている汝の再実現の可能性）に他ならないことが論証されていきました。こうして、現在、倫理の主流と考えられている「~をしてはいけない」という、自己意識をともなう自覚の領域における「禁止の倫理」は、隠れて働く「生きる動機」を自覚にもたらすことを通して、当の「生きる動機」によって生かされていることが自覚できる、「人を生かす倫理」に変貌し、統合されていきます。

この論証の試みが、読者の皆さんの納得いくものになるか、ならないか、読者の皆さんのご批判をお願いする次第です。

目　次

第II部　発生的現象学における「倫理以前」という倫理の基盤の開示

第Ⅲ部　発生的倫理学の三層構造

目　次

第Ⅳ部　発生的倫理学の学際的諸研究領域

人を生かす倫理

――フッサール発生的倫理学の構築――

序　論

第一節　フッサール発生的倫理の方向性

フッサールの倫理学は、フッサリアーナ（フッサール著作集）第二八巻の、一九〇八年から一九一四年の間に行われた倫理学に関する講義と、第三七巻の一九二〇年と二四年に行われた講義『倫理学入門』で、その全体の概略と方向性を示しているといえます。

二八巻では、価値づける作用、措定する作用と措定しない作用をもつ価値づけの区別、Phanseologie（試みに「実有的現出論」と訳す）の概念等、フッサールにとっての倫理学の主要概念に関する大変興味深い分析が展開されています。この巻で提示されている原理的考察の中で特徴的なのは、その当時、同時に展開していた、時間分析における時間位相にわたる深化した分析が、倫理学研究に転用されていることです。ここでは、現象学の超越論的哲学としての意味が「究極的に構成する Phanseis〔実有的に現出させるもの〕に立ち戻る」（Hua. XXVIII, 330）[1]とされています。この意識の位相に与えられている実有的現出の概念は、過去把持の概念が成立するときに、意識の位相の働きとして定義づけられていることもあり、超越論的態度と時間の問題が、それとして明確にされ、時間性のもつ、現象学全体に対する意味が自覚されるようになったとき、Phanseologie の概念が成立しました。[2]

三七巻の特徴は、倫理学の歴史に論述が向けられる中で、とりわけ、ヒュームに代表されるイギリス経験論における感情道徳とカントの道徳哲学に対するフッサールの批判が論述されることを通して、フッサールの意図する倫理学の概要がその理念と方向性に関して明確に記述されていることです。また、この巻の場合、二八巻で詳細に分析された価値づけの作用性格がすでに活用され、例えば、ヒュームやカントで問題にされる心理主義の概念に対して、ノエシスとしての作用性格が明確に対置され、批判の基準として縦横に展開されています。

本著の考察は、三七巻を中心に進められますが、それは、この巻で、フッサール独自の倫理学の方向性が最も明らかに示唆されているといえるからです。フッサールは、この『倫理学入門』（第三七巻、一九二〇年、一九二四年）において、ギリシャ古典哲学における倫理学の構築をふりかえり、善のイデアの説に対置される快楽主義の展開を歴史的にたどり、近世哲学の倫理を代表する、感情道徳説の代表としてのヒュームの道徳論と、合理主義的倫理を代表するカントの道徳哲学の批判を経て、自分の現象学的倫理学の方向性を明らかにしようとしています。

この両巻を通して明らかになるフッサールの倫理学の方向性を筆者が「発生的倫理学」と方向づけるのは、主に以下の論拠によります。

① フッサールにおいて、志向性概念による、価値づける作用性格のノエシスの側面と、価値づけによる価値そのものの客観的ノエマの側面、いわば、志向性の相関関係の開示により、倫理的価値の客観性が確証されています。この志向性による倫理学は、ヒュームの感情道徳とカントの義務道徳に対して、明確な原理的立場の確定を可能にしています。そして、すでに生成済みの志向性の相関関係を分析する静態的現象学に対して、まさに発生的倫理学の依拠する発生的現象学が、能動的志向性の能動的構成と受動的志向性の受動的先構成に渡る、十全

的な志向性分析を展開していることは自明であり、志向性分析は、発生的現象学においてこそ、その目的を完成することができるのです。

② ノエマの客観性として確証される価値の客観性は、ヒュームとカントにあって志向性の理解の欠如のため、根本的解決にもたらされえなかった快楽主義を、原理的に克服する方向が提示されました。フッサールは、快楽主義の原理的錯誤が、快を享受する意識作用（ノエシス）の主観的側面と意識内容（ノエマ）としての快の客観的側面の混同にあるとしています。ヒュームは、道徳感情の主観的相対主義を三人称的観察にもとづく審美主義的道徳哲学を通して克服しようとしますが、その立場の限界は、価値の志向性の分析を通して、人格的態度における人格間の直接的関わりによる意志の共同体に目的づけられるフッサール倫理学によって、明瞭に示されることになります。

③ カントの道徳哲学は、自然の機械論的因果性に対置させられることを通して成立しているという根本的制約を持っています。因果と自由の対立です。この基本的構図は、認識論を通しての「物自体」と「超越論的構想力」の概念にその問題性格を露呈することになります。カント以後のドイツ観念論において、この両概念は、フィヒテの事行、シェリングの同一哲学、ヘーゲルの絶対精神を通して、自由の形而上学への展開の源泉となっています。しかし、厳密な認識論上の解明を成し遂げ、「自由と因果」の構図をその根底から改革したのが、フッサールの発生的現象学です。発生的現象学の基礎原理である「時間と連合と原創設」は、通常の「認識と行為（実践）」という対立図式を、新たな実践理性と価値づけと意志の概念を通して根本的に改造し、「自由と因果」の対立がまさにその対立となる能動性の領域に先行し、能動性が必要条件として前提にしている受動性の領域を開示することができました。それにより、「自由と因果」は、形而上学を誘発するアンチノミーとしてではなく、

受動性に基づけられた能動性の一形態としてモナド共同体の目的論に、統合されていくことになります。

④　カントにおいて謎のままにとどまった「超越論的構想力」の概念は、フッサールにあって、受動的綜合の分析を通して、連合と触発という超越論的規則性として開示されました。この受動的綜合は、現代の倫理学の基本問題である相互主観性の基礎づけに関して、その基盤である間身体性を現象学的解明にもたらし、感覚や感情など人間の感性の相互主観的根本性格を超越論的規則性において、感性のロゴスとして示しえました。他者の他者性の根底に、間モナド的コミュニケーションにおける間身体性からの自他の身体の分割と分断の過程を呈示したのです。この間身体性の生成と形成を考察することを通してはじめて、積極的な人間の間の関わりの基盤である、「人を生かす倫理」の基礎を構築できるのです。

⑤　フッサールの倫理学において、受動的綜合による倫理の基礎と能動的綜合が前提になる倫理の領域との区別がなされています。発生的現象学は、「受動的発生と能動的発生」を区別し[3]、人格的態度における「我-汝-関係」の成立の発生をも解明しようとします。汝に対することが本当に可能か、他者との真の出会いが可能かどうかという、いわゆる実存の倫理に課せられた課題に対して、フッサールの「人を生かす倫理」は、人格の触れ合いと人類愛の実現にむけた意志の共同体（モナドの共同体）の目的論を提示しています。しかも、この人格的態度における「我-汝-関係」は、大乗仏教哲学における「無我」ないし、「無私性」の概念に対応することが示されることを通して、無私性における沈黙に発し、その沈黙に向かう倫理の構造が示されることになります。

⑥　フッサール発生的倫理学の領域確定は、他の諸学問領域との学際的研究の基盤を呈示することになります。とりわけ、発生的現象学の基礎原理である「時間、連合、原創設」を視点にすることを通して、この学際的研究は、フッサールの理念である厳密な学として哲学の理念に即した、諸学の基盤を獲得するという哲学としての倫

理学に方向づけられることになります。

第二節　連合的動機の概念

このようなフッサールの倫理学の方向性の論証にあたって、第三七巻の論述において興味深いのは、ヒュームとカント批判に入る手前の第六章において、すでに発生的倫理学に向けた方向性が明確に提起されていることです。ここで示されているのは、自然の「因果性」と精神の「動機」という対立原理を活用し、倫理学の基本概念である、「善」、「価値」、「規範」に直接関わる動機の概念を確定する中で、能動性に属する「合理的動機」と受動性に属する「非合理的動機」とを区別していることです。この区別に際して、後者を意味する「連合的動機（Assoziative Motivation）」の概念が導入され、それによって、倫理以前と倫理の領域が確定されているのです。

ここで導入される「連合的動機」とは、「非合理的動機」とも呼ばれ、その明確な内実は、後に受動的綜合というその原理上の内実として示されることになります。そして、この非合理的動機が働く領域においては、いまだなお、倫理の領域は確定されず、倫理以前の領域といわれねばならず、本来、倫理の領域とは、「合理的動機」の領域に属し、この領域において、「善／悪、規範、価値、目的づけ」などの基本概念が、現象学の「ノエシス－ノエマ」の相関関係の志向性分析を通して展開されるとしています。その際、注目すべきは、この領域確定にあたって、この理性的判断と最終目的の目的づけや最終価値の価値づけが問題になる倫理の領域と、それ以前の連合的動機が働く領域、つまり倫理以前の領域との相互の関係です。ここで、フッサールは、自我の活動を含まないという意味で受動的に働く連合による動機が、そのような理性の背景的意識として、また、基盤と土壌として、理性が働くための滋養、養分を常に与えている、と論述しています。つまり、広い意味で、受動性が能動性を基づけるという中・後期のフッサール現象学の基本的見解が、倫理学の領域においても提示されているのです。いったいこのことは何を意味するのか、倫理学の構築にあっていかなる役割を果たすのか、まずは、それを解明する大雑把な方向性を明らかにしておきましょう。

(1)　まずもって、明確にされねばならないのは、「動機」の概念そのものです。そもそも、動機の概念は、『イデーンII』において、物質構成の超越論的規則性としての因果性に対する精神的存在の構成の規則性として対置されています。この概念は、通常、主に自我の活動を伴う理性的動機として語られます。しかし、注目すべきは、すでにこの『イデーンII』において、「物質と精神」の対立では完全に了解しきれない、『倫理学入門』で使われている「連合的動機」について語られていることです。連合的動機は、『倫理学入門』以前の『イデーンII』ですでに問題にされているのです。ここにおいてフッサールは、「連合的動機」(IV, 226)について、次のように述べています。

「他方、われわれは、隣接しつつ、内的である連関の持続を超えて延びている、そして同様に、構成された側での、統一的に所与されているものを超えて延びている諸動機をもっている。ここでもまた、その諸動機において、遂行する自我が生きている必要はない。」(同上、225、強調は筆者による)

つまり、この連合的動機においては、遂行する自我の活動している、通常の意味での動機以前の、能動的ではない受動的な「連合的動機」が指摘されているのです。しかし、この時期では、通常の意味での動機である「理性の動機(Vernunftmotivation)とこの通常の動機以前の連合的動機との関係そのものについては、直接問われることはありません。この連合的動機は、むしろ、テーマになりはじめている定題化される状況において、問いとして次のように述べられているに留まります。すなわち、連合的動機とは、「根源的な連関と根源的経過であり、そこではいまだ動機が与えられていない。しかし、どの程度そのようなことが考えられ、どの程度、意識流の統一のみ、あらゆる動機なしで、まさに動機でありうるか、――それが問題である。」（同上）とされるのです。ということは、連合的動機は、意識流の統一に直接関わる「根源的な連関」とされてはいても、通常の動機とはされない連合的動機がそもそも意識流を統一していると考えることができるか、できないかと問われているのです。したがって、ここで確認できることは、二つあります。まず第一に、自我の活動の関与の有無が連合的動機と理性的動機を区別する基準になっていること。第二に、意識流の統一と動機の関係、言い換えれば、意識流の統一は、自我を欠いた動機によって成立可能であるのか、それとも自我をともなう動機によって初めて可能になるのかという問いが提示されていることです。この第二の問いは、発生的現象学の課題である「時間、連合、原創設」の解明とともに、はじめて明確に把握可能なものとなっていきます。

（2）　さらに、この動機の概念に関連して、すでにこの『イデーンII』において、発生的現象学の主要探求領域となる「受動性の領域」がテーマ化されていることも見逃せません。ここでは、「精神の心的基底としての感性」（同上、334）のもとに、統覚以前の感性的所与の領域が確定されます。しかもこの領域は、統覚の契機として欠かせない感覚野の感性的所与として原感性性（Ursinnlichkeit）とも呼ばれます。「原感性性、感覚等々は、内在的根拠から、〔すなわち〕心的傾向性から生成するのではなく、端的にそこにあるのであり、立ち現れるのである。」（同上、335）とされます。しかも、「この受動性の領域においては、（……）われわれは志向性の、本来的ではない志向性の原領域をもつ。なぜなら、本来の「に向けての志向」について語られることがないからであり、それ〔志向〕が語られるには、自我が必要とされるからである。」（同上、強調は筆者による）というように、受動性の領域が概念として明確な意味規定をともないつつ使用されています。ここでも、（1）で述べられた自我の関与が、決定的な原理的基準となり、完全に自我を欠く原感性性の概念のもとに、感覚、感覚野の統一が語られていることに注目する必要があるのです。この原感性性という概念も、原という語を付け加えただけの造語を意味するのではなく、一九一七年／一八年の『ベルナウ時間草稿』において、必要不可欠な概念として規定されていることも付言されるべきことといえます。(4)

第三節　倫理以前の受動性の領域と倫理の領域

（1）では、この動機の概念の発展的展開を踏まえ、倫理学の領域で、この「連合的動機」を導入するのは、いったい、なんのためなのでしょうか。この問いとともに、フッサールの『倫理学入門』のテキストにもどると、そこには精神性を低次と高次に二分する記述が見出されます。「この低次段階は、純粋受動性の段階です。純粋受動性は、心的なものの性格であり、自我を欠いたもの（Ichlose）の性格、つまり能動的な自我関与（aktive Ichbeteiligung）なしに経過する根底（Untergrund）の性格」（XXXVII, 110）である、という論述です。

この論述に続くのが、この受動的精神性が働く事例の記述です。フッサールは、歩いていてふと「エンガディーン地方（スイス）」の風景が浮かんだとき、その根拠をもとめます。われわれの日常において、「ふと何かに気づく、思い出す」ということは、頻繁に生じていることです。その理由を求めるフッサールは、気づくことなく目に映った通りすがりの人物の顔が、なんらかのエンガディーン地方の表象に結びついた、覚起させたという、隠れて働く「連合の動機」をここで挙げるのです。そしてそこに、

「純粋受動性において一切の自我関与なしに働くそのような諸動機に注意を向けるとすれば、その動機それ自体に関して、理性のいかなる問いでもない、ないし正しさや不正さ、真理や虚偽、善や悪等についてのどんな問いも立てることができないのは明らかです。なぜそうなのでしょうか。そうした動機は今や、真とみなすこと（Für-wahr-Halten）や、判断し、価値を与えること（Werthalten）という自我作用ではないからです。そうした自我作用は、そこへと関係づけられうるのであり、すべての作用は、この背景的な意識からその養分を吸い取ることができるのです。さらに根源的で純粋な受動性における心的な根底に現れる、それゆえ自我を欠いた感情や衝動、そしてそれらに帰属する諸動機は、それ自身においては理性的でも、非理性的でもない（つまり、この最後の言葉は不正さ、非難されるべきものという意味で理解されている）のです。理性の領域とは、自我から遂行された作用であり、このことは特に、あれこれの意味内実の措定として、この作用のうちで自我によって遂行される措定、という側面に即しているものなのです。」（同上、111f.）

このテキストは、これからの考察の中核に位置する決定的に重要なテキストです。このテキストをもとに、本著の課題となる問題設定（部分的にとどまる）を行いたいと思います。

①　受動性の領域は、従来の倫理学には属さず、善悪についての問いと関わらないとフッサールは主張します[5]。ということは、本来、倫理学は、能動的で理性的な自我の能作の関わる能動性の領域に属するということです。それにもまして重要なのは、理性と自我作用の働く倫理学の領域が、この受動性の領域に関係づけられているばかりか、この領域から「養分」を獲得しているという指摘です。中・後期フッサール現象学の基本原理である、

能動性に受動性が先行し、能動性は、受動性を前提にするという原理が、倫理学の根本構造として規定される萌しをここに明確に見て取れるのです。では、行動の規範を意識的に制御するという能動的な倫理的判断が、自我の働かない領域から、その判断のための養分を受け取るというのは、いったいいかなることなのでしょうか。どのように養分を受け取るのでしょうか。あるいはまた、受け取ることができないということもあるのでしょうか。養分を受け取ることなしに、能動的倫理的な判断は、はたして、そもそも下せるのでしょうか。これらの問いが、解明されなければなりません。

② とりわけ、カントの道徳哲学では、感性と理性の二元的対立において、感性に与えられる質料的なものは、倫理的判断には、カテゴリーの形式化を受けるという役割しか果たしておらず、質料的なものから倫理的判断のための養分を受け取るとは決していいえないのは、明らかなことです。また、ヒュームにとって、感覚や感情は、結局のところ、彼の感覚一元論の原子論において規定されるにすぎず、ヒュームのいう「連合」は、フッサールの論証する精神の規則性である動機という規則性に即した連合、すなわち、「連合的動機」を考えているのではありません。志向性の概念と同様、真の動機の概念を知らないヒュームにとって、この連合的動機という概念は、到底了解しうるものではないのです。となると、フッサールの倫理学の特質は、まさにヒュームとカントの道徳哲学に対する異同を通してこそ、明確になり、しかも、原理的厳密性を獲得しうることになります。本著では、まず、この点を明確にすることを通して、(第Ⅰ部の課題)①の問いの解明に向かうこととします。

③ 「自我を欠いた感情や衝動」がこの受動的な連合の動機の領域に属するということも、決定的に重要な論点といえます。通常の自然主義的心理学によって解釈された感情や衝動は、常に理性や規範といった倫理の基礎原理に対置され、否定的評価か、逆に倒錯した快楽主義の目的原理とされてきましたが、本来、倫理学の領域に

属するのではなく、倫理学の受動的基盤であるという論点は、フッサール発生的現象学に特有な見解といわねばならないのです。したがって、この論点の解明は、フッサール発生的現象学の研究課題とされる「時間、連合、原創設」の三つの基本概念の明確化の後に始めて可能になります。この明確化の後、フッサール発生的倫理学の構築が達成しうるのです。

第四節　本著の概要とその構成

以上の問題設定のもと、本著の発生的倫理学の構築の試みは、以下のように展開します。

まず、第I部、第三章フッサール発生的倫理学の基本構造では、上記のヒューム及びカント道徳哲学の批判を通して、独自の倫理学を構想するフッサール発生的倫理学の基本構造を明確にしようと思います。人間の主観性の本質を「志向性」として理解できるか否かが、フッサール倫理学の根本性格を規定しています。そうしてこそ、倫理的判断の対象とされる「快・不快の感覚や感情」が、単に経験的－心理的ではない、超越論的規則性として理解できるフッサール発生的現象学の特質を初めて了解できるのです。同様に、この能動的志向性と受動的志向性という志向性全体の的確な理解のもとに新たな「実践と価値と目的論」が開示され、フッサール発生的倫理学の全体構造が明確にされます。その全体構造において、フッサール中期・後期思想の明確な進展とされる「エゴロギーからモナドロギーへの展開」の中で、相互主観性の理解に関して、レヴィナスの「他者の他者性」の射程と限界が示され、フッサールの人格的態度における「我-汝-関係」の実現が倫理の完成とみなされる全体構造の内実が、呈示されます。

第II部で展開される「発生的現象学における「倫理以前」という倫理の基盤」では、「時間と連合と原創設」に即して、フッサール発生的倫理学が成立している背景とその基盤を呈示してみたいと思います。そのためには、第一章「「事実／本質」の二項対立に先行する「超越論的原事実」の概念」では、発生（Genesis）の概念が、カント哲学の二元的対立といえる「本質的妥当性（Geltung）と事実としての発生（Genesis）」という基本的構造における「発生」とは根本的に異なり、フッサールが超越論的原事実ないし超越論的事実性、あるいは、超越論的経験（transzendentale Empirie）[6]という新たな次元を開示することを通して、その意味が獲得されていることが示されます。この領域の開示は、第二章　発生的現象学の根本原理——「時間と連合と原創設」で示されるように、フッサールの時間論分析の展開と呼応しています。純粋自我への超越論的還元を通して「ヒュレー—ノエシス—ノエマ」という認識構図が『イデーンI』で確定されていますが、「ノエシス—ノエマ」の相関関係では、絶対的意識流が過去把持を通して自己構成しているという時間流のパラドクスが理解されないという決定的見解は、すでに『内的時間意識の現象学』のNr. 50（1908/09）において獲得されていました。この時間という根源的構成層において、すでにカントのアプリオリの形式主義が完全に克服されているのです。内的時間意識に意識の直接的所与として与えられることのない「無限遡及」は、思念（Meinen）として「〜についての意識」と規定される通常の志向性ではない、「特有の志向性（後の受動的志向性）」である過去把持が「含蓄的志向性」として発見されて初めて、実は志向性を能動的志向性としてしか理解しない狭隘性に起因することが明らかにされます。

過去把持の交差志向性（Querintentionalität）における感覚内容の自己合致、ないし自己形成の仕方が『受動的綜合の分析』では受動的綜合として理解され、詳細に記述されました。この分析の特徴は、ハイデガーの「カントの超越論的構想力の解釈」との対比を通して、明確になります。ハイデガーは、過去把持の受動的綜合として働く受動的志向性という特質の理解には及ばず、時間性を最終的に「われ思う（Ich denke）」として理解し、超越論的構想力の統一原理を、カント同様、超越論的統覚の超越論的自我とみなしています。しかし、受動的綜合としての連合には、超越論的自我の作動は含まれていないのです。この根本的理解が獲得されていないところでは、自我極の生成という発生的現象学の重要課題の定題化は不可能であり、発生的倫理という領域は閉ざされたままに留まります。

『受動的綜合の分析』で明らかにされた触発の概念は、受動的綜合を通して先構成された内実のもつ触発力の強さとそれに対向する（zuwenden）自我という構図において触発力の源泉としての本能や衝動、そして感情の動機をになう原触発としての衝動志向性を明らかにする道筋をつけることとなりました。こうして自我の活動としての対向が生じる以前に、受動的綜合の統一が先構成する段階が、触発以前という意味での「先触発」の段階として確定されてきます。こうしてこそ、自我極の形成のプロセスと形成以前と以後という発生的現象学の基本的構造が、自我の活動を含まない受動的綜合のみ働く段階と、自我極が形成され、能動的綜合の働く段階というように明確化されるのです。

第Ⅲ部、第一章「間身体性と相互主観性の発達」では、このような発生的現象学の基本構造の枠組みにおいて、倫理以前の倫理の土壌、ないし基盤が間身体性において形成されてくるプロセスが解明されます。そのさい、乳幼児精神医学研究者、D・N・スターンの研究成果が発生的現象学の分析に取り込まれ、発生的現象学内部の位置づけを獲得することになります。発生的現象学の基本原理である「時間、連合、原創設」という視点が、いかに綿密な解析力と構造的包摂力をもつかが、個々の発達段階における対比的考察を通して明らかにされます。

この解明で注目されるべき見解は、フッサール現象学が指摘している外部知覚と内部知覚に区分できない原共感覚からの個別的感覚野の感覚質の形態形成という発生の秩序が、「無様式知覚」と「神経ダーウィニズム論」を通して、実証的に検証されていることや、間身体的な情動的コミュニケーションが母子間の「情動調律」、とりわけ、共に同時に体験される「コミュニオン調律」と自然に生じる「誤調律」によって具体的に記述され、この記述が現象学の「時間と連合」の規則性を通して、哲学的明証性の基礎を獲得できていることです。こうして、いまなお古典的心理学の外的身体と内的意識の二元論の枠内で主張されているスターンの間主観性論は、連合の受動的綜合を通して機能する間身体性論へと変節、変換され、組み込まれて、発生的現象学に統合されうることが示されます。

第二章において、第一章の分析結果が、倫理以前の領域と倫理の領域との関係づけ、すなわち、受動性と能動性の関係として理解されることにより、倫理以前の倫理の基盤の明確な確定が可能となります。第三章では、「沈黙からの倫理」というテーマで、沈黙の三段階が示され、倫理全体の構造が示されます。まずは、先に提示された発生的現象学の倫理の基本構造が、自我極が形成され、言語が使用される段階を基準にして、さらに、言語使用以前の間身体性が形成される倫理以前の沈黙の第一段階と、言語使用が可能となり、倫理的判断が述定的に規定される言語表現と沈黙が交錯する沈黙の第二段階とに区分されます。その際、第一段階が受動性の領域として、第二段階の能動性の領域に先行し、その前提にされているということこそ、倫理は、倫理以前の領域から養分を汲み取るという『倫理学入門』で語られた命題の真意を明示しているといえるのです。そして、第二段階の倫理は、第一段階の倫理以前を前提にするだけでなく、第一段階で生きられている〝生得的汝〟への関わりが、言語と論理を超えた「我-汝-関係」として実現されるという倫理のエンテレヒー（完成態）に目的づけられていることが、沈黙の第三段階を確定する中で明らかにされます。倫理は、倫理以前と倫理が目的づけられる完成態の間にこそ、正当な位置づけとその領域確定を獲得しうるのです。

第Ⅳ部において、第Ⅲ部で確証された発生的倫理の基本構造の枠組みの中で、個別的学問領域で問題とされる倫理の問題が、どのように理解されうるかが示されます。第一章は、脳科学の領域において、B・リベットが実証して示した、すべての意識に〇・五秒前に先行する実在的因果によるとされる無意識の脳内プロセスという研究成果が、発生的倫理にどのように統合されうるかという問題を取り上げます。無意識の〇・五秒のズレは、無意識に働く過去把持の交差志向性（縦軸に描かれた受動的志向性）において沈澱の順序として保たれる自己構成として先構成されたものが、覚視（Blicken）されることとして理解され、刺激の与えられた時点を示す初期ＥＰ反応への「主観的時間遡及」の仮説は、不必要であるばかりか、それによって、時間の不可逆性に反した近世哲学の二元論に再び陥る議論になってしまうことが示されます。とりわけ、自由意志（意識）に無意識の脳内プロセス（実在的因果関係）が先行するという倫理的行為の基盤が崩れかねない危機に際して、リベットのとる立論は、客観的時間軸を前提にしていること、また、この前提のもとにおいては解決しえない問題であることが反省できていない議論であることが、明らかにされ、現象学の時間論において、無意識の脳内プロセスは、無意識に生成している受動的綜合として解明されうることが示されます。このときＦ・ヴァレラの「現在－時間意識」の研究は、この〇・五秒間の脳内プロセスを「神経アセンブリ（組み立ち、集合）の共時的カップリング」[7]のために必要な時間として、過去把持を通して無意識の先構成が成立する時間としています。現象学の時間分析を神経の力動的な「現在意識」の成立の解明に適応しえた好例であるといえます。また、それだけでなく、ヴァレラの提唱する神経現象学の鍵概念である「カップリング（acoplamiento：原語スペイン語）」とフッサールの受動的綜合の基本形式とされる「対化（Paarung）」が同一の事象と次元に他ならないことが示されることにより、新たな発生的倫理学の展開の基盤が、確証されることになるのです。

第二章で定題化される個別領域は、認知運動療法の治療実践の領域であり、そこで遂行されている典型的な治療実例の現象学的分析が試みられます。そこでは、随意運動である「自動」と他者による運動である「他動」が区別されて活用され、目を閉じての閉眼他動が治療の中心におかれます。また、そこでは、発生的現象学の脱構築（Abbauen）の方法が、単に理論的でなく、実践的に活用され、表象以前の感覚の覚醒と形成が実現されている現場に立ち会っていることが、明らかにされます。「感覚できる」という身体能力との関わりを持ちえない倫理、身体的実存のあり方との関係が不明瞭にとどまる倫理は、倫理以前の倫理の基盤を欠く、間身体性の形成という受動性の土壌に根ざすことのない理念の強制という形式的倫理でしかありえません。認知運動療法は、倫理の基盤の形成に寄与しているといえるのです。

第三章で問題にされるルーマンのシステム論においては、システム論が、オートポイエーシス論を媒介にして発生的倫理学に統合されうる可能性をめぐって論述されます。ルーマンが、自身のシステム論に取り込んだ「意味」や「意識」や「主観」の概念は、『イデーン』期に成立していた概念に限定され、発生的現象学のテーマである「時間、連合、原創設」に関する豊かな分析は、そのほとんどが顧慮されることなく、終わっています。ヴァレラが構造的カップリングを通して理解したフッサールの相互主観性論の意義をルーマンは理解できずに、「二重の偶発性（Doppelte Kontingenz）」で解明しようとする「コミュニケーション論」は、いかなるテロス（目的）も容認しえない偶発性の連続という狭隘な理論しか提供していません。フッサールの超越論的事実性の概念は、意識され、表象された本質と同じ次元で、因果関係を通して理解されている事実といった近世哲学で考えられた目的論ではなく、触発の偶然性に開かれた衝動の目的論と身体的実存に根ざす理念、すなわち、実践から生成する理念の目的論に属するのであり、意識表象や概念に依拠した目的論にではないのです。このことを理解しないルーマンの目的論批判は、超越論的原事実、いいかえれば、超越論的経験で克服されている「本質／事実」、「妥当性（規範）／発生の事実（進化）」という近世哲学の二元性に囚われた、フッサールの超越論的目的論には、妥当しない批判といわれねばなりません。しかし、ルーマンのシステム論を能動的綜合の領域に位置づけ、予期（Erwartung）の自己言及と偶発性の開放性という構図のもとに、発生的倫理学に統合していくことは可能です。以上のように、個別的諸科学の研究成果を積極的に発生的倫理学に統合していく可能性と実態が、十分に論証され、確証されることが、この第四部の論述の目的となります。

これまでの発生的倫理学構築の概要を、以下、過不足を承知の上で、有効な指針をあえて提示してみるという意味で、命題としてまとめてみたいと思います。

（1）ヒュームとカントは、人間の主観性の本質を志向性と理解し得なかったことにより、ノエマとしての価値の客観性を認めることのできない快楽主義の本質を理解できず、ヒュームは、第三人称にのみ依拠する観察にもとづく審美主義的道徳哲学を、カントは、快楽主義に対する過剰反応としての厳格な義務道徳哲学を展開することになった。（第Ⅰ部第一章）

（2）フッサールの超越論的規則性である受動的志向性としての連合は、ヒュームの原子論的感覚主義に依拠する自然主義化された経験論的連合とは原理的に異なる。フッサールの能動的志向性としての人格的関与は、ヒュームの道徳哲学の三人称的傍観主義を論難し克服する。（同上）

（3）カントの感性と知性の対立はフッサールにより根本的誤謬とみなされる。受動的志向性の働く受動的綜合は、「存在と当為」の二元対立以前の「倫理以前の領域」に働きつつ、倫理の基盤を形成しており、能動的綜合における人格的態度は、存在と当為の対立を克服する実践理性の目的論を提示する。（第I部第二章）

（4）フッサールの発生的倫理は、「認識と実践」という二項対立が成立する以前の、また、「自由か因果か」という二者択一以前の、身体性を基軸にした新たな価値概念と目的論において構築され成立している。（同上）

（5）フッサールの発生的倫理は、エゴロギーとしてではなく、モナドロギーの倫理として展開する。モナドロギーであるからこそ、倫理の基盤である自我形成以前の受動的相互主観性としての間身体性を根底的なモナド共同体として、また、能動的相互主観性としての「我-汝-関係」と、無我の無私性が実現される仏教倫理の目的が、高次のモナド共同体という実践理性の目的論において統一的に考察可能となる。（第1部第三章）

（6）そのさい、レヴィナスの他者の他者性をめぐる「否定的倫理」は、その限界が示され、フッサールの受動的発生の領域の獲得を通して「我-汝-関係」という「無私性」による肯定的な「人を生かす倫理」（幼児期の出会いに発っし成人の出会いに向けた倫理）へと統合されうる。（同上）

（7）発生的現象学において、『イデーン』期での超越論的還元の素朴性が露呈されることを通して、時間と他者の必当然的明証性が定題化され、「妥当性と当為」、「本質と事実」という二項対立は、フッサールの「超越論的事実性」、「超越論的経験論」の概念によって、原理的に克服される。ここに新たな発生的

倫理の認識-実践論的基盤が示唆されている。（第II部第一章）

（8）受動的綜合の分析は、時間が受動的綜合である連合を通して生起していること、つまり、時間化とは、連合を通した時間化であることを呈示しえた。連合は、時間化の原理として、ヒュームのような経験主義的心理学の概念ではなく、超越論的規則性に属する概念であり、含蓄的志向性として、モナドの歴史性と身体的具体性を担う。意識の明証性そのものが、無意識に働く受動的綜合による無意識の明証性にもとづいていることが開示される。（第II部第二章）

（9）受動的綜合は、カントの生産的構想力の現象学的解明である。カントが理解することのなかった理念の一般性格である、身体を通した二重産出としての実在的-理念的特性は、間身体性に働く受動的綜合を通して解明され、超越論的統覚の自我が働く以前の先認識論的実践的価値づけの領域が開示される。この先認識論的実践的価値づけは、通常の「認識と実践」の二項性に先行する。（同上）

（10）超越論的統覚の自我を最終根拠にすえる、ハイデガーによるカントの構想力の解釈は、受動的綜合として働く過去把持の理解に及ばないことから、ハイデガーの実存的倫理は、間身体性の基盤を欠き、間身体性に基づく人格的態度を遂行しえない孤立する実存の倫理に陥る危険に晒されている。（同上）

（11）受動的綜合の原理である触発の概念に関して、触発による自我の対向以前の先触発の領域が受動的綜合の先構成の働く領域として確定されねばならない。ヴァルデンフェルスの応答の倫理（Responsive Ethik）の鍵概念である遭遇（Widerfahrnis）の概念は、その概念そのものの内に先触発における過去と現在の逆説的同時性（Simultaneität）を含むことが示されることを通してさらなる現象学的解明可能性へと方向づけられる。（同上）

(12) 倫理以前の倫理の基盤である間身体性の形成は、D・N・スターンの四段階の自己性の発達という発達心理学の研究成果を取り組むことによって、発生的倫理の基盤の解明として展開しうる。そのさいの重要な論点は、「無様式知覚（原共感覚）」、「神経ダーウィニズム」、「情動調律」、「間情動性」、「コミュニオン調律」である。（第III部第一章）

(13) 無様式知覚は、原共感覚に対応し、原共感覚からの個別的感覚野の生成が、「神経ダーウィニズム」による裏づけを通して、それぞれの感覚野の空虚な形態の形成として定題化され、養育者と乳幼児の間に働く無意識的情動調律が情動的コミュニケーションとして機能し、間身体的相互主観性を形成していることが明らかにされる。「共有する体験」としてのコミュニオン調律が先行してはじめて、自他の身体の区別に気づき、それを前提にして、自我と他我の意識の区別が成立するという発生の秩序こそ、発生的倫理の基盤原理の一つとなる。（同上）

(14) 受動性には、能動性以前に働く受動性と能動性が沈澱して、受動性として働く受動性の違いがあり、習慣化を前提にする情動的コミュニケーションと言語を介した能動的相互主観性の前提として常に働いている。自我の能作を前提にする能動性から転化した受動性を含む習慣性は、その能動性からする倫理的責任が問われる。（第III部第二章）

(15) 人を生かす倫理としての発生的倫理は、「生得的汝」に向かう幼児の、言語以前の間身体性という沈黙をその源泉とし、言語が媒介される倫理の領域を通して、言語を超えた沈黙における「我-汝-関係」（無我の無私性）をその目的としている。（第III部第三章）

(16) 発生的倫理は、第一段階の間身体性の沈黙において「因果と自由」（存在と当為）に先行する受動的綜合の相互覚起の逆説的同時性を基礎原理とし、第三段階の「我‐汝‐関係」における「因果と自由」(存在と当為)という二元性を克服する「無私性」という中心概念を通して、西洋哲学と東洋哲学に通底する倫理的価値基準を提示する。第二段階の倫理の領域は、この倫理の基盤と目的の枠組みにおいてこそ、実践理性の縦横な展開領域を獲得しうる。(同上)

(17) すべての意識化には、〇・五秒持続する無意識の脳内活動が前提にされるにもかかわらず、現実の出来事との遅延は、「主観的時間遡及」により意識されないとするB・リベットの研究結果の理解は、相互覚起として生ずる無意識の過去把持のプロセスの覚視というフッサールの見解を通して、発生的現象学に批判的に統合されうる。(第Ⅳ部第一章)

(18) 自由意志を自然因果の決定論から救出しようとするリベットの試みは、線状的な客観的時間軸を前提にしていることに気づけないため、原理的に不成功に終わる。「因果と自由」の二項対立に先行する相互覚起の逆説的同時性(Simultaneität)、すなわち、対化としてのカップリングが生成している領域に、生命の動機が働いている。ヴァレラのいうカップリングはフッサールの対化に他ならず、この同一次元は、発生的倫理の基盤を形成している。(同上)

(19) リハビリテーションにおける随意運動の再獲得は、運動感覚(キネステーゼ)の再活性化(シナプス結合の再生成)を促がす内発的運動能力の形成を目的とする。運動能力の形成は、倫理以前の領域で遂行され、倫理的行動の基盤となり、この基盤形成を最大限に促進することが、この領域における医療倫理の中心基準となる。(第Ⅳ部第二章)

(20) ルーマンのシステム論における「法のパラドクス」は、「事実と妥当性」という二元対立では理解できない「システムの作動の閉鎖性と開放性の同時成立」というパラドクスを指摘しているが、そのコミュニケーション論は、受動的綜合である対化がオートポイエーシス論のカップリングに対応するという見解に至り得ないことから、システムの開放性の把握が不十分に留まる。

以上の命題の現象学的解明と論証が本著の目的とされます。この目的は、「はじめに」で述べた「真の倫理は、倫理以前と倫理以後の間にこそ正しく位置づけられ、現実に人を生かしている」、という根本命題の論証課題として表現されました。また、これらの命題の基礎をなしているのは、いかに受動的綜合として働く相互覚起の逆説的同時性という基礎原理が、新たな間身体性に根ざしたモナドロギーの倫理の領域の開示を可能にしているか、という論点にあります。「自然の因果か精神の自由か」という二元性による倫理は受動的綜合を基礎にし、能動的綜合の創造性の極致に働く「我-汝-関係」の無私性に目的づけられた発生的倫理において統合されていきます。この基本的命題の論証と確証がどこまで実現できたか読者の批判を仰ぐ次第です。

第Ⅰ部　フッサール発生的倫理学の領域設定

第一章　フッサールのイギリス経験論における快楽主義批判とヒュームの道徳哲学批判

倫理学固有の領域と倫理以前の領域との関係が問われるフッサール倫理学の特質の解明は、フッサール現象学の発展そのものとフッサール倫理学との並行的発展を考察すると、より明確に理解しうるものとなります。とりわけ、『論理学研究』で、論理学、認識論を中心として、心理学主義批判を経た現象学の学的構想が呈示されますが、この決定的歩みが、この『倫理学入門』講義において、実践理性の働く領域を中心に、最大限に活用されていることが注目されます。したがって、先に述べた、倫理以前の領域で語られる受動的基盤は、当然、『論理学研究』で展開されている心理学主義批判の意味での経験論的に理解された心理学主義によっては、理解されえない、受動的志向性という特有の原理においてのみ理解しうることが、前もって述べられておかねばなりません。

この『論理学研究』で展開される心理学主義批判は、この講義『倫理学入門』においては、快楽主義批判に直結します。なぜなら、まず、結論から述べると、快楽主義のいう快楽（Lust）は、主観主義に偏向し、快楽という目的が充足された際の心理的－主観的な快の体験（ノエシスの側面）と、目的価値としての快楽、すなわち、客観的意味を持つ快楽（ノエマの側面）とを区別できずに混同しており、この混同は、論理的－数理的判断作用と、論理的－数理的判断内容との混同としてフッサールが批判した数理と論理に関する心理学主義批判と同種の混同を意味するからです。まずは、この結論の内実を、フッサールの挙げる事例を通して明らかにしてみたいと思います。この快楽主義批判を経て、フッサールのヒューム道徳哲学に対する批判が、快楽主義的傾向から帰結する懐疑主義と主観的相対主義に向けて展開されるのです。

第一節　フッサールの快楽主義批判

イギリス経験主義的道徳哲学の内実を明らかにするためには、その中に含まれている一傾向としての快楽主義的見解を明瞭に理解することが必要です。

古典的な快楽主義の主張は、「人間のすべての努力ないし行為の目的は快楽である」という命題に表現されます。この一般的命題に接近するために、フッサールが日常生活から引き出している例をとりあげてみましょう。「道を急いでいる友人に「どうして急いでるの？」と聞きます。「駅にいかなきゃならない」と答えるとします。「どうして？　旅行にでもいくの？」という問いは、「ティティ湖〔地名〕」といった場所の名を引き出し、さらに問うて、「湖にいって景色を楽しむ」といった答えになります。この場合、これ以上は問われることはなく、多くの場合そのようです。先取りして言えば、快楽が努力の唯一の可能な最終目的であるかのようです。」（XXXVII, 79、以下、断りがない場合、『倫理学入門』の頁数を示す）

この例で示されているのは、日常生活で、多くの特定の行為の目的が、「景色を楽しむ」といったなんらかの「快や喜び」といった、そのつどの最終目的をもつという主張です。しかも、この一つの事例は、これを一般化して、人間のすべての行為の目的は快楽であるとする快楽主義の主張につながるとされているのです。この一般化が、本当に妥当するかどうかを確かめるためには、私たちの無数の諸経験を数え上げなければならなくなりますが、フッサールがこの例をあげて批判するのは、そのような一般化そのものに対する批判ではなく、この事例の原理的解釈に関わるものです。フッサールは、もちろん、「ティティ湖」の景色を楽しむ喜び（快感）そのものを否定するのではありません。フッサールがここで批判するのは、目的とするものは、はたして、喜ぶこと、快感をもつことそのものにあるのか、それとも、喜ばしいとする価値（善さや快感）をおびた具体的価値としての「ティティ湖の景色」を見ることにあるのではないか、ということです。

しかし、この批判に対して、「景色をみる楽しさ」と「喜ばしいという価値を持つ景色」とを区別することにはたして何の意味があるのか、という反論が出てくるのも当然のことです。フッサールは、この区別でいったい何をいいたいのでしょうか。この区別とは、「価値を感じること」と「価値そのもの」の区別とも表現されています。

「景色をみて楽しく感じること」と「楽しさという価値を持つ景色」という区別がはっきりし難いのであれば、まずは、「景色を見ること」と「見られている景色」という「知覚すること」と「知覚されたもの」との区別から考えてみましょう。このとき、この区別が立てられなければならない理由は、はっきりしています。景色をみたいというとき、目的は「見ることそのもの」、「見るという知覚作用」ではなく、「見えるものである景色」、「知覚される内容、知覚内容」です。これと同様に、目的は、「快楽を感じること」そのものにではなく、「景色と結びついた、具体化している価値（快楽）」を感じることであるとフッサールは説明します。（80 参照）。

（1）知覚と価値覚

この「知覚」と「価値を感じること」という二つのことを、もう少し突っ込んで考えてみましょう。まずいえることは、ここで知覚と知覚されたものとの区別自体が、容易に理解されるということです。見ることは常に起こっても、見られる物事は、常に変化しうるからです。しかし、「見える景色を楽しむ」ことと、「見て楽しい景色」の区別はどうでしょうか。もちろん、「楽しむものもいつも、常に変わる」といえないこともありません。ということは、知覚することと価値づけることは、人間の異なった主観の働きであり、二つともフッサールのいう志向性に属し、価値づける作用と価値づけられた価値の内容というように、ノエシス－ノエマの相関関係で理解すればよく、この相関関係を理解しないことから、フッサールは、快楽主義が快楽の主観的側面（ノエシスの側面）しか認識できず、何が快いと価値づけられているか、そのノエマとしての価値の客観性を見失っているのだ、と批判していると理解することができます。いいかえると、

「意志の目的は、努力する眼差しが向かっている当のものです。方向づけられている眼差しは、知覚することであるのではなく、充実において知覚されたものであり、快楽を感じることにではなく、充実において感得された価値に向けられているのです。」(75)

① この知覚と価値づけが志向性として性格づけられていることに関して注目すべきは、フッサールが、知覚（Wahrnehmen）という語に対応させて、価値覚（Wertnehmen）という概念を導入していることです。「すべての形式における価値づけること、そして価値覚〔Wertnehmen〕（「知覚（Wahrnehmen）」に類比的にそう呼ぶ）は感じる主観の作用です。価値はしかし、客観に固有なものです。」(72) 知覚が真・偽（wahr/falsch）に関わるのに対して、価値覚は、価値・非価値（Wert/Unwert）、すなわち、快・不快、善・悪に関わるというのです。

② フッサールの批判は、快いと感じる体験と体験されている〝快さ〟という体験内容を快楽主義は区別できていないというのですが、この批判は、元来、『論理学研究』での論理と数理の真偽をめぐる、判断する作用面

（統握作用）と判断内容（統握内容）を区別して、初めて、真偽の客観性（理念的特性）を確定できるとする、志向性の根本的相関関係の開示に依拠するものです。統握内容の客観性（例えば、2＋3＝5）は、統握作用の主観的な心理的体験（ここでは加算して解答を得る体験）とは区別されねばならず、前者は特定の時空に限定されずに妥当するのに対して、後者は、時空の内部の個別主観においてそのつど遂行されるとします。

③　確かに、論理や数理の真偽に関して、この区別は納得できますが、はたして、人間の知覚や感覚の場合、この区別の仕方は論理的な対象認識判断の場合とまったく同じなのでしょうか。先に述べたように、知覚に結びついた価値の場合、知覚の対象の変化による価値の違いを無視することはできません。価値づける作用と価値づけられた内容を区別できずに、快を体験することと何を快とするか、その価値内容との違いが失われてしまえば、視覚を通しての対象認識に喩えれば、「何をみても、何か見えてさえすればいい」、対象の何であるかはどうでもいいことになり、価値論においては、「何に価値があるとするかは、どうでもよい、快ければそれでいい」ということになります。はたして、この原理で、一般的に妥当するとする「人のすべての努力の目的は、快楽である」という快楽主義が主張可能でしょうか。人間の活動の目的を普遍的価値に置く場合、しかも、価値の客観性が存在する場合、努力の目的は、その客観的価値の実現にあるのであり、目的づけられた価値の内容を問わずに、価値実現のために行う作用そのものにあるのではありません。価値は実現されたとき快と感じますが、実現されるまでの途上の努力そのものは、その価値が実現されたときは、快と規定されうるかもしれませんが、実現されえなかったとき、その努力の全体が、快と規定されることは稀です。そして、そのような、実現されなかった場合でさえ、価値の客観性そのものが失われることはないのです。このような価値の客観性を認めることができれば、価値実現へ向けての努力そのものと、実現される価値そのものを取り違えることなく、価値実現に向けた努

力そのものを、一概に「快」と規定する快楽主義の誤謬に陥ることは回避できるのです。

④　しかし、他方、快・不快という感じや、暖かさ・冷たさ、柔らかさ・硬さ、甘さ・辛さ、明るさ・暗さなどの感じ（感覚の世界）の場合、暖かいと感じることと暖かさを区別できるというべきなのでしょうか。知覚の真偽の場合、例えば、腹痛か胃痛かの真偽は、問題になっても、その痛さそのもの、感覚の真偽は問題にならない、つまり、夢の中だろうと、錯覚や幻覚であろうと、その感じているそのままは疑いようがないのではないでしょうか。このとき痛さを感じることと痛さそのものをはたして区別できるのでしょうか。

実は、フッサール自身、『論理学研究』で、様々な体験を区別して、知覚や判断などの志向的体験（作用として働いていることが体験できます）と感覚のような非志向的体験（作用としては体験できません）に二分しました。ということは、快感や不快感は、非志向的体験ですから、統握作用と統握内容に区別はできないはずです。しかも、快楽主義のいう、快感と不快感の区別は、知覚という志向性に属するのではなく、感覚として非－志向性の体験に属するといえるはずです。

⑤　フッサールがここで、快楽主義批判として挙げる事例は、「チェチェ湖の景色を見る快感」であったり、「ベートーベンのエロイカを聞く喜び」であったりします。これらの場合、注意しなければならないのは、それぞれ、何らかの対象を見ることや聞くことという知覚が介在していることです。ティティ湖の景色の樹木の緑、湖面の輝き、エロイカという作品の演奏、それらの具体的知覚内容にこそ、快感（価値）を感じている、価値覚しているのです。

では、知覚に至っていない、純粋な感覚の場合、つまり、知覚対象を前提にした「歯の痛さ、歯痛」ではなく、何の痛みかわからない、あるいは問うことのない、ただただ感じている「痛さ」の場合はどうでしょうか。その不快さは、非価値として価値づける志向作用を通して非価値として与えられているのではなく、感覚として、フッサール自身がいうように、そのまま直接、『倫理学研究』でいわれる非－志向的体験として与えられているというべきだと思います。

となると、価値の概念が、知覚を媒介にする志向的価値と、感覚のような非志向的価値とに区別される必要があります。そして、ここで、重要なことは、日常生活の場において、感覚は知覚に統合されるようにして働いていますので、価値は、そのほとんどが、志向的価値として（つまり、何らかの対象知覚に結びついた価値として）感じられているということです。このことから、フッサールが通常の、知覚に結び付いた価値覚は、志向的構造をもつというのは、適切な言明であるわけです。ただ、何の痛みかわからない、器官に特定することのできないＰＴＳＤ（心的外傷後ストレス障害）の場合のような、意識化できない身体記憶と結びついている痛さの場合、感覚として疑いえなく、必当然的明証性において与えられてはいても、その由来、生成の起源、発生という原創設が解明されて、初めてその十全的明証性に至るという、ここでいう「非志向的価値」の存在も否定できないことなのです。

⑥　とすると、フッサールの快楽主義批判は、志向的価値には妥当するが、非志向的価値（感覚の価値）には妥当しないことになります。しかし、それでも、通常主張されている快楽主義の「人間の行為の最終目的は、快楽にある」という基本命題の批判には、十分、有効性を持つ批判です。なぜなら、「ティティ湖の景色の快感」、「エロイカを聞く喜び」は、まさに、知覚された「ティティ湖の景色の快感」であり、知覚された「エロイカを聞く喜び」であり、知覚に結びつかない具体的価値でないような、快感一般、楽しさ一般が最終目的として求められているのではないからです。また、知覚の世界ではなく、純粋な感覚の世界での創造活動である芸術の領域

においてさえ、このことは妥当します。というのも、芸術作品の価値を考えてみればわかるように、芸術家は、確かに、瞬間、瞬間、純粋な感覚としての光や音に没入していますが、そのつどの光や音の快感に浸ることが、芸術創造の目的であるわけではありません。「快さ」に浸っている暇など、片時もないほどまでに、光や音に引き付けられ、感覚は無限の深みに、作品創造の活動を通して、研ぎ澄まされていきます。瞬間的快を求めるどころか、生みの苦しみの連続であり、瞬時の主観的快楽に浸ることほど、芸術活動から無縁なものはないといわねばならないのです。もちろん、快楽主義を信条とする似非芸術家は別ですし、それに追従する鑑賞者も無数にいるのですが。

⑦　フッサールは、この『倫理学入門』で、非志向的価値と志向的価値の区別を明記しているわけではありません。しかし、内実上、この区別が、『倫理学入門』で導入されている、非志向的な「受動的感情」（受動性の意味が正当に理解されねばなりませんが）と志向的な「能動的感情」という区別に対応していることは明らかです。フッサールはこの区別について、受動的感情を「感性的感情」と呼び、次のように述べています。

「私たちの生のすべての瞬間を豊かに代弁している諸感情があり、そこにあって、私たちが通常、諸価値と名づけるすべてのものの場合のように、自我が立場決定する自我として関与しておらず、価値へのいかなる志向的自我の関係や作用関係がそこにないようである。——私が考えているのは、感性的感情である。純粋な受動性において、われわれの意識領域に、色や音の感覚がそこに属する感情の色調をともないつつ立ち現れ、……こうしてわれわれは、感じることと感じられた音の与件の価値との間に区別を設けない。われわれは、ここで、概して価値については語らず、ただ、一つの語、音の感性的な快の性格についてのみ語る。」（326）

ここでいわれている「感性的感情」は、「受動的感情」の別名です。というのも、この文章にあるように、この感性的感情は、純粋な受動性において生起する感情だからです。また、他のテキストにおいても、「つまり、触発が情緒の対向へと導き、受動的感情が、能動的な〈私が気に入る〈Ich-habe-Gefallen-Daran〉〉になる。」(355 強調は筆者による)というように直接、この語が使用されてもいるのです。

この感性的感情は、通常の場合のように自我の関与がみられる志向的価値という特徴をもっていません。フッサールは、この場合、通常の志向性の場合のように、感じることと感じられた音の与件の価値との区別を設けず、「価値」については語らず、「快の性格」についてのみ語るとしています。自我の関与を含まないという意味で、受動的な感性的感情は、いわば、価値統覚(「綜合的感情」(同上)ともいう)のための材料であるとするのです。この受動的感情と能動的感情の区別は、志向性の概念の適切な理解を通して初めて可能になる区別です。その意味で、人間の主観性の本質としての志向性に至っていないヒュームとカントにとって、この区別に至りえないのは、当然のことといえますが、このことが倫理学の理解に及ぼす計り知れない影響については、後に詳論されることになります。

(2)　快楽主義と懐疑主義的相対主義、あるいは、個別主観に閉ざされた快・不快

フッサールは、倫理学の歴史においてもつ快楽主義の意義を、真偽をめぐる認識論の探求の歴史における懐疑主義の意義と役割に類比的に論述しています。(77ff. 参照) 懐疑主義は、典型的にはヒュームの大陸合理論批判にみられるように、人間の主観性の詳細な分析を通して、客観的とされる合理主義的形而上学をその根底から震撼させ、カントにみられる新たな批判哲学の認識論の地平が切り開かれることにつながりました。

ヒュームの懐疑主義のもつ、ヒュームの道徳哲学との関係を考察するとき、古典的快楽主義が、ヒュームの認識論を通して、洗練された形で、生き続けていることが、明らかにされてきます。そのとき、人間の主観性への比重の置き方とその分析力が問題であり、快楽主義のもつ、独立した個別主観に依拠する相対主義という特性が、まずもって、明確にされねばなりません。快楽主義において、何を快とし、何を不快とするか、当然、各個人別々であるとされ、個我の主観に閉じ込められた個別的体験としてしか、与えられようがなく、快楽主義の相対性は疑いえない事実とされます。これでは、客観的な倫理学が成立しようにも、その土台は形成されようがありません。

① では、ここで、改めて快楽主義と懐疑主義との関係を明らかにしてみましょう。フッサールは、努力の最終目的が快楽にあるとする快楽主義の批判にあたって、努力の目的実現にむけた「動機」の概念を提示し、一連の行動を、「動機連関」として解釈しようとします。(80 以降を参照)

先の駅にいそぐ友人との会話の中で、「ティティ湖の景色を見にいく」という行動の動機を問うとき、「ティティ湖の景色の美しさ」が最終的な答えとしての最終的動機ということができるでしょう。そのとき、この動機は、感じること一般としての「楽しむこと」にあるのではなく、まさに、具体的価値としての「ティティ湖の景色の美しさ」にあるということは、快楽主義の価値の体験と知覚されている客観的価値そのものを混同しているという批判で明らかにされたことでした。このことをフッサールは、動機づけとの関連で次のように述べています。

「正確に言うと、すべての意志が必然的に、ある価値づけを通して、動機づけられているとき、その動機は、そこにおいて思念された価値として、価値づけることの中に含まれているのです。〔しかし〕価値づけることそのものではなく、したがって価値が動機なのです。」(83)

つまり、価値づけることと価値は、区別されるのであり、動機づけと動機との関連において、動機は価値に対応するとされているのです。価値づけることは、価値覚と呼ばれ、先の引用文にあるように、「価値覚は、感じる主観の作用です。価値はしかし、客観に固有なものです。」（72）ところが、快楽主義は、価値の客観的、ノエマ的本質を見失い、同じことですが、それを主観的な感じる体験と同一視してしまい、「快楽主義は、すべての真の倫理を喪失し、懐疑的に投げ捨ててしまうような主観主義に陥ってしまうのです。」（86及び次頁）しかし、当然ですが、主観の作用の積極的意味合いを強調することと、主観しか認めないこととは異なったことです。

②　価値づけるという主観の作用そのものをどうみなすか、という問いに関わるのが、人間の主観性がどう把握されるかという問題となります。とりわけ、そこに理性の規律が働いているのかどうか、価値の客観性を含む価値づけの際、価値に動機づけられて、目的が設定されているのですから、価値づけに含まれた価値と動機づけに含まれた動機とは、価値と動機の客観性として、単に主観的特性をもつのではないことが確定されているのでなければなりません。その客観性は、理性の規律として、フッサールにおいて、次のように説明されています。

「すべての人は、自分の快楽しか追求できないとしてみたところで、人間の快楽をめぐる態度がいかなる理性の規律（Regel）にも従属しないということがいわれているのではなく、理性の規律は、なお常に、すべての価値づけるものに同等に義務づけるものなのであり、それは価値づけることの本質に属する理性の規則性が存在し、それに即応して実践的理性の規則が存在するからです。……快楽主義の及ぶ範囲では（幾分か隠れた快楽主義も含めて）この誤った見方、すなわち、感じることがそれ自身、何か非理性的なもの（Irrationales）であるという見方が及んでおり、この誤りは、まもなく明らかにされるでしょう。」（92強調は筆者による）

つまり、快楽主義の主観性の強調に対して、その主観性そのものは、決して、「非理性的」なものでも、「非合理的」なものでもなく、理性の原理で貫かれていることが、快楽主義の主観主義に対する、原理的批判になるわけです。しかし、感性における合理的な規則の解明そのものは、この快楽主義批判の段階では、直接呈示されることなく、後に論述されることになります。(1)

第二節　フッサールのヒューム道徳哲学批判

フッサールは、ヒュームの道徳哲学を問題にする際、まずは、ヒュームの認識論の哲学的立場を「感覚一元論」として次のように批判的に述べることから始めます。先に述べたように、認識論における懐疑主義の立場が、倫理学における快楽主義の立場に相応するとする関連性において、まずは、ヒュームの認識論の特質を明確にしようとするのです。

感覚一元論は、「客観的世界とは、単なる意識における現象であって、意識そのものは、ただ、感覚素材と感情素材の集積にすぎず、連合と習慣の法則によって支配されている」(172) とする立場だとします。この認識論の立場が、ヒュームの道徳哲学といかなる関係にあるのか、明確にされねばなりませんが、まずは、この文章でのヒューム認識論批判の内実を、以下、詳細に考察してみます。

(1)　ヒュームの感覚一元論批判

まずは、根本的論点として、フッサールが意識概念のもとにヒュームの認識論を語るとき、現象学において意識の本質を志向性として理解している一方、当然のことながら、ヒュームは、人間の主観性をフッサールのいうように、志向性をその本質とする意識として理解しているのではないことから、議論を始めなければなりません。この点は、現今、「現象学と認知科学」の共同作業が課題とされるとき、避けて通ることのできない根本問題といえます。なぜなら、認知科学の認識論的構図が、現象学の主張する人間の主観の本質である「志向性」という概念の根本性格を認めるのではなく、むしろ、旧来然のヒューム、カントという近世哲学における認識論を意識的に、ないし自覚せずに踏襲していることが推測され、この認識論的理論の差異を無視して、その原理的究明を通さずに、共同研究は不可能だからです。

フッサールは、ヒュームの感覚一元論を次のように原理的に批判します。まず第一の問題は、ロックの物の第一次性質と第二次性質の峻別を前提にするヒュームが、第一次性質とされる物理量としての物理的原子（die physischen Atomen）がいかにして、第二次性質として感覚質を獲得しうるのか、まったく謎のままとされていることです。この問題は、今日の脳生理学研究では、「クオリア」の問題とされて受け継がれている問題です。第一次性質と第二次性質の間の深淵は、原理的に埋めることのできない深淵であることが、脳生理学者の側から自覚されてきているのです。

フッサールは、この問題を、物理学で考えられる原子（Atomen）が、物理学の自然主義の見地からして、精神的なものを一切含まないと考えられているにもかかわらず、この原子から「思惟し、認識し、価値を与え、目的をもつような自我」を組み立てねばならないといった、言い換えれば、意味を担わない原子から統一的意味を捻出しなければならないといった、まったくの矛盾そのものである、と論断します。

「ヒュームの偉大さは、彼が画期的なロックの哲学をその固有本性的な根本傾向に関して、つまり精神を自然主義的に理解する傾向ないし内在的哲学への傾向に関して容赦ない帰結へともたらしたことのうちにあります。……これら心的原子、つまり精神の生の流れを形成する諸々の知覚契機は、物理的原子が意識ではないように、それ自身においては意識ではありません。それらは、この自然化においては本来的に完全に非精神的なものとして考えられています。それらは何も思念せず、それ自身のうちにどんな意味も担いません。それらはただ存在するだけです。それ自身において完全に心を欠いた諸要素から、心が、つまり考え、認識し、価値づけ、自らに目標を立てる自我が組み立てられるというのです。しかもそれに加えて精神を欠いた規則性、すなわち連合規則に即して組み立てられるというのです。この連合規則は、自然法則との正確な類比のうちで、非了解的な規則として現存在のうちで作動するものです。何たる不合理でしょうか。」(178、強調符は筆者による)

しかも、この引用文にあるように、この「意味の成立」を、ヒュームは、「観念連合」によって説明しようとします。それが不可能であることは、ヒュームのいう連合が、自然法則との正確な類比による「万有引力」に例えられる「精神を欠く規則性」(178) とされているからです。フッサールは、このようなまったくの錯倒性と矛盾を指摘するのです。

他方、ヒュームにとって感覚は、心的原子とされますが、フッサールにとって感覚は、先に述べたように、知覚における対象認識の場合の能動的志向性としてではなく、また、単に、『論理学研究』において非志向的と規定されるだけでなく、対象認識以前の「受動的志向性」として働いています。フッサールは、ヒュームが、人間の主観性の根底にすえる感覚を心的原子として捉え、志向性、正確にいえば、「受動的志向性」として理解できなかったことが、ヒュームの認識論の根本的欠陥、「根本的盲目性」であるとみなします。

「私たちがヒュームの懐疑的立場の最深の根拠を問うとすれば、私たちは彼の実証主義と一切の実証主義一般の根本特性へと突き当たります。それは、意識としての意識の固有本性的本質を私たちが志向性と名づけるものに対する完全な盲目性です。彼の認識理論の混乱一切は、この盲目性のうちにあったのです。」

(177f.)

したがって、志向性の理解なしに、受動的志向性としての感覚がそれとして理解されるはずもなく、ヒュームは感覚を原子論から理解することにより、印象の連合も同様に、自然法則としてしか理解されえない必然性が導かれることになるのです。

このフッサールのヒュームの感覚一元論批判には、以上の論点の他に、言及すべき次の論点が指摘されるべきです。この感覚一元論は、感情道徳にとっての基本概念である「感情」の根本的な規定性に関わるということです。ヒュームにとって、感情は、主観的なものであり、「心理的な自然の事実」(176)に他なりません。しかし、感情は、当然、単に個我の感情ではなく、本質的に社会的感情とされますので、ヒュームは、ハチソンやシャフツベリの「反省情動の理論」にならって、個別的ではない、客観性と一般性をもった心理学的諸事実として、いわば、「外的な自然の推移の恒常的な同型性が自然科学を可能にしているように、心的生の同型性が心理学を可能にし、特に心情的生のある種の領界におけるそのような同型性が、学問的倫理学を可能にする」(176)としているのです。ここに自然科学と同様、主観を交えずに、観察者の客観性のもとに、観察を通した学問としての倫理学の方法が提示されているのです。

（2）ヒュームの「連合」概念批判と志向性としての連合

この感覚一元論における意識の志向性に対する盲目性は、ヒュームにおける「連合」の概念の「自然主義的偏向」として最も顕著になります。ここで、フッサールが、ヒュームは、連合を「自然主義化」していると批判していることの内実が、[2] 的確に理解されねばなりません。メルロ＝ポンティやハイデガーがヒュームの印象（感覚）主義や「連合」の概念を拒絶していることはよく知られています。それに対して、旧来の印象や連合の概念を徹底的に批判して、真の現象学的意味、すなわち受動的志向性としての「連合」を開示しえたのがフッサールなのでした。

① ヒュームにあって、連合は、観念連合を意味します。観念は、印象の representation（代理表象、以下、表象とする）であり、印象（感覚）が第一次性質、観念が表象としての第二次性質に位置づけられます。観念連合は、したがって、本来、精神性をまったく欠く原子としての印象の自然因果的結びつきですが、それが第二次性質としての表象の結びつきとして受けとめられているというのです。すなわち、ヒュームは、ある特定の知覚契機（印象と観念）が他の特定の知覚契機（印象と観念）と、いつも、習慣的に結びつくこと、つまり連合において、観念として表象された諸々の表象と同様に、習慣的にいつもそれらと一緒になって現れる感情との連合的絡み合いも形成される、（180参照）とみていました。

フッサールは、他方、ヒュームのこの連合の記述に対して、この連合の規定そのものは退けますが、記述そのもののもつ積極的意味合いは、肯定しています。

「したがって、諸々の感情は、それらに帰属する諸々の対象を獲得し、それらに関係づけられます。すでに、現存している意識にもとづく、常に新たな志向性の形成および、常に新たな意識の形成における連合の実効

性は明らかに否定されてはいないと思われます。」（180、強調は筆者による）

しかし、ヒューム自身は、ここでいわれている「連合の実効性」を、当然ですが、ここでフッサールの述べる「新たな志向性」の形成とはみなしません。そうではなく、ヒュームは連合を「牽引力（Attraktion）や凝集力（Kohäsion）」という自然法則に倣って理解しています。連合をあくまでも自然の因果関係に倣ってとらえようとするのです。これに対して、フッサールは、上の引用文につづけて、「しかし、私は、すでに現存している意識にもとづく、ということを強調する」（180）と述べ、そこに「現存する意識」の本質として「意識の志向性」をヒュームの「心的事実」にすぎない意識に対置させます。つまり、いつも、そこに現存する意識そのものが、志向性という本質を担っている、つまり、常に意味づけを行っているというのです。しかし、ヒュームの場合、感覚や感情は、いかなる精神的動機も含まない、盲目的な因果的結びつきに即して考えられ、そのような因果的結びつきとしての連合によって、対象との帰属性をもち、自然主義化され、「刺激－反応」の生理的機構として考え、物象化、物理生理的対象として対象化されてしまっているのです。

②　フッサールは、ヒュームの因果的に捉えられた連合に対して、連合を志向性として説明するに当たって、単純な例を引きます。「aが私にbを思い出させる、つまりベルリンの大聖堂の絵葉書が、ベルリンの王宮を思い出させるというのは、新たな要素が以前の要素へと単に機械的に飛び移ることではありません。そうではなく、このひとつの要素は、他の要素を証示する志向性を背負い込んでいる（behaftet）のです」（180、強調は筆者による）として、連合は、決して、ヒュームの理解するように、機械的な結びつき（統計的頻度）によるのではなく、先に「そこに現存する意識そのもの」といわれた「aをaとして受け取る志向性」という本質によるものだと批判します。もちろん、連合が、この「指し示す」という意味での「証示（Hinweis）」という特性をもつこと、つ

まり志向性という特性をもつことは、それとして、誰もが納得いくように論証されねばならないことではありません（第二部第二章参照）。

しかし、ヒュームからすれば、このフッサールのいう「機械的」という指摘は、あまりに粗雑にすぎ、ヒュームは、観念（表象）と観念（表象）との間に、「類似性」、「隣接性」、「因果性」などの諸関係のあり方を詳細に記述しているという反論がみられるのも、当然のことといえましょう。しかも、フッサール自身、連合を説明するとき、「類似性」と「コントラスト」を規則性として導入しているではないか、という反論も可能です。しかし、それにもかかわらず、最終的にフッサールが、「機械的」といわざるをえないのは、印象（感覚）と観念（表象）との恒常的連接といわれている基本的関係性の原理に関わるからです。

ヒュームの主張する「連合」は、観念連合として、印象の表象（representation）による観念相互の結びつきを意味しています。このドイツ語では、Repräsentaiton にあたる、「再現前」には、ヴァルデンフェルスに即せば、「表象、呈示、準現在化（Vergegenwärtigung）、代理」という四つの観点が含まれており[3]、観念連合を「表象」としての representation として考察する場合、その射程を明確に理解せずには、フッサールの連合の概念との差異は厳密に理解されません。

このフッサールの連合が、ヒュームの場合の、印象（感覚）と印象の観念（表象、再現前）という認識構図のもとに、表象概念を媒介にした観念間の結びつきとして理解できないという原理的批判は、実は、フッサールの時間論において、明瞭に論証されたことです。フッサールは、『受動的綜合の分析』において、連合を時間意識の働き方である過去把持を過去把持にしている、詳しく言えば、過去把持の交差志向性（通常、縦軸に描かれる Querintentionalität）における感覚内容の自己合致として記述しています。そして、この過去把持における連合は、まさに「表象、準現在化」と訳されるRepräsentationではない、というこのRepräsentationの否定を通して露呈されえた受動的志向性なのです。過去把持は、受動的志向性としての連合として働いているのであり、表象機能ではないのです。(4)

③　ヴァルデンフェルスは、Repräsentationの概念について、フッサールの準現在化（Vergegenwärtigung、表象）に照らし合わせ、次のように、明確に論じています。「過去は、過ぎ去ったものがそのものとして想起される以前に、現在のうちで働いている。過ぎ去ったものは、それが過ぎ去ったものとして準現在化される以前に、私たちを襲い、私たちを解き放ち、重荷を負わせ、あるいは軽やかな気分にさせる。(5)」この現在において働く過去は、「準現在化される以前」に働いている過去把持を示しています。それは、フッサールにおいて、連合としての過去把持の過去であるとされ、具体的には、無数の空虚な形態と空虚表象を内にふくむ含蓄的志向性としての過去把持の地平として開示されました。そしてさらに引用文にあるように、「準現在化される以前に」、準現在化ではない過去把持において働くこの連合は、受動的綜合の働きとして、生き生きした現在における動機づけの観点から分析されていきます。

したがって、連合は、先に述べたように、いつもすでに現存している意識の志向性として、「何かを意識している、意味を示唆している、指示している」のです。つまり、フッサールは、連合を「動機の他の形式であり、その内部において、根元的な志向性がすでに働いており、（……）その根元は、志向性の性格を帯び、他の何かを指示しているのであって、それなしには、いかなる記号や言語の語などを理解できない」（180、強調は筆者による）と把握しています。この連合が、フッサールにおいて、受動的綜合として解明され、倫理学上いかに重要な意味をしめるか、後に詳細に論述されることになります。(6)

④　このことをヒュームの捉える「観念連合」と対比的に考察する場合に適した論議として、一ノ瀬正樹氏の提示する「逆因果」の事例である「仮現運動」を挙げることができます。仮現運動[7]とは、ファイ現象とも呼ばれ、距離を置いた二つの発光点を時間をずらして発光させると、一定の時間間隔の点滅で、実際に光点が移動しているのでないにもかかわらず、光点が動く、光点の「運動」がみえるという現象であり、それだけでなく、その時間間隔を少し縮めると、光点の動きではなく、運動だけが知覚される、つまり、動くものとしての光点なしに、「運動」だけがみえるというのです。

一ノ瀬氏は、この現象を、時間が一方向に流れるとする時間の非対称性と、その時間軸における、原因の先行と結果の後出という通常の因果関係の規定に反する逆因果、つまり、「最初に異常な出来事を結果として認識し、その後その原因を探る[8]」逆向き因果と名づけ、後出の二番目の発光の結果としての運動が起こって、先行した一番目の発光に原因が求められるとしています。通常の原因⟶結果という時間順序が逆転して、結果⟶原因という時間秩序を持つのです。氏は、この現象を「第二の発光が生じた後で運動の見えが構成されるとする考え方[9]」、すなわち「遡及的構成説」と名づけるグッドマンの説も紹介します。しかし、一ノ瀬氏が注意しなければならないとするのは、逆向き因果とはいっても、過去を変化させるというのではなく、過去を意味づけ、規定している、ということです。

さて、印象と観念（表象）、そして時間と因果に関連して、興味深いこの逆向き因果としての仮現現象の説明に対して、ここで問われなければならないのは、この構成、ないし意味規定の内実です。まずもって、問われなければならないのは、第一に、はたして本当に時間を遡っているのかどうか、ということ、第二にどのようにして遡ることができるのかということです。

a　第一の問いは、一番目の発光の時刻を時刻T_1、二番目の発光の時刻を時刻T_2とした場合、二番目の発光の時刻T_2が与えられることと、一番目の発光の時刻T_1に遡って運動がみえるとするとき、その時刻T_2から、客観的に今過ぎ去ってしまっているはずの時刻T_1に遡ることになるのか、という問いです。これに対して、原理的に、客観的に刻々と過ぎ去っていく時刻に客観的に遡ることは、タイムマシンという仮想現実を別にして、不可能であると思います。この点は、後ほど詳論される脳科学者B・リベットが同様に、精神が過ぎ去った〇・五秒前の脳内刺激に遡及的に遡ると主張する見解に対する批判と結びつきます。(10) そして、第二の問いとして、仮に主観的に遡りうるとした場合、それが可能になるのは、何らかのあり方で一番目の発光が、意識主観に残っているのでなければならないということです。つまり、過去把持の機能をすでに前提にしているのではないのかという論点です。

b　この第二の論点に直接、向かう前に、はたしてヒュームであるならば、この現象を「印象、観念（表象）、観念連合」によって、どのように説明することが可能か、考えて見ましょう。二番目の発光が印象として与えられる時刻T_2において、一番目の発光T_1は、もはや印象ではなく、観念となっています。観念である以上、時刻T_1に拘束されることはないかわりに、すでに見えなくなった「過去の時刻T_1の発光」というときの「過去の意味」は、その発光という観念からではなく、ヒュームにおいて前提とされる不可逆的に流れる客観的時間の流れの時間軸上の過去の時間位置から、獲得される他ないのではないでしょうか。

c　また、仮に大森荘蔵氏の「過去製作論」(11)に即して、過去の意味を想起が製作するとしても、通常の意味の想起が「過ぎ去る」という過去の意味を製作しえないことは、過去把持は代理表象、ないし表象とされるRe-präsentationでは説明できないということから、フッサールの時間意識の解明を通して解明されています。(12) つまり、過去になっている発光T_1に遡るとはいっても、客観的な時間軸を遡るのではなく、客観的時間軸を前提にする、過去の位置という過去という意味を担った発光T_1の観念に、発光T_2の印象が結びつくことになり、発光の印象T_2と発光T_1の観念とが、同じ現在の時刻T_2において連合することになります。すなわち発光T_1の過去の意味の規定は、客観的時間としての過去の時間位置に遡って生じるのではなく、現在の内部で、客観的時間位置を想起するということで生じているとする他ないのですが、その想起での説明は、フッサールの過去把持の解明を通して、不可能とされている以上、逆向という時間の前後関係はここで生成しているとは考えられないのです。

d　しかも、ここで興味深いのは、発光T_2が生じたときに生成するとされる「運動の意味」は、遡られる過去という意味だけでなく、「運動の起点（発光T_1の位置R_1）と運動そのものの意味」であることです。運動の起点は、発光T_2が位置R_2に与えられるとき、発光T_1が消滅したその位置R_1として意識されます。そして、R_1からR_2の運動は、R_1とR_2の間の諸発光点が実在しないにもかかわらず、そして諸発光点に相応する印象が欠けるにもかかわらず、運動として知覚されるわけです。しかも、この光点と運動が見えて、前後する発光の時間をさらに減少させると、光点の移動の知覚は消え、移動する光点なしのR_1からR_2への飛躍としての純粋な運動だけが知覚されるというのです。実在論としての心理学の前提とされる感覚の「恒常仮説」（観念には、その起源として常に物理量としての印象が存在するとする説）が完全に否定され、運動は、あるまとまりとしての「形態（Gestalt）」として理解されるべきであるとする形態心理学の原理的出発点がここに確定しているのです。

ということは、運動の意味が生成したのは、R_1からR_2へと移動する光点を逆向きに消滅した印象に遡ることによるのではありません。ヒュームは、原子論を前提にして、印象と印象との因果関係について語ることができても、時間を隔てたT_2の印象とT_1の観念の因果関係をどのように語ることができるのでしょうか。T_1の観念に相応する印象T_1は、すでに、客観的に原子として実在しておらず、実在していない原子としての印象T_1にどのようにして、印象T_2が関係を結べるといえるのでしょうか。このようなあり方での因果的連合関係は、二番目の発光の印象T_2と一番目の発光の観念T_1の間に成立不可能といわねばなりません。

e　これに対して、フッサールの場合、この仮現運動は、過去把持を通して次のように説明できます。二番目の発光の感覚素材（印象）が与えられると、過去把持されていた一番目の発光との間に、その感覚素材の意味内容と、過去把持され空虚な形態となっていた意味内容（表象以前の感覚質）との間に、相互覚起という対化の連合が生成し、発光の連続が感覚され、それが触発されると同時に、外的な運動の視覚の表象が生成するといえます。その際、視覚（発光）と運動感覚との連合は、共感覚の成立として解明されなければならない課題であることになります。[13]いずれにしても、自然因果としての連合ではなく、受動的綜合としての連合の解明の方向が、フッサールにおいて明確にされているのです。

（3）連合と時間論

ヒュームで意味されている「連合」とフッサールの「連合」の概念を理解するにあたり、フッサールの場合、連合が時間論との関連において次第に明確にされてきたことに注意せねばなりません。フッサールの倫理学の特徴を理解する際に鍵になる概念として「連合的動機」があげられていますが、連合が動機と規定されることが、フッサールにとって明証性の根源とされる時間化の明証性の次元から的確に理解されてはじめて、ヒュームの連合概念の徹底した批判的検討が可能になるのです。

連合の動機といわれるときの動機は、単に精神主義として、精神の原理である動機を、もっとも下位の段階の動機として上から下に移行させて適用させているわけではありません。フッサールにおいて連合は、『受動的綜合の分析』において、過去把持された感覚内容の変様の経過の分析を通して解明されてきました。そして、究極的には「生き生きした現在」の立ち留まりは、衝動志向性によるとされ、連合として働く受動的綜合としての衝動志向性による時間化は、連合の働きによって生じていることが解明されていったのです。

このことから考えれば、ヒュームの考える連合との違いは、大変、明瞭なものとなります。

① ヒュームにおいて連合は、自然法則に即した因果性をその背景にもっており、時間は観念連合の仕方としての「連接」において理解されますが、その原子論と時間の非対称性の立場により、事実の頻度という偶然性を基礎にする「習慣性」の形成といった、まさに自然主義による理解にとどまります。志向性という精神的動機として、より正確には、受動的志向性として連合が時間を形成するというフッサールの見解とは、根本的に異なっています。

② フッサールにとって習慣性とは、「含蓄的志向性」という原理による精神の規則性として定義されています。ヒュームの場合のような、単なる偶然の単なる頻度を意味するのではありません。この含蓄的志向性は、「内的時間意識」の分析において、記憶作用とは異なった「過去把持」という受動的志向性として解明されたものです。この含蓄的志向性は、過去地平に沈積し、触発的力として過去地平の潜在的力を形成しています。この潜在的な触発力は、周囲世界との無意識的相互覚起を通して、無意識の内にたえず、形成し続け、周囲世界のヒュレー的与件と絶えざる相互覚起という、連合による受動的綜合を通して、到来する現在に絶えず臨在しています。

③ このように、フッサールの連合の概念は、その時間論と密接な関係のもとにのみ、的確に理解されうるの

であり、ヒュームに代表される経験論的心理学主義において考察される連合と時間とは明確に区別されなければならないのです。つまり、ヒュームにおける時間は、印象の連接の関係において理解されているのです。

印象の概念は、フッサールにあって、感覚、とりわけ、感覚質の成立の問題として取りあげられ、「生き生きした現在」という時間意識における感覚質の意味の生成として問題とされ、最終的には、衝動志向性による生き生きした現在の立ち留まりという次元がその意味の生成する場として開示されました。他方、ヒュームにおける「時間」は、印象が原子論的印象とされて、その印象の「連接」という概念のもとに理解されています。その際、この連接とは、印象がそもそも志向性から捉えられないという根本的誤謬からして、機械論的に理解されており、機械論的に生起する連合の仕方の一種として理解されていることから、フッサールの理解する連合とは、根本的に異なっているのです。

(4) 審美主義的傍観主義の批判

このようなヒュームの「感覚と連合」に関する原理的立場と、そこで可能になる倫理学を考察する場合に明らかになるのは、自然科学のとる自然主義にあっては、倫理学の基本概念である「規範」という概念が、完全に除外されてしまい、倫理学の対象である規範化する対象性が存在しえないということです。事物の連関と同じような因果的連関の中で、人間に与えられているのは、自他の感情を自然現象のように、関心を持たずに傍観する観察による倫理、そして、倫理の審美化、ないし美学化（Ästhetisierung der Ethik）が成立することになってしまいます。

①「こうすべきである」という義務と規範は、自我の作用、自由と責任が積極的に認められて初めて、義務

や規範として機能するものです。そのことをフッサールは、明確に、「自我はその際、自分の作用の能作に発する形成体によって動機づけられており、一度、何かに自分の義務を認めれば、実践的に自己をそれによって規定させることができる」(186)と表現しています。つまり、義務の遂行は、遂行していること自体、すなわち、義務の遂行面であるノエシスが、それとして内的意識に、直接、内在的知覚として明証的に与えられ、同時に、何を遂行しているのかというノエマの側面においても、明証的に与えられています。このような志向的能作が自覚されうるからこそ、義務と規範の遂行が、自我の活動として可能になっているのです。それに対して、自我の能動的志向性における能作が認められず、単に印象と観念という知覚の束としてのみ、自我の活動が認められる場合、無意味のまとまり(物的量の因果的連関)が、意味(心的動機連関)を生じることがないのと同様、義務や規範が機能するはずはありえません。

② ヒュームにみられる審美的傍観主義を批判して、フッサールは、ヒュームにおける倫理的存在と美的存在の混同を指摘します。「倫理的なものとは、ヒュームによれば、もっとも広義において美的なものであり、関心のない快感によって性格づけられます。(……)関心をもたずに眺め、評価する態度において観察されたとき、つまり、その人のすべての個人的関心を除外して観察するときに心を動かす人格やその人の性格、思慮、行動」(188)を倫理的と呼ぶのです。

しかし、ここで「心を動かす」と表現されることは、いかなることなのでしょうか。ちょうど、印象が心を打つ(streic)力は、観念のそれより、強く生動性があるというときのように、印象という原子が心的事実とされる印象の束とされる自我を打つということになります。ヒュームは、道徳を自然主義的に解釈しようとすることから、観察者の立場をとり、主観的契機を観察に組み込まずに、人間の社会的活動を、自然現象のように観察しようとします。

このような観察者の立場にたつ因果論は、結局のところ、その観察者における因果性もその当事者の外部の観察者に依拠する以上[14]、心の決定をなす認識の主体という基点は、「様々な知覚の束ないし集まり」とする、同一に留まる自我が否定されることを通して、冷めきった「傍観者の懐疑主義」に必然的に陥ることとなります。このような帰結がその倫理に及ぼす影響は、多大なものです。

ヒュームの自然法則に関する考察は、自然法則は未来をも含みうるか、また法則の必然性は経験において保証されるか、という問題をも含んでいます。その際、考察の中心におかれるのが、確率において、「記憶に発する不確実性」の問題とされます。議論、推論、理解のすべてにおいて、記憶は中心的役割を果たしており、数秒前に経験したことが、正確に記憶に残っているかどうか、その不確実性は、日常生活においてわたしたちが常に経験していることに他なりません。フッサールは、この記憶の不確実性による懐疑主義の帰結という問題に正面から取り組み、必当然的明証性が、瞬時の明証性から拡大されて、記憶の領域に及びうることを「受動的綜合」の分析を通して明示することができました[15]。ヒューム的懐疑主義の克服が達成されているのです。このフッサールにおける認識論的展開が、当然、倫理学の構築に積極的役割を果たしていることは疑いえません。

観察的倫理の具体的な例として、フッサールは、ヒュームが、「集団を成す人々の間に、暗示的に感情が伝わっている」といった場合をあげます。ヒュームは、三人称としての集団の人々の行動を外から観察して、そこに規則性を見出そうとするのです。しかし、フッサールは、この観察する倫理を批判して、ヒュームが、このような観察の立場と、真に二人称としての他の人に同情するという場合を同じこととする混同を指摘します。三人称としての人々の間に感情が伝わっていることを外から傍観して、「共感する」とすることと、二人称としての自分の相手に真に「共感すること」が、同一のものとされてしまっていると批判するのです。単に同じような状況におかれて、自然法則にかなうかのように、多くの人々とともに「思惟の経済という原則」に即して、同じような、あるいは連合という規則性に即して、同様の量の感情を持ち合うといったあり方が、傍観の倫理で問題にされているのです。[16]

③　フッサールは、このような態度は、倫理的態度とはいえず、「同情とは、他の人と同じように同じものに苦しむことなのではなく、その人に同情するのであり、その人が苦しんでいること、そして、その人が苦しんでいるから、そのことに苦しむのです。」(194) と主張します。しかも、重要であるのは、先に述べたように、人間は、自分が相手の苦しみに同情しているとき、真に同情することと、何に同情しているか、真の同情というノエシス―ノエマの相関関係を直接体験しており、上っ面の、言葉だけの同情との違いを自覚できているということなのです。同情とは、人格的関与であり、傍観ではありません。また、この同情が起こっているとき、その起こり方そのものを観察して、心理学的関心で同情を考察することは、まさに自然主義的態度として、人格的態度と明確に峻別されるのでなければなりません。自分の同情を外から観察することと、同情の中に生きていることを自覚していることの違いに人は気づいています。この傍観は、感覚や感情を自然法則に即して観察し、そこに道徳の規則性を見出そうとすることから帰結するといえるでしょう。価値づけ、目的づけに則る実践理性の働く倫理の領域は、現実に感情を生き、価値づけを生きているのです。

④　このように、フッサールは、倫理とは、人間の生活の現実に直接関わっており、外から、自他の行動を無関心に眺めることによる美的な判断とは、異なっていると主張します。しかし、このヒュームのとる傍観は、いったいどのようにして生じる態度なのでしょうか。「利己的でないこと」と「無関心ということ」が同列に並べ

られる誤解には、大きな問題が含まれています。人間存在の本質として、現実に関わらない無関心の態度を取ろうとするのは、自己の本質に盲目な、一種の現実逃避、精神疾患といわねばならないでしょう。この逃避の本質をそれとして明確に示すことは、ここで求める倫理にとって重要なことです。傍観者ではありえないのが、人間存在です。この現実とのかかわりの中で、実践理性の本質規則性を極めるのが倫理学の課題であるわけです。

ヒュームに即せば（シャフツベリに即すのと同様に）最も広義の意味での美しいものの領域である倫理的なものは、次のテキストに記述されています。倫理的なものは、

「関心を欠いた適意（Wohlgefallen）（そして不適意という反対の場合において）や人格、その特性、信念、行為を通じて惹起されます。ただしそれらがまさに、無関心的な観察者および判断者の態度において考察され、この観察者がそれゆえ一切の自分の人格的な関心を作動させない限りにおいてです。（……）これら価値づける感情は、現実性に関するどんな仮定に依存してもおらず、それらはしたがってまったくもって顕在的な感情です。このことが彼に、すべての道徳的評価づけを自己愛的な感情へと還元しようとする一切の功利主義的な道徳、したがって利己主義的な道徳に対立する決定的な論拠を与えています。虚構性においては、判断するものの一切の関心がそれ自身排除されるのです。」（188, 9）

ここでヒュームによって主張されているのは、人間が現実に直接関わると、功利主義的傾向、利己主義的傾向に走るのが常であり、結局、自己の快楽をもとめる快楽主義に陥ってしまうという見解です。フッサールがヒュームに潜んでいる快楽主義とは何かについての見解、つまり、快楽主義が客観性として倫理的価値をノエマとして認めることができず、主観的構成の側面としてのノエシスと混同してしまっているという見解を持つことができず、その結果、ノエシス－ノエマの相関関係にある価値覚を理解できず、ノエシス－ノエマの相関において生

じている感情の領域を志向性の本質からではなく、因果律のもとに、自己の感情さえ、自然法則のもとで理解しようとしてしまうことになるのです。このような観察者に残るのは、真の感情ではなく、自然化された観察の対象となってしまった感情であり、ブーバーが、「われ－それ－関係」においてとらえる対象化された感情なのです。(17)

第二章　フッサールのカント道徳哲学批判

フッサールは、一方で、カントの義務道徳において直観的に把捉されている「義務の理念」を、最も重要で中心的な倫理学の理念として高く評価しますが、(201参照) 他方、カントの義務道徳は、実践理性の学としての倫理学の方法論に欠けるため、倫理上の意志と価値の質料的側面を自然因果性とみなし、理性と感性の対立という「根本的錯誤」(220) をなし、普遍的な倫理的生の形成を目的にする真の人間共同体の理念を担いきれない形式主義に陥ってしまった、と理解しています。以下、フッサールのカント道徳哲学批判を、『倫理学入門』の記述に即して、展開し、その批判にみえるフッサール自身の立場を明確にしていこうと思います。

第一節　フッサールによるカント道徳哲学の概括

フッサールは、『倫理学入門』において、カントの道徳哲学の概要を次のようにまとめています。

その根本的命題の一つは、格率 (Maxime) という主観的根本命題と実践的規則という客観的妥当性をもつ客観的根本命題とを二項的に対立させる理解の仕方です。カントにおいて、実践的規則は、主観の欲求充足を前提にする仮言的命法を通してではなく、定言的命法として行使されます。フッサールは、このカントの教説を、第一定理として、「意志の規定の根底としての欲求の能力の対象（質料）を前提にするすべての実践的原理は、全体として、経験論的であり、いかなる実践的規則も提示することはない」（203）と性格づけます。つまり何らかの経験の対象の表象に結びついた「快楽」や「欲求」といった、カントにとって、経験的事実、心理的事実とされるものを前提にする議論は、主観的格率という性格を持ちうるだけであり、定言的命法としての実践的規則を与えることはできないというのです。なぜなら、何らかの対象の表象が、快と結びついているか、不快と結びついていているかは、個別的主観に依存するのであり、偶然にすぎず、決してアプリオリには規定されていないとするからです。さらに、第二定理として「すべての実質的（material）な実践的原理は、すべてひっくるめて同一種類のものであり、それらは自己愛もしくは自己の幸福（Glückseligkeit）の普遍的原理のもとに属している」（204）というように、人間の本性として、事象の表象に結びつく最大限の快適さとしての自己の幸福を欲求する、自己愛的快楽主義を指摘しています。

以上の概略から問題にされるべきことは、

① 上記の根本命題で主張されている論点の一つとして、欲求や快楽の対象は、経験論的と規定され、アプリオリとされる超越論的規定に対峙されているということです。この二項対立のもつ、カント倫理学における意味は決定的です。これに対して、フッサールは、立場として、カントにとって、ヒュームと同様、経験的－心理的にすぎないとされる「感覚や感情」という感性の領域において、経験的ではない超越論的規則性が働いており、それが解明可能であり、そのことをヒュームと同様、カントも完全に見落としていると批判しています。このいわば、「感性のロゴス」が、倫理学においてもつ意味は、ヒュームとカントのもつ感性についての見解と決定的違いを形成しているといわなければなりません。

②　そして、ここでいう経験論的対象は、超越論的形式に対する質料、ないし内容と規定され、この感性と理性の対立という二元主義が、カントの認識論と実践哲学に一貫しているのです。フッサールは、この「感性と理性の二元対立」は、その当時の快楽主義に対する、カントの過剰な反応から帰結するものとみなし、カントが快楽主義の本質を見極めてないことによるとされます。つまり、快楽主義が、人間の主観性の本質としての志向性を理解せずに、価値づけと価値の「ノエシス－ノエマ」という能動的志向性の相関関係を見落としている、まさにそのことを、ヒューム同様、カントが理解できていないのです。カントも、快楽主義とヒュームと同様、志向性概念に完全に盲目でした。

③　さらに、カントの倫理学において決定的意味をもつ定言的命法と仮言的命法の区別は、定言的命法が「理性の事実」とされるのですが、その矛盾を含む概念規定の批判的考察を通して、そのどの点をフッサールが批判しているかを述べなければなりません。

第二節　個別的諸批判の展開

（1）カントの形式主義に対するフッサールの批判

フッサールは、カントの認識論上の、また道徳論における、感性のもたらす質料的契機に対立する純粋な実践理性の「形式主義」を次のように批判します。

①　まず、フッサールがカントにおいてみるのは、カントの実践論的原理にあって、自我がその意志を決定するに際して、形式に対する質料的原理として、ある対象への欲求があり、それは、「その物の存在の表象（Vorstellung）への快楽である」（204）と規定していることです。それは具体的には、「自己愛、ないし、自分の至福という一般的原理に属する」（同上）とされています。意志決定の際、当然、快・不快は感情の領域に属しますので、この経験として与えられる快・不快の感情にとらわれることなく、形式原理としての純粋な理性に即して遂行されるのでなければならないというのです。この質料に対する形式化という、一見、明瞭に理解しうる意志決定という論述に何の問題があるというのでしょうか。

その際、フッサールが批判するのは、いったい、そもそも、

「意志がすべての価値や感じることから自由であると考えることができるかどうか、……そのような意志は、音の強さなしの音や、広がりをもたない色、また、表象されたものをもたない表象といった不合理なことではないか。したがって、アプリオリに無条件的な本質普遍性において、一切の意志主観は価値づける主観であり、感じる主観でなければならない」（214）

とする批判です。この批判には、フッサールの「実質的アプリオリ」と志向性の「ノエシス－ノエマの相関関係」の主張が含まれています。まず、実質的アプリオリとは、「広がりをもたない色の不可能性」というとき、色は、赤だったり、青だったり、一定の質をもっています。広がりは、量の規定とされます。広がりという形式的規定と色の実質的規定を分離しようと思えば、色からその実質を抽象して、抜き去れば、その広がりだけ残るでしょうか。輪郭だけ残るのでしょうか。その残った輪郭に色はないのでしょうか。輪郭線の内部の紙の白さは、色ではないのでしょうか。日常生活での「色」という言葉の使い方では、車や衣類を考えればわかるように、白と黒は色に入ります。したがって、ある特定の色味を消すということは、他の色味がその消された部分を支配することを意味し、特定の色とその広がりを切り離すことは、色の本質からしてどんな色を経験しようと、色の経

験の条件としてアプリオリに不可能なのです。

また、「存在の表象への快楽」というときの、Vorstellen の訳語である「表象する」とは、フッサールにあって、ノエシスとノエマの相関関係として理解され、相関関係とは、特定のノエシスにそれに相応する特定のノエマが構成されているというように、両者は相関関係においてのみ理解することができるのであり、その意味で、不可分離な関係にあることを意味しています。

フッサールが主張するのは、これら二つの不可分離性と同様、人間が意志することがあれば、何らかの具体的な価値づけや感覚や感情を含んだ意志である他なく、カントのいうように、価値や感覚や感情から自由な、純粋な意志など、本質的に不可能であるという批判なのです。したがって、質料から自由に純粋理性に即して決断できるとすることとは、ただただ、意志は特定の感情をその感情として感じることなく決断するということを意味し、それは、感情をそれとして拒否することさえ不可能になると批判します。なぜなら、カントにとって、感情を感情にしている質料は、自然の因果性において経験的事実としてのみ与えられており、それそのままには、カオスとしてしか感じられることはなく、感性の形式（時間と空間）とカテゴリーという純粋形式が、それを形式化することによってのみ感覚や感情となるからです。

このとき、形式化の議論にあたって、どのように、自然の事実として直観に与えられた質料が、カテゴリーによる形式化をうけるかという、認識論上の最重要問題である、いわゆる「超越論的演繹論における超越論的構想力」の問題がより決定的問題として浮上してきます。とりわけ、そのさいの中核概念である、「生産的構想力」の働きは、カントにおいて謎のままに留まっていたとされ、この問題をフッサールは、『受動的綜合の分析』の超越論的規則性である「連合と触発」の規則性によって、解明したとしているのです。フッサールにとって、この認識論的課題がカントによって解決されていないことが、カントの二項対立的道徳哲学の根底をなしており、フッサールが実質的アプリオリの生成そのものをも、発生的現象学において解明可能であるとする方向性への確証があるからこそ、カント道徳哲学の形式主義の完全な克服が論述可能になっているのです。この論点に関しては、後に詳論することになりますが[1]、この『倫理学入門』は、一九二〇年、二四年の講義とされますので、この解明が始動し始めてはいても、いまだ完全に展開してはいない時期にあたるといわねばなりません。

② 形式と内容との不可分離性は、感性の次元のみならず、対象認識の領層においてもフッサールにおいて、原理的に解明され、カントにあっては、明確に理解されていない論点であり、このことが、カントが価値評価といった「対象の内容に関わらずに定言的命法をなせ」と主張する、隠れた根拠になっているとしています。

上記の批判にある、「意志と価値との不可分離性」に関して、フッサールは、次のように、詳細に述べています。

> 「明証であるのは、意志と価値が不可分に編み合わさっていること、その事況（Sachlage）は、音の質と音の強さが、音の具体的統一において、アプリオリに不可分な契機であるように、単に相互に指示された存在という事況ということだけでなく、意志すること、価値づけること、表象することとは、志向的基づけを通して、不可分離に、一つのことなのです。すなわち、表象することは、思念された対象を与え、表象された対象を価値づけることは、思念された価値を与え、意志することは、価値ある対象的なものの実現を措定しています。」（214）

つまり、ここでは、明証性が、感性と知性の二つ領域の基づけ関係として述べられています。まず、意志と価値は、すでに、①で言及されている「音の質と音の強さ」、あるいは、よく出される事例で、「色とその広がり」

のように、すでに、『論研』第五分冊で示されている、不可分離な契機同士の、「相互基づけ」として明証であることが示されています。第二に、知性領域における「意志と価値と表象」の間の階層関係における「志向的基づけ関係」です。「表象することは思念された対象を与え」ということは、表象することと表象された対象とのノエシス－ノエマの相関関係を意味し、「思念」とは、「志向する」ということを意味するに他なりません。この相関関係は、「表象された対象を価値づけることは、思念された価値を与え」というときの、価値づけ（ノエシス）のための、表象された対象（表象することであるノエシスに相関するノエマとしての表象）という前提として働いています。つまり、なんらかの表象される対象なしには、いかなる価値づけも成立しえないということであり、それは、その相関関係にある価値（ノエシスとしての価値づけに対応するノエマとしての価値）も成立せず、その意味で、表象の相関関係が価値の相関関係を基づけているというのです。そして、この価値の相関関係は、「意志することが価値ある対象性の実現を措定する」というとき、つまり意志の実現、意志することと意志された何かというノエシス－ノエマの相関関係が成立するとき、「価値ある対象的なもの」として前提にされています。つまり、価値の相関関係が意志の相関関係を基づけているわけです。その意味で、表象は表象されたものを通して、価値づけを基づけ、意志するためには、価値づけられたものが前提にされ、その意味で、価値づけが意志を基づけていることが、明証的に与えられているというのです。

第一の「相互基づけ」は、すでに、『論研』の時期において、部分と全体の関係をめぐって論及されていました。カントの場合、時間は感性の「形式」とされますが、フッサールの場合、時間意識の中核概念である過去把持は、形式と内容という対立においてではなく、まさに、感覚と同様、「形式と内容の相互基づけ」により成立していることを付言しておく必要があります。第二の基づけは、「ノエシス－ノエマ」の相関関係を介在にした、ノエシスの階層関係が含みこまれた含蓄的志向性の基づけを意味し、発生的現象学の展開とともに、感覚や感情などのノエシス以前の階層をも含めた、諸ノエシス間の基づけ関係に関する論述といえます。このように、意志と価値の不可分離性は、基づけ関係による明証性を獲得しているのです。

この表象、価値、意志の基づけ関係をその基底にたどると、ここでは、表象の相関関係の層が基底層ということになります。ということは、問題はカントの認識論において表象とその対象がどのように理解され、認識の純粋理性が感性的所与とどう関係しているのかという究極的な問いに至ります。そこでカントが与える最終根拠は、『純粋理性批判』における超越論的演繹論の超越論的構想力という認識根拠です。フッサールの志向性分析は、当然ながら、認識の根拠を求め、カントの場合に謎のままにとどまった生産的構想力そのものの解明である「受動的綜合」の分析に至ります。ここでは、その詳論は控えますが、表象による対象構成（ノエシス－ノエマの相関関係）そのものを基づけ、それ以前に働いている受動的志向性としての感覚や感情の受動的綜合というアプリオリな本質規則性の開示に至るのです。こうして、受動的志向性と能動的志向性の諸層の基づけ関係の理論が、価値や感情を含まない意志は、アプリオリに不可能だということを明証的に論証しているのです。

③　これに加えて、カントが純粋な実践理性が「感情という動機から自由に働く」というとき、認識論において、思惟の形式としてのカテゴリーが、感性的直観に、感性の形式としての時間と空間を通して与えられる質料的なものを形式化するというように、意志の動機は、純粋に形式的な、いかなる感性に由来する質料的な動機の介入を許さない、理性の領域に由来する動機のみが、認可されることを意味しています。しかも、決定的に重要であるのは、感情の動機の排除は、自然因果性によって意志が制約されることを排除することも同時に意味していることです。なぜなら、感覚や感情といった感性的経験は、カントにとって、自然因果性によって規定されて

いるからです。「感情動機の排除は、自然因果性による、すなわち、認識能力そのもの、しかも単に経験的であって、純粋ではない認識能力に属するような感性的経験によるすべての意志の条件性の排除をも条件づける」(215) からなのです。ということは、いかなる「欲求の対象」、いかなる、「善・悪、快・不快という価値の対象」も意志の動機になってはならない、これら自然因果性に属する経験的、心理的事実から自由な理性の動機によって意志の遂行がなされなければならないというのです。

④　カントにおける形式と内容の分離は、元来、カントが主観性の本質を「志向性」と理解していないことに起因するのですが、ここでは、カントが志向性の概念で認識構造を分析していないということを、正面から突きつけることよりも、むしろ、「意志と価値づけ」といった、倫理学の基本概念の了解において、この純粋理性による純粋形式としてのカテゴリーの適用という認識図式が、実践理性の活動の理解に、いかに僅かなものしか寄与できないかという点を強調しておくべきといえましょう。したがって、この実践理性の働きが、理論理性としての認識論の内実と密接に連関していることは明らかであり、以上の倫理における「形式と内容」の分離という問題が、カントの理論理性といかなる関係にあるかが、「感性と理性の根本的対立」という視点から、さらに、明確にされねばならないのです。

(2)　カントにおける「感性と理性の対立図式」の批判

フッサールは、カントにおける感性と理性の峻別を、以下、カントが錯誤している二つの論点をめぐって、周到に論難しています。

第一の論点は、カントの見ていなかった「理念の実践的特性」に関わります。

「この感性と理性の全体的なコントラスト、つまりその際、感性の側には感覚感性、感情および衝動感性が存立し、理性の側には非感性的で、感性を何よりも先に形式化するカテゴリー〔が存立するの〕であるが、こうしたコントラストは根本的に誤っており、同様にカントにとってこの対立がもっている非合理的な事実性と合理的なアプリオリ性との間のまったく異なるものとの合致も、根本的に誤っており、このことは無条件的な妥当性に関する法則性のうちではっきりと示されている」(220)
としています。

第二の論点は、道徳哲学における「すべての自然的感情の除外」に関わります。

「彼は、あたかも、価値づけること、欲求すること、そして実践的に努力することの領野といえるのは、単に自然のみであるとしました。すべての感情が、単に感性的で経験的なものとみなされ、除外されねばならないとする根拠を所持していると信じました。つまり、意志が客観的に妥当しなければならないとするとき、この妥当性、あるいは、すべての理性的存在の結合性を規則づけることのできるような規範の規則のもとにあるとするとき、それによって、自然の経験という感性をすでに除外してあると信じたのです。」(219)

以上、二つの論点についての批判は、以下のように展開されます。

① この第一の完全なる誤謬とされる「感性と理性の峻別」とは、「質料と形式」の峻別に対応するといえますが、この峻別の根源をフッサールは、カントの快楽主義に対する「過剰な反応」にみています。フッサールは、カントの道徳哲学の展開は、批判主義以前と以後に区分されるとみなします。批判期以前には、シャフツベリーやハチソンに代表される「感情道徳」を人間の本性の鋭い考察による優れた徳に関する論説と高く評価していました。(2) しかし、カントは、ヒュームの自然科学の厳密さに対する倫理学の擬似学問性の指摘による懐疑主義と相

対主義に直面します。そこで、カントは、「感情を倫理学の基礎づけに関わらせることは、すべて、必然的に主観主義と相対主義を伴うことになる」（201）とする伝統的な知性（悟性）道徳の立場を強固にすることになった、とフッサールはみています。（200頁以降を参照）とりわけ、カントにとって、倫理学の「真の敵は快楽主義」（239）でした。

では、その快楽主義に対する過剰反応が生じるのは、そもそも、どうしてなのでしょうか。それは、先にヒュームの主観的相対主義に対する批判で述べたように、快楽主義の倒錯の起源が、価値づけ（ノエシスの側面）と価値（ノエマの側面）を混同し、価値の客観性を確定できないことに由来します。つまり、ヒュームと同様、カントは、人間の主観性を志向性のノエシス―ノエマの相関関係と理解することができず、それによって、快楽主義の本質（ノエシスとノエマの混同）を理解せず、こうして、快楽主義の主観主義と相対主義に敵対することになったのです。快楽主義の本質が見抜けていたら、批判を通して克服できたはずなのです。

②フッサールは、快楽主義や相対主義に陥ることなく、質料的感性と形式的理性の協働を明らかにし、倫理学を、理性の形式主義から開放しようとします。それに関してフッサールは、カントがアプリオリとする理念の「一般性格」を真に理解していなかったとして、次のような批判を行います。「もしカントが理念的対象性一般を見極めていれば、それは実践的対象性であることも、また、同一の産出されたものの産出の理念的可能性としてのみそうありうることも見ていたでしょう。そうすれば、このような感性と理性の対置化は、それに属するすべての事柄とともに可能ではなかったことでしょう。」（220）

ここでフッサールのいう「理念的対象性一般」というのは、

「可能な価値と意志の圏域、したがって、可能な実践の圏域は、理念的現実性をともに包括していること、また、純粋に理念的な対象性とそれを体現化している諸身体の二重の産出（Doppelerzeugung）を通してのみ、学問の、そして芸術の、また他の、人間の精神文化の実在的－理念的形成物、すなわち、理念性を帯びた精神的な世界の形態における文化の実在的－理念的形成物が可能なのです。」(219)

という事態において表現されています。

つまり、価値や意志は、実践の圏域において、「実在的－理念的形成物」という二重の産出形態が、身体において体現化されているのです。この身体が、実在性と理念性という二重の側面を体現しているという論点は、フッサール現象学の大きな特質の一つといわれねばなりません。このような、フッサールのいう、身体性に根づく理念的対象性一般の根本性格をカントが理解していなかったというのです。ここで主張される、理念的対象性一般に関わる身体の意義は、フッサールの実践理性の概念の理解にあって、決定的役割を果たしています。「対象性のどんな領野も、可能な実践の領野でなかったり、可能な価値づけの自然な領域を前にしていないような領野は考えられません」。(217) カントにおける対象認識と実践理性の峻別が、「認識と実践」の峻別として、フッサールの身体を中軸にした実践概念と対応しないことが、明確に理解されねばならないのです。この身体を中軸にしていることは、フッサール現象学における倫理学の規定にとって、決定的であるといわねばならないのです。

③　カントは、価値や欲求や、実践的努力の世界を精神に対置される自然とみなしています。カントは、意志が、規範の規則性に即して客観的に妥当することが求められる以上、実践的努力に不可分に結びついている「感情」を単に、感性的なもの、経験的なもの、心理的なものとして、実践理性の領域から、主観的な感性上の自然の経験として排除できる、また、排除せねばならないと考えました。なぜなら、各自が欲求する対象は、感性的で経験的な対象であり、それがすべての人に客観的に妥当するかどうかは、ただ、各自の感性的経験を通してし

か、確認のしようがなく、絶対に妥当する意志の決断は、感性的でないもの、経験を超えているもの、純粋な理性においてのみ、遂行され、動機づけられているのでなければならないとしたからです（同頁以降を参照）。つまり、カントは、理念的な精神的なものが、現実には、身体性を基軸にした実在的なものとの二重の産出構造においてのみ、生成していることに気づきえなかった、まさに、感性的なものを経験的なもの、心理的なものとみなすことによって気づきえなかった、理解し得なかったといえるのです。

「カントの反論は、的を得たものではなく、感じることにおける人間の、様々に異なった経験的行動を、感情は、ちょうど、ヒュームがそうみなしたように、人間の心理－物理的組織化の単なる「自然事実」であるということを通して説明されていると信じるとき、感情道徳の根本的誤謬をもっているのです。彼に対する反対者と同様に彼は、感じることはその固有な本質から、判断することと同様、妥当性を要求していることを認識せず、まさにそれゆえに、諸価値づけの理性性と正当性をめぐって、判断や他の諸認識の正当性についてと同じように、抗争されてきていることもまた、認識しなかったのです。」（227）

（3）定言命法の批判

上記の第一の論点に関する引用文の最後に指摘されているのが、カントは、形式と質料を峻別した上で、いったい、「非合理的な事実性と合理的なアプリオリ性」が、定言命法における無条件的妥当性の規則性において一致しているという保証は、いったいどこにあるのかという重大な問題点です。カントは、この問題を「理性の事実」という概念で解決しようとしています。

「秘密に満ちた、しかも合理的な解明においては到達できないあり方において、このカテゴリーは、純粋に事実的に、感性的なものの形式化を遂行するのでなければならず、このカテゴリーは、変化することのない諸規則、いわば総合的でアプリオリな判断に結びついているのです。」（221）

この根本命題の意識が「純粋理性の事実」と名づけられうるのは、純粋理性が他の所与（*datis*）から作り出されない（herausvernünfteln）からであり、それ自体がアプリオリな総合的命題として迫ってくるからであるとされ、それが、それによって根源的に立法するものとして告示される純粋理性の唯一の事実である、とされるからです。（209頁参照）

この問題系は、認識論的領域に関わる大変重要な問題系であり、すでに、「受動的綜合の分析」とカントの「超越論構想力」の問題として取り上げた問題です。ここで、カント研究者は、「理性の事実」という概念をもってはいますが、カテゴリーと、事実性と同義である感性との必然的結びつきは、カントにおいてまったく謎に包まれた、まさに謎めいた「合致」としかいいようがないのです。したがって、興味深いのは、このカントの事実という規定とフッサールの超越論的事実性の概念との相違です。理性の事実とは、アプリオリな規則性と事実性が融合しているということを意味します。フッサールの場合もそれがいえるのですが、フッサールの超越論的事実性にあって、時間化の関連においてその合致が解明されているのに対して、カントの理性の事実は、ただ、規則を与える数理の、そして理念の事実性を意味するといえます。この違いが細かく考察されねばなりません。

理性の事実を、妥当性を理念的存在へと変化させ、実践的決断の際の見識とみなそうとするD・ヘンリッヒの解釈に対して、ヴァルデンフェルスは、それをプラトンとカントを融合させようとする試みとして、「われわれが求める善とわれわれを義務づける道徳法則との結合は、動機の力と妥当性の要求を結合させることによって、むしろ、それ自体解明されるより、不明瞭なものになっている[3]」と批判しています。ヴァルデンフェルスは、理性の事実をむしろ、定言命法の命令という特性に注視し、「カントがその極端にもたらしている当為ということは、私がそれに向かう以前に、自分に向かってきてしまっている何かである[4]」とし、ヴァルデンフェルス自身の中核概念である「遭遇（Widerfahrnis）[5]」の概念に結び付けようとします。その際、彼は、フッサールの「事実の必然性」、「絶対的事実」という、本著で、超越論的事実性として問題にされる事態を、「存在と当為という選言性を免れる、自己経験、他者経験そして、世界経験の深層次元[6]」と述べ、存在と当為という断絶に位置する「理性の事実」を現象学的解明にもたらす方向性を的確に提示しています。

（4）感情と感覚のアプリオリ性についての誤認

フッサールの批判する、カントの感性と理性の峻別の不可能性は、次の二つの批判を通して、さらにその内実がより、明確に論証されることになります。フッサールは、「カントが感情と感覚の領域のアプリオリの本質規則性を誤認していること」（220）を述べる中で、次のように論難しています。

「ここで注意しなければならないことは、次の二つです。（1）すべての可能な存在領域一般において、感性において支配している本質必然性を見失っていること、そして、経験的事実性と感性との混同。（2）受動的感情体験と能動的感情体験との区別を見失っていること。それと同じ一つのことですが、すべての作用と同様、感情作用に本来属している規範的違いを認識できていないこと。……すべての感性に関してアプリオリな規則が存在し、すべての感性は、真の合理性の領域であり、適正な意味で純粋な理性の領域です。このように、まずもって、感覚所与の領域、色や音などの領域がそうなのです。つまり、色は、広がりや明るさを持たない色は考えることができないのです。」（220）

この文章の内実を明らかにせねばなりません。

① （1）で述べられているフッサールのいう「感性における本質必然性」のその全様が明らかにされるのは、いわゆる「超越論的感性論」や「超越論的論理学」というテーマで展開される「受動的綜合」の分析においてなのですが、ここでは、その一端が、感性の領域における「色と広がり」が、その両者の本質からして分離できない不可分離性として示されています。他方、この『論理学研究』の「部分と全体」の議論においては、すでに、生成済みの意味としての「色と広がり」を前提にした上での論述、つまり、静態的現象学の研究領域での探求であるのに対して、意味の生成を問題にする発生的現象学の枠組みの中では、『受動的綜合の分析』において、「感覚野の現象学」として定題化され、その超越論的規則性として連合と触発が詳細に分析されることになるのです。この連合概念は、繰り返しになりますが、ヒュームの「連合」とは異なり、しかも、カントが超越論的規則性として見出すことのできなかった本質規則性という特性をもつものです。つまり、ここで述べられている「感性の本質規則性」は、単に標語に留まることなく、アプリオリな規則性として、解明され、探求の途上にあり、この探求領域が、「受動的綜合」の領域として確定されたのです。

② ここで興味深い論点は、どうしてカントは、感覚や感情等、感性といわれる存在領域を、いわゆる単なる「経験的事実性」と混同してしまい、そこにアプリオリな質的規則性を見出せなかったのかという疑問に関して、フッサールが、感性の働きの分析では、カントよりヒュームの分析の深さを強調していることです。フッサールの指摘する次の論点は重要です。

「カントは、アプリオリの、真のそして唯一価値のある概念をまったく知っておらず、ヒュームの、あの観念の関係（*relations of ideas*）という半ば不明瞭な概念から外に出てみることはなく、この考察において、ヒュームよりはるかに及ばなかったのは、彼が、心理学主義への不安から、良質で真の精神心理学に対して距離をもち、すべての現象学的な根源の探求から身を引いていたからなのです。」(221)

他方、このことは、カントが、ヒュームの印象にもとづく「観念の関係」という認識論的構図における印象概念と同じ、経験的事実性の概念を前提にしているということを意味しており、そのことからして、カントに残されているのは、ヒュームの場合と同様、経験内容の偶然性と頻度という立場にたつか、カテゴリーの適用による純粋形式の必然性を主張するかという大変狭い選択の前に立つことでしかありえなかったのです。言い換えると、カントにとって、感覚や「感情は人間的で心理物理的な組織の単なる自然事実であるということによって説明されると信じる」(227) ことしか残されていなかったのです。

「というのも、彼もまた感情を感性化し、感情を通したすべての動機づけのうちに、人間に機械的に突き当たる自然因果性を見ていたからです。道徳的人間は自己責任をもって行為する一方、彼は道徳的な意志のうちにはどんな感情動機も規定しつつ存在しえないかのような教説へと追いやられたのです。彼は、感じつつ価値づけることのうちに動機づけの基底をもたないどんな意志することもそもそも思考不可能であることを見ることはなかったのです」。(233、強調は筆者による)

フッサールは、ここで、カントが、「意志の内的心理的動機と心理物理的因果性」とを取り違えて理解していると主張します。(337頁以降を参照)。しかし、どうしてそんなことが起こるのでしょうか。フッサールは、かりに、カントのいうように、非感性的な意志の動機が存在するとして、その意志がいかなる欲求の対象によっても規定されていないとしてみる、この仮定に含まれている誤認を次のように指摘します。

「カントは物理的自然の事物、ならびに物理的自然一般と人間との間の心理物理的因果性と……精神の内在性に深く及んでいる動機の関係とを取り違えています。食事をして、楽しみたいと思うとき、欲求し求める自我主観としての私に〝働きかける〟のは、自然客体としての食物なのではなく、私によって知覚されたものであり、特定のあり方でそれとして統覚された食物であり、」(338)

と述べています。

自然客体としての食物、つまり自然化された食物など、自然主義的態度を生きる人間に与えられることがあったとしても、食べ物を「食べ物として」知覚する人間に与えられているのは、「食べ物の知覚」であり、志向的対象としての食べ物なのです。これは、「知覚の現象学」が、その認識の可能性を志向分析を通して、明証的に論証してきたことであり、カントの認識論を乗り越えている知覚論が呈示していることがら、最終的には、生産的構想力として働く受動的綜合の働きによるものです。こうしてカントが自由意志を、自然客体の因果性を排除することにより、はじめて、その領域に属するとして、感覚と感情の領域を同様に排除することによって、自然客体に依存しない自由意志に特有な「因果性」を主張することになるのです。しかし、この自由意志の因果性が、いかに、自然の因果性と関わるかは、まったく不明とされる一方、フッサールのいう感覚と感情を規則づけている動機概念は、完全に見落とされることになるのです。

③　先の文章の(2)で述べられている「受動的感情体験と能動的感情体験」との区別にカントが気づいていないという指摘を正しく理解する必要があります。

ここで「受動的」というのは、受動的綜合の定義にあるように、活動の受け手としての自我、つまり、自我の存在と働きを前提にした「受動」を意味するのではなく、いわば、自我の活動を介在せずに、〝自然に〟起こってくる感情の体験ということです。それをカントは、ヒュームと同様、それが生じた途端に、経験的事実としての感情として捉えてしまいます。当然ですが、自我がそれを経験的事実としての感情と捉えるわけです。そして、カントにとっては、実践理性の領域において、「客観的道徳規則に対する尊敬」という意味の感情しか存在しえず、フッサールが述べる、能動的志向性による能動的感情体験の領域を確定することができていないというのです。フッサールはまた、受動的感情体験について述べる中で、感覚と知覚の区別に的確に言及し、「知覚の作用、つまり存在措定する作用が、自我行為（Ichtat）によって遂行される現存する対象を把握すること」(223) とし、自我の活動を含む能動性の領域と、自我の活動を含まない受動性の領域を明確に区別しています。

先に述べた「食事をする」といった事例で述べられたように、食事をするというとき、私たちの眼前にある食物は、私たちの眼に刺激を与える自然の事物としての食べ物（例えばリンゴ）なのではなく、食べ物としてのリンゴであるといいます。自分によって、知覚され、食べ物として統覚されています。そして、この「食べ物として統覚されている」とは、フッサールにとって、射映において時間的、空間的に与えられているリンゴのヒュレー的与件（感覚素材）が、受動的綜合と能動的綜合を通して、「食べられるリンゴ」として統覚されているということを意味します。フッサールの言うように、知覚されたものは、ノエマとして、知覚するノエシスに相関的に与えられており、志向性の相関関係においてこそ、この場合、「食べ物」と知覚されているとみなします。先に言及した、「表象と価値と意志」の基づけ関係において、「食べたいリンゴ」が実践連関において成立しているのです。

この論点は、カントが対象認識を、つまり、究極的には、超越論的構想力による認識の成立を、解明できなかったこと、時間をただ単に、感性の形式として捉えたこと[7]、「志向性概念」、「ノエシス－ノエマ」の相関概念等の理解に届いていないことなどと密接に繋がっています。批判的実在論、物自体などに捉われていたことによるのです。

④　先の引用文で述べられている「受動的感情」と「能動的感情」との区別の問題は、フッサールの相互主観性の問題系における、「非本来的感情移入（Einfühlung）」と「本来的感情移入」との区別、さらに、「受動的相互主観性」と「能動的相互主観性」という区別に発展的に展開していくことになります。感情を感情移入の観点から捉える必要性は、超越論的主観性が、超越論的相互主観性からのみ、その本質が明証的に解明されうることからして、感情や欲望を相互主観性においてどう理解されるかが、現象学的倫理学の根本的課題であることに依拠しています。これに対し、カントにおいて相互主観性の論点が欠落し、この感情の問題が個我の観点からしかとらえられていないのは、根本的欠陥といわれねばならないでしょう。

とりわけ、受動的感情に関して、受動的綜合の規則性の一つである「触発」について、フッサールがこの『倫理学入門』の時期に、触発の力による「優先化」、つまり、なぜ同時に与えられている多くの感覚内容のうち、特定の受動的綜合を通して先構成されている感覚内容が意識生の関心にとって優先されるのかについて、明確に次のような記述をなしていることは、注目に値することです。

「さらにまた、注意すべきは、そのような優先化は非本来的な優先化でありえ、本来の意志の作用や、本来的に選択する決断について語られることなく、一つの可能性を実現するのに、盲目の衝動に駆られて夢中になるということがあるのです。すでに、下層において、単なる感じることにおいて、われわれは区別をしています。受動的感情は、その触発的切迫さをもち、互いに競合し、そのうちの一つがもっとも執拗なものとして迫ってきます。このことは、多くの感覚的与件、色、音、などが相互に競合し、一つが最も強い切迫性をもち、場合によって、対向（Zuwendung）を強制するような触発の最も強い力を持つことに他なりませ

ん」。（232、強調は筆者による）

つまり、受動的感情が「触発的切迫さをもち、互いに競合している」という論点は、切迫さを持ちつつ競合することができるという観点からこそ、触発の機能として理解される必要があります。すなわち、連合を通して触発力が生成し、その触発力の間に明らかに違いがあり、それが、意識の「対向を強制する」までの実効性をもっているという主張なのです。受動的綜合として働く連合は、偶然が頻度によって習性となるといった機械論的理解では把握できないだけでなく、意識の対向に先行して、先構成する創造性を有していることが的確に把握されねばなりません。受動的綜合である連合と触発が、感性に働く超越論的規則性として解明される可能性がここに提示されているのです。こうして、「触発力の競合」という視点が決定的に重要となり、この視点が原触発としての無意識の衝動志向性を開示することになるのです。

次に、ここで述べられている「対向」に関して、フッサールは、明確に、「この対向は、触発の〝力〟によって動機づけられ、単なる譲歩〔Nachgeben〕として、すなわち、触発の牽引力に（傾向性という意味で）従うこととして、それ自身いまだ理性作用なのではありません」（332）と述べ、理性作用の場合と異なり、いまだ自我が活動していない段階での、傾向性としての「対向」と規定しているのです。このことを時間論での関連で述べれば、「過去把持されたものに気づく、対向する」というとき、その気づきや対向は、自我の活動を含む作用としての能動的志向性ではなく、受動的志向性と規定せねばならないことを意味することになります。

第三章　フッサール発生的倫理学の基本構造

フッサールのヒュームとカントの道徳哲学に対するこれまでの批判を通して確認されてくるフッサール発生的倫理学の基礎構造を、ここで提示したいと思います。

第一節　志向性概念による倫理の構築

フッサールの『倫理学入門』にあって、先に示したように、Wahrnehmen（知覚）に対応するWertnehmen（価値覚）という概念が使用されています。知覚という志向性に対応して、価値に関わる志向性が働いているというのです。価値覚は、能動的志向性ですので、ノエシス―ノエマの相関関係として理解されます。とりわけ、ノエマとしての価値概念は、『論理学研究』での心理学主義の克服という経緯を経ていることからして、価値づけ（ノエシス）の主観性に対して、価値の客観性を、論理的真理のノエマとしての理念的客観性に対応づけることが可能になります。

こうして、フッサールにとって、あらゆる種類の快楽主義に対する価値倫理学の対抗原理が成立することになります。ノエシスとしての価値体験とノエマとしての価値そのもの、理念としての価値とが明確に区別され、

「すべての形式における価値づけること、そして価値覚〔Wertnehmen〕(「知覚（Wahrnehmen)」に類比的にそう呼ぶ）は感じる主観の作用です。価値はしかし、客観に固有なものです。」(72) とされます。この倫理学を志向性の概念を通して、とりわけ、倫理以前と、倫理の領域を、受動的志向性と能動的志向性の働きの区別を基準にして類別するフッサールの構想は、ヒュームとカントの道徳哲学批判を通して大変明瞭になってきました。

(1) 人間主観性の本質としての志向性

ヒュームとカントが人間の主観性の本質を志向性にみることができなかったことは、彼らの道徳哲学に帰結する次のような諸点として明らかにされました。

① 両者とも、快楽主義の本質を、価値づけ（ノエシス）と価値（ノエマ）の混同にあることに気づきえませんでした。ヒュームは、このことから、価値づけの主観性の相対主義に陥り、それを克服すべく、自然科学の客観性にならった、観察者の立場からする道徳哲学を目指し、当事者としての倫理的決断が問題になる一人称の倫理の基盤が失われ、傍観者の倫理となってしまいました。他方、カントも、価値づけの主観性と相対性にのみ注視し、価値のノエマとしての客観性を見失った結果、快楽主義の全面的否定が価値内容の削除となり、感覚、感情、価値の内容を感性的質料として規定する、理性の形式のみ偏重の道徳哲学の主張に繋がってしまいました。

② 上記のヒューム批判、とりわけ連合の概念の批判で、志向性概念の必要性は、ことのほか明瞭に呈示されました。ヒュームにとって連合は、万有引力に喩えられる自然の因果律に即した規則性と考えられるのに対して、フッサールの場合、精神の動機概念に由来するとされ、まずもって『イデーンⅡ』で明確に表現されている「自然と精神」の原理的対立のもとに志向性と性格づけられます。しかし、より重要であるのは、この講義『倫理学

入門』にみられる「連合的動機」の概念において、すでにこの「自然と精神」の二元的対立における志向性の主張は、もはや連合の志向性を特徴づけるためには、有効ではなく、自我の活動を含まない自然と精神両者の根底に働く「動機的因果」、「因果的動機」とも規定可能な受動性の領域が開示され、受動的志向性として連合が規定されるに至ることです。

つまり、第一段階として、自然の因果性に精神の動機を対峙させることは、数理と論理の理念的特性を論証し、心理学主義に対して志向性の概念を確立しえた『論理学研究』期のフッサールにとって、意識作用と意識内容の相関関係を主軸にすることからして、意識に働く意味生成の実効性として現出している連合の規定にあって、自明とされなければなりません。この第一段階の精神の動機に由来する連合の規定は、自然因果に即するとされるヒュームの連合批判には、すでにそれだけで十分ではあるのです。しかし、それでは、単に連合は、志向性と規定するだけで、自然法則ではないといったまでに過ぎず、積極的な連合という事象の開示には至っていません。

そこで、第二段階として、この講義では、ごくその一端に触れているとしか言いようがありませんが、自我の活動を含まないという「受動性の原意」が次第に明らかにされ、受動的志向性として受動的綜合において働く基本法則としての連合という規定にいたるのです。

③　志向性概念の欠落は、カントの道徳哲学の特性を明示することになりました。この点に関して様々な観点がありますが、最も重要な帰結は、カントの道徳哲学での、感覚や感情といった感性領域での価値概念の排除です。フッサールは、この講義で、倫理の領域に属する能動的感情、ないし、感情移入と、倫理以前の受動的な感性的感情を区別し、カントは能動的感情の志向的特性に完全に盲目であったと批判します。知覚と同様、価値覚は、志向性のノエシス－ノエマの相関関係においてこそ、分析しうるのであり、そこに働く超越論的規則性が開

示されうるのです。

ここで示された大きな方向性は、主に、自我の活動を伴う能動的志向性の領域にフッサール倫理学が展開されるということです。これによって、『論理学研究』以来、目指されていた志向性の学として倫理学が確定されます。これによって、近世哲学で自覚されることのなかった人間の主観性の根本規定にもとづいた、しかも、ノエシス－ノエマの相関関係という厳密な志向性分析が呈示しうるのです。

それに加えて、能動的志向性に先行する受動的志向性が解明されてくることは、カントの道徳哲学の基本原理である感性と知性の対立構造を、その根底から克服することを可能にしました。カントにとって、不明にとどまった「超越論的構想力」が、受動的志向性による受動的綜合の開示により、生きた感性のロゴスを現象学的解明にもたらすことができたのです。

(2) 志向性概念を通した感覚と感情の概念の解明

① ヒュームの場合の感覚一元論における感覚及び感情とフッサールにおけるそれとの相違に注意しなければなりません。ヒュームの場合、印象の概念で理解されている感覚は、印象とは原子であることからして、フッサールの感覚概念との違いは明白です。フッサールにとって感覚とは、受動的といわれても、やはり志向性であり、感覚内容の意味に向かいそれを先構成しています。受動的志向性としての感覚と感情がフッサールにおいて確定していることは、受動性が能動性を基づけるという基本原理に即した、倫理以前の受動性による、能動的能作による倫理学の基づけという明確な構造を示しえたことを意味しているのです。
② カントの道徳哲学にとって、積極的役割を果たすことのない、むしろ、除外されている「感情」の概念は、

こうして、フッサールの倫理学において、倫理以前の受動的感情と倫理学における能動的感情という、志向性の区分に即した明確な構造をもつことになります。こうして、受動的相互主観性において、受動的綜合として働く感覚や受動的感情と、能動的相互主観性において働く知覚や能動的感情という区別が成立してきます。ここにおいてこそ、相互主観的に構成され、形成されてゆく倫理以前の倫理の基礎と、能動的相互主観性における人格的態度において遂行される真の同情や愛情といった能動的感情が、いかに倫理を倫理にしているのか、現象学的倫理学の解明の領域が明確に確定されうるのです。

第二節　実践と価値の概念と目的論

フッサールが、価値論的理性と実践理性の概念で明らかにしようとしたことは、そのヒューム批判とカント批判を通して、明確になりました。

(1)　ヒューム批判とフッサールの価値論

フッサールがヒュームの道徳哲学の功績とみなすのは、理念の真理性としての純粋な想像から、アプリオリの妥当性を導きだそうとして、「観念の諸関係」の領域を確定し、現象学の前段階にとさえいえる詳細な分析を展開し、それを道徳哲学の領域に援用しようとしたことでした。ところが、ヒュームは、このアプリオリな規則性を、認識と美的体験とに峻別するという誤謬から、その本質規則性として獲得するには至らなかったのです。次の事例が彼の根本的誤謬を示唆しています。ヒュームは、「ユークリッドは、幾何学的な図形の本質規則一切、幾何学的なものの単なる理念に含まれているもの一切、単なる幾何学的理念のうちにもとづいているすべての一般的関係一切を研究し、分解してみせた。当然ながら彼は円の美しさへと至ることはなかった。ここではまさに感情が語らなければならない」（184）と論じます。フッサールは、この主張に対して、ヒュームがこの数学的理念と美的感情を当然のこととして、認識の領域と美的感性の領域とに峻別していることそのものを、批判しているのです。しかし、この区別そのものは、普通考えると、当然のことといえないでしょうか。

フッサールにとって、この峻別が批判されなければならないのは、実は、通常の認識と実践の区別に先立つ、認識に先行する実践理性の働きを認めうるか、認められないかにかかっているのです。次のフッサールの論述は、この論点に関して、明確な立場を表明しています。

「純粋な〝理念〟の中にすでに価値対象を考えると、その対象とそれそのものに関して、まさに、新たな本質諸規則が立ち現れます。その認識は、その新たな本質規則を発見し、その概念形成をなし、述語づけを遂行しますが、もし、価値づけることが、すべての概念把捉と言表以前にその固有な理性、その正当性と非正当性を、価値づけるべき何かと結びつくことによって所持しているのでなければ、認識する理性は、アプリオリに言表するなにものも見出さないでしょう。価値づける実践的理性は、論理的認識を通して初めて、論理的言表と思惟の形式を獲得します。しかし、思惟以前に、価値づける実践的理性はすでにそこにあり、その能作を遂行し、先理論的客観化を遂行しているのであり、それは、論理的な思惟も一歩一歩、理論的命題の形式で、高次の段階の自然客観化を構成するのと同様の仕方なのです」。（185）

ここに、幾何学的真理の認識と幾何学の形態に関する美的価値の意識（実践理性の働き）との関係について、次の①と②にみられるような、彼独自の判断を下しているのです。

① ここで主張されている決定的なことは、価値づける実践理性は、認識理性が働き、理論的言表をなす以前に、すでに働いてしまっている、すなわち、価値づける実践理性が、すでに「先理論的客観化」として働いてしまっている、ということなのです。つまり、端的にいえば、実践理性が理論理性に先行しているという主張なのです。ここで主張されている実践の概念は、通常の「認識と実践」という区別に対応するものではありません。フッサールは、この『倫理学入門』で、その意味で、新たな実践概念を構築し、能動的志向性が働く以前の、つまり、倫理以前の感覚や受動的感情という価値に結び付いた価値哲学を導入しているのです。

② フッサールは、ヒュームがこのことを理解できなかったのは、自然の認識に即した理論的解明のもとにある、ヒューム自身の理解する「感情」、つまり、自然化された感情以前に、「価値に関する述語（Wertprädikate）」は成り立ちえず、感情を表象対象の連合的結合であることを証明するとする、まったく倒錯した理論を構築しようとすることにある、としています。「倒錯した理論」というのは、いうまでもなく、ヒュームにおける感覚と感情の概念に対する感覚一元主義と自然主義の批判として展開されてきたフッサールの批判に起因するものです。印象の連合に起因する感情は、実在的因果関係において働くとされる感情であり、フッサールのいう感覚や受動的感情の本質である受動的志向性に至っていないのです。

(2) 実践の概念と価値の目的論

このような新たな実践の概念にもとづく、価値の目的論は、従来の目的論とは異なった理解のもとで展開されることになります。

① 例えば、理性の要請という特性をもつカントの目的論は、「自由と因果」のアンチノミーにおいて成立し

ている目的論です。しかし、フッサールのいう実践理性における価値づけは、その根源において、言語化し、概念化する理論理性が働く以前に、受動的綜合による時間化を通して、先構成された特定の価値に向けられています。カントの目的論は、また、感性と知性の峻別に基づく、理性批判による目的論です。感覚内容や受動的感情の内容が、受動的志向という向きをもって与えている事態は、カントの目的論に包摂される可能性はありません。なぜなら、この受動性の領域における「目的づけられていること」をフッサールは、衝動の目的と呼び、この受動的綜合による衝動の目的づけは、先触発的偶然性に開かれた目的論であり、この偶然性は、「機械論的因果性による決定論か自由か」とい二者選択に強いられた、決定論に対立する偶然性を意味するのではないからです。むしろ、「偶然か必然か」、「自由か決定論か」という選択以前に、つまり、客観的時間軸を前提にする前後関係で思惟される因果関係が成立する以前に、後に詳論されることになる、ヒュレー的感覚与件と間モナド的本能志向性との相互覚起という「逆説的同時性（Simultaneität）」において成立する先構成、先存在の領域に働く超越論的事実性に含まれる偶然性だからです。

また、フッサールのいう「理性の目的論」は、先にあげた、フッサールの理念一般の本質理解に関するカント批判にみられるように、カントのいう実践理性の理念の要請による目的論なのではありません。定言命法の「理性の事実」を、全くもって不可解で矛盾そのものと論断するフッサールにとって、相互主観性の構成を定題化しえない個我の道徳哲学にもとづく目的論と、実践理性が受動的相互主観性と能動的相互主観性という基本構造をもつ倫理学における目的論との差異は明らかなのです。

②　カントにおける「認識の理論理性と道徳の実践理性」という区分は、フッサール倫理学には妥当しえません。すでにフッサールの快楽主義批判の際、示されたように、感覚と知覚を前提にしない価値概念は考えられま

せん。カントと異なり、フッサールにあっては、感覚や感情、さらに知覚と価値づけは不可分離に結びついています。また、ヒューム批判で示されたように、「理論理性に先行する実践理性」といわれるように、すでに、感覚が知覚に先行して、価値づけが生じているといわねばならないのです。

③　フッサールの「衝動の目的」と「理性の目的」そのもの、及び両者の関係が明確に理解されてはじめて、フッサールの目的論の特性が理解できます。これは、いってみれば、受動性と能動性の規定及び、両者の関係規定の問題です。詳論は、第二部の記述で展開されますが、ここで骨子だけ述べれば、次のようになるでしょう。

a　衝動の目的づけは、衝動志向の形成という経過を経て、はじめてその特定の目的づけとなります。その原初から、一定の目的づけが成立しているわけではありません。なぜなら、衝動志向性の形成は、本能の覚醒が前提とされます。そして、この本能の覚醒は、周囲世界のヒュレー的与件と遺伝資質として与えられている本能との偶発的先触発に左右されています。この相互覚起は、本質的に偶然なのです。これをフッサールは、触発において与えられる「感覚所与の偶然性」（XIV, 36）と規定しています。したがって、衝動志向の目的づけは、相互覚起の偶然性に依拠することを忘れて、機械論的に決定づけられている、とする誤解は、退けられなければなりません。しかも、この相互覚起の偶然性は、必然性と偶然性という従来の二項対立で理解される偶然性ではありません。超越論的事実性という事実の偶然性と本質の必然性という二元性に即すことのない、新たな次元における「偶然性」を意味しています。（本著、第II部、第一章を参照）

b　理性の目的論は、能動的志向性のノエシス－ノエマの相関関係が成立することを前提にして、その構築が可能になります。価値づけの主観性としてのノエシスと価値そのものの客観性としてのノエマの相関関係において、真善美を究極目的とするモナドの共同体の目的論が構築されます。しかし、この際、先に言及された理念一般の二重性、つまり、身体に依拠する実在性の側面と理念性の側面を無視することはできないということ、すなわち、受動性が能動性に先行し、能動性のための必要条件となっていることは重要です。倫理以前の領域が、倫理の領域に「滋養分」を与えているということは、このことの別の表現であり、対象認識を前提にしつつ働く能動的実践理性は、対象認識のための必要条件である感覚や受動的感情における受動的綜合の働きなしには、活動しえないのです。

c　目的論を「自由と因果」、「観念と実在」「本質と事実」という二項原理で考えることこそ、因果による決定論に対する目的設定が、概念や表象、観念や本質のもつ必然性ないし絶対性に即した目的論しか想定できない論拠となっています。[1] 後に詳論されるように、意味そのもの、ノエマそのものの生成を問う発生的現象学において、この近世哲学の二元論にもとづく、事実と本質概念がそのままでは通用しない、超越論的事実性の次元が開示され、この次元を基盤にして、フッサールの目的論が構築されていることが、強調されなければなりません。受動的間身体性において、本質には含みえない事実の偶然性が、本能の覚醒という方向づけにおいてのみ、そもそも偶然的事実という意味をもちえること、また、能動的相互主観性において、事実としては理解できない、「我と汝」という本質的関係性においてのみ、汝の事実が事実の意味をもちえること、このような目的論は、従来の「本質と事実」という二元性が解消された次元で生成しているのです。

d　いわゆるポストモダンの哲学において、あらゆる意味でのテロスが原理的に否定される目的論の否定の議論は、諸生活世界で現実に生きられている目的論から遊離した、自分で展開する架空の理論に自己束縛されているとしか、いいようがありません。本能の機能の覚醒や活性化、健常な身体機能の再獲得を目指す医療や治療の現場で、健常な身体と精神の機能の獲得を目的とするすべての人間の営みを前にして、「目的など哲学的にはありえない」と言い切ることは、生活世界で生きられている現に働いている目的づけにそのような哲学が届きえないか、あるいは、その現実を哲学的には目的づけられていないという詭弁的な「哲学的解釈」に自足して、それらの努力を前にして、「客観的な傍観」を決め込もうとしているとしてしか理解できません。この論点に関する現象学の論証は、本書四二三頁以降に展開されます。

④　フッサールの目的論は、モナドロギーの目的論として論述されています。「フッサールの神理解とそのライプニッツとの関係」という論文で、ユリア・V・イリバルネは、フッサリアーナ第一五巻の「エンテレケイア」に言及するフッサールのテキストに関係づけて、フッサールの理性の目的論に関し、フッサールの目的論と倫理の関係を論じています。(2) そこで引用されるフッサールのテキストは以下のものです。

「神はモナド達全体そのものではない。そうではなくモナド達全体の根底にあるエンテレケイアなのであって、これは無限の発達目的という理念、すなわち、絶対的理性からなる〝人間性〟の理念としてあり、必然的に、モナド的存在を規則づけつつ、そして、自身に固有で自由な決断による規則づけを通して〔の発展目的として〕ある」(XV, S. 610)

イリバルネは、このエンテレケイアについて、第一の完成態という意味と第二の「内在的な形成原理」(3) を指摘し、フッサールは、この第二の意味を中心にエンテレケイアを理解しており、要請される理念としてエンテレケイアが考えられているのではないと解釈しています。人間性の理念の実現を目指すフッサールの理性の目的論は、カントにおける要請する理念によって目的づけられているのではありません。第二章のカント批判で指摘されたように、フッサールにとって、理念一般は、身体的実在性と理念性の二重性をもち、生活世界から生成して、遍時間性という普遍性を担うという特質をもっています。フッサールの目的論は、そのような意味での、論理の発生という基盤におけるモナドロギーの目的論として性格づけられるのです。

第三節　エゴロギーの倫理からモナドロギーの倫理へ

フッサールの『倫理学入門』には、講義原稿の他、一九二〇年から二四年までの論稿が含まれていますが、一九二〇年代初頭は、フッサール後期現象学への発展における発生的現象学の領域の開示にとって、決定的に重要な時期といえます。一九一三年出版の『イデーンⅠ』で、純粋自我の確定と、その純粋自我への超越論的還元による、ヒュレーを活性化するノエシス—ノエマの相関関係分析を中軸とする構成論が確立されたのち、『イデーンⅠ』で、論及の及ばなかったとされる「超越論的に絶対的なもの（das transzendentale Absolute）」（III, 198）の領域とされた、時間の構成の問いである「時間論」が、例えば、一九一七年一八年の論稿が中心となる『ベルナウ草稿』で深化、進展し、一九二八年出版の『内的時間意識の現象学』への一つのまとまりをつけています。それに加えて、超越論的な純粋自我に依拠する『イデーンⅠ』執筆後、その問題の深刻さが、フッサールにとって、いよいよ現象学の根幹を揺るがしかねない切実さをもってきたのが、他の超越論的自我の明証性の解明という「相互主観性の問い」です。

ここで、特筆すべきであるのは、フッサールが、一九二二／二三年の『哲学入門』において、『イデーンⅠ』期の「超越論的還元の素朴性」を、まさにこの二点、すなわち、時間論と他者論を巡って、指摘していることです。フッサールは、そこで、『イデーンⅠ』では、解明できなかったこの「時間論」と「相互主観性論」が、『イデーンⅠ』の時期の「超越論的還元の素朴さ」に由来するとして、それまでの超越論的還元における明証性原理の不徹底さとして自己批判し、時間と相互主観性の構成論が、必当然的明証性の検証にもたらされて初めて、それまでの純粋自我に還元する超越論的還元の素朴さが克服されるとしています。[4] このフッサール現象学の方法論にとって最も重要な課題である明証性に関する徹底した考察が、他の問題領域に重要な影響を与えることは、明白なことです。

この「時間論」と「相互主観性論」の明確な定題化と密接な関係にあるのが、やはり、一九二〇年代初頭にその明確な始まりをもつ、発生的現象学の開示と密接に結び付いた、ライプニッツのモナド論に対する集中した考察であり、[5] 三八年に没するまでフッサールの現象学的モナドロギー(モナド論)が継続して展開されました。

フッサールが、『イデーン』期の純粋自我の立場から、モナドロギーに展開していかねばならなかった必然性は、いままさにここで言及した、超越論的明証性の徹底した考察の課題を突きつけることになった「時間論と相互主観性論」に他なりません。このより徹底した還元の行使を通して、成立することになる倫理は、もはや、純粋自我に即した倫理ではなく、いまだ、この『倫理学入門』では、その姿を明確にすることのなかった「モナドロギーの倫理学」となる必然性がそこにみられるのです。『倫理学入門』で明確な形をとることはなかったとはいえ、先にみた受動的綜合の領域の確定とともに明確になった発生的現象学の展開において、エゴロギーからモナドロギーへと展開する、受動的志向性と能動的志向性の区別にのっとったフッサール倫理学の骨子が確証されうるのです。

(1) 倫理以前及び倫理の領域の相互主観的根本規定

ここで、まず、モナドロギーの倫理の骨格を明確にしておきたいと思います。骨格を明確にする際、中軸になる問題系は、倫理の基礎としての相互主観性の根拠づけの問題です。先の『哲学入門』で、定題化されているだけに留まった相互主観性の必当然的明証性の論証です。ここで提示するモナドロギーの倫理の相互主観性による基礎づけの骨子は、『倫理学入門』で論述されている「倫理以前と倫理の領域は、その両領域に渡り、相互主観的に基礎づけられている」という命題で表現することができます。これまでのフッサール相互主観性論に対して示されてきた諸批判の反批判を通して、上記の命題を論証することから、まずは、倫理以前の間身体性による受動的相互主観性の根拠づけ、次に、倫理の領域の能動的相互主観性による根拠づけの順に考察していきます。

①　倫理以前の、理論理性と実践理性の発現以前の感性の領域は、すでに、受動的綜合である「対化（Paarung）」による間身体性が生起しており、受動的相互主観性が成立しています。この原理的命題に対して、これまでなされてきた、受動的綜合としての対化の概念に対する批判は、対化の原理的把握に達することのない批判としてしか理解のしようがありません。そのような批判の代表的見解として、レヴィナスの他者論があげられます。レヴィナスが、受動的綜合の真意を了解することができなかった理拠として、彼がフッサールの感覚と最終的には時間流をも能動的志向性としてしか理解できなかったことをあげなければなりません。レヴィナスは、他者の他者性の理解に関連して、「全き受動性」、「「他」なるものの受容性[6]」を意味する原印象と志向性の流れとしての時間流を対置させ、感覚と過去把持を志向性に属するとして、「他なるもの」を、感覚と過去把持の志向性による同一化の及ばない、「生としての原印象」から峻別します。フッサールにあっては、感覚が「過去把持的原意識」として、すなわち、時間点の抽象においてしか与えられていない原印象においてではなく、幅のある生き生きした現在における受動的志向性の原意識として生起していること、また、感覚が原印象と過去把持の地平に潜在的に存在する空虚な形態との相互覚起においてそのつど成立していることに考えが及ばないため、間身体

的感覚を通して、自我と他我の区別が成立する以前の間モナド的コミュニケーションが成立していることが理解できないのです。感覚は、過去把持的原意識において、モナド間の原触発としての本能志向性を通して、間身体的に生成しています。フッサールのいう「対化」とは、当然のことながら、受動的綜合として働くのであり、レヴィナスが対化を能動的志向性とする表層的誤解の深層（根底）において、間身体性としての受動的綜合が相互主観性を基礎づけることができているのです。「生き生きした現在」の立ち留まりを超越論的に制約する衝動志向性は、モナド間の時間化の間身体的特性を誤解の余地を許さない必当然的明証性における根拠づけとなっています。したがって、ここで成立する受動的相互主観性の領域は、当然のことながら、モナド的共同体という超越論的間主観性の領域なのです。

② 上記の論証を、フッサールの感覚論、時間論の深化を通しての相互主観性の展開という視点から、改めて再確認してみましょう。フッサールは、『内的時間意識の現象学』の講義の頃、レヴィナスがそのテキストに依拠するように、原印象と過去把持とを記述上、区別していました。しかし、この頃でも、原印象が与えられる原意識と過去把持は、不可分離とされているように、原印象と過去把持を分離することは、単なる抽象であるとされていました。また、この頃、決定的に重要であるのは、過去把持が通常の意味での志向性を意味せず、原意識とともに働きうる志向性として規定されていたことです。また、時間内容に関して重要であるのは、このような特有な志向性としての過去把持の交差志向性（Querintentionalität）において、時間内容の「結合する本質同等性の合致（eine Deckung der verbindenden Wesensgleichheit）」に言及されていることです[7]。この過去把持における「結合する本質同等性の合致」こそ、『受動的綜合の分析』において類似性とコントラストによる連合として分析された、過去把持の成立のプロセスの内実に他なりません。ここで過去把持は、受動的志向性の連合である

受動的綜合として原印象との相互覚起を通して働いていることが明確にされました。こうして、時間化とは、連合を通して、とりわけ、生き生きした現在の原連合を通して生起していることが解明され、原連合において働く「情動、本能、衝動」が、受動的綜合の働く根源的層として開示されます。この開示は、相互主観性の解明に決定的で画期的な進展をもたらしました。感覚野からの触発が自我の対向をいざなう以前の、感覚野の原連合をさらに根底から統合する原触発として衝動志向性（自我の能作が作動する以前の受動的志向性であることは当然のことです）が、モナドの間で間身体的に生起していることが、露呈されたからです。フッサールの『デカルト的省察』の第五省察における「対化」による相互主観性の解明は、この最後の大きな進展の部分的な表現を意味するものにすぎないのです。

③　受動的相互主観性の基礎づけに関して、興味深いのは、オートポイエーシス論の創設者の一人であり、「神経現象学」を提唱するF・ヴァレラと脳科学者V・S・ラマチャンドランの研究が、フッサール現象学の受動的綜合という相互覚起を通して働く「対化」の事象分析に的確に対応する実在論的裏づけを与えていることです。ヴァレラをフッサール現象学に導くことになった、共同研究者でもあったN・デプラスは、オートポイエーシス論の核概念の一つである構造的カップリングが、フッサールの対化の概念に対応することを〝The rainbow of emotions: At the crossroads of neurobiology and phenomenology〟という論文で的確に論述しています。デプラスは、「このプロジェクトは、本来、一九九七年に遡る、フランシスコ・ヴァレラとの議論やメールの交換を通して熟してきた。私たちは、導入部での一般的構造がどうみえるかを描写して、対化（Paarung）とカップリング（coupling）と一般的にいわれている *acoplamiento*〔カップリングのスペイン語による原語〕の間の連結に中心的役割を持たせることから始める計画を立てた。(8)」と述べ、対化とカップリングの対応関係は、両者にと

って、当初から、オートポイエーシス論とフッサール現象学の重要な連結を意味していたことを示しています。デプラスは、対化とカップリングの「両者は、同一の四つの構成要素をもつ、（1）身体的投錨性、（2）時間的に基づけられたダイナミズム、（3）相関的意味づけ〔機能〕（4）他者性を必然的に認可する連結の創造[9]」、と指摘しています。フッサールの受動的綜合としての対化の視点からして、対化が連合という相互覚起という意味づけ（（3）の相関的意味づけ）を通して、自他の身体性が、必然的に同時に成立する（（4）と（1））ということがいえるのは明白です。また、（2）の時間のダイナミズムに関しては、本著で、ヴァレラ、ラマチャンドラン、リベットとの関連で詳論されます[10]。この受動的綜合の基本形式である対化と構造的カップリングが同一の事態を指し示すということは、ここで論究されている間身体性としての受動的相互主観性の解明にとって、画期的な原理的方向性を意味しているのです。

④　こうして、受動的相互主観性の基礎づけがなされて、間身体性の働きが解明されてきて、間身体性のただ中に、「身体中心化（Leibzentrierung）[11]」が成立してきます。これが、倫理以前において働く受動的相互主観性から区別される、倫理の領域における能動的相互主観性が成立する基礎が確立してきたことを意味するものです。しかし、受動的相互主観性の基礎の確立とは、その基礎から、つまり、受動性から能動性が生まれてくる、生成してくることを意味するのではありません。これは、受動性が能動性を基づけるということに関する、最大の誤解と言われねばなりません。自我極の形成は、受動性の基盤からまるで物質の実在的因果性から創発（どのような意味であれ）を通して、精神の動機が生成してくるかのように、生成することはありません。遺伝資質にそなわる超越論的能作の潜在性は、自我極形成以前の受動的な超越論的能作が、周囲世界との相互覚起を通して覚醒し、活性化してくるのと同様、自我極とそれに相関的に構成される周囲世界は、おなじく、遺伝資質に備わる能

動性に属する超越論的能作の覚醒と活性化を通して成立してきます。そのような能動的志向性は、例えば、随意的運動に働いている能動的キネステーゼの覚醒と活性化とそれに伴う、空間意識の拡充、時間意識に関して言えば、再想起が活性化され、視覚的対象構成が進み、指差し能力など、客観的事物の共有などを経て、言語活用能力の発現とともに、言語分節によるコミュニケーションの飛躍的拡大などの例を示すことができます。こうして、能動的相互主観性の領域が確立するのです。その際、決定的な役割を果たすのが、自己の身体と他者の身体の区別、並びに、自己の身体においてのみ、随意的運動が可能であることです。この自他の身体の区別は、自我と他我の区別の根幹をなしており、自他の区別として、自我と他我の区別より、より深い断絶であり、峻別といえます。人間は、生きる意志を共有できても、各自、死別していかねばならない身体的実存であるからです。そして、この身体的自他の峻別と自我他我の区別にもかかわらず、この区別の働く能動的相互主観性において、人格的態度において我‐汝‐関係が実現し、仏教の無我という無私性が実現しえるのです。真の倫理の源泉は、言語を使用しつつも、言語を超えた沈黙に由来することが確証できるのです。（本書、第III部第三章参照）

⑤　この倫理以前の受動的相互主観性と倫理の領域である能動的相互主観性の根拠づけが成立している立場からするとき、カントに即した要請する理念から出発するコミュニケーション論の限界は、明確なものとなります。今日、展開されているノエシス－ノエマ論を基軸にする志向性分析にもとづく実在論的立場は、カントと同様、対象構成の次元内での論述に終始するため、ノエシス－ノエマの相関関係論は、能動的志向性の領域での論証であることに気づいていません。言い換えると、能動的志向性と受動的志向性の区別がなされていないといえるのです。受動的志向性は、ノエシス－ノエマの相関関係において語ることはできません。この相関関係が成立する以前に、この相関関係に先行するヒュレー的先構成の次元に受動的志向性が働いています。しかも、ヒュレー的

先構成という受動性は、この受動性の基盤が先行することなくして、意識作用（ノエシス）が働きえないという意味で必要条件としての前提を意味しています。実在論的立場の致命的欠陥は、このヒュレー的与件に先構成の次元を認めることができないため、コミュニケーションを、ヒュームに類した原子論的実在による因果関係において理解しようとする原理的困難さなのです。物の因果で生命間のコミュニケーションを理解しようとする原理的不可能さにどうして気づけないのでしょうか。ヴァレラのいうように、それは、「一トンのキャベツを頭に担って大海を一人で泳ごう」[12]とするに等しいのです。

受動的綜合としてのヒュレー的先構成をノエシスが構成するノエマから考察しようとする、同様に原理的倒錯にたつ立論が、超時間的論理や数理、ならびに、超越論的理念から生命間のコミュニケーションを解明しようとする立場です。ヒュレー的先構成の次元は、当然のことながら、カントのいう要請される理念の次元とは異なっています。能動的相互主観性において実現される人格的態度における人格と我-汝-関係における汝は、カントのいう要請される形式的理念としての人格とも異なっています。キリスト教的―ユダヤ教的な伝統の生活世界に根ざす人格ないし汝と、仏教的伝統の生活世界における「無我」の「無私性」との呼応関係は、それぞれの生活世界の現象学的分析を通して明証的に開示されうるものです。生活世界を基盤にする能動的相互主観性において実現される人格としての汝と無我は、まさにその両者に共通する無私性を通して、乳幼児期の間身体性の次元とは、次元を異にしていますが、その受動的綜合による自我形成以前のヒュレー的先構成の次元に通底していることが判明します。ブーバーのいうように、成人における我-汝-関係は、幼児における、いまだ自我が形成される以前の生得的汝への幼児期の〝我-汝-関係〟が能動的相互主観性の領域で実現したことを意味するのです。我-汝-関係は、レヴィナスのいう内容を欠く形式的理念的友愛ではなく、身体的実存を担う身体的実存を解しての人間と世界との出会いにおいてなのです。

（2） 純粋自我の抽象性と形式性に対するモナドの歴史性と具体性

『倫理学入門』でヒュームの感覚一元論という自然主義とそれを基礎にした観察者の道徳哲学に対する批判としてフッサールが対置したのは、それ自体、意味を担うことのない物理量の世界に意味づけを遂行する精神活動の当体としての自我の能動的活動に依拠する倫理でした。この自我は、『イデーン』期に明確にされた、純粋自我、すなわち、経験的自我に対する超越論的自我でした。したがって、その頃の倫理学においては、カントの超越論的統覚として働く超越論的自我が承認されているといえます[13]。

この時期に対して、モナドロギーが展開してくるということは、しかし、この時期の超越論的自我を否定したり、排除したり、分離したりすることなのではなく、モナドの階層性と発展のなかに、超越論的自我を組み込み包摂することを意味しています。したがって、むしろ、解明されなければならないのは、純粋自我が歴史性と具体性を含むことができず、歴史性と具体性を担いうる自我がモナドとされなければならないその必然性です。

① 形式的で抽象的な原理としてのみ機能しうる純粋自我の特性、つまり、歴史性と具体性を含みえない純粋自我の形式性という特性がフッサールにとって明確になったのは、先に問題にされた時間の構成の解明を通してでした。フッサールは、『論理学研究』で認識論の基礎構造として機能する志向性のノエシス－ノエマの相関関係を、時間の構成にも活用しようとして、「統握作用（形式の側面）－統握内容（内容の側面）」としては、音の持続といった単純な時間内容の成立が解明しえないことが、明確になり、それとともに、絶対的時間流と過去把持の働きが、同時に露呈され、発見されたのでした[14]。

絶対的時間流は、逆説的自己構成を通して、つまり、過去把持を通して内在的時間流となり、常にそのように生成しています。このとき、過去把持は、通常の意識作用（ノエシス）としての想定された「想起（Erinnerung）」ではなく、『論理学研究』で「非－志向的」と規定され、形式と内容に分離して理解することのできない「感覚」が、感覚として持続するときの働きであるとされました。感覚と同様、過去把持は、形式と内容に分けて理解することはできないのです。つまり、フッサールにとって、絶対的時間流の時間化の鍵概念である過去把持は、純粋自我に属する形式的原理では理解できず、内容であるヒュレー的契機と不可分に時間化が生起していることが、必当然的明証性において与えられていることが確定したのでした。

② この過去把持の独特の働き方は、印象の含蓄化、すなわち沈澱化のプロセスとして現出し、時間内容の自己合致という自己生成のプロセスとされます。過去把持は、時間内容の生成の仕方としてのみ、時間形式の意味を持ちえます。そして、純粋自我は、この時間内容をそれとして受け取り、つまり、ヒュレー的契機の自己構成が与えられ、それを活性化して（自我の活動としてのノエシスの能作）、意識内容（ノエマ）を構成しています。ということは、感覚、受動的感情、連合といった時間内容は、純粋自我の活動に先行して先構成されており、感覚や感情といった倫理以前ではあっても、倫理の基礎と土壌を形成している構成層を純粋自我の活動以前の領域に求めていかなければならなくなるのです。純粋自我の能作は、ノエシスという形式的構成作用を意味するのであり、感覚や感情の内容はそれ以前に、過去把持という含蓄化、ないし沈澱化のプロセスにおいて生成済みであり、含蓄化された感覚や感情の歴史は、純粋自我の形式的能作の始動以前に出来上がっており、この受動的発生としての歴史の生成それ自体に純粋自我は、まったく関与していないのであり、原理的に関与しえないのです。もちろん、この関与不可能性は、本能を活性化させる、養育者の能動性の関与の不可能性を意味しているのではないこ

とは明白です。この関与不可能性は、あくまでも、成長してくる乳幼児の視点からみた能動性が活性化されていないという意味であり、いまだ、能動性が働いていないという意味での関与不可能性を意味しているのです。養育者の能動性の関与は、乳幼児にとってあくまでも、自己の超越論的能作を覚醒する周囲世界を意味しているのです。

③　超越論的統覚の自我の形式的統一性と、感性の形式としての時間と空間、純粋悟性の形式的働きとしてのカテゴリー等、一貫して形式的アプリオリに依拠するカントに対して、フッサールは、感覚内容が、実質的アプリオリとして与えられることを強調します。しかも、この形式的アプリオリの最も根源的機能として働く、超越論的統覚の自我の形式的統一化の役割が、フッサールにおいて絶対的時間流の統一にとって代わられます。しかも、三〇年代の『危機書』において、超越論的統覚の自我は、超越論的規則性の解明に逆行する「虚構的概念」として、「物自体」という概念と同様、否定的評価を得ることになります。(Hua. VI, S. 203を参照) カントの実践理性にとって決定的役割を果たす「物自体」の概念が、フッサールの倫理学においては、「理性の事実」の批判にみられるように、価値づけにおける理念の目的論にとって代わられることになるのです。カントの「理性の事実」は、フッサールのモナドロギーにおいては、後に詳論されるように、「超越論的自我の事実性」の概念に取って代わられることになります。

(3)　モナドの具体性と相互主観性論、そして倫理

『倫理学入門』のカントの形式主義の批判に明確にされたように、フッサールは、価値や意志による実践領域が、カントのように、単に形式的実践理性を認めるだけでなく、理念的なものが体現化され、具体化される身体

の「二重の産出」、すなわち、実在的形成物であると同時に、理念的形成物である身体を通してのみ可能になっていることを主張します。モナドの具体性は、純粋自我の働きが身体の具体性を通してのみその働きとなりえていることが理解されないかぎり、了解されえないのです。カントの場合のように、超越論的自我が身体を単なる自然とみなし、感覚や感情や価値を「感性の自然」に属するとして、純粋な実践理性の領域から排除するかぎり、モナドの具体性の見解には至りえません。

しかも、精神と自然を併せ持つ身体は、間身体性としてのみ、身体であることが、フッサールの相互主観性論の根幹をなす基本的見解といえます。カントにおいて個我が自明のこととされ、他者の人格は、理念として論理的に要請されるに留まり、定題化されることさえなかった相互主観性の成り立ちの問題が、フッサールにおいて間モナド的間身体性に基づけられることが開示されます。ここに、純粋自我という形式的原理への超越論的還元を通しては解決の方途が閉ざされていた相互主観性の問題が、モナドの具体性と歴史性（発生の問いにおいて）の解明を通して、つまり、時間と他者の必当然的明証性を問うより徹底した超越論的還元を通して、その解決の方向を定めることができたのでした。

現代の倫理学は、現象学において明確な問いとなった相互主観性の解明を通すことなく倫理学とはなりえません。しかし、『倫理学入門』では、相互主観性の問題そのものは、いまだ明確な定題化はなされておらず、相互主観性と倫理の関係は、刊行されているフッサリアーナ第一三巻、一四、一五巻において、モナドロギーの倫理として跡づけることで、初めて明確にされることです。その詳論は、別の機会として、ここではまず、その概要を見極めることで満足せねばなりません。

① まず、モナドの具体性とモナド概念の規定に関わるフッサールの一九二一年と想定されるテキストの引用

から始めましょう。

「体験における普遍的生のこの統一は、自我が関与していようといまいと、いずれにしても、関与が可能とした上で、われわれはそれをモナド的生と呼ぶ。そして、われわれがそれを完全な具体化において受け取るのは、この具体化がこの生の自我に帰属する本質事実（Wesenstatsache）をその共属性において受け取るとき、したがって、この自我の体験に関する自我と自我に関する体験との両者を一つのこととして受け取るとき、われわれは、モナドについて語るのである」。（XIV, 46）[15]

つまり、体験流と自我のそれへの関わりの全体をモナドと呼び、完全な具体化におけるモナドと規定されているわけです。しかも、「自我が関与していようといまいと」という表現に明確なように、自我が関与していなくても、体験の統一がモナド的生と呼ばれるということで、自我の関与の相対性は、明白なことです。自我が関与していなくても、モナド的生は成立しているのです。このことは、体験流に、非－自我的とも呼ばれる「ヒュレー的与件」が属していて、「ヒュレー的与件の体験流」と呼ばれることをも意味します。したがって、モナドロギーとエゴロギーの関係は、自我が全体としてのモナド的生に属するのであり、モナドが自我に属するのでないことは、モナド概念の定義からして明白なことなのです[16]。また、自我の関与の相対性は、自我の関与がみられる能動的志向性の領域と自我の関与がみられない受動的志向性の領域との区別が、それとして確認されているということを意味するに他なりません。

また、ここで通常、本質と事実は、対立概念として使用されるにもかかわらず、「本質事実」という概念が、モナド的生にあてがわれ、自我と体験の相互関係における一つのこと、つまり、本質を構成する自我と体験された事実に関係づけられた自我という両側面が一致していることとしてモナドが語られているのです。このことは、三〇年代に明確な表現を持つ、本質と事実に分岐できない「超越論的事実性」の概念が、モナド概念の「本質事実」として確定されているということを如実に語るものなのです。

② 『倫理学入門』で指摘されていた自我の関与いかんによる受動的感情と能動的感情の区別は、すでに、先に言及したように、相互主観性論において「非本来的感情移入（uneigentliche Einfühlung）」と「本来的感情移入（eigentliche Einfühlung）」の区別として論述されています。

「非本来的な感情移入は、他の主観性の受動的で連合的な指示であり、本来的な感情移入は、能動的な共に行うこと、共に苦しむことであり、自我に即して動機づけられていることである。そしてまた、根底においてさえ、連合に代えて、内的な動機に順応することである。」（XIII, 455, 注の1、強調は筆者による）

他方、このテキストで明らかなのは、一九二〇年のテキストにおいて、非本来的感情移入に属するとする連合と受動性の規定は、『イデーンII』でみられる自然と精神の対立の中で、いまだなお、経験論的自然に属すると理解されているということです。受動的綜合としての連合はまだこの時期には、確定していません。『倫理学入門』における受動的感情もそのように理解されねばなりません。それに対して、能動的感情と同様、本来的感情移入は、精神の動機の領域に属するとされているのです。となると、いよいよ、その独特の、独自の意味内容を強調せねばならないのは、同じ『倫理学入門』で論述されている、先に論証した「連合的動機」の概念なのです。この概念は、連合が自然に、動機が精神にそれぞれ属する以上、合い矛盾した関係に置かれた概念ということになります。すでにここに、「自我の関与」を巡る「受動性と能動性」の確定基準が働きつつ、独自の受動性の領域が確定されてくるプロセスを明確に見ることができるのです。

③ フッサールは、この一九二〇年のテキストで記述された「本来的感情移入」と「非本来的感情移入」の区

別を後に振り返り、非本来的な感情移入のより詳細な分析に取り組むことになります。そのとき明らかにされているのは、この非本来的な感情移入に他者の身体が「直接的準現前化（unmittelbare(n) Appräsentation)」(XIII, 475）においてすでに与えられてしまっており、それを前提にして自我の能作をともなう「本来的な感情移入」が遂行されているということです。「徹底した探求の出発点は、感情移入以前の構成の段階を成している。無論、〔ここで〕〝感情移入〟の名称は、自我の他の自我への感情移入としての〝本来的な感情移入〟の概念の形成によって表現されているものであり、」（同上）というように、本来的感情移入の前の段階に、フッサールは、他者の外的身体と比べられる外的事物のような物的身体ではない、現象学的還元を通した〝身体〟の構成の段階を認めているのです。

このような段階で認められるのが、「本来的な連合の事象（Sache eigentlicher Assoziation）」なのです。

「これが該当するのは、客観的なそして内在的な時間の、対象的に構成されたものであり、そのような連合にもとづくのが、実在的諸特性や実在的諸連関の根源であり、身体的なものとそれに属する心的なものの間、ないし（内在的時間の）心的なものとそれに属する身体的なものの間の実在的諸連関の根源であり、手短に述べれば、これはあらゆる種類の実在性、また、論理的変化における実在性にとって構成的であるような連合である。」（同上、477）

ここで語られる連合は、内在的時間において構成されたものに直接関わり、この連合に心的で身体的なものの実在的連関の根源がもとづくのですから、もちろん、ここではもはや単に自然の因果に属する経験論的意味での連合を意味しているのではありません。また同時に、この連合は、表象の活動を担う通常の意識の概念に属するいわゆる心身二元論の「心」に属するのでもありません。「二元性の間、二元性の根源」という表現が、まさに、文字どおりに理解されなければならないのです。しかも、この連合の概念は、超越論的還元を徹底した時間の必当然的明証性の次元における超越論的規則として規定されていることが、決定的に重要なことなのです。

『倫理学入門』でフッサールが、ヒュームの連合概念を、心理学的自然主義の連合として批判するように、フッサールの連合は、自我の活動を欠いてはいても、動機の概念による「受動的動機」と理解されなければなりません。心理学的自然主義の根本的誤謬は、「連合の受動性、そして、自我の活動性を欠いて経過する心の生の受動性と物理的自然の経過の受動性とを同じ段階のものとみなし、連合の規則を引力の法則や他の物理的自然法則と同じ段階にあるとみなしたこと」（XXXVII, 333、強調は筆者による）にあるのです。

④ こうして、自我の活動を含まない、本来的感情移入以前の、受動的動機としての連合が内的時間意識の次元で身体性を構成していることが明確にされました。このことがさらに、『受動的綜合の分析』において、連合と触発が受動的綜合として解明されることを通して、相互主観性論の中核的記述とされる『デカルト的省察』の第五省察「モナド論的相互主観性としての超越論的存在領域の露呈」の論述に繋がっていきます。

受動的綜合としての「対化」を通して、つまり、自我の活動を含まない受動的動機としての連合を通して、間モナド的間身体性が構成され、「相互主観的自然」が諸モナド間の共同化（Vergemeinschaftung）の基底層として成立します。[17] この間モナド的間身体性こそ、『倫理学入門』で、受動的動機が生きて活動している実践理性の土壌であり、倫理以前の領域として、実践理性が、そこから滋養分を受け取る倫理の基礎と母体といえるのです。

こうして確定された受動的相互主観性の領域は、さらに、「固有領域」、ないし「第一次領域」の発生の問いを通して最終的に、内在的時間が構成される生き生きした現在の流れを超越論的に制約する、原触発としての衝動志向性が間モナド的間身体性の根源であることが開示されるのです。ということは、倫理以前の感性の領域が、倫理の基盤として常に前提されることを通してのみ、実践理性が価値づけと規範の体系としての倫理学を構築しているといえるのです。

⑤　フッサリアーナ一五巻の三三稿における「絶対的エゴ」から感情移入を解明する試み（この試みは、『危機書』に受け継がれています）と『デカルト的省察』で試みられているモナドロギーによる解明との関係の記述は、相互主観性論を時間化と具体化の観点から徹底して考察するために最適の記述となっています。

「すべての存在するもの以前に、決して崩壊することのない恒常性において存在し、すべての存在するものを内に担う絶対的自我、すなわち、すべての考えられるかぎりの存在するものを内に担うものは、すべての具体化以前のその〝具体化〟において、還元の第一次の〝エゴ〟(das erste „ego“ der Reduktion) である。――ある一つのエゴと呼ぶことが誤りであるのは、それにとって他のエゴは、意味をなさないからである。」(XV, 586)

ここで述べられている還元を遂行するエゴは、この稿で、現象学的還元を遂行する自我とされ、すべての志向的含蓄性を内に担い、その還元を通して、開示しうるとする自我なのですが、ここでいう「すべての具体化以前のその〝具体化〟」の意味するところが、当然、問題となります。具体化と歴史性が、モナド概念導入の必然性である以上、絶対的で具体的なエゴの概念を主張しようとするとき、絶対的自我、ないし絶対的エゴのいう「具体化以前の〝具体化〟」とは、実は、フッサール自身が開示した、真の意味の具体性と歴史性を意味する「超越論的原事実と絶対的時間化」に矛盾する概念であることが、自ずと判明します。

というのも、フッサールがここで、「諸モナドが存在し、構成的諸統一が、モナド的世界のモナド的時間において時間化されているのに対して、絶対的〝エゴ〟は、非時間的（unzeitlich）であり、すべての時間化と時間、すべての存在の諸統一、すべての諸世界の担い手であり、」（同上、587）と述べているように、具体化以前の〝具体化〟とは、時間化以前、歴史性以前を意味しているからです。このように、非時間的な絶対的エゴは、フッサール自身の主張する「絶対的時間化」と完全に矛盾します。その意味で、このような非時間的、非具体的絶対的エゴの主張が、相互主観性の成り立ちの議論と共存しうることはありえず、フッサール自身、この論稿の最終的に帰結するところは、「わたしの原初的エゴが、原初的諸エゴの〝無限性〟を含蓄する」（XV, 587）のでなければならないという、これまで論難されてきた『危機書』における「原汝（Ur-Du）と対峙しえない原エゴ（Ur-Ego）」[18]の主張に他ならないことになるのです。

したがって、現象学する自我を最終原理にした相互主観性の解明は、エゴの概念に固執する限り、超越論的独我論の枠を超えることはできず、モナドロギーにおいてのみ、つまり、間モナド的間身体性においてのみ、相互主観性の発生の起源を開示しうるといわれねばならないのです。

⑥　相互主観性は、最終的には、間モナド的間身体性において原触発としての衝動志向性によって、その最も根源的層であるモナドの共同化としての相互主観的自然が超越論的に根拠づけられることになります。このことが、倫理の把握に帰結することは、実に多大に及びます。

a　まず第一に、自我の活動を含まない、受動的綜合としてのモナド間に働く衝動志向性による相互主観性の成立は、自我論ではなく、モナドロギーであるからこそ、相互主観性が成立するということを意味します。また、このことは、自我の能作によって確定する倫理の領域と倫理以前の領域を明確に区分して、後者が前者に先行し、倫理的判断に滋養分を与えるという事態に相互主観的客観性を保証しうるということを意味します。

b　エゴロギーによる相互主観性の根拠づけの試み、例えば、非時間的原エゴ（Ur-ego）が複数のモナドを構成するという見解は、まさに、原エゴの非時間性により、絶対的時間化の必当然的明証性と両立しえません。また、他の例である、ヘルトによる形而上学的措定（構築）による「作動する自我の自己分裂と自己共同化」という見解は、同様に時間化において、必当然的明証として証示されている自我の能作をふくまない受動的綜合としての過去把持を通して、現象学の明証性の基準に相応しえない形而上学的思惟の限界を露呈することになります。(19)自我の能作を含まない受動性の領域は、受動性の領域に自我の能作を忍び込ませることによって、最終的には、自我の能作によって支配され、受動性は能動性の前段階と理解され、人間の実践領域は、すべて倫理の領域とされ、倫理の土壌としての倫理以前の間身体性の領域が抹消されてしまいます。

c　『デカルト的省察』第五省察の受動的綜合としての「対化」による相互主観性の根拠づけは、いくつかの修正を行えば、正当で十分な根拠づけの役割を果たしているといえます。その際、間モナド的に先構成される間身体性が獲得しうるのは、モナドの共同体の倫理が、間身体性の知覚を前提にした相互主観性による客観的倫理の基礎なのであり、カントの場合のような、独我論における個別的実践倫理の自由へと孤立化することはありません。

（4）　モナドロギーにおける人格的態度と倫理

ここで明らかにしたいのは、『デカルト的省察』で解明される相互主観性の基礎としてのモナド的自然、つまり、超越論的に身体という具体において共に生きる自然としての世界が獲得された後、モナド共同体の高次のモナドの階層において、どのような倫理が構想されているのかということです。とりわけ、『イデーンII』における「人格的態度」と現在の倫理学の主要課題とされている他者論とどのような関係にあるのか、明らかにしてみなければなりません。

人格的態度において感情移入が前提にされています。このときの感情移入は、倫理以前の受動的感情移入ではなく、倫理の領域における能動的感情移入です。両者の区別は、すでに、フッサールのカント批判で言及されていました。両者の関係は、倫理以前の領域と倫理の領域との関係を意味します。フッサールの倫理学を問題にするとき、倫理の領域だけを問題にすればよいのでないことは、フッサールの後期思想で明確になった受動性が能動性に対して先行すること、また、能動性が働くとき、つまり、倫理的行為が問題になるとき、かならず、受動性に基づけられてその倫理的行為になることからして、自明のことといえます。

ということは、他者論において、この受動性と能動性の関係において、倫理がいかに考えられているのか、明らかにされねばならないことを意味しています。

① この受動性と能動性の関係性から帰結する論点の一つは、一方的な能動性の形式的規制によっては、生きた倫理が構築できないということです。カントの道徳哲学にあって、感覚や感情はいかなる積極的な役割も果たすことはなく、単に、客観的規則によって支配され、超克される経験的で心理学的意味しか持ちえません。それに対して、フッサール倫理学においては、感情の行き交う受動的感情移入は、間モナド的間身体性において常に働いています。

例えば、会食といった状況で、カントの場合、「食べ物」は、個人個人の心に別々に物として認識された「食べ物」から発する触発に、各自がどう応じるのかによって、作法に即した会食が成立するか、といった考察がなされると考えられます。しかし、フッサールの場合、その場に居合わせたとき、すでに、人々の表情や動作といった間身体性を介した場の雰囲気が生じており、その意味で「食べ物」も、はじめから、おいしそうに見えたり、そうでなかったりします。間身体的な受動的綜合において、「食べ物」の間身体的感覚が意識にのぼったり、あるいはのぼらずとも、すでにそこに成立し、それにもとづいて、意識されている間身体的知覚が成立しているのです。食事の作法は、受動的キネステーゼを基礎にする能動的キネステーゼによる習慣化を通して、すでにそこに含蓄的志向性の綜合として働いています。カントに対して、意識にのぼる以前の間身体性が、単に経験的な習慣性というレッテルを貼られる以前に、その習慣性を可能にする超越論的規則としての含蓄的志向性によって成立しているのであり、ここで、フッサールとカントとの決定的違いが明確なのです。

また、受動的感情移入を土台にした能動的感情移入の働き方は、会食の相手を人格の全体として理解できているか否かによって、その働き方がことなります。人格的態度において当然のことですが、会食の相手はその人の習性や性格、その人の人となり、どのような仕事を、どのような動機づけのもとで生きているのか、その人の全体性において理解された人格としての相手なのです。

② 人格的態度において特徴的なことは、他者を、自然主義的態度において物理的、生理的身体機能の総体として眺めるのでなければ（患者に対する医者は別にして）社会的地位とか、精神分析の対象として、精神科学の対象として考察するのでもありません。ブーバーの言うように、第三者の対象化された「それ」として他者に関わるのではなく、汝を人格とする「我-汝-関係」が成立していることが、テーマとされ、解明されなければなりません。

フッサールは、人格的態度を生きるとき、単なる諸特性の束としての人間ではなく、他者の、その人の人となり、人格が理解できる瞬間があるといいます。そして、このときの特有な分かり方は、「直覚（Intuition）」において「予感（Vorahnung）」されることだとされ、通常の物の特性などの認識に際しての「直観（Anschauung)」と区別していることに注目する必要があります。

人格的態度において人間は、様々な動機をもって生き、自由に決断し、決断する能力をもつ一般的人間性とともに、その人特有の、個別的な人格性（Persönlichkeit）ないし、個性を発展させていると理解されています。（IV, 270以降を参照）そのような他者の人格が人格として理解されるとは、人格が、例えば本質直観（Wesens-anschauung）にさいして直観と訳されるAnschauungと区別され、Intuition「直覚」されるのだというのです。そのとき理解されるのは、その人の人となりが、「われわれが、まさに「無底（Abgrund）」を覗き込むようなとき、われわれに、突然、人間の「魂（Seele）」がうち開かれるとき、われわれが、「驚くべき深み」をみやるとき、突然、輝きでる」（同上、273）というように理解されることであると述べています。では、いったい、この特有なIntuition「直覚」の働きは、どう説明できるのでしょうか。

それに答えて、フッサールは、「予感（Vorahnung）」、〔実際に〕見ることなくして先がみえる〔Voraussehen〕、ある暗い象徴的な、往々にしてはっきりしない、空しい前もっての把捉（Vorauserfassen）」（同上、274）であるとして、特定の、個々の明確な意味関連における空虚な志向が満たされる場合の直観（Anschauung）とは異なるといっています。その人を人として見るとは、事物を対象として認識することとは、異なっていて、単なる「経験の統一体（Erfahrungseinheit）」なのではないとだけ説明しています。フッサールにあって、人格を人格として理解する、ここで特有の直覚（Intuition）という概念で表現しようとする、いわば、特殊な本質直観の働き方そのものについて、これ以上の分析は進展していません。しかし、にもかかわらず、この特有な理解の仕方の特質は、動機と価値の概念を中軸にして、さらに人格的態度において説明可能であると思われます。

このように、人格的態度において、最低限、他者が対象として理解されていないことほど、フッサールにとって自明なことはありません。にもかかわらず、フッサールの他者経験を、能動的志向性のノエシス－ノエマの相関関係で理解しようとする曲解は後を絶ちません。その大きな原因の一つとして、ここで中心的に展開されているフッサールの動機概念、および、『倫理学入門』で論述されている価値概念の把握が不十分なことがあげられます。

③『イデーンⅡ』で明確にされているように、人格的態度を把握する上で、動機を生きるある特定の個人を理解することが肝要となります。[20] 他者理解に関して、フッサールはここで、動機概念を中軸に次のように明確に記述しています。

「私は、他の主観に移り込む。すなわち、感情移入を通して私は、何が、どのように強く、どんな力でその人を動機づけているかが分かる。そして、心の内で、特定の動機がその人を規定づけるまでに強く働くとき、その人がどう行動するか、どう行動すると予測されるか、そして、その人は、何ができ、何ができないか、理解することを私はまなぶ」。(Ⅳ, 274、強調は筆者による)

そしてさらに、その人の動機が理解できることが可能になるのは、「その人の状況、教養の程度、若い頃の人格形成、など、その人の身になることを通してだけであり、身になることの中でそれらを共に行うのでなければならない」(同上275) のです。それはつまり、「私がその人の考えや感じ、行いに、単に感情移入するというだけではなく、その人の動機が擬似的な私の動機〔――〕しかしそれは、直観的に充実する感情移入の様相において、動機づけがはっきりしている〔――〕になるように、その人に習うのでなければならない」(同上) としているのです。

このように現実に「動機を共に生きること」が実現すること以上に、ブーバーの「我‐汝‐関係」の内実を適切に表現することができるでしょうか。動機とは、感性の動機と知性の動機というその人全体を生かしている原理です。しかも、ここで見落とされてならないのは、フッサールは、ここで「動機を共に生きる」といっても、自他の完全な融合ということを主張しているのではないということです。「動機を共に生きること」が実現してもなお残る、その人の、その人としての固有性もまた、人格的態度において、欠かせない重要な契機です。「当然のことながら、そこには、解決されず、解消されない残余がのこる。根源的な性格組成（Charakteranlage）が存在し、自分に類比的に明瞭に、理解しうるのである」（同上）とされるのです。ここでフッサールが、「類比的に理解しうる」とするのは、そのようにしても、解消されない残余としての「根源的性格組成」を際立たせるためであり、ついつい自分に類比的に他者を理解してしまうという他者理解の限界を十分に自覚してのことなのです。しかし、この類比性という自覚された限界を、能動的志向性による対象構成の限界と同一視することはできません。動機を共に生きることは、この類比性を突破しうる可能性を秘めているのです[21]。

④ さてここで、改めて確認しておかなければならないのは、人格的態度が問題にされ、対象構成の能作とは異なった、理性の作用（Vernunftakt）と理性の動機（Vernunftmotivation）が語られるとき、フッサールは、あくまでも志向性の概念を基軸にして倫理を考察している点です。フッサールは、『イデーンII』の第六一節で「精神的自我とその基底」について語るとき、「私たちは、志向性を区別せねばならず、一、対象がそれによって意識されるような志向性として、単なる意識、表象である。二、表象されたものへの作用の態度を取る志向性としての〝立場決定〟である[22]。」と述べています。この立場決定をするのが人格的自我であるわけです。ですから、当然ですが、理性の動機を生きる自我は、人格的態度において、対象認識を前提にする立場決定という志向

性を生きているといわれねばならず、人間の主観性を志向性として理解する一貫性において、理性の行為と理性の動機を考察していることが、フッサールの倫理学の特性といわれねばなりません。

⑤　このような他の人の「動機を共に生きる」という関わり方は、ブーバーが「我-汝-関係」として、出会いにおける汝の次元を描き出したその汝の描写と内容上、近似するものです。その共通点と違いをあげれば、

a　フッサールの「動機」の概念は、物質に対置される精神の基本原理として、ブーバーのいう「我-汝-関係」における人格の全体性を一貫する原理とみなすことができると思います。ある人と「我-汝」の関係に入るとは、その個人の動機を共に生きることです。動機を共に生きることが、その人の全体性に関わるのは、個々人の動機は、過去の動機の成立と動機による行動の蓄積と、動機実現の未来をも含む全体性を含意しているからです。動機を共に生きるとは、相手そのものを対象として見据えることではありません。フッサールは、このことを、「共に感じるとき、私は自我として、他者において没入しており、他者の感じに没入して共に生き、共に感じている。人格として私は対象として他の人格に向かっているのではなく、その人が特定の仕方で行動する人格として向かうその何かに向かっている」（XV, 513）のです。他者の感じに没入するとき、そのときの自分を反省的に見やる意識は存在していません。「その際、私は、決して、自分の参加を反省的に言表するように、私に向かっているのではない」（同上）と語っています。しかも、その参加自体が対象化せずに、意識されている、正確にいえば、原意識されていることも強調されねばなりません。決して、無意識に、無自覚で、真の同情がなりたっているのではなく、真の同情を生きる最中で、そのことが対象化されずにそのまま、明証的に意識されているのです。したがって、これも当然のことといえますが、この自己に向かわないということは、フッサールが自然的態度で人間が生きるとき、否定的な意味での「匿名性」が語られ、「没自我的」といわれる意味で、自分の

行動を意識していない、反省していないということではないのです。他方、我-汝-関係というとき、フッサールの人格的態度においても同様に、自己と他者の完全な一致、ないし融合が語られているのではないことを見落としてはなりません。

b　動機概念を人格の全体性に一貫した原理として理解することは、ブーバーの主張する、幼児期の生得的汝との「我-汝-関係」が成人における「我-汝-関係」の実現のための「根源的動機」として働いているという主張を裏づけることになります。フッサールは、『イデーンII』の第六一節「精神的自我とその根底」及び、補稿XIIのIの「人格――精神とその心的な根底」という論稿で、精神活動の根底の受動性の領域において、原感性性が形成されており、この層が精神活動の基盤として常に働いていることを主張しています。しかも、成人においても、この超越論的な含蓄的志向性として働き続けている生得的汝への幼児の関わりは、後述されるように（本書第III部第二章を参照）、今日の発達心理学の研究成果を裏づけうる根本的原理であることが、詳論されます。

c　汝の概念は、ブーバーにおいて、「それ」に対置されることを通して厳密な論述にもたらされ、あらゆる意味での「対象化」から免れている人格としての「汝」が説得力をもって記述されています[23]。それに対して、フッサールにあって、人格的態度において記述されている人格としての汝は、対象認識ではないという規定にとどまり、自我中心化が自ずと消失しているという「我-汝-関係」の本質の開示までには至りえませんでした。しかし、この規定そのものは、レヴィナスの主張する「他者の他者性」という現象学的規定に対して、志向性の概念を受動的志向性という新たな領域を開示し、幼児期の生得的汝への「我-汝-関係」を現象学的により深層の次元から解明しえた、『倫理学入門』で示されている「連合的動機」の解明をへて、受動的相互主観性を基礎づけることに成功している端緒を意味する規定なのです。

（5）　他者の他者性とモナドロギーの倫理

フッサールの相互主観性の批判としてレヴィナスの他者の他者性の議論が対置され、フッサールの『デカルト的省察』第五省察で展開される「対化」によるモナド的自然としての間身体性として構成される他者は、志向的に構成された志向的対象としての他者に他ならず、生きた他者が対象化された他者に貶められてしまう、とされています。この批判は実は、先に述べたように、あくまでも受動性の領域の本質理解に届かない、志向性を能動的志向性と狭く理解することからする批判にすぎません。(24)

ここで、私が試みたいのは、他者の他者性の倫理が、むしろ、レヴィナス自身の概念である「出会い」、「関係性」、「原受動性」、「近さ」、「汝」等の概念を介して、つまり、それらの諸概念に含まれる受動性と人格的態度の契機を通して、フッサールのモナドロギーの倫理に包摂されうることの論証です。換言すると、レヴィナスの倫理学を他者の他者性を巡る「汝への接近」、「隣人との近さ」、「出会い」という概念を通して、「殺すな」という拒否の倫理から、「他者の他者性」の根源を発生的に解明し、人格的態度において他者の他者性を積極的に肯定し、促がしうる「人を生かす倫理」への変換が可能になると思えるのです。

①　レヴィナスは「汝」の概念そのものを積極的に肯定しています。「ブーバーとカブリエル・マルセルは、正当にも、人間的出会いを記述するのに〈それ〉よりも〈汝〉の方を選んだのだった。……出会いの運動はこの顔そのものの内にあるのである。顔はそれ自身で来訪であり、超越である(25)」と述べます。痕跡としての顔ではなく、顔そのものの内に出会いの運動を認めているのです。顔そのものの来訪と超越が出会いといえるのです。にもかかわらず、レヴィナスの場合、〈汝〉の肯定は、〈それ〉の否定を通してのみ可能になるという側面が、過剰に強調され、フッサールの志向性の概念が、〈汝〉の側ではなく、〈それ〉の対象化の領域にのみ属すると誤認さ

れてしまっています。[26]しかし、いま述べたように、ブーバーの「汝」の概念とフッサールの人格的態度の概念は、この〈それ〉と性格づけられる能動的志向性をそれそのものとして拒否し、排除することなく、むしろ、「〈汝〉の光のもとに、居合わせる〈それ〉」として、内に包摂しうる概念であることを告げています。[27]

このレヴィナスにおける「出会い」の肯定と、「私」と「汝」に関する彼の次の文章とを関連づけることによって、ここで、「人を生かす倫理に包摂して、変換する」とされうる可能性がより明瞭になると思われます。

「〈私〉は寛大な仕方で〈汝〉へと向かって行きながら〈無限〉に接近するのであり、そのさい〈汝〉は依然として私と同時的であるのだが、その〈汝〉が〈彼性〉の痕跡の中で、過去の深みから出発して、正面から自己を呈示して、私に接近するのである。私を見つめる私の隣人のために私が私を忘却する程度に応じて、私は〈無限〉に接近する。[28]」

② では、はたして、この「犠牲による〈無限〉への接近」ともいわれる「私を忘却する」といわれていることは、いったい、何を意味しうるのでしょうか。このことは、これまでの、レヴィナス解釈において、どの程度、真剣に受け止められ、理解されてきたのでしょうか。志向性の意味を考えるとき、レヴィナスは、自我からの離脱としての志向性を「自己意識を犠牲にすること」[29]であると表現しています。では、この「自己意識を犠牲にする」とは、いかなることなのでしょうか。この志向性のもつ根本的な開きとしての超越性を強調するレヴィナスは、志向性の理念的なものの構成の根底に、フッサールが固持する「志向性の基底としてのヒュレー的与件」を指摘してさえいます。[30]

レヴィナスは、このヒュレー的与件の領域を「感覚と時間」というテーマでさらなる分析をすすめ、感覚と時間の関係を明らかにする際、原印象に注視し、「原印象の間隔は、位相のズレの間隔の第一の生起である」とし、過去把持の志向性を「間隔を確認する眼差しは、この間隔そのものである」というように、時間の意識は、時間についての反省ではなく、時間化そのものであることを的確に浮き彫りにしています。この時間の自己遡及という性格を、レヴィナスは、「反復（iteration）」と表現するのです。この反復の内実は、

「過去把持と未来予持は、流れることの固有のあり方であり、過去把持することあるいは、未来予持すること（〝思惟〟）と〝間隔においてあること〟（出来事）とが一つのことになる。……感覚を感覚することそのものである流れることをフッサールは、絶対的主観性と呼び、それは、客観化する志向性よりより深くあり、言語に先行している。……意識と出来事の二者性が克服されている流れることは、さらなる構成をもつことはなく、すべての構成とすべての理念化を条件づける。間隔は過去把持であり、過去把持は、間隔である。時間の意識は、意識の時間である。[31]」

と表現されています。ここには、フッサールの時間論に関するレヴィナスの見解として注目すべき多くの論点が含まれています。

a　まず、レヴィナスは、生き生きした現在の「流れること」を、原印象と過去把持、そして未来予持の関係性において、後にフッサールによって「絶対的時間化」とする次元を的確に把握していることです。ここでは、生き生きした現在を過去把持と未来予持を括弧入れにして原印象だけ独立させて考察する立論をとっていません。

b　「間隔をそれとみとめる眼差しが間隔そのものである」という言い方で、過去把持を理解することは、特有な志向性とされる過去把持の志向性（後に受動的志向性と言う適切な名称をえる）の性格づけにとって、適切な解釈であると思います。フッサールが『内的時間意識の現象学』のB論稿、Nr. 50において、「意識の流れは、それ自身再び連続なのだが、その流れは、自ずから、継続の意識の可能性の条件を満たしている」（X, 332）とし

て、「過去把持がそれ以前の過去把持を含蓄する」（X, 333）ことこそ、流れることそのものに他ならないとする表現にぴったり対応するものなのです。

c　レヴィナスは、この反復を、キネステーゼを論じる際、「根源的反復―主観の歴史性の最後の不思議」「隔時性（diachronie）」[32]と性格づけますが、まさに、過去把持の含蓄化の機能こそ、歴史性の根源といえるのです。ところが、レヴィナス自身は、この過去把持の「反復の仕方そのもの」をさらに、現象学的解明にもたらそうとはしません。その「如何に」をそれ以上問おうとはしないのです。フッサールにあって、過去把持の反復の仕方は、『時間講義』では、過去把持の縦軸として描かれた交差志向性（Querintentionalität）において、今の原印象と過去把持されたその直前の原印象とそれ以前の過去把持された諸原印象との間の、時間内容間の「意味本質の同等性の合致（Deckung）」（X, 93）として記述され、この合致の仕方が、『受動的綜合の分析』において、「連合と触発」という超越論的規則性として解明されていきます。レヴィナスは、この歩みをともにすることはなかったのです。

④　レヴィナスが、この受動的綜合に積極的に言及するのは、メルロ＝ポンティと同様、「時間の綜合」に結びつけるときだけです。フッサールの場合、当の時間の綜合の探求を通して、連合と触発、そして、最終的に原触発として間身体性が生成する間モナド的に働く衝動志向性が、「共に生きる生き生きした共現在」の超越論的制約であることが開示されます。それによって、相互主観性の根底に働く「間身体性」が間モナド的に解明されうるとする見解が成立するのです。レヴィナスが至った、受動的綜合としての時間綜合の内実が、フッサールのそれと共通する点と相違点が明確にされることによって、なぜ、レヴィナスが間モナド的衝動志向性に届かなかったのか、その理由を明確にすることができます。

まずここで、レヴィナスの受動的綜合に関する見解をはっきりさせておきましょう。彼は、「当然、主観を欠く意識、時間の〝受動的能動性〟、これに対して、いかなる主観も主導権を要求することはできない。〝生起するものの受動的綜合、しかし、流れること、時間の間隔に再想起と再発見、それによる、理念性と普遍性に意味を与える同一化が生成している」[33]としています。そして、対象を志向する意識と、時間の受動的働きとしての意識、つまり、「創造されるときの被造物の受動性の、受動的働きとしての意識」[34]とを明確に区別しています。この引用にあるように、レヴィナスの時間の解釈の背後に、ユダヤ教の創造神を認めうるのは、明白といえます。

つまり、レヴィナスは、「生起するものの受動的綜合」を「流れること」として認めても、このことそのものをさらに究明することはなく、そこで、「流れること」そのものに「意味の同一化の生成」を認めるか、「創造に際する被造物の受動的働きとしての意識」の存在か、という二者択一に自分を追い詰めているようです。

⑤　レヴィナスにとって、「倫理」は、志向性の相関関係という認識図式では、捉えられないとされます。「主観の客観への方向づけは、〈近さ〉へと変転し、志向的なものは、倫理になる」[35]とされるのです。この〈近さ〉が実現しているのは、「やさしさ」と「責任」にあるとされ、ブーバーの「我-汝-関係」、さらに、フッサールの人格的態度との対応関係が問われることになります。

〈近さ〉が実現している「触れること」は、「純粋な接近であり〈近さ〉」であり、「根源的な言葉であり、語も命題もない言葉であり、純粋なコミュニケーションである」[36]とされます。ここにこそ、倫理の起源があるというのです。

レヴィナスにとっての「隣人」、すなわちブーバーにとっての「汝」は、〈近さ〉の直接性とされ、意識ではなく、「憑依」であるとされます。この取り憑かれることが、レヴィナスにとっての「我-汝-関係」としての〈近さ〉の別の表現でもあるのです。では、どこまでブーバーの我‐汝‐関係と「憑依」は、近接しているといえるのでしょうか。レヴィナスは、

「隣人は認識や関与に先立っているということ、こういったことは無分別でも無関心でもない。それは志向性よりもいっそう張り詰めた関係がもつ直線性なのである。つまり、隣人は私を召還するのであり、憑依は選択のない責任なのであって、文も語もなきコミュニケーションなのである。(37)」

と述べます。この引用文を、ブーバーの語る「我‐汝‐関係」とフッサールの「間モナド的コミュニケーション」との関わりにおいて次のように、対比させることができます。

a 「文も語もなきコミュニケーション」という憑依の現実は、これまでたびたび言及されてきた、一一歳のブーバーが、「自分ではないまったく他なる存在としての馬のたてがみに触れている」ときに与えられている感性的なもの(38)において、「私（自我）が忘れられている、その意味で犠牲になっている」こととも言えるはずです。このブーバーは、自我中心化から免れている直接的な関係性を、レヴィナスより説得力をもって語っています。この直接的な関係性をかたるフッサールも、また、汝への関係において、自己にふりかえることが生じていないことを、的確に記述しているのです。

b レヴィナスは、憑依における「召還の極度の切迫さ」について語ります。この憑依の様相は、意識の同等性、ないし相関関係を炸裂させ、この隣人の〈現在すること〉が、私を極度の切迫さで召還し、「それ自身の出発の痕跡において、私の責任と愛へと秩序づけられている(39)」とされます。レヴィナスにおいて、隣人の〈現在すること〉は、痕跡という不在によって特徴づけられているのです。しかし、ここで積極的に語られている「責任と愛への秩序づけ」を、より一層、積極的に説得力をもって語るには、レヴィナスの語りは、あまりに狭すぎる

のではないでしょうか。「文も語もなきコミュニケーション」とされる「憑依」、「選択のない責任」と愛に人間がさらされている原初の根源的現実は、実は、人間が幼児の生をいきる、まさにそのただ中である、とはいえないでしょうか。レヴィナスが「すでに自己の中に侵入してしまっている他者の他者性」を語るとき、それがはじめて生きる現実になっているのは、人間の幼児期であり、ブーバーの語る「生得的汝」との関わりの世界であり、フッサールの語る原初の段階である間モナド的コミュニケーションの次元といわれねばなりません。もしこのような「文も語もなきコミュニケーション」の解釈が、まさにその幼児性のゆえに拒絶されるのであれば、この〝生得的汝〟との関わりの次元、すなわち、自我意識が形成される以前の間身体性が生きられている幼児期の倫理の土壌が、レヴィナスの倫理で完全に見落とされてしまうという、レヴィナスの倫理の最大の欠陥が露呈することになるのです(40)。

c　「愛と責任」について、積極的に語りうるのは、「自己意識」と「他者意識」が成立する以前において、すでに〝他者〟との関わりを通して、関係性を生きている幼児期に受動的相互主観性が成立する現場に居合わせることを通して、初めて可能になりうる、つまり、能動的倫理を特徴づける「愛と責任」は、受動的な倫理以前の領域の、間モナド的コミュニケーションという関係性の成立を解明して初めて、すなわち、能動的倫理の形成を能動性に先行する受動性の次元に生成する倫理以前の間身体性を解明して初めて、十全に語りうるのです。

第II部　発生的現象学における「倫理以前」という倫理の基盤の開示

フッサールの目指す倫理学の概要は、第Ⅰ部、第三章で明らかにされました。ここで明確になったのは、まず第一に、フッサールの倫理学は、倫理以前と倫理の領域を受動性と能動性の領域として規定し、その両者の関係において展開されているということです。また、第二に、この受動性と能動性の区別は、単に理論理性に関わるだけでなく、価値哲学における実践理性の優位からして、まさに、実践理性の領域にこそ、より根源的に妥当しているということです。また、この能動性と受動性の区別そのものは、フッサール中期・後期思想において、発生的現象学が問いとして成立し、形式的な純粋自我にかわって、具体性と歴史性をそなえたモナドの概念において、相互主観性論が展開することと並行して、開示され、解明されてきたものです。

第Ⅰ部で述べたように、フッサールの倫理学の特徴は、志向性概念による理性の目的論におけるモナドの共同体の倫理にあります。したがって、発生的現象学における倫理学の構築という課題は、エゴロギーではなく、モナドロギーにおいて可能であり、発生的現象学とモナドロギーの領域の確定が、論証されなければならない第一の課題となります。その際、まずもって、発生的現象学の「発生」がいったい何を意味するのか、通常使用されている「事実の発生」と「本質の妥当性」という対立概念といかなる関係にあるのかが明確にされることによって、鮮明になります。これによって、初めて、経験科学である発達心理学や発達脳科学などの「事実と機能」の探求との関係が明瞭になりうるのです。

次に、発生的現象学の研究は、静態的現象学で、生成済みの「固定的な諸統覚」が分析されるのに対して、それら「諸統覚の生成の必然性」が、生成や発生に関わる「時間と連合と原創設」（XXXV, 410参照）の分析を通して、考察されます。したがって、この発生的現象学の探求の中でこそ、序論で指摘された『倫理学入門』で示唆されている「連合的動機」の概念が、フッサールにおいて超越論的規則性として、明証性にもたらされることが明示されることになります。第二章で展開される、発生的現象学の根本原理――「時間と連合と原創設」の考察は、発生的倫理の発生的現象学における構築の際の原理的基礎づけの役割を果たすものです。

第一章　「事実／本質」二項対立に先行する「超越論的原事実」の概念

発生的現象学の「発生」（Genesis）とはいったい、何を意味するのか、まず、この発生と密接な関連にある「超越論的原事実、ないし事実性」の概念との関連において、明確にしてみたいと思います。このとき、根本的に重要な見解は、この発生はいわゆる従来の「経験的事実と超越論的妥当性」、言い換えれば、「事実としての発生／本質としての妥当性」というカントのよく知られた二項性の区別が妥当しない領域において、生起しているということです。したがって、フッサールのいう「超越論的事実性」は、カントの実践理性の二項対立である「存在と当為」の二者択一に該当しないことが示されるのです。また、当然ながら、この発生は、同時に経験の事実に依拠するヒュームの感覚一元論の立場にも妥当しません。ヒュームは、いうまでもなく、カントと同様、いわゆる近世哲学の前提としての「事実と本質の二元性」を背景にした、事実概念、つまり、経験的事実、心理的事実を事実として理解しているからです。

フッサールにとって、発生的現象学の発生概念に対応する超越論的原事実（ないし事実性）の領域は、様々な経緯を経て次第に明らかになってきました。まず、以下詳細に論じることになりますが、第一は、時間論の解明、第二に超越論的他者の問題を通してでした。つまり、発生的現象学の成立にとって、超越論的に理解される「時間と他者」の解明が決定的要因になっていることです。簡潔に述べれば、時間と他者は、「本質と事実」の二元性によっては、あるいは、これはその言い換えなのですが、「精神と物質」の二元性では、真に理解することができないということなのです。この二元性が実効性を持たない領域に、倫理の発生が求められることがこの章で明確にされます。

これに関連して、注目すべきは、発生的現象学が現象学の課題とされてくる一九二〇年代にあって、この解明と並行して、現象学の方法論上、中心的概念である「明証性」の概念に関して、それまでの現象学の方法論の自己批判を通して、徹底した「必当然的明証性」の考察が遂行されていることです。フッサールは、一九二二年二三年の冬学期の講義である『哲学入門』において、『イデーンI』を執筆時の、いわゆる「イデーン期」を振り返って、現象学研究上、核になる問題としての明証性の解明、つまり、後に必当然的明証（apodiktische Evidenz）という、認識の絶対的基盤とされる問題系において、「時間と他者」の明証性の問題が十分に組み込まれていなかったと反省し、自己批判を行っています。フッサールは、そのことを『イデーン』期の方法論の根幹に位置する超越論的還元に潜伏する「超越論的素朴性（transzendentale Naivität）」（XXXV, 103）として摘出しているのです。方法が素朴であるという以上の厳しい自己批判は、フッサールにあってありえないほどの、現象学の核心に迫る厳格な自己批判なのです。

この自己批判とは、発生的現象学の探求の始動期に、純粋自我とそれへの超越論的還元という、現象学の基本的方法概念には、潜在的な「素朴性」が含まれていて、その明証性にかかわる批判がなされ、「時間と他者」をめぐる必当然的明証性に関して、この素朴性が克服されねばならない、ということを意味します。すなわち、この素朴性とは、時間意識と超越論的他者に関して、それらの必当然的明証性が達成されていなかったことにあり、その必当然的還元の遂行の課題が素朴性の克服として立てられているのです。イデーン期以来、超越論的自我に依拠する超越論的還元の方法が主張され、現象学の方法の固有性として、自然的態度から超越論的態度への変換が主要な事柄とされ、超越論的還元の行使そのものが、超越論的現象学の学としての厳密さを保証するとされてきましたが、この『イデーン』期のこのような超越論的還元そのものが素朴であり、必当然的明証性に至っていないとされることは、現象学の方法論上の進展として、重要視されねばならないのは当然です。

しかし、この講義で実現したのは、超越論的他者の明証性の問題にまでは及ばず、時間意識の必当然的明証性の解明のみでした。にもかかわらず、ここで達成された過去把持の必当然的明証性の確証は、後の、この章で解明される「本質と事実」の区別に先行する「受動的綜合の分析」にとって、決定的な意味をもちます。受動的綜合の分析で展開されている過去把持の働き方の詳細な分析は、単に超越論的還元を経ていない心理学的分析、経験論的分析という意味を持つことは決してありえず、必当然的明証性の次元での超越論的分析、カントで見落とされている実質的アプリオリの分析なのです。以下、この過去把持の必当然的明証性の確証の議論を跡づけ、時間分析が開示する発生的現象学の方向性を明確にして、本質と事実という対立において、時間が理解されえないことを呈示してみましょう。この呈示は、倫理以前の領域に働く受動的綜合の解明への決定的な前進を意味しています。

第一節 『イデーン』期の「超越論的還元」の素朴性 「時間と他者」の明証性の問い

フッサールは、明証性をめぐる現象学の方法を考察するとき、デカルトの ego cogito の瞬時的明証性の限界を示します。すなわち、この瞬時的明証性の主張は、神の存在の仲介をへずには、客観的学の成立を根底から脅かすヒュームを代表とする懐疑主義に陥らざるをえない必然性に導くことになってしまうからです。このヒュームの懐疑主義と主観的相対主義が、もっとも厳密な学として現象学の明証性を基準に克服されているという論点こそ、実践理性の問題領域に位置する快楽主義をその根底から克服しうる現象学的倫理学の考察にとって、大変重要な帰結をもたらしていることは、第I部で明らかにされたことです。

フッサールは、この懐疑主義に抗して、客観的学としての現象学の基盤として、「生き生きした現在」における過去把持の必当然的明証性格、及び再想起（Wiedererinnerung）の明証性格を、過去の体験の即自的明証性として確証することができました。まずもって、内在的時間としての「生き生きした現在」の持続の意識の絶対的明証性が獲得され、瞬間的明証性の主張とその限界が完全に克服され、次に客観的時間の明証性が、相互主観性の根拠づけである間身体性において共有され、共に生きられている現在を土台にする他者論を通して、確立されたのです。この過去把持の明証性の解明は、一九二〇年代には、カントにおいて完全に欠落している受動的志向性と受動的綜合の解明として、その必当然的明証性において与えられている過去把持される感覚内容そのものの生成の分析へと並行して進展していきます。こうして、過去把持される感覚内容の与えられ方そのものと感覚野における感覚質（感覚内容）の意味の生成の分析として、「受動的綜合」が解明されていきました。したがって、「受動的綜合」の分析は、感覚内容の意味の生成を問う超越論的構想力の解明であると同時に、必当然的明証性を地盤にする普遍的哲学としての現象学の認識基盤の構築の役割を担っているのです。

他方、客観的学としての現象学の構築のために欠かせない、超越論的他者の必当然的明証性の確立の問題は、発生的現象学の基礎原理の一つである「歴史性や発生」の問いと密接な関連のもとにあります。超越論的他者は、作用を遂行する個別的主観としての、「本質と事実」の二項対立における本質に依拠する形式的な「純粋自我

（reines Ich）」の視点からではなく、身体をそなえた具体的で歴史的な自我としてのモナドの視点から、つまり、間モナド的交通の経験の現象学的解明から始めなければならないことが、二〇年代以降、次第に明確になり始めます。自我をめぐる、形式性と具体性、静態的瞬時性と発生的歴史性の対立点が明確になってくるのです。このことは、「形式と内容」の対立に相応する「本質と事実」の新たな把握を迫ることになっていきます。

ここでいう「純粋自我」とは、フッサールが、『イデーンI』で、実在する世界を現象学的還元を通して括弧づけてもなお、残存して働く超越論的主観性の別名です。フッサールは、この純粋自我をこの「イデーン期」においては、カントの「超越論的統覚の自我」と結びつけてもよいとさえ述べています。[1]『危機書』における超越論的統覚の拒否はここではみられていないのです。この形式的自我、超越論的同一性と統一性の観点からする純粋自我と具体的で歴史的とされるモナド概念への展開は、発生的現象学の考察にとって中心的課題とされねばなりません。

そのとき、注目すべきこととして、周知のことでもありますが、この『イデーンI』においてさえ、ここで獲得される純粋自我を含めた、超越論的に絶対的なもの（das transzendentale Absolute）は、究極的な意味で絶対的なものとはいえず、『イデーン』期でフッサール自身によってその明証性格に関して徹底的に考究されていなかったとされる「時間（化）」こそ、真に絶対的なるものにおける源泉であることを明記していることです。『イデーンI』においては、先の『哲学入門』で展開する自己批判にあるように、時間について十分に論ずることができなかった、としているのです。（III, 197頁以降参照）

第二節　超越論的自我の形式性に対する「事実性の秩序」

この純粋自我をめぐり、具体性と歴史性をになう自我としてモナドが問題にならざるをえなくなる二〇年代にあって、超越論的自我の超越論的統覚の抽象性と形式性が明確になりはじめます。

「受動的発生の諸規則が他の方向に即して考量されねばならず、まったく異なった超越論的アプリオリ（主観的所与性を基盤にした客観的な空間と時間の構成の可能性の諸条件）と名づけられるであろう。……超越論的統覚の自我、すなわち〝意識一般〟に関して、いったい何が残ることになるのだろうか。超越論的統覚の自我、超越論的能力、意識の一般的な本質存続や意識の能力を〝超越論的統覚〟という表題のもとで提示するだけでは十分ではなく、この本質存続に並んで、ある一般的な諸事実性に広く該当しうる秩序が受け入れられなければならない。」（XIV., 291）

とされるのです。

ここでいわれる「事実性の秩序」は、近世哲学で語られる、「事実の因果性」を意味するのではありません。通常、この意味での因果性として理解される事実は、超越論的統覚の自我と意識一般の形式性に対峙されます。ここで言われている「一般的な事実性の秩序」というとき、秩序と呼ぶ以上、本質の規則性に即した秩序であり、「実質的アプリオリ」とか、「受動的発生の超越論的アプリオリ」ともいわれ、いわゆる自然科学の対象である事実の法則という意味での、自然の事実の因果的規則性を意味しているのではないのです。ここでいう「事実の秩序」とは、本質と形式のアプリオリではなく、「事実のアプリオリ」なのです。このアプリオリは、内容的に、感覚の持続と変化による時間の流れのアプリオリな構造であり、また、引用にあるように、相互主観的構成を通した「客観的な空間と時間の構成の可能性の諸条件」ともいわれています。フッサールにとって、相互主観性、すなわち他者経験の構成論を抜きにして、いかなる客観性も考えられえないことからして、この事実性には、具体的な身体的自我と他我の構成の問題が含まれていることも明らかなのです。

三〇年代の『危機書』において、『イデーンI』で肯定されていたカントの「超越論的統覚の自我」が「究極的解明に原理的に抵抗する虚構された概念[2]」とされるのには、理由があります。形式的純粋自我の機能では、自他の身体の感覚と知覚という相互主観性の議論にとって欠かすことのできない構成問題に迫ることはできず、過去把持による含蓄的志向性の必当然的明証性の論証なしに、超越論的に自我の歴史性を語りえないからです。

第三節　超越論的事実性の時間性と受動性

超越論的原事実（ないし事実性）は、絶対的時間化と直接的対応関係にあります。この『内的時間意識の現象学』で指摘された絶対的時間流の自己構成という逆説は、『危機書』においては、世界の存在を根源的に信じて（「憶断、信憑」とも表現します）世界の中に個々人として生きているとする人間存在が、実はその個々の人間存在を包摂する世界そのものを絶対的時間化を通して構成しているのであるとする、「人間の主観性の逆説」という具体的で歴史的な表現をもつことになります。

そこで語られるのは、絶対的時間化は、「本質と事実、形式と内容、主観と客観」という二項対立の原理の枠内では、把握することはできないということが、まず一つ、さらに、第二に、この絶対的時間化とされる超越論的事実性は、個我に確証される超越論的主観としての純粋自我においてではなく、純粋自我そのものが、根本的に、モナドの全性において、間モナド的に生成しているということです。以下、この二点に即して、議論を詳細に展開していきたいと思います。この二点が、個我の機能を出発点にした（感覚一元論のヒュームをも含めて）近世哲学の枠組みを根底から突き崩し、相互主観性の領野を開示していることは、フッサール現象学の最も明確な特徴として強調されねばなりません。これによって、倫理の基礎ともいえる具体的な相互主観性の領域が、確定されうるのです。

① 超越論的事実性が、「本質と事実」の二元性において、原理的に把握できないことは、まず、時間意識の分析で明らかにされた過去把持が、「形式としての本質－内容としての事実」という認識図式では理解できないことに明証的に論証されています。『内的時間意識の現象学』における「統握作用－統握内容」という「形式－内容」図式では、そのつど与えられる感覚与件が意識に残存していく過去把持という時間意識の特有な志向性が理解できない、つまり、形相としての本質の形式的働きと、質料としての事実的与件の二元的原理によって理解できないこととして、論証されています。(3) 生き生きした現在に働く過去把持は、時間化の受動的綜合としての「連合」の働きであり、「事実が事実になる」という超越論的事実性の根源的構成の際の根本的機能として、原理的に「形式－内容」構図では理解できないことが示されているのです。このとき、すでに述べたように、ヒュームの自然化され、歪曲された連合概念との相違は、この時間論の関連において、明白なものとなっています。フッサールの連合は、この時間化に働く原理そのものであるのに対して、ヒュームの連合は、自然科学で前提にされたままの客観的時間の時間軸上に立ち現れる諸印象をその起源にしているのです。

さらにこのことは、『受動的綜合の分析』において解明されている「超越論的構想力と時間」の検討を通じて明らかになったこととして、時間内容である感覚は、カントの場合のように、感性の形式としての時間形式に与えられる直観的所与としての多様（時間内容）としては、理解できないことにも示されています。時間の形式と内容という二元性において理解できない別の理由は、過ぎ去りゆく（過去把持される）感覚は、自我の活動を前提にする意識作用としての想起（過去を意識する形式としての時間化作用）によって構成されるのではなく、過去把持の交差志向性において、連合による自己合致、自己生成をする、すなわち、作用の形式とその作用によって構成される内容としてではなく、受動的に（自我の意識作用なしに）自己成立しているからです。

②　また、この超越論的事実性が本質と事実に分岐できないことは、哲学的考察としての現象学的還元や本質直観を遂行する自我（「現象学する自我」ともいわれます）が、その自我に属する個別的事実性と分離できないことにも顕現しています。そのことを、フッサールは、この私という現象学するエゴが、エイドス〔形相、本質〕を構成するのであるが、この構成するエゴと構築体〔Konstruktion〕（構成された統一、エイドス）は、根本的に、私の事実的な存続体、私の個別性に（meinem faktischen Bestände, meiner Individualität）属しているのだ、と述べています。

「エイドスは、私、つまり、事実的に現象学するエゴが構成する。構成と構築（構成された統一、エイドス）は、私の事実的存続態、すなわち、私の個別性に属する」（XV, 383）。「私の事実的存在を私は、乗り越えることはできないのであり、そのことのうちには、志向的に含まれている他者、共存在、その他も含まれており、それは、まさに、絶対的な現実性なのである。」（同上、386）

したがって、現象学する自我は、確かに形相を構成はするのですが、自己の固有な事実を乗り越えることはできない、つまり、自己の固有の事実性そのものを構成することはできないというのです。また、この自己の事実性が、他者の他者性を含蓄しているということは、自己の事実性の事実的含蓄としてのみ可能なのです。仮に、絶対的、非時間的自我（原自我）としての原初的エゴが、他の原初的エゴの「無限性」を含蓄しうるとしたとき、それが可能であるのは、ただ事実的含蓄、すなわち、事実的具体的時間化においてのみ可能なのです[4]。

ここで決定的意味を担う含蓄的志向性は、まさに「受動的原創設」を含蓄しているのであり、発生的現象学の核心的概念です。そして問題であるのは、この含蓄的志向性の含蓄の仕方そのものです。フッサールが、私の原初的エゴが、他の原初的エゴの「無限性」を含蓄しているというとき、この含蓄は、単に「他者が事実として存在している」といった意味での事実的並存とは異なっています。他者の含蓄とは、私の事実性における事実的含蓄を意味するものです。また、ここでいう私の事実性とは、当然ですが、自分自身が自己構成して成立している事実性ではありません。「事実と本質」というときの、「事実」は、本質によって構成された事実という意味をもつのであり、その意味での私の事実性とは異なります。

超越論的事実性は、絶対的といわれる事実的時間化においてのみ考えることができます。時間化とは、「ヒュレーの原事実に指示関係がなされることにおいてのみ」（XV, 385）時間化となりうるのです。その意味で、私は、世界の存在を端的に疑うことはない「世界の信憑において必当然的に」（同上）存在しています。この「世界の信憑におけるわれ有り」は、絶対的時間化においてのみ必当然的明証性にあることができるのです。

③　つまり、繰り返しになりますが、世界存在のエイドス（本質）は、現象学的還元と本質直観を通して現象学する自我が解明し、その本質はまさに超越論的主観としての現象学する自我が構成しているのですが、他方、その自我によって構成された世界の中に存在する私自身の個別性という個的事実性なしには、その構成そのものが不可能であるということです。従来、事実性とは、可能態と現実態との関係において、エイドスのもつ可能性

が実現されたものとして理解されていましたが、この理解では、「超越的自我のエイドスは、事実的な自我としての超越論的自我なしには考えることすら不可能である」ということが、理解できないのです。つまり、「フィヒテの主張する自我は、フィヒテの個我に他ならない」[5]として、普遍的自我一般という形而上学的措定は退けられなければならず、現象学において、超越論的自我は、この個別的自我に働く超越論的自我としてのみ確証されうるものでなければなりません。上の引用にあるように、現象学するエゴは個の私としての事実的個別性に属しているのです。

④　この「世界信憑における「われ有り」の必当然的明証性」をハイデガーの現存在の「世界－内－存在」、そして後期における存在の「世界－内－存在」と対応させると、その特質がより明確になるでしょう。ランドグレーベは、フッサールにおける「目的論と身体性」を論ずるにあたって、エゴ・コギトに先行し、また、「私はできる」にさえ先行する「私は動く」というキネステーゼ（運動感覚）が、目的づけられた原事実である「絶対的現（Da）」として匿名的に働いている、としています。「絶対的事実としてこのことは、経験された世界がわれわれに開示されるところの、一切の活動と機能との可能性の最も深層にある超越論的制約」であり、「その生ける遂行におけるそのつどの絶対的〈現〉は、それ自体で個別化された〈私は考える〉の〈現〉ではない。というのは自分自身を自我として意識するようになるということは一種の自己関連の仕方であり、この自己関連性は各人の現における生活史においてはじめて個別化される」[6]のです。

また、時間化と自我の関係に関して、よく引用される文章として、「流れることは、常に先行している。しかし、自我もまた、先行している」[7]があります。この文章によって、自我と時間の流れの並存を主張する見解もみられます。しかし、ランドグレーベは、それを解釈して、「フッサールは、自我という言い方は、非本来的であると指示している。超越論的－発生的には、自我－意識もまた、生成の結果である」と明確に、発生的現象学の解明領域を示唆しています。つまり、超越論的自我を前提にしたままのエゴロギーの枠内では、自我の発生を問うことはできないということなのです。

ランドグレーベこそ、フッサールにおける時間化とその衝動志向性の関係を、次のように明示化した第一人者といえます。

「〈原初的な現在〉への反省、これは〈絶対的現（Da）〉のことだが、このような反省は、〈没自我的な流れること〉という基底的な最低層に帰着する。反省は、……〈徹底的に先自我的なもの〉にまで遡って導かれる。そして、この先自我的なものは、まさに、〈普遍的な衝動志向性〉に他ならない。衝動志向性は、一切の意識とその経験の、究極的で最低層の超越論的制約だ。衝動的志向性はまた、〈流れさること〉としての時間性の経験の制約でもある。(8)」

この「先自我的なもの」への遡及には、それに対応するフッサール自身のテキストがあることは、よく知られています。（XV, 598 参照）ここで、衝動志向性が時間の流れの超越論的制約であることが明確に命題となっていることは、注目すべきことといえます。徹底的に先自我的、また没自我的とは、自我が作動していない受動性を意味することに他ならず、当然ですが、超越論的な衝動志向性が受動的であることは、明白なことです。

以上から明らかなように、ハイデガーにおける「世界－のうちに－有る」という見解は、その時間論から見て、フッサールの理解する「世界－のうちに－有る」こととは異なっています。なぜなら、後に、カントの超越論的構想力のハイデガーの解釈で示されるように、時間性とはハイデガーにとって、「われ思う（Ich denke）」に他ならず、その時間化の超越論的制約は、実存の自由の働きとしての予認を中軸に解釈されており、基本的にエゴ・

コギトの時間化における「世界内存在」と理解されるからです。それに対してフッサールの「世界信憑におけるわれ有り」の必当然的明証性はキネステーゼ的身体性という「絶対的現」が原事実の時間化の超越論的制約として働く、完全に自我の働きを欠いた衝動志向性に基づけられています。つまり、時間の流れにおける「われ無し」に基づけられた「われ有り」の必当然的明証性を意味するのです。

⑤　超越論的自我の事実性の解明と受動的綜合の受動性が解明される発生的現象学との並行的展開を指摘することができます。フッサールは、超越論的事実性に関連して、「私が考慮しなければならないのは、遡及的な問いかけにおいて、原構造が、原キネステーゼと原感情と原本能をともなう原ヒュレーの変転において存在することが明らかになったことである」(XV, 385) と述べています。つまり、原ヒュレーの原事実が、原キネステーゼと原感情と原本能という原構造をともなうことが、「遡及的問い」と表現される発生的現象学を通して解明されたということです。原ヒュレーの原事実と原構造が一つのこととして、いわば、事実性と本質性が不可分な一つのこととして存在しているというのです。いいかえれば、

「原構造の事実性に横たわるのは、原質料がまさにその統一の形式において経過し、本質形式は世界性以前に存在するということである。それによって、私にとって全世界の構成は、〝本能的〟にすでに前もって描かれているように思え、その際、可能とする諸機能そのものが、その本質のＡＢＣ、すなわち、本質文法を前もって持っているのである。したがって、事実には、前もって目的論が起こっているということが備わっている。完全な存在論は、目的論であり、目的論はしかし、このような事実を前提にしている」(同上、386)

といわねばならないのです。つまり、ここで、目的づけられた超越論的事実性という事態が語られているのです。

このとき誤解されてならないのは、ここでいう「世界性以前の本質形式」を従来の「本質と事実」の「本質」と捉えてはならないことです。つまり、このような従来の本質は、ここでいわれている超越論的事実性を前提にして、はじめて本質でありうるということなのです。つまり、イデアの世界が前もって前提されているということが、「世界性以前の本質形式」なのではないのです。この本質形式が、時間化を通して、つまり原事実性を通してのみ本質形式として発現することがこの超越論的事実性の真意なのです。

以上の考察を通して明確に論述されてきたのは、以下の諸論点です。

① 超越論的原事実は、従来考えられてきた「本質−事実」という認識図式において理解することはできません。それは絶対的明証性をもつ時間化にあって、「本質と事実」という二元性、二項性が前提にされておらず、時間化においてこそこの二元性そのものが生成する、つまり、事実が本質に即して事実になるという超越論的事実性の生起、生成がみられるのです。近世哲学の主観と客観の二元論は、フッサールの時間化によって、根底から克服されています。この領域ではじめて発生が語られるのであり、この意味での発生は近世哲学の二項性である「発生（事実）と妥当性（本質）」における発生を意味しているのではありません。時間化と発生は、同一のことなのです。そして、この超越論的事実性において事実が事実になり、本質が本質になるというときのなり方、すなわち発生と生成が当然問われなければなりませんが、それが、次章の課題とされます。

② 時間化は、純粋自我の形式性に依拠しているのではなく、モナドロギーの全体において、モナドの本能の覚醒と衝動の形成という受動的綜合を通して時間化しています。発生的現象学の発生は、時間化を通しての、つまり、受動的綜合としての「連合」を通しての発生を意味しています。この連合こそ、純粋自我の形式性を形式

として生成させる間モナド的コミュニケーションの具体性と歴史性の生成の規則性を意味するものです。同様、次章において、この連合の働き方が徹底した解明にもたらされます。

③　発生はその起源をもち、「受動的発生」と「能動的発生」に区別され、それぞれ、受動的志向性と能動的志向性の能作による「原創設」をその起源としています。受動性が能動性に先行するということは、しかし、すべてが、受動性から発生するという新たな種類の実在論、ないし、一元論ではありません。受動性における原創設と、能動性における原創設が区別され、それぞれの超越論的能作の発現が、先構成と構成の能作の違いを基準にして生起していることが確証され、分析にもたらされなければならないのです。

第二章　発生的現象学の根本原理　「時間と連合と原創設」

発生的現象学における「事実の発生」の意味が、前章において、時間化との密接な関連にあることが示されましたが、その内実がさらに詳細に考察されねばなりません。これによって、序論で言及された、『倫理学入門』で示唆されている「連合的動機」の概念が、発生的現象学の全体の中でもつ位置づけが明確にされうるのです。つまり、ここでいわれる経験主義の理解によるのではない、現象学の超越論的規則性としての「連合」の真意、また、「動機」という概念が受動性と能動性の両領域においてどのように働いているのか、明確にされねばなりません。それと同時に、受動性の領域の解明と、発生的現象学の探求との密接な内的連関が明らかにされることになります。

発生的現象学の研究は、静態的現象学の場合のすでに生成済みの「固定的な諸統覚」の分析とは異なり、「それら諸統覚の生成の必然性」の分析です。静態的な成素、ないし要素分析ではなく、生成や発生に関わる「時間と連合と再生産の覚起、並びに原創設」（XXXV, 410）の分析が遂行されます。また、この時間と連合と原創設は、個別的にその生成の秩序に即して分析されるのではなく、それら諸概念の間に密接な事象的連関があります。倫理と倫理以前の関係も、この発生的現象学の基礎原理である「時間と連合と原創設」の原理的連関の中で明確化されるのです。そのとき、「時間と連合」の関係は、時間がその根源的機能において、生き生きした「原連合の現在領域」（XI, 158）として理解されねばならないことに明確に表現されています。生き生きした現在という時間の流れの根源において、時間は原連合として流れているとされるのです。これが明らかにされたのは、『受動的綜合の分析』において、連合と触発の規則性とが、生き生きした現在の具体的時間内容の過去把持に即した沈澱化のプロセスにおいて、分析され解明されたからです。また、受動的綜合の原理とされる「連合」は、明確に時間化の原理であること、つまり、根源的な生き生きした現在における時間化は連合をその原理とすることが、明確に論じられているテキストを、ここで紹介しておきます。

「自我（明確なエゴの意味で）に先んじて横たわる先存在的領域において、流れる統一をわれわれは持ち、……この流れる統一に属するのは、一つの統一の構造であり、この構造は三方向にその特徴をもちながら、それらを超えて広がる共通性、すなわち、時間化の連合（簡潔な意味での連合）の共通性をもっている。他方、感情、またキネステーゼはその特有なあり方をもち、原統一をなしている。ただ、体験として、それらは連合を通して統一されている。[1]」（強調は筆者による）

このテキストに明瞭に論ぜられているように、「時間化とは、自我に先行する連合そのもの」なのです。この真意を完全に理解する必要があるのですが、それこそ、この章の重要な課題の一つといえます。

興味深いのは、「時間と原創設」の関係です。原創設は、周知のように、『危機書』の補稿III「志向歴史的問題としての幾何学の起源への問い」において、「〝幾何学〟の意味形成の理念化する原創設の問題」（VI, 386）として論述されています。つまり、原創設は、創造的で、理念化する精神の能動的活動として定題化されているのです。しかし、この次元での原創設に先行する受動的先構成の領域における原創設が、発生的現象学の展開において、定題化されていることこそ、ここで論ぜられなければならない重要な事柄です。

フッサールは、一九二四年の『哲学入門』という講義において、明確にこの次元の、つまり能動性の次元に働くのではない原創設について、「原現在の創設の中核は、創設する原印象が過去把持の持続へと移行するのでなければ、また、他方で、絶えず新たな今をともなう原創設が継起するのでなければ、いかなるものも創設できない」(XXXV, 121) と明確に述べています。創設と原創設が、原印象に関わる原創設と、過去把持と必然的に結びつくことにおける生き生きした現在の創設、つまり、受動性の領域での原創設が語られているのです。また、発生的現象学の基礎原理である能動性に先行する受動性という原理からして、能動的原創設に受動的原創設が先行するとするのが、原創設に関する基本的見解といわなければなりません。しかも、『危機書』での中心課題は、生活世界の概念の開示であることを考えれば、受動性の領域における匿名的で、先言語的、「先論理的アプリオリ」(VI, 144) として働く原創設こそ、理念化の能動性の領層における原創設以上に、より根源的であるというべきなのです。原創設は受動性と能動性の両側面から考察されてはじめて、十全な意味をもちます。このことは、構成の概念が受動性の先構成と能動性の構成という二側面から考察されねばならないのと同様です。

さて、この章で明確にしてみたいのは、発生的現象学の三つの根本概念である「時間と連合と原創設」をめぐり、時間と連合の関係をさらに徹底した理解にもたらし、それらの十全な明証性を獲得する試みです。これによって、生き生きした現在の流れを超越論的に制約する衝動志向性が、モナド的間身体性において働くとする、時間と他者の構成の根源に関わる事態が超越論的規則性のもとに開示されうるのです。そして、これが明らかになることが、発生的現象学において「倫理以前」の間モナド的コミュニケーションの解明領域が確定されうることと密接に関連しています。

第一節　時間の発生的秩序の解明、受動的志向性として働く過去把持

（1）「歴史性」の基礎である「含蓄的志向性」としての過去把持の開示

時間が生き生きした現在において「原連合」として働いていることの必当然的明証性は、段階を追ってその完全な明証性に至りました。その第一段階は、『内的時間意識の現象学』で過去把持の概念そのものが開示されたことといえます。この過去把持の発見は、同時に絶対的時間流の発見でもあり、絶対的時間流が過去把持を通して内在的時間の流れとなるという、構成と被構成の逆説的一致が、後に「生き生きした現在の流れと留まり」という逆説と通底してくることになるのです。

この過去把持の発見は、『内的時間意識の現象学』、論稿 Nr. 50 で、最も明確に論ぜられています。

① フッサールは、この論稿で時間図式を示し、OXという水平に伸びる軸を横軸（Abscissenachse）と名づけ、この軸に時間の〝客観的持続〟が構成され、それに対する垂直に伸びる軸を縦軸（Ordinate）と呼び、この軸に、「想起の持続」が構成されているとしています。実は、ここで述べられている「想起（Erinnerung）」は、後に、「過去把持」の概念に、変換されねばならないことが、原理的解明を通して明らかにされます。この変換は想起という概念によって縦軸に伸びる「想起の持続」と規定をすることが、生起している事象の解明には不適切であり、むしろ、想起に代えて「過去把持（Retention）」という新たな概念をあてがうべきであり、「想起の持続」ではなく、「過去把持の持続」とされなければならないことが明らかになったのです。ということは、想起がどうして過去把持と表現されるべきか、明確にされることが、同時に過去把持の発見であるということをも

意味しています。

また、ここで述べられている横軸に構成されているとされる〝客観的時間〟は、『内的時間意識の現象学』で前提とされている現象学的還元をへる以前の、いわゆる、時計で測られている「客観的時間」を意味するのではありません。ヒュームやカントの場合、この自然科学の前提とする客観的時間が時間（歴史的にニュートンの「絶対時間」を想定することができます）の考察の際、還元されることなく、背景として前提にされていることを見逃してはなりません。しかし、ここでいわれる〝客観的時間〟は、――後に明確に示されることになりますが、――縦軸に構成されている「過去把持の持続」としての内的時間持続（真の時間ともいわれます）が、横軸の系列として客観化されて、初めて「横軸の客観的持続」と名づけられるのであって、いわば、内在的時間意識に構成された内在的時間意識が客観化された〝客観的〟時間意識という意味をもっているのです。では、この客観化とはいったい何を意味するのでしょうか。この問題をも含め、通常、自明のこととして表象されている客観的時間（時間点をも含めて）が現象学的還元にもたらされていることの決定的意味が、まずもって徹底して理解されねばなりません。

さらに、付け加えておかなければならないのは、ここで言われている横軸上の〝客観的時間〟は、個別主観の内部で客観化された時間という意味を持つにすぎず、自然科学で前提とされる「客観的時間」そのものの原創設は、フッサール現象学においては、相互主観性における生き生きした現在の共有、ないし、間身体性において共有され、衝動志向性を介して共体験されている共現在に起因しているということです。共有される生き生きした現在という真の意味での、相互主観性を通して基礎づけられた「客観的時間」の論証は、相互主観性の成立と同時に実現されています。

② フッサールは、この縦軸の「想起（後の過去把持）の持続」に関して、「縦軸全体は、想起の持続であり、後になればなるほど、その想起は、それ以前のそのつどの諸想起を、それ自身の内に保存することになる」（X. 330）と述べています。この段階で述べられている「想起」が、過去把持に変更されねばならない主だった理由を先取りすると、それは、まず第一に、「想起とは、〔すでに〕構成された時間客観に関わる関係のみを表現するのであるが、過去把持とは、意識の位相から意識の位相への志向的関係（〔通常の志向性とは〕根本的に異なった志向的関係）を名づけるために使用される表現である」（同上、333 強調は筆者による）というように、想起と過去把持が区別されて述べられていることにあります。つまり、想起の場合、「構成された時間客観に関わる関係」というのですから、この時間客観は、構成（ノエシス）によって構成されたもの（ノエマ）であり、したがって、想起は、構成されたノエマに関わる関係としてのノエシスとして構成する志向性なのです。簡単にいえば、想起とは、すでに出来上がっている過去の出来事や体験への関わりであるということです。しかし、過去把持の場合、ノエシスという構成する志向性とは異なる、「意識位相から次の意識位相」に関わるような志向性であり、その志向性は、通常の、ノエシス－ノエマの志向性とは、根本的に異なる、というのです。まずは、この違いの真意[2]が明確にされねばなりません。ノエシスとしての志向性を能動的志向性と名づければ、意識位相から意識位相に関わる志向性は、ノエシス以前の受動的志向性と名づけられる事態が、このテキストで明確に示唆されていることに注意すべきです。過去把持の発見が受動的志向性と受動的綜合の領域の開示を可能にしたのです。

このような特有な志向性の明確化は、後の課題として、先の引用にもどれば、縦軸に構成されているのは、意識位相に志向的に関わる過去把持の持続ということになります。この過去把持の持続は、以前の過去把持の持続にそのつどの原印象に直接連結する過去把持が重なってゆき、以前の過去把持を内に含みつつ成長していくという経過が、この縦軸の過去把持の志向性に描写されているわけです。

③　ところで、この過去把持の横軸と縦軸に描かれた二重の志向性の図式で明らかになってきた重要な論点があります。それは仮に、過去把持が想起というノエシスと理解されるかぎりでは、縦軸の「想起（実は過去把持）の持続」の成り立ちの適切な解明に結びつかず、事象に即さない構成する能作を無限にたどる「無限遡及」に陥ってしまうということです。過去把持の発見は、想起を想起とする限り、事象に即さない無限遡及の問題（このような無限遡及は、持続する音を聞いているときに各自の意識に直接、所与として与えられていないことは明白です）に陥らざるをえないことから、想起とは規定されえない、過去把持の概念が必須の概念として開示されたという経緯をもっているのです。

　この無限遡及の問題は、フッサールにおいて、次のような問題として描かれています。

「私は、流れの運動の想起、すなわち、絶えず新たな今の立ち現れと、t_0から縦軸の持続を生む発展についての想起をもつのだろうか。ここで無限遡及に陥らないだろうか。音の継続の意識をもつために、想起の（縦軸の）持続の継続の意識を持たねばならない。となれば、この想起の持続の継続の意識をもつために、繰り返し、二番目の図を描かねばならず、それを無限に繰り返さねばならないのではないか。」（同上、332）

　いったいこの問題は、そもそも、どうして生じなければならないのでしょうか。フッサールは、まず、特定の音の持続の意識をもつために、それぞれの今に与えられるその音の継続が与えられるだけでなく、縦軸の想起の持続が確保されないと、音の持続の持続という統一が意識されないことを示しました。そして、人は、一定の音が持続して聞こえるとき、確かに、そとつど同じ音が与えられることだけでなく、この音が続いているというそ

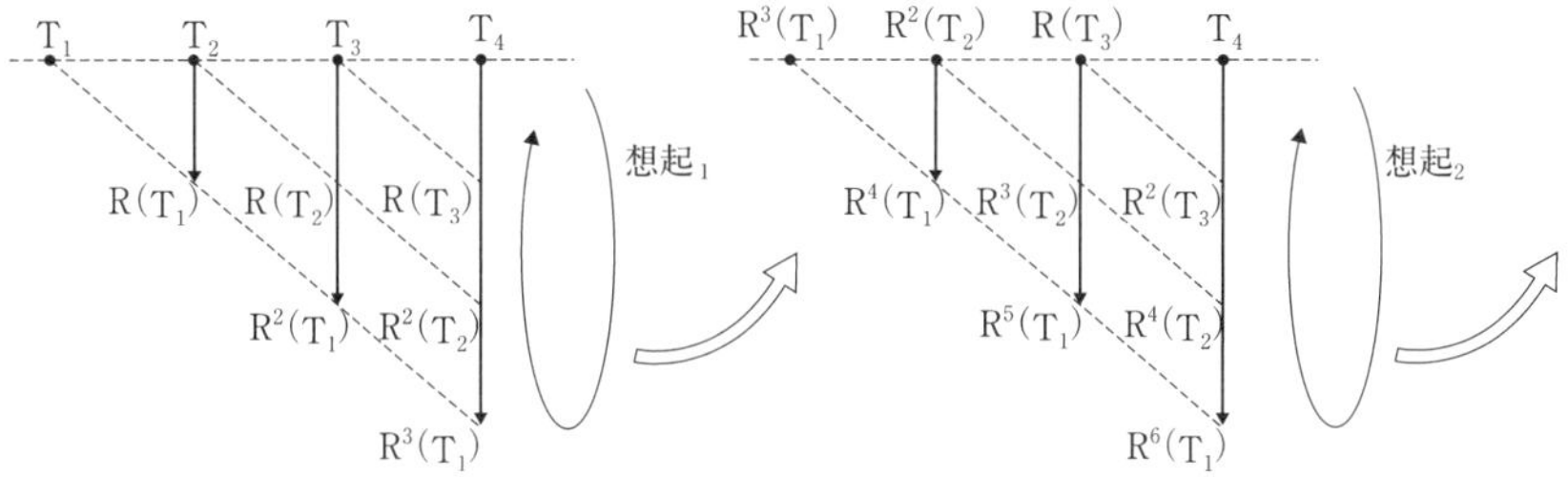

図1

の「持続の意識」をそれとしてもっています。この事態を説明してフッサールは、「あるまとまった〔持続する経過ないし客観に属する〕流れが経過したとき、私はそれを振り返り、その流れが、想起において〔実は過去把持においてであるが〕ある統一を形成しているかのように見える。したがって明らかに、意識において、意識の流れもまたその中に統一として構成されている。この流れの中には、例えば音の持続の統一として構成され、〔また〕この流れそのものも、音の持続の意識の統一として構成されている。とすると、われわれは、再び、この流れの統一が、類比的なあり方で構成されており、同様に構成された時間の系列、時間の今、以前、以後について語らねばならないのではないだろうか。」（同上、80）

と詳細に分析します。

つまり、図1にあるように、仮にT_1、T_2、T_3、T_4という音が流れ、その音の持続が、縦軸に描かれているように過去把持の持続として統一されていると意識される時、それを振り返ってみて（想起$_1$の振り返る矢印で示す）、その持続が統一されて意識されていたことに気づく（意識する）ことができます。とすれば、その振り返ったときの意識は、再度、T_1、T_2、T_3、T_4の順に、つまり三重に過去把持されたR^3（T_1）と二重に過去把持されたR^2（T_2）と過去把持されたR（T_3）、そして、今聞こえたT_4の順に、想起することによってその持続の統一の意識が成立しているという

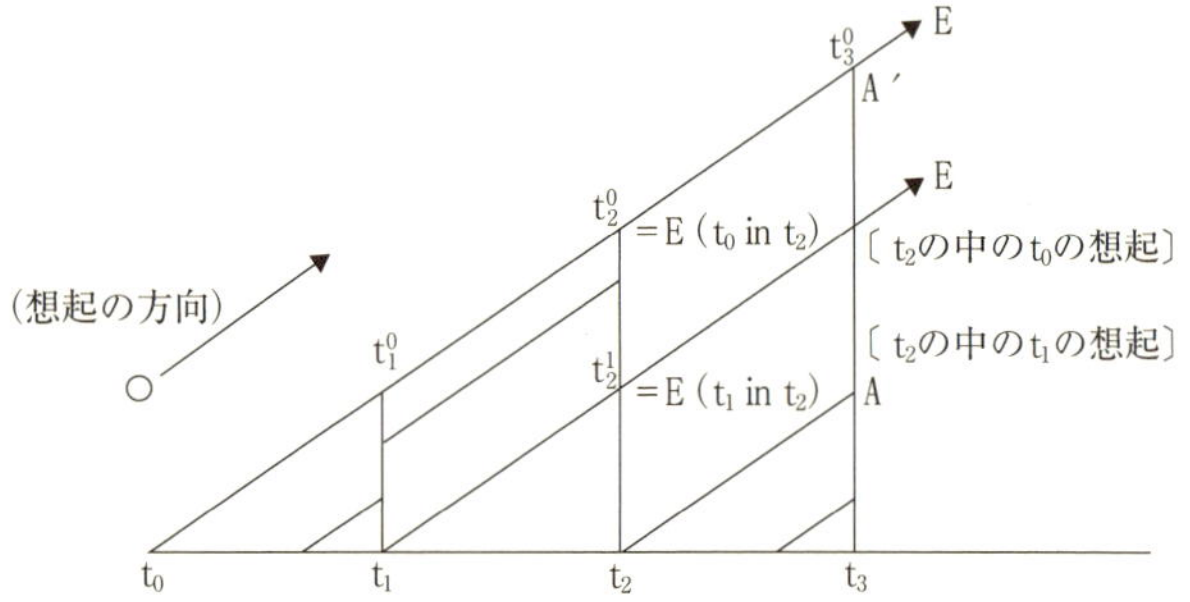

図2　Hua. X, 331
(展開図は下に沈澱するものを図で暗示するためには下向きがよい。)

ことになるのではないでしょうか。もし、R^3(T_1)、R^2(T_2)、R(T_3)、T_4の順序が正しく順番に想起されるのでなければ、振り返った意識にT_1、T_2、T_3、T_4の順序が正しく与えられることにはなりません。つまり、そのとき想起されるR^3(T_1)、R^2(T_2)、R(T_3)、T_4は、それぞれ、それが与えられた時点をもちますので、少なくとも、その順番を間違えずに、その時点の順番にそって、順序通り想起しつつ統一しているのでなければなりません。しかも、順番に想起するには、そのつどの想起の起きる順番の時点(想起の今)を順番通り別々に持つのでなければなりません。となると、初めに、T_1、T_2、T_3、T_4という音が流れの持続の意識を説明するために描いたと同様な図式(つまり、R^3(T_1)、R^2(T_2)、R(T_3)、T_4)を横軸に描いて、振り返って順番に想起したことを図示しなければ、振り返って意識された音の持続の意識を説明できないことになります。さらに、この二番目の図示は、第一の図式と同様、その縦軸における二番目の想起$_2$の持続をもち、その二番目の想起の縦軸における持続の統一が想起される以上、さらに三番目の図示が必要になり、そのようにして、無限の図示が必要になってくるというのです。これが構成する想起をめぐる無限遡及の問題の内実に他なりません。

しかし、音の持続を聞くとき、まさにその持続を一度聞いているだけであり、聞こえてくる音を繰り返し想起して、まとめつつ聞いているといったようには、自分の意識には与えられていません。となると音そのものの持続は、疑いきれませんので、この持続を持続にしているとされる想起と規定された意識のあり方に、理論的な不具合があるのではないのかということになります。

④　このとき、フッサールは、その難問の解決は、すでにこの図示（図2を参照、Hua. X, 331からの転用）、すなわち作図そのものに描かれているとして、次のように解答します。

「t_0がt_1 t_2……に移行することによって、まさに、われわれが縦軸と名づける想起の系列が、形成され、同時に、縦軸は、内属的に〔ineinander〕移行する。……　しかし、このことは、まさに、……移行そのものが、想起の変様の移行なのではないか。よりうまく言えば、意識の流れとは、確かにそれ自身、また、連続することなのだが、流れそのものが、連続の意識の可能性の条件を満たしているのだ。」（X, 332、強調は筆者による）

つまり、縦軸における想起の持続が、「内属的に移行しあう」というのは、縦軸の継続につれ、以前の想起の持続に新たな想起の持続が内属的に入り混りながら重なっていく、しかも、そのような想起の変様の持続が生じるのに、そのような想起の変様以外の条件を必要としないということを意味します。つまり、想起（後の過去把持）は、自ずと自分の内部で変様していくというのです。想起の変様とは、過去把持の変様のことですから、過去把持の持続の条件とは、過去把持そのものに他ならないということなのです。カントの場合の経験の「可能性の条件」という意味での超越論的制約としての条件を、ここで誤って「想起」と呼ばれる「過去把持」そのものが持っている、つまり、過去把持はそのような超越論的条件としての規則性である、ということです。いうまでもありませんが、過去把持は、決して、内面に与えられる心理学的事実ではなく、持続を持続にしている超越論的条件性なのであり、超越論的規則性という特性をもつのです。ここに描かれているのは、そのような超越論的条件そのものであり、この想起の連続の意識の説明のために、この意識の構成の条件をさらに作図する必要はないということなのです。

このことをフッサールはさらに、次のように、論述します。

「感覚に、第一次的想起〔過去把持に他ならない〕が、ある新たなものとして結び付かなければならないのは、感覚の意識が失われてしまわないためであり、感覚内容と時間的対象の持続、感覚の変化（実在的変化）が構成されうるためである。しかし、それに対して、想起〔過去把持〕の流れ〔そのもの〕に関しては、新たに生じてくる想起〔過去把持〕に、結び付かなければならないなにものもない。というのも、想起〔過去把持〕は、想起〔過去把持〕それ自身のうちに、それ以前の想起〔過去把持〕の〝想起〔過去把持〕〟を含蓄している〔implizierte〕（過去把持〔ここで始めて、後にフッサール自身によって、Retention の語が付け加えられている〕）からである。」（同上、332f）

この文章で初めて過去把持という概念が使用されるのですが、それは、想起〔過去把持〕の「自己含蓄する特性」を的確に表現するためでした。想起の変様が、自己変様であり、含蓄化することが、想起が自己を条件にするというときの働き方であり、それを過去把持（Retention）と呼ぶというのです。

「含蓄された志向性」という、後の「歴史性と具体性」が内属しているモナド概念の展開における決定的要因であるモナドの「歴史性」の解明にとって、さらに、当然のことですが、その歴史性をテーマにする発生的現象学の解明のための核となる概念の由来が、過去把持の概念の導入とともに、記されていることは、注目すべきことです。しかし、それはさておき、以前の過去把持が、いかなる他の意識の能作を条件とすることなく、変様が生じ、過去把持の変様の持続が成立することこそ、過去把持という働きの本質とせねばならないことなのです。

このことは、『内的時間意識の現象学』本文第一一節では、「それが、単純な無限後退に導くことにならないのは、すべての過去把持は、それ自身の内における持続的な様相化なのであり、この様相化は、射映の系列の形式において、過去の遺産〔Erbe〕をうちに担っているからである」（同上、29）とも論述され、過去把持がそれ以前の過去把持を含蓄していることが、「過去の遺産を過去把持の持続的様相化が内に担う」という表現になっているのです。意識作用（ノエシス）が音の感覚素材を活性化し、とりまとめ、構成して、対象知覚としての音の持続が意識内容（ノエマ）として構成されるのではなく、感覚内容としての音の持続は、過去把持といわれる自己含蓄化、自己変様を通して、自己生成してくるのです。「原意識と諸過去把持がそこにあるから、反省において構成された体験と構成する位相を見やる可能性がある」（同上、119f）というのは、まさにこの自己生成している過去把持されたものが、ノエシスが活性化して構成する以前に、先構成されたものとしてそこにあるということを意味するのです。

また、本文三九節では、この無限後退の解決が、「唯一の意識流が存在し、その中で、音の内在的な時間的統一が構成され、同時に、意識流そのものの統一が構成される。……意識流は、自分の固有の統一を構成する」（同上、80）というように表現されています。つまり、過去把持が、そのつど、以前の過去把持を含蓄しつつ、過去把持していくということが、意識流の自己構成の内実を意味するわけです。「絶対的意識流とは、過去把持の流れに他ならない」のです。

⑤　ところがこのように、想起でない、特有な志向性である過去把持が、開示されたにもかかわらず、フッサール自身において過去把持を想起と同様、統握作用（Akt）として理解する傾向が、この論稿の後にも、残存することが、見落とされてはなりません。一九〇九年『内的時間意識の現象学』の補稿 Nr. 51 で、フッサールは、

「現在において生き生きとして自己所与性へともたらしている作用である過去把持」（X. 344）と記しているのです。想起であれば、無限遡及に陥らざるをえないことが、判明したにもかかわらず、どうして、再三にわたり、この「作用」の見解に舞い戻ってしまうのでしょうか。

フッサールは、一九〇九年の講義に使われたNr. 51に留まることなく、二年後の一九一一年には（Nr. 53, Nr. 54に見られるように）、再び、Nr. 50で露呈された決定的見解に戻り、本文第三九節で活用されている「過去把持の二重の志向性」という見解が、Nr. 50で指摘された見解の展開として記述されることになります。したがって、『内的時間意識の現象学』で、それなりの一貫した基本的見解のまとまりを見せているということはできます。それにもかかわらず、フッサールは再度意識作用の見解に立ち返り、無限遡及に陥るという思考パターンが、『ベルナウ草稿』にも繰り返され、三〇年代のC草稿にさえ、いまだ、その影を落としているのです。この思考パターンの問題は、ここでは、まずは、指摘しておくだけに留めておきましょう。

（2） 過去把持の二重の志向性、絶対的時間流の自己構成

無限後退の問題が、過去把持の縦軸の志向性の図示を通して解決されているとするNr. 50のフッサールの見解は、『内的時間意識の現象学』本文三九節では、縦軸と横軸で表現されている過去把持の二重の志向性によって解決される、と記述されています。過去把持の縦軸の交差志向性（Querintentionalität）と横軸の延長志向性（Längsintentionalität）[3]という過去把持の二重の進行によって、不当に想定される無限後退は、事象に即した分析ではないとされます。この無限遡及が原理的に解決されることが同時に、絶対的時間流の逆説的な自己構成という事態を開示することにつながります。この交差志向性と延長志向性という二重の側面をもつ過去把持がどの

ように、それぞれの側面に即して働くのかを解明することが、最終的に、連合という受動的綜合として過去把持が働くという発生的現象学の基礎原理である「時間とは連合である」という事態の解明につながっていきます。とりわけ、縦軸として表現されている交差志向性における「時間内容の自己合致」が、『受動的綜合の分析』における過去把持の経過の詳細な記述と結びつき、それが、連合と触発の規則性、感覚野、及び無意識の現象学の解明につながっていくのです。

①　まず、交差志向性に関しての記述を取り上げます。

「音に方向をとり、注意深く交差志向性に生きる場合、（すなわち、そのつどの音の今の感覚としての原印象と、推移した音の諸点の系列の諸第一次的想起としての過去把持的変遷のうちに生き、原印象の過去把持的諸変遷と既在の諸過去把持の流れにおいて、統一をたえず経験する交差志向性に生きる場合）、持続する音がそこにあり、その持続においてたえず、自己を拡大しつつある。」（X, 82）

つまり、縦軸の交差志向性において、時間内容である、音の持続が、すなわち、過去把持されたものが、さらに過去把持されていくという過去把持的変遷を経て、常に拡大していくことが記述されているのです。換言すれば、原印象を頂点にして、時間の流れとなり、拡大していく、過去把持の過去把持という変様に即して形成される音という時間内容の持続の形成が、この交差志向性に記述されています。このような交差志向性の縦軸に記載されている過去把持的変遷を横軸に読み込むことが不可能であることは、自明といえます。交差志向性を「横の志向性」と訳すことは、横が横軸を連想させることから、やはり不適切といわねばなりません。過去把持の多重の重なりは、縦軸にこそ表現されても、横軸に表現することはできません。横軸には、これも同様に自明のことですが、今の系列（Reihe der Jetzt 一九一一年に描かれている図式 Hua. X365 を参照）が、記されているからです。

『内的時間意識の現象学』において、この交差志向性が、ごく初期の図式は除いて、ほとんどの時間図式の縦軸に描かれているとするのは、当然のことといえます[4]。音の持続とは、当然ながら、音という感覚内容の持続を意味します。時間意識の構成と感覚の構成は、この縦軸の交差志向性において同一のことを意味しています。時間は感覚を基礎として流れ、感覚は時間を通して、感覚になっているのです。この時間内容の成立なしに、形式としての時間は成り立ちません。とくに時間形式というときは、具体的に成立している時間内容（感覚内容）を抽象したときに成立していることに他なりません。このことは、カントのいう感性の純粋な直観形式としての「時間」と、根本的に異なっていることを意味し、この違いは、決定的違いとして明記されねばなりません。フッサールは、感覚内容に関する「実質的アプリオリ」を時間という形式的アプリオリに並存させているのではありません。過去把持は、感覚内容の自己合致としてのみ働きうるのであり、単なる形式的契機として働いているのではありません。この過去把持における形式と内容の同時生起は、カントの形式として時間と原理的に対置されることが、認識論的、実践論的に決定的に重要な論点といえます。

② 次に延長志向性について、フッサールは次のように記述しています。

「延長志向性に定位して、その中で構成するものに反省のまなざしを向け、（一定の持続を経た）音から、直前にあって、一時点後に、原印象の新たなものと、たえざる系列に即して、共在的にそれとともに過去把持されたものへと投げかける。過去把持されたものとは、位相の（まずは、その先行した位相の）系列に即した過去の意識であり、そして今や、意識の絶えざる流れゆきの中において、私は顕在的な原印象の限界点と、諸過去把持と諸原印象の新たな端緒をともなう系列の絶えざる後退をもつような経過した意識の過去把持された系列を把握する」（X, 82）

というのです。この記述は大変錯綜した記述となっていますが、要点を述べれば、絶えず意識に訪れる今点に直接、直下に位置する第一次的過去把持が結びつき、それが、順次、後退することによって、諸原印象と諸過去把持の結びつきの横軸の系列が成立してくる、というのです。原印象を中心に考えると、直前の原印象とその第一次的過去把持そして、その直後に位置する新たな原印象が、横軸上に常に新たに到来しては、後退していくことになります。

この過去把持の二重の志向性は、交差志向性が、「一つの志向性によって、内在的時間が、すなわち、一つの客観的時間、ある持続するものの持続と変化がそこに存在するような真の時間が構成される」（X, 83）というように記述され、また、延長志向性が、「他方の志向性においては、流れの諸位相の擬似時間的秩序づけが構成され、この流れは、常にまた必然的に流れる《今》点、すなわち、顕在性の位相をもち、前顕在的および後顕在的（いまだ顕在的でない）位相の系列をもつ。」（同上）というように、簡潔に記述されてもいます。

つまり、真の内在的時間が交差志向性において生成しますが、それが同時に「客観的時間」とここでいわれているのは、現象学的還元をへた内在的時間における〝客観的時間〟を意味しているのは、当然のことですが、実は、内容上、「同時に横軸に客観化される時間」を略して「客観的時間」と記していると解釈すべきであると考えます。他方、延長志向性の記述内容は、誤解の余地のないものであり、「流れる《今》点は、延長志向性の横軸にしか、記載の可能性はありえません。

③　では、どうして、この過去把持の二重の志向性を通して、無限後退の問題が解決されているといえるか、改めて問題にしてみましょう。フッサールは、音の持続の統一とその音の持続の意識の統一という二つの側面が、一つの意識の流れの自己構成、つまり、「音の持続の意識」の生成の二側面であることで、無限遡及が解決され

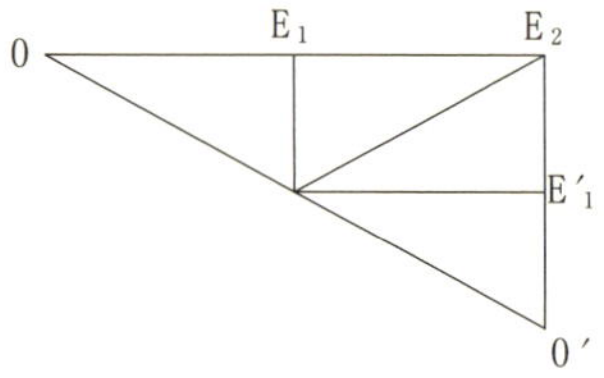

図3　Hua. X, 93

ることを次のように述べています。

「音の内在的な時間の統一と同時に意識の流れの統一が構成されているのは、一つの、唯一の意識の流れにおいてである。いかにつまづきの石のように思われようとも……意識の流れは、自己の固有な統一を構成しているのであり、まさにそうあるのである。」(X, 80)

つまり、意識の流れは、音の持続の統一と音の持続の意識の統一が、一つのこととして、音の持続を構成しつつ、自己自身を流れとして自己同一させて流れているといえるのです。音の持続が意識の自己統一と一つのこととして生じるというのです。しかも、交差志向性の記述にあるように、真の内在的時間は、感覚内容の自己合致として、過去把持の交差志向性において構成されてきます。延長志向性が、その役割を明確にするのは、そのつどの原印象を過去把持を通して受け止め続けることにおいてであるといえます。また、何らかの感覚内容が与えられない意識の流れは考えられないことからして、交差志向性が「真の時間」の構成に関わるといわねばならないのです。

④　ここで、受動的綜合の規則性である「連合」との関係で重要であるのは、縦軸の交差志向性に描かれている「時間内容の自己合致」という論点です。縦軸に過去把持の変様を通じて過去把持された内実が、沈積しつつ拡大していきます。この垂直上の合致についてのフッサールの記述は、以下のようです。(図3を参照)

「その際、私たちは、図式の垂直の系列においてもつのは、単に一貫した垂直の合致、すなわち、現象学的時間構成に属する垂直の合致だけでなく(一契機において、原所与E_2と過去把持的様相O'とE_1'が統一されている)、すべての垂直の系列に属する諸統握の過去把持的射映を、一貫した合致において事物の諸統握として

もつ」（X, 93）

さらに、この垂直系列において二つの合致がみられ、上記の文章に直接続くテキストには、「前者は、結合する本質同等性の合致であり、後者は継続の持続的同一化において、持続する同一のものが意識されていることからして、同一性の合致である」（同上）とされています。ここで明らかなことは、前者の「本質同等性の合致」とは、引用文において「原所与E_2と過去把持的様相O'とE_1'」といわれる、原所与とその時点以前に過去把持的変様にもたらされている過去把持されたものとの間の「本質」の同等性を介した合致であることを意味しています。これは知覚以前の感覚内容、すなわち、感覚質の同等性を意味すると解釈するのでなければなりません。なぜなら、この前者は後者の対象の同一性と区別され、後者が明確に様々な現出を通して同一である「対象の同一性」という合致に他ならず、知覚における対象構成の際の対象の同一性を意味するからです。つまり、時間内容が、後に明確にされる、本能志向性の覚醒と衝動志向性の形成を通しての、感覚質の形態の形成による「本質同等性」の受動的綜合の段階に留まるか、あるいは、その感覚内容が、同時に、対象として構成され、対象の同一性が構成される能動的綜合の段階に至るか、二つの可能性が与えられているということなのです。前者の感覚内容の合致は、『受動的綜合の分析』において、過去把持のプロセスの分析を通して、連合と触発の規則性に即して解明されていくことになります。また、後者の対象構成における対象の同一性の構成は、能動的綜合の分析を通して、例えば、『経験と判断』の後半の論述や、『能動的綜合について』において記述されています。[5]

第二節　倫理以前の領域に働く超越論的「連合」とカントの生産的構想力

ヒュームと異なり、フッサールの場合、連合は時間の流れの中で、それ自身の働きを遂行しています。つまり、時間の流れは連合を通して形成されています。その意味で、時間という現れは連合の現れなのです。発生とは時間の秩序に即した生成を意味します。この時間化の機能としての連合が開示されることにより、自然化され、歪曲されたヒュームの連合概念は完全に克服されました。それによって、倫理以前に働く受動的志向性の受動的綜合の規則性としての連合により、志向性に盲目である自然主義的感覚一元論とそこに発する審美主義的な傍観の倫理の限界が示される一方、カントにおいて未開の領域にとどまった「感性のロゴス」が解明されることになります。こうして、能動的倫理が、倫理以前の受動性に基づけられているという能動と受動の関係性が、明証性にもたらされるのです。

フッサールが考察するこの「時間と連合」との関係をなおいっそう明確にするために、まず、時間が連合によって解明されている「受動的綜合」の原理をとりあげてみたいと思います。フッサールは、時間を受動的綜合としての連合の原理で説明しているのですが、その説明が展開されているのは、主に『受動的綜合の分析』においてです。また、この『受動的綜合の分析』では、この受動的綜合とは実は、カントの超越論的構想力、とりわけ、「生産的構想力」の現象学的分析でもあることが同時に指摘されてもいます。カントの認識論にとって、最も重要であり、また、謎のままにとどまっているとされる「超越論的構想力」(6)がフッサールによって、現象学的に解明されているといわれるのです。

他方、この問題の解釈をめぐって、ハイデガーの解釈が展開されていることは周知のことです。したがって、ここで、フッサールの分析とハイデガーの解釈を対比することによって、フッサールの考える受動的綜合としての超越論的構想力が、発生的現象学で展開される「時間と連合」の関係としてより明瞭に把握されうることになります。これによって、まずは、『倫理学入門』において展開されているカント哲学批判（実質的アプリオリの欠落、感性と知性の分離等）の認識論的理拠が明確にされます。また、カント倫理学にとっての基本的前提であるだけでなく、ハイデガーの構想力の考察の際にも前提にされたままである「超越論的統覚の自我」そのものが批判されることを通して、エゴロギーの制約を離れた、発生的現象学のモナドロギーにおける倫理の基礎が、自我論の克服という観点からも、開示されうるのです。

（1）ハイデガーの「生産的構想力」（カント）の解釈

よく知られているように、カントの『純粋理性批判』の純粋悟性概念の超越論的演繹論の論述において、A版で心理学的論述が試みられているのに対して、B版では、カテゴリー主体の論述が行われているとされます。ハイデガーは、『カントの純粋理性批判の現象学的解釈』（一九二七／二八）及び、『カントと形而上学の問題』（一九二九）で、A版の論述を現象学的に解釈することを通して、超時間的とされるカテゴリーと超越論的統覚を、時間化の視点から、存在論的な認識の可能性の問題として解明したとされます。

まず、その解明の概要は、次のようにいえるでしょう。A版の『経験の可能性のためのアプリオリな根拠について』(7)で論述されている「握取（Apprehension）、再生（Reproduktion）、再認（Recognition）」という三つの超越論的綜合を解釈するに際して、ハイデガーの解釈の独自性は、「再認」を「予認」と解釈する点にあります。

カントにとって、再認は、時間から離れた悟性の自発性に依拠するカテゴリーによる、概念のうちでの綜合なのですが、この再認をハイデガーは、そこに働く同一化に注視し、同一化にみられる先取りとしての、未来という時間の契機に関係づけた「予認〈Prae-cognition〉」と理解します。そして、握取、再生、再認（予認）の三つの超越論的綜合の内、この予認という「第三の綜合は……最初にあげられたほかの二つの綜合に対して最終的には優位をもっている」(8) とみなしています。さらに、三つの綜合を根底から統一する綜合として、超越論的統覚の自我を、再認を「先取り」という未来の契機である時間性を通して解釈することにより、握取の現在と再生の過去と予認の未来という時間性を統合する「根源的時間性」と理解するのです。

その際、再認が予認とされるのは、この再認という綜合に、将来という時間契機を先取りして持つことを認め、「この綜合を予認〈Prae-cognition〉の綜合となづける」(9) とするからです。ここで先取り〈Vorweghabe〉といわれるのは、「そのつどすでに有るものの統一性を予期している、……握取と再生において獲得されるべき全体を、先取りして受け取りつつ企投すること」（同上）であり、最終的には、ハイデガーにとっての根本概念である「現存在」の自由における企投において理解されています。これによって、ハイデガーは、カントが、超越論的統覚を「超時間的」とするのに対して、超越論的統覚は、時間的なものであるばかりか、「カテゴリーの根源は、――三つの綜合が時間という根拠にもとづいて共属している以上――時間それ自身である」(10) と論証しようとするのです。

（２）過去に遡る精神の自由？

ハイデガーは、カントの再認（予認）を基本的に「同一視の作用」と理解し、この働きを説明する上で、以下のようなとても分かりやすい例を出しています。

「まず最初に私は、黒板、ランプ、白墨、といった目の前に見出された対象を握取という仕方でつかみ取り、それを具体的で直観的に通路が開かれたものにする。……しかも、それが知覚された回数分だけ保持することになる。しかし、さまざまに異なった握取と再生の一切のうちで、白墨が同一の白墨としておのれを告知してくることは、単純なる握取と再生とのうちには十分に根拠づけられていない。[11]」

そして、この再認において働く、この「同一視の根底には、あるものの統一的連関を〝先取りしてもつこと〟が存している。同一視するときには、すなわち握取し、再生するときには、われわれはそのつどすでに有るものの統一性を予期しているのである[12]」とするのです。つまり、予期の内実は、「そのつどすでに有るものの統一性」、この場合、すでにあった「白墨」の統一性なのです。

では、予期の先取りが働く中で、はじめの今に与えられる直観内容としての握取には、何が与えられているのでしょうか。ハイデガーは握取について、握取とは、「受容の自発性である。こうした握取の綜合のうちには、比較、反省、捨象という意味での概念的な規定は、すなわち悟性の論理的機能は、まったく含まれていない[13]」とし、握取とは、「時間をまさしく〝今〟の純粋な継起として、初めて形成する」ような、「純粋な想像力のひとつの様態」である、としています。また、この想像力は、「アプリオリに取り出す働きと、そして同時に直観しつつそれ自身を方向づける働き」として、「模－像する〈Ab－bilden〉働き」であるとされ、さらに、この模像とは、「多様として現に呈示すること」、「統一体と多様性との根源的紐帯である」と理解しています。つまり、模像が、統一体としての「白墨」と「多様性」として握取の直観に与えられるものを結び付けているというのです。

この解釈を前にして、問わざるをえないのは、このような〝今〟に働く、「模像という想像力としての握取」

は、はたして、実際に、どのように働いているのか、ということですが、その如何の問いに、ハイデガーは、ここで、カントの説明以上に、十分な回答を与えているとはいえないと思うのです。

握取されたものは、再生の綜合を必要としています。ハイデガーはカントに即して、「もしも〝今〟が流れ去ってしまうことによって同じように端的に滑り落ちてしまうとしたら、心性は或る先行するものへと手を伸ばし、さかのぼってそれをつかみ取る可能性を決してもち得ないことになる」[14]と述べます。ハイデガーは、この〝今〟を保っておく、保持する再生の機能をさらに解釈して、次のように論述します。

「私が経験的に知覚されたものを過去から再現できるのは、そもそも私が過去にさかのぼる可能性を持っている場合だけであり、すなわち私は過去一般の開かれた地平を意のままにできるものとして持っていなければならないのである。……今連続に属する純粋な既在するものをこのように現に呈示する働きは、既在する今連続をおのおのの現実的な今とそのつど統合する働きであり、すなわち純粋な再生的綜合であって、そのうちで過去としての時間が直接に――つまり現在としてではなく、直接に過去として現に呈示されるのである。……〝もはやいまではないこと〟を純粋に保持するこうした綜合は、無媒介的に現に呈示する働きであると同時に、自由で恒常的に可能な遡握する働き〈Zurückgreifen〉である。[15]」

少し長い引用になりましたが、この解釈には、実は、フッサールの過去把持の記述とは、まったく異なった、次のような重大な問題点が含まれているといわなければなりません。

① 「過去にさかのぼる可能性」について語られるとき、「私は過去一般の開かれた地平を意のままにできるものとして持つ」、また、「自由に遡握する」とされますが、はたして、保持とは、このような私の自由の可能性に開かれた働きであるのかどうか、という問題です。「私の自由の可能性」といえば、自我の自発的な能動性を意

味しますので、フッサールに照らせば、当然、能動的志向性の働きであることを意味しています。はたして、保持する再生の機能とは、このような自我の能動性を意味するのでしょうか。むしろ、例えば、与えられる音や色が持続するときの諸感覚のように、そうとしか与えられないものが残っていくという、フッサールの今と直接結びついた過去把持という特質を持つといわれねばなりません。

この論点に関して、興味深いのは、後に詳論されるB・リベットの『マインド・タイム』でも、ハイデガーと同様、「過去に遡る精神の自由」が語られていることです[16]。自我の能動性による精神の自由という西洋思想の根底を流れる根本的把握の強靱さに思いをはせる必要があると思われます。

② 次に、保持する働きそのものを、「既在する今連続をおのおの現実的な今とそのつど統合する働き」とし、「無媒介的に現に呈示する働きであると同時に、自由で恒常的に可能な遡握する働き〈Zurückgreifen〉である」と述べていますが、はたして、そのつど統合することと、自由に遡握することが、本当にどのように同時に起こっている、あるいは起こりうるのでしょうか。自我の複数の能動性が、はたして同時に起こることは可能なのでしょうか。同時に二つの能動的志向性の充実による二つの直観は不可能であることを、フッサールは、意識作用の基礎原理としています[17]。

③ ハイデガーはこのとき、「保持するという純粋綜合は、心性が時間というものを区別しうることを構成する[18]」、つまり、ハイデガーは、〝今〟と〝もはや今ではないこと〟を区別しうることが、純粋総合としての保持に属するというのですが、いったい、どのようにしてこの区別の能作は働きうるのでしょうか。保持し、遡握できれば、いつでも過去が成立するのでしょうか。フッサールは、この過去の意識の成立を、「過去把持」という特有な志向性として解明したのですが、ハイデガーは、この区別の可能性そのものについて、これ以上、明らか

にはしていません。

(3) 予認と超越論的統覚の自我の肯定

ハイデガーは、三つの超越論的綜合の内、予認を第一次的なもの、優先すべきものとみなすことによって、さらに、この三つの綜合を根底から根拠づけ、統合する超越論的規則としての「超越論的統覚の自我」を、時間的なもの、時間化している、とみなします。これは、カントが超越論的統覚を、非時間的、超時間的とみなすことに対する批判であり、ハイデガーの解釈の最も特徴的な点であるといえます。この批判が可能になるのは、概念の自発性の働きである再認を未来の契機を含む「先取り」、すなわち未来に向けた自由な企投とみなし、握取の現在と再生の過去と予認の未来を根底から統合している超越論的統覚を、現存在の未来への企投の様態とみなすからです。こうして、ハイデガーは、超越論的構想力の解釈に際して、超越論的統覚を「働くことにおいて自己自身を所有するこうした自－立性が、主観に属している。……すなわち、留まるものであり、常住し、絶えずそれ自身でありつづけるという意味において、しかも〝私は為しうる〟という仕方で[19]」と明確に肯定した上で、カントが示せなかった超越論的統覚と時間化の存在論的な(ontologisch)連関を「超越や、あるいは時間と〝私は思惟する〟との間の根本的な関わり合い[20]」に見ています。このことは、「時間と〝我思う(Ich denke)〟は、もはや、統一することのできない、非同類的なものとして対置するのではなく、同一のものなのだ[21]」という文章に、明確に、時間としての超越論的統覚の自我と我思う(Ich denke)の同一性として、表現されているのです。

（4）カントの「生産的構想力」の現象学的分析としての受動的綜合

ここで、これまで概述されたハイデガーの超越論的構想力の解釈に対して、それら各論点を追いながら、フッサールの解明するところを示し、フッサールの考える受動的綜合としての連合の規則性のもとに時間が構成されていることを明確にしてみたいと思います。これによって、発生的現象学の基礎原理の一つである連合の概念が、明瞭に把握されることになります。

まず、ハイデガーで不明のままにとどまる、握取（Apprehension）と再生（Reproduktion）、とりわけ、「握取の模像と再生の保持」との関係の問いをめぐり、フッサールが「過去把持」という特有な志向性（後に受動的志向性と名づけられる）を開示しえた点を明確にしましょう。

ハイデガーは、握取の模像と再生に属する保持と遡握との統一的働きが、最終的には、予認の先取り、そして超越論的統覚の自我（現存在の自由な決断による本来的時間性）によって根拠づけられている、とみなしています。それに対してフッサールの主張は、結論を先取りすると次のような命題として表現できます。

「幅のある生き生きした現在における、狭い意味での〝今〟に与えられる原印象と、再生による保持とは異なる過去把持においてそのつど覚醒される空虚な形態ないし空虚表象との間の相互覚起を通して、そのつど、新たに、空虚な形態との相互覚起に留まる場合には、諸感覚内容（色、音、等々の五感の感覚質）が自我の活動を介せずに受動的に生成し、空虚表象との相互覚起の場合には、対象構成が成立する。」

このような生産的な綜合が常に生じているという命題です。この命題の内実の詳論にあたって、以下の諸点が論ぜられなければなりません。

①　ハイデガーは、握取における模像とされる機能が働き、すなわち、「多様として現に呈示すること」と同

時に「統一体と多様性との根源的紐帯」として働くことによって、直観に与えられる多様が、再生の保持を通して、予認による統一体と結びつけられる、とみなします。それに対して、フッサールは、生産的構想力とされる握取そのものにおいて、この多様が多様として直観されるその直観のされ方そのものを問います。直観に与えられる多様は、フッサールにとって、諸感覚内容の多様です。フッサールは、『内的時間意識の現象学』にいたる草稿において、そもそもそれがどのように直観に与えられるか（例えば、聞こえているがままのラッパの音や汽笛の音の持続といった聴覚の感覚内容の持続の例）を、現象学的還元を通して問いました。しかし、感覚内容の成立といっても、それは、ハイデガーが退ける感覚主義における感覚素材をそのまま肯定する、というのではありません。現象学的還元を通して、一般にヒュームやカント等の近世哲学において問われることのない諸感覚単位の志向的生成を問うたのです。

②　そのとき、フッサールは、音や色などの感覚質がそれとしてそのまま直観される直観のされ方を「過去把持（ここで「保持」と呼ばれた機能）」と名づけます。過去把持は、カントとハイデガーが時間性において前提にする自我の作用（ego cogito, Ich denke）には属することなく、予認による制約や超越論的統覚の場合に前提とされる自我の能動性に先行して働いています。だからこそ、過去把持は、自我の活動を含まない、受動的志向性と呼ばれるのです。

　この感覚質の過去把持が日常生活において、どのように生じているか、そこに隠れて働いている様が露見する次のような事例を示すことができるでしょう。例えば、「読書に熱中していて、ふと周りが暗くなってきたのに気づくとか、足元が冷たくなってきたのに気づく」、といった事例です。このとき、自分の関心は読書に向かっていましたので、「明るさや暗さ、暖かさや冷たさ」に気をとられることは、そのときまではありませんでした。

それにもかかわらず、感覚の変化に気づけたのはどうしてでしょうか。というのも、感覚の変化が変化でありうるには、少なくとも、変化以前と変化以後の状態（「事況（Sachlage）」）が、隣接するのでなければなりません。前後の隣接（このとき、客観的時間軸が前提にされていない、現象学的還元を通して、隣接の意識そのものに還元されていることに注意しなければなりません）がないと、変化は変化になりえません。言い換えると、カントもハイデガーも認めているように、先行する感覚が保持されるのでなければ、後に続く感覚との変化が変化になりません。しかし、「ふと気づく」場合、変化以前、つまり、明るさや暖かさは、意識に上っていませんでした。それとして感覚されていなかったのです。自我の関心と注意は、この場合、本の内容に向かっていました。しかし、気づかれていなかった「明るさや暖かさ」が、それとして保持されて（過去把持されて）いるのでなければ、「暗さや冷たさ」に隣接することは不可能です。しかも、「暗さ」は、感覚されていない「明るさ」（視覚という感覚質）に隣接するのであり、冷たさは感覚されていない「暖かさ」（皮膚感覚という感覚質）に隣接するのであり、それぞれ、先に示された過去把持の交差志向性において成立する感覚質の同質性の範域に即して隣接しているのです。

この日常生活の事例を通して、過去把持は、「気づかれない過去把持」として、自我の作用が働かずに（関心が直接向かわずとも）働いているというその純粋な働きが示されうるのです。[22] とりわけ、後に示されることになる、[23] 無意識の過去把持を通して特定化されるボールの運動の軌道に、的確に応じてヒットを打てる野球の打者の事例は、その無意識に過去把持されたボールの軌道を「ストレートだった、カーブだった」と後に、意識化し、言語化することができるという、無意識の同一化の際の、その無意識に同一化されたものの意識化という同一化の秩序を示しています。この無意識と意識の関係性は、意識の明証性という原理に、根本的変革をせまるものとなります。

なぜなら、意識されている過去把持の必当然的明証性は、無意識の過去把持による特定化の再確認に他ならないからです。無意識に特定化されたボールの軌道が、必当然的に意識されている過去把持に先行し、無意識に過去把持を通して先構成された、当の特定化されたものが、意識によって、必当然的と確認され、構成されたものになっているからです。この先構成と構成の生成の秩序を取り違えてはなりません。意識が無意識に過去把持された現実に、ぴったり対応できているのです。必当然的に、意識に明証的に与えられるものの与えられ方が、無意識の過去把持によって与えられているものの与えられ方に依拠しているのであって、その逆ではないからです。

しかし、日常生活で「過ぎ去りゆくこと」を「過ぎ去る」として過去把持しているのは、それに気づいている場合がほとんどであり、例えば、サッカーのシュートが「入ったか入らなかったか」を見極めるとき、取り返しのつかない流れ去る（過ぎ行く）時間を強く意識します。では、このまざまざと意識されている過去把持と、先の例にある気づかれていない過去把持との関係はいかなる関係にあるのか、さらに議論を突き詰めてみましょう。

③　フッサールは、もともと『内的時間意識の現象学』におけるテキストにおいては、「意識されている過去把持」を考察することから、過去把持を解明するに至ったのですが、その際、過去把持の意識のされ方は、「私（ego, Ich）」の働きをともなう通常の ego cogito, Ich denke, にあたる志向性の性格、「～についての意識（Bewusstsein von etwas）」（対象化し措定する意識）をもたないといいます。（X, 118 を参照）この点、時間化（時間が過去、現在、未来の様相を持つこと）とは、ego cogito と同一の事態であるとするハイデガーと対照的であり、完全に対立しています。過去把持はego cogitoとして、ある特定の能動的志向性が働き、「何かを見たり、聞いたり知覚したり、判断したり、比較、推量したりする」際に、そのような特定の能動的志向性のもつ意識作用という性格はもたず、そのような能動的志向性が働くこと事態を自覚して、い、る、というという意識のあり方に類似しているとし

ます。通常、日常生活で、「今、何しているの？」と聞かれれば、「サッカー見てる」と答えられるように、自分の行動には自覚がともなっています。この自覚にあたる意識をフッサールは、「内的意識（inneres Bewusstsein）」ないし「原意識（Urbewusstsein）」とよんで、通常の「私（ego, Ich）」をともなう意識作用（活動）（Bewusstseinsakt）と峻別します。というのも、通常の意識活動は、それが起こるとき、また、起こっているとき、起こる時間経過が意識されていますが、このような意識としての自覚は、この経過の始まりに即して即発的に、そして、随伴的に生じているのであり、この自覚そのものが生じるために、通常の意識活動が生じているときのような時間経過を必要とはしません。簡単に言うと、自覚の意識は、通常の意識活動に即して生じているのであり、自覚の経過そのものが、再度、普通の意識作用（活動）のように自覚されることはなく、自覚の自覚は、生じていないということです。だからこそ、フッサールは、この自覚に類似した意識を、それ以上、辿ることのできない「原意識」といったり、起こっている意識の内側の意識として「内的意識」といったりするのです。そして、フッサールは、意識され、気づかれた過去把持は、この自覚に類似して、原意識ないし内的意識という特性をもつとするのです。

④ 他方、意識されない、気づかれない過去把持に関してですが、フッサールは、中・後期において、過去把持の縦軸の交差志向性における時間内容の生成を分析し、過去把持成立のプロセスを解明し、「連合と触発」の規則性を開示することができました。その際、ここで問題にされている「気づかれない、意識に上ることのない過去把持」の必当然的明証性が次第に確証の明るみにもたらされることになります。

a その第一の明確な進展は、一九二二年／二三年の講義『哲学入門』（Hua. XXXV）での次のテキストに明確に認められます。

「したがって、具体的な現在の統一に属する過去把持的過去性の及ぶ限り、必当然性が及んでいます。ただ、その際、私たちは、それ自身、絶対的に明証的に現れ出てくる次のことに注目せねばなりません。原現在の、過ぎたばかりのものとさらに過去に過ぎゆくものへの様相上の自己変転と必然的に行程を共にするのが、志向的内実が空虚に成ること（Leerwerden）であり、また、その内実が未規定的になることなのです。」

（XXXV, 124）

つまり、過去把持の必当然的明証性に、本質的に帰属しているのが、その過去把持の経過において、その志向的内容（詳細には、過去把持の交差志向性における時間内容）が、「空虚になること」だというのです。直観された志向的内実が空虚になることそのことが、必当然的明証性において与えられていると論証されています。言い換えると、この「空虚になること」を含まない、過去把持の必当然的明証性は、考えられないということです。しかも、同時に重要なことは、この志向的内実に関して、例えば、音が聞こえる場合、その「いかなる音であるか（quale des Tones）」は、その直観の規定性の度合いの違い（まさに空虚になるということ）にもかかわらず、同一に留まるということです。

b　この「空虚になること」は直観された内実に関して、さらに積極的に語られます。

「空虚な音の過去把持は合致の持続であり、この合致はその直観的な音の所与性を頂点にしており（terminiert）、こうして私は今まさにあった音について話すことができるのです。……今まさに直観的に与えられていたものは音ですが、その空虚な志向に即して直観的なものと合致しているのもまた音なのです。」

（XXXV, 131）

空虚になるとは直観の度合いは薄れつつも、その当の空虚になる過去把持の志向の充実によって成立した直観内容が空虚になることを意味します。そして、この空虚になる直観内容相互のその内容に即した合致が持続するのです。したがって、空虚になること自体は、薄れゆく直観ではあっても、その同一の志向内実に即した直観であることに変わりはありません。また、ここで用いられている「合致（Deckung）」の概念は、『内的時間意識の現象学』において、過去把持の縦軸に描かれた交差志向性における「時間内容の二様の意味で理解される合致」の概念と同一の概念であることも注目すべきことといえます。

c　一九二五／二六年の講義『受動的綜合の分析』（Hua. XI）では、生き生きした現在における覚起の現象の分析をめぐり、この過去把持の明証性は、直観性と空虚な非直観性に関して、さらに明確な表現をみせることになります。

「過去把持的なプロセスは、すでにその直観性の区域において、意味の絶えざる持続的な同一性にもかかわらず、絶えざる貧困化のプロセスなのであり、絶えず意味に関して、その直観の充満さが欠けていく。それによって語られているのは、直観は、たえず純粋な直観であることを止めていき、直観と空虚表象との混合（Gemisch）が強まってくることである。」（XI, 174　邦訳二四八頁を参照。強調は筆者による。）

このとき、決定的に重要な論点であるのは、絶えざる貧困化のプロセスにもかかわらず、直観内容の自己合致が持続し、それが「直観と空虚表象の混合」と表現されていることです。しかもこのことに付加せねばならない、さらに重要な論点として、この志向の充実である直観そのものと、直観内容の意味の合致において意味を相互に覚起する触発する力（affektive Kraft）とが明確に区別され、直観の充満さが欠けていくプロセスにおいて、表象の空虚化が進展していくが、直観が全くかけて、充実そのものがゼロになっても、空虚表象そのものは含蓄的志向性として、触発力を備えて潜在性として残存していくということです。このことをフッサールは、明確に、「直観性がゼロになることとともに、触発的力がゼロになるのではない」（XI, 169）と明記しています。『内的時間意識の現象学』で確証されたように、過去把持のプロセスにおいてこそ、この触発的力を含有する空虚になった形態や表象の意味が、含蓄的志向性として潜在的存在となっていくわけです。

d　元来、フッサールにおいて、直観は「志向の充実」と規定されています。ところが、過去把持の「独自の志向性」が、自我の活動を含まない「受動的志向性」とされることにより、受動的志向性の充実という事態が、通常理解されている、すなわち、意識されている「直観」という概念に、変更を迫ることになります。受動的志向が充実されても、つまり、空虚な形態ないし表象が触発の力を介して連合が生じても、気づかれずに意識の直観にもたらされない場合があるからです。さらに、この意識の直観にもたらされえない過去把持の連合が本来的であり、常に直観にもたらされる連合に先行していることが、必当然的明証性にもたらされてくるのです。このような事態が明らかにされる二〇年代において、フッサールは、次のような決定的な命題を論述します。

「発生的にみて、すべての種類の直観には、すなわち、すべての現出の様相における諸対象性の知覚に即したすべての構成には、空虚な諸形態が先行する。いかなるものも、それ以前に空虚に表象的でなくて、直観において充実に至るのでないようなものが、直観に至ることはできない」(XI, 326、強調筆者)

ここで、「発生的に」とは、これまで示されたように、「連合として働く時間化の原創設」という見地からして、ということを意味します。ここでいわれる連合は、まさにその連合を通してこそ、空虚な志向が充実されて直観に至るのですが、この連合そのものは、ビリヤードの球のように、ぶつかる前後が目に見えるような、ぶつかりの連動として視覚的直観に与えられるわけではありません。連合はそのような感性的直観の明証性に与えられているのではありません。すべての直観に空虚な形態が先行するという命題は、発生的原理の最も決定的な表現です。すべての直観には、発生的に、受動的綜合としての無意識の連合が先行し、それなくして、直観が直観として生成しえないというのです。ということは、すべての意識の直観性のもとに与えられている過去把持のプロセスの必当然的明証性には、それそのものは感性的に非直観的でしかありえない無意識的な諸形態の連合が先行しているということなのです。

e　しかし、過去把持の直観性の貧困化、ないし、空虚化のプロセスが明証的であるというのは、音量が低下したり、水の量が少なくなっていくのが聞こえたり、みえたりするような感覚内容の変化を意味しているのではありません。音量の変化や水量の変化は、そのつど、持続する注意のなかで、直接感覚され続けており、直観され続けていく、連続する直観の変化です。過去把持は、小さくなる音などの感覚の質や量の変化に対して、持続する注意を注ぐことなのではありません。注意せずとも、「音が音として残っていく、音が音として聞こえてくる、つい、何かに目が移る」、といったときに働いているのが過去把持です。特定の音Aの直観の過去把持的変様とは、注意して次の特定の音Bが直観される以前に、注意しなくても、そのAの直観そのものが薄れていくような変様そのものです。このことがより明瞭になるのは、「サクラ」という言葉が聞こえるとき、「サ」の音が聞こえた後、「ク」が聞こえ、その次に「ラ」が聞こえる場合です。「ク」が聞こえるときすでに「サ」の音は聞こえていません。聞こえていないにもかかわらず、「サ」が残っている（過去把持されている）から、「サク」という音の順番ができあがり、「ラ」が聞こえたとき、過去把持されていた「サ」と「ク」に「ラ」がつながって、「サクラ」という言葉がそれとして聞こえたことになるのです。そのつど、「サ、ク、ラ」と聞いているときは、それぞれの音が完全に直観にもたらされていますが、新たな音が聞こえるたびに、それ以前の音の直観性は、失われていき、直観性の程度の違いが、時が経っている順番の基準になっています。直観性が失われていくこと、空虚になることそのものが、直接、内的に、必当然的に意識されているわけです。「ク」の直観と、「サ」の直観が薄れた、すなわち、過去把持された「サ」が同時に生起しており、いわば、「ク」の直観の足元ないし、足下に、過去把持された「サ」が直属しているのです。

f　ここで興味深いのは、特定の直観が空虚になることと、そのつどの直観そのものの生成が密接な不可分離の関係にあることです。上記dで示されたように、空虚な形態ないし、表象とヒュレー的与件との触発的意味の相互覚起としての連合を通してのみ、そのつどの直観が直観として生成するのであり、発生的には、空虚な形態ないし表象が直観に先行する以上、生成ずみの直観が空虚になることと、その直観の成立に先行する空虚な形態とは、生成の秩序として明確に区別されなければなりません。となると、さらに発生的に、この空虚な形態そのものの発生ないし生成が問われることになります。この問いの解明は発生的現象学の重要な課題の一つ（第Ⅲ部第一章）であり、ここで直接、詳細に取り上げることはできませんが、先に超越論的原事実に関して述べたように、本能志向性と周囲世界との相互覚起による本能の覚醒を通して形態が形成されてくるとき、その形成は、過去把持のプロセスを通すことが指摘されています。必当然的に明証的とされる直観の空虚化と、それにともなう触発力の低下のプロセスとしての過去把持が、それ自体、非直観的である形態の形成における生成の規則性として、非直観的に働く連合の働きとして規定されうるのです。

g　こうして、直観され、意識され、気づかれている過去把持の必当然的明証性には、発生的にみて、非直観的に受動的綜合としての連合として働く、気づかれていない過去把持が先行することが確証されました。時間化としての連合と触発は、意識の直観にもたらされる以前に生起しており、そのつど成立する直観の空虚化そのものが、過去把持の必当然的明証性に属しており、その必当然的明証性に与えられている直観の成立と直観の空虚化を一貫して規則づけているのが、それ自体、非直観的である連合と触発の規則性なのです。

⑤　フッサールは発生的現象学において、直観の空虚化が意識される内的意識（原意識）そのものの働き方の解明を行いました。そこで、「自我極に発する自我の活動をともなわない意識」、すなわち、受動的志向性としての過去把持が明らかにされました。先ほど言及した「気づかずとも、なんらかの感覚質の同質性（音が音であり、色が色であること）」を同質性として取りまとめる「受動的綜合」において受動的志向性としての過去把持が働いていることが示されたのです。発生の問いに即せば、この受動的綜合が形成されるのは、自我極と自我の活動が生成する以前の幼児期とされます。したがって、自我の形成以前と以後を区別して、意識にのぼらない過去把持は、幼児期に働く、自覚をともなわない（自我がいまだ働いていない以上、その自己意識としての自覚は働きようがありません）過去把持であり、この時期の過去把持として働く原意識を原意識Ⅰと呼びます[24]。感覚の意識が、原意識Ⅰということができます。この原意識Ⅰに対して、自我の形成以後の、自我の活動を意識できる「自覚」として働く原意識を原意識Ⅱと呼ぶことができます。

このとき、自我の作用の自覚として働くのではない感覚の変化（経過）の意識である原意識Ⅰは、通常の ego cogito にあたる意識活動の自覚としての原意識Ⅱよりも、発生の秩序からして、先に生成しているといわねばなりません。なぜなら、まず、フッサールは、時間意識を分析して、生き生きした現在の三項構造といえる「原印象の今と過去把持の過去の契機と未来予持の未来の契機」とそれを前提にする「再想起（Wiedererinnerung）の過去」と「予期（Erwartung）の未来」を時間意識の必然的構造として証示することができました。そのときすでに、生き生きした現在が、過去と未来に先立っており、必要条件として前者が後者を基づけていることが示されたのです。したがって、自我の活動を含まない受動的綜合において、生き生きした現在が幼児期にも働きえても、「過去と未来」が意識されるための再想起と予期とは、自我の活動を前提にする能動的志向性による能動的綜合によって初めて成立しうるとせねばならないからです。ですから、自我の活動を前提にする原意識IIが働いているときは、ちょうど「現在－過去－未来」という時間意識が、必然的に「生き生きした現在」を前提にせねばならないように、自我の活動を前提にしない、生き生きした現在に働く原意識Iの働きを前提にして働いているといわねばならないのです。つまり、感覚の変化（経過）に気づく感覚の意識は、原意識Iであり、感覚されると同時に、すでに、自我の作用を含む知覚による対象構成に組み込まれて、「何かの感覚」として意識されている場合、その知覚の自覚である原意識IIが成り立つと考えられるのです。気づかずに「音が音になり、色が色になる」という、気づかずに働いている受動的綜合による感覚の変化が原意識Iにおいて意識され、それが、知覚になっている場合に、原意識IIが成立するのであり、その意味で知覚の原意識IIは、感覚の原意識Iをいつもすでに、前提にしているのです。

⑥　この気づかれていない、意識されていない過去把持の明証性の論証に関して、より明確にしてみたいのは、絶対的時間化の明証性を論じるときに問題にされる時間化は、「現象学する自我」が最終的に構成するのか、それともランドグレーベも強調するように、衝動志向性によって「生き生きした現在」の立ち留まりと流れが、体験流として、自我の能作の介入なしに生起しているのかという問題の解明です。

前者の依拠するところは、超越論的事実性が解明される際の「われ有り」の必当然的明証性についてのフッサールの言及にあるのですが、実はこの「われ有り」の明証性は、デカルトのいう瞬時的明証性ではなく、時間化における明証性であることから、この「われ有りの必当然的明証性」は、「世界におけるわれ有り」の必当然的明証性と表現されているのです（XV, 385 参照）。となると、問題は、絶対的時間化そのものが、現象学する自我が構成するのかと問われるとき、フッサールのテキストにおいて、「体験流は、自我の関与なしに生起するが、それに自我が居合わせてもいる」[25]という命題の解釈の仕方であるといえます。問われるべきは、自我が関与することなく「居合わせる」その「居合わせ方」となります。そのときの解釈の可能性として、以下のａ、ｂ、ｃが挙げられるでしょう。

ａ　ここに居合わせている自我は、時間流を構成するとされる「現象学する自我」であり、現象学的還元を行使し、現象学的反省を遂行するというあり方で居合わせているとする見解か、

ｂ　ここに居合わせているのはそれ自体、非時間的な「原エゴ（Urego）」であり、原エゴが時間化を促し、時間化を生起させつつ、居合わせているとするか、

ｃ　それとも、現象学する自我の原エゴとして居合わせるのか。

まずａについてですが、現象学する自我とは、現象学的還元という反省を遂行する自我ですから、体験流をすでに前提にした上で、事後的にのみ関わる「居合わせ方」となります。体験流に「居合わせている」といえるのは、フッサールにおいて、内的意識ないし原意識として働いている過去把持の意識です。

次に、ｂの原エゴですが、原エゴは、「非時間的」と規定されていますので、仮に体験流に即して居合わせうるとした場合、非時間的原エゴがそのつど、時間化を促しつつ、それ自身、時間化はされないという「居合わせ方」となります。実はこの時間化しつつ、時間の流れそのものとはならないという時間の流れ方こそ、『内的時間意識の現象学』で、絶対的時間流の過去把持の二重の志向性を通しての自己構成の逆説として記述されたことに他なりません。この次元に原エゴの概念が妥当するとした場合、原エゴでは、「時間化しつつ、時間化しない」というときの「時間化しない」という側面のみ強調されることとなり、「時間化しつつ」の時間化そのもののあり方が不明にとどまり、結局、「不動の動者」に典型的な、アリストテレスやスピノザにみられる従来の実体の

形而上学に陥ってしまいます。

三番目のcにみられる現象学する自我の根底に原エゴが位置づけられる場合にもbの困難が解消されるわけではありません。仮に、時間を構成する現象学する自我を原エゴが反省することができるとしても、時間化に居合わせることができるのは、過去把持的原意識であり、それ自身、時間化しえない原エゴが「居合わせる」ことはできません。過去把持の必当然的明証性は、時間化における過去把持の幅に妥当する必当然的明証性であり、原エゴの反省が「われ有り」の瞬時的明証性を克服しうるためには、過去把持という時間化を通した時間化した原意識でなければならないからです。

以上から明らかなように、絶対的時間化は現象学する自我が構成するとする論証は成立しえず、また、体験流に居合わせているとする「自我」は、作動する自我ではありえず[26]、せいぜい、モナドロギーにおける「潜在的自我」としてしか解釈できないのです。

（5） 受動的綜合という相互覚起の明証性格

さてここで、文頭にあげた空虚な形態ないし、表象と周囲世界のヒュレー的与件との相互覚起という命題の明証性を、これまでの議論を前提にして、最終的に確証してみましょう。その際、まずは相互覚起という受動的綜合が、どうして、「受動的志向性」という規定を受けなければならないかという論点を取り上げます。

① 通常の ego cogito にあたる意識活動をフッサールは、「～についての意識」と定式化して、志向性と呼びます。しかし、この「～についての意識」ではない、原意識Ⅰや原意識Ⅱにおいて働く過去把持をなぜ、なお「志向性」と呼ぶかに関して、先ほど言及した受動的志向性についてより詳しく述べねばなりません。志向性に

は、もともと「何かに向かっている」という原意があります。つまり、「ふと何かに気づく」ときの、意識には上らずとも、そのつどの感覚質（寒暖の違いと明暗の違いは質的に区別されています）への向きが起こっていたということ、この特定の何かへの向きをどうして否定することができるでしょうか。この向きをもつ志向が充実されるか、されないかによって、感覚質の〝意味〟の統一が成立したり、成立しなかったりしうるのです。気づかれずに向かわれている意識生の志向性を、自我の意識作用をともなわないという意味で受動的志向性とよび、自我の関心が働き、気づきにおいて志向性が生起している場合を能動的志向性とよびます。したがって、ハイデガーにおいて、過去、未来、現在を含め、時間化とは、ego cogito と同一であるとし、また、超越論的統覚の自我が働いているとみなされる以上、ここでいうフッサールの自我の活動を含まない、コギトではない受動的志向性としての過去把持が完全に見落とされているだけでなく、時間化において働く受動的志向性と受動的綜合の全領域がテーマにされていない、といわねばなりません。この点、カントとハイデガーにおいて本質的違いは、まったくないのです。

②　さて、改めて、文頭にあげられた命題の「原印象と空虚な形態ないし、空虚表象との相互覚起」に向かいましょう。まず、重要なことは、過去把持に与えられる感覚内容は、原印象そのものの内容として直接与えられ、それが変様したものだと理解することはできないということです。感覚内容は、原印象にそのまま与えられているのではありません。それでは、結局のところ、ヒュームのいう感覚（素材）主義と同一の主張となってしまいます。フッサールが主張するのは、原印象は、そのままでは、特定の感覚質として顕現することはなく、それに相応する意識生の身体性に宿る様々な感覚質の空虚な形態（原印象による充実以前の感覚内容の形態的意味の枠組み）との、そのつど生成する〝感覚意味内容〟（いかなる内容であるかはいまだ意識されていないので〝〟がついて

います）を仲介にした相互の覚醒のし合い（相互覚起）を通して、そのつど、はじめて特定の感覚質になるということが命題として提示されているのです。

この論証に対して、あえて、批判的考察を加え、次のような二つの問いをたてることができます。第一の問いは、はたして、この命題はフッサール自身のテキストに依拠しうるのか、テキスト上の検証は十分であるかどうか、また、第二の問いは、そのテキストの論述の明証性格、つまり、必当然的明証と十全的明証性を持つといえるのかという問いです。

第一に関して、これまで指摘されたテキスト群は、主に、『受動的綜合の分析』、『形式的論理学と超越論的論理学』、また『相互主観性の現象学第三巻』などでした[27]。これに加えて、最近刊行された『フッサリアーナ、資料集、第八巻、時間構成に関する後期テキスト、C草稿』[28]からこの論点に関するテキストを引用して、補足とさらなる論証の強化を行ってみましょう。これまでC草稿の解釈においては、過去把持や未来予持については、積極的分析が展開されておらず、徹底した還元を通して原印象にのみ注視されていると理解されてきました。しかし、C草稿の公刊を通して、過去把持に関する詳細な記述も頻繁に多岐にわたって展開されていることが明らかにされました。特に、その中でも草稿C3のNr. 20では、「ヒュレー的原流れ（Urströmung）と時間化」という題がつけられて、「原印象と過去把持との原融合」についての記述がみられます。この草稿は、この資料集で、九頁にわたる論稿であり、aからeまで区分され、それに小見出しがつけられています。「a　原印象と過去把持的変様との原融合（Urschmelzung）としての新たなものへの変転〔編者による小見出し〕、b　具体的印象における具体的持続統一の構成、c　客観的で世界的な時間様態〔編者による小見出し〕d　注記、遡及的問いの秩序　e　透視的現出（Durchscheinen）[29]」というものです。

ここで特に相互覚起に関する記述として注目すべき箇所は、八七頁の過去把持の経過に関する分析です。フッサールは過去把持されていく経過を「透視的現出」と表現したとき、そのつど過去把持されていく時間内容が次第に隠れていき、見分けがつかなくなることと同時に、なお、それらが透けて見えている様子を表現できるとしています。しかし、そのときフッサールは、「いったいこれは、覚起の現象（Weckungsphänomen）をも象徴的に表現できるだろうか[30]」と自問します。そして、この文章に直結して次の文章がつづきます。

「完全な闇に至ったもの、まさに透視的現出にもはやもたらされないものは、現象の内部にはないことになろう。しかし、いったいこれは、何なのだろうか。しかしながら、われわれがここに持つのは、ある時間野、すなわち、今において同時に（simultan）存在する過去の絶えず発展する形成である。そして、この〔時間〕野において、遠隔連合、対化、形態配置（Konfiguration）が機能している。――〝無意識〟において、ないし、〝意識〟から無意識的なものに向けてである[31]。」

つまり、過去が現在に無意識として、時間野の同時性において与えられつつ、絶えず発展し続けている、というのです。しかも、この野において遠隔連合のみでなく、対化（連合の基本形式とされる）は、近接連合に他なりませんので、『受動的綜合の分析』でいわれる共在性における原連合と継時性における連合が、今において同時的に働いているのです。さらに、そもそも、フッサール自身のいうように、「覚起とは相互的（eine wechselseitige）である」（XIV, 531）ということからして、ここで問題にされる覚起の現象とは、相互覚起の現象に他なりません。また、類似性による連合の相互覚起について、『哲学入門』では、「この類似性は、それ自身、対化の形式に他ならず、相互の想起しあうこと、すなわち、ともに想起しあう覚起に他ならない」（XXXV, 439）とも明確に述べられています。これらのテキストの論述にみられるように、現在と過去の同時性における相互覚起が明示されていることは、疑いえないことなのです。

さらに、原印象と過去把持との相互覚起を通しての時間内容の、そのつどの融合による成立に関しても、次のC3Nr20の草稿に明確な表現にもたらされています。

「同時的一致とは、しかし、ただ、内容的な融合としてのみ可能である。したがって内容的原融合は印象と直接的な原過去把持との間の、両者の同時性において生起するのであり、このことは瞬時とその瞬時において直接的に内容的な融合に関して、絶えることなく生じていくのである。(32)」

以上、これらのテキストの論述にみられるように、現在と過去の同時性における相互覚起が明示されていることは明白なことなのです。

こうして、例えば、「ふと暗さに気づく」ということの成り立ちを、気づかずに過去把持されて未来予持された〝感覚内容〟（この場合、〝明るさ〟）と、到来する原印象の〝感覚内容〟（この場合、〝暗さ〟）との間の意味内容の一致がみられないこととして、つまり、過去把持され、未来予持されている〝明るさ〟の空虚な形態と一致しない（相互の受動的志向が充実されない）こととして理解され、それだけでなく、まさにそれと同時に、〝暗さ〟の原印象と、過去地平に眠る〝暗さ〟の空虚な形態との間に意味の覚醒し合いが生じ、未来予持された〝明るさ〟が充実されることなく、〝暗さ〟の感覚内容が成立する、すなわち、先構成されると分析することができるのです。そして、そのように成立したその変化に自我の関心が向かい、意識されずに先構成された〝暗さ〟が意識され、構成された「暗さ」として直観され、意識されるというのです。

③　ここで主張されているのは、感覚が、原印象と、直観的に表象される以前の空虚な形態との間の相互覚起によって、そのつど、創設（生起）されてくること、そして、その無数に創設された諸感覚内容のうち、意識生

の関心を呼び起こす（触発するといいます）特定のものが、そのつどの「気づかれた感覚」となるという感覚内容の意識化のプロセスです。気づかれる感覚になる際、自我の関心が重要な役割を果たすことは、例えば、自分が物事に熱中しているとき、自分に与えられる諸感覚内容（空腹感、疲れ、寒暖の差等々）に関心が払われず、気にならないことに、はっきりみることができます。しかし、自我の関心ということだけでは、掬い取れない、身体を生きる生命体としての人間の根本的関心こそ、気づきが気づきになる、動機づける根源的関心といえます。このことをフッサールは、相互覚起が成立するとき、「もっとも効力をもつ動機（関心）とは、……特定の情緒がもつ根源的な価値づけ、ないし習得された価値づけとか、本能的な衝動、ないしそれより上層に属する衝動であろう[33]」と述べています。

『倫理学入門』で定題化されている実践理性に属する「価値」、および「動機」の概念が、本能や衝動という受動的綜合の領域で語られていることが、改めて、確認されなければなりません。こうして、すでに気づきにもたらされる以前に、生命体と周囲世界との間に、本能や衝動の関心に即した相互覚起の制約を通して、無数の〝感覚内容〟が方向づけられることにより、根源的交通（コミュニケーション）といわれるような周囲世界と生命体の間の身体的結びつきが生成しているのです。フッサールは、この根源的交通について、「すべての原初的な現在を立留まる時間化として統一的になし、具体的に現在から現在へと駆り立てていき、すべての内容が、衝動充足の内容であり、目的に向けて志向づけられている」（XV, 595）と述べ、感覚内容に気づく現在が成立し、立ち留まる現在が現在になる、その意味で、時間が時間になることである「時間化」は、衝動志向性によって、超越論的に制約されていると確証づけているのです。

（6） 時間の自己触発か自我の時間の自己触発か

この受動的志向性としての過去把持の働きが、明らかにされることによって、後に、「時間の自己触発」として定題化される論点をめぐる、フッサールの独自性が明らかにされることになります。というのも、ハイデガーとカントが超越論的統覚の自我を基本的に前提にしつつ時間の自己触発を語るのに対して、フッサールは、時間化の解明にあたって、モナドロギーの立場から、超越論的統覚を形而上学的構築として退けます。なぜなら、時間の自己触発（フッサールは、自己構成とよぶ）は、自我の活動（エゴ・コギト）が介在せずとも働きうる過去把持において、時間内容の成立が感覚内容の自己成立として顕現しているからです。つまり、ハイデガーが超越論的構想力を、現存在の自由な先取り（企投）としての予認と、三つの綜合を根拠づける時間性としての超越論的統覚を通して、時間化とはエゴ・コギトに他ならないと解釈するのに対して、フッサールは究極的に、時間化は、自我の活動を介さない受動的綜合として働く衝動志向性を通して成立するとみなすのです。この根本的対立を為す論点の論証に関して、次の諸点が重要といえます。

① 原印象と空虚な形態ないし、空虚表象の相互覚起という過去把持のプロセスにおいて生成する感覚内容（時間内容）は、自我の作用が働かずに生成しています。自我はその前もって出来上がっている（それを先構成と呼ぶ）感覚内容に気づくことができますが、その先構成そのものには関わっていないのです。したがって、カントにおいて「握取」と「再生」と言われる超越論的綜合は、超越論的統覚の自我の関与なしに、しかも、再認という悟性の概念的把握をともなわずとも、独自に成立しうるのであり、この感覚における超越論的綜合をフッサールは自我の関与を含まないという意味で、「受動的綜合」となづけるわけです。ハイデガーは、カントと同様、この受動的綜合の領域の開示には、無縁であり、この領域の現象学的分析の可能性に開かれていなかったのです。

②　時間内容が感覚である場合、受動的綜合が働いていますが、概念的把握を前提にする対象認識である知覚の場合、自我の作用である再認（再想起）が働く、能動的綜合の機能（能作）の働きが必要となります。この知覚が働くと、それはそのものとして過去把持されていき、過去地平に当の知覚作用と知覚内容の空虚表象として沈澱していきます。しかし、その際に働く過去把持そのものは、いつも、感覚の場合であれ、知覚の場合であれ、それそのものとしては受動的綜合であり、ただ、沈澱する空虚表象の意味内容が、能動的志向性によるノエシスという構成の契機とノエマとしての構成された契機として沈澱していくか、あるいは、受動的綜合による先構成された感覚の意味内容が沈澱するのか、そこに違いがみられるのです。そして、感覚の空虚な形態として受動的志向性として沈澱されている含蓄志向性か、空虚な表象として沈澱されている含蓄志向性が、そのつどの現在の原印象との相互覚起を通して、先構成され、意識生の関心に即して、触発にもたらされているのです。

③　このようにして、カントの場合、超越論的統覚の自我を前提にしたカテゴリーの適用に働く超越論的構想力を呈示し、握取に働くとされる生産的構想力が「心性（Gemüt）の謎」に留まるのに対して、フッサールは、「感覚の現象学」ともいえる領域を開示し、握取において、過去地平に眠る無数の空虚な形態と表象と偶然に与えられる原印象との間の、無数の相互覚起の可能性にこそ、生産的構想力の創造的生産性を確証しえたのです。構想力は、想像力とも訳されますが、ハイデガーが保持に認める、ego cogito に属する（時間化が ego cogito と同じである以上）、「自由の可能性としての遡握する働き」なのではなく、また、ego cogito の自我の作用ではない、受動的綜合における相互覚起を通して働いています。そこでは、そのつどの感覚内容の無限の豊かさが、確証されているのです。想像力の創造性の基盤を担うのは、受動的綜合による身体性なのです。

④　生命体と周囲世界との相互覚起において生成する無数の感覚内容の内容上の制約をなすのが、衝動志向性

です。フッサールは、時間論を経て、超越論的規則性として理解される時間化の淵源に、自我を介在しない受動的綜合としての衝動志向性を開示しました。時間化はその淵源を自我の生成以前にもち、フッサールにおいて、間モナド的間身体性における本能的原交通として生起しています。発生的現象学においては、この生成期の時間化の深層には、さらにこの衝動志向性の形成そのものに先行する、本能志向性の覚醒と、この衝動志向性によって生成する受動的に先構成されたものが、超越論的遺伝資質という潜在性として与えられている自我の機能を触発し、自我極の形成を促すという事態が解明されうるのです。

⑤　連合として働く時間化は、根本的に間モナド的、すなわち間身体的で相互主観的特性をもつことが、強調されねばなりません。時間化が連合と触発という受動的綜合の規則性を通して働いていることは、これまで、十分に論証され、確証されています。時間とは連合をその規則性として働き、連合は根本的に、原触発としての衝動志向性をその最も深い動機として持つことが確証されました。しかも身体に属する本能志向性は、それに相応した周囲世界との相互覚起を通して覚醒し、衝動志向性が形成されてきます。したがって、本能志向性に相応する周囲世界を特性づける上で、子育ての状況における養育者こそ主要な役割を果たしているということができます。

本能志向性の覚醒はどのように起こるのか、この次元こそ根源的な時間化の次元です。根源的というのは、発生的に根源的という意味です。「生き生きした現在は衝動志向性の志向と充実による超越論的規則性の制約による」という見解は、まさに、この本能志向性の覚醒の次元の解明によって初めて十全的明証性にもたらされうるといえます。授乳といった基本的な養育の状況において、本能志向性は、抱擁といった身体接触を通じた状況において覚醒します。これら、間身体性において覚醒してくる本能志向性と、おなじく間身体性においてのみ形成されてくる衝動志向性の発生の解明が、第III部第一章の課題とされるのです。

以上、「受動的綜合の規則性としての連合とカントの生産的構想力」をテーマとして考察してきたことをまとめてみると、次のようにいえるでしょう。

（1）超越論的構想力の生産的構想力は、カントにおいて握取（Apprehension）に与えられているとされますが、カントと同様、ハイデガーの解釈でも、多様性が形式としての時間の今に、そのまま直観されることを前提にしているのに対して、フッサールは、多様な諸感覚内容はそのつど、受動的綜合を通して、時間形式と感覚内容とに分離できないあり方で、自己生成、自己合致、自己構成していることを現象学的分析にもたらすことができました。

（2）この受動的綜合こそ、カントの指摘する生産的構想力に他ならず、その働きの際、最も重要なことは、受動的綜合は自我極をへる自我の作用としての意識作用として働くのではなく、気づかない過去把持としてさへ働きうるような、意識下（「無―意識」）の綜合の働きであり、その働きの規則性が「連合と触発」であるとされることです。

（3）このように、超越論的統覚の自我が働かずに、したがって、自我の同一性が前提されなくとも、受動的綜合が成立していることは、ego cogito に、つまり、意識作用―意識内容という能動的志向性の相関関係に先行する感覚の生成の領域が開示されたことを意味するのであり、この領域は「形式と内容、本質と事実、主観と客観、内と外、自我と世界」といった二元的認識構造が成立する以前の、したがって、前章で解明した、「超越論的事実性」の次元に属するのです。

（4）時間と連合の不可分な関連、つまり、生き生きした現在の生起と受動的綜合としての連合が、不可分離な同次元の事象として生起していることを簡潔に表現しているすでにこの章の始めに引用されたテキストを、まとめの意味で、もう一度、記載してみましょう。

「自我（明確なエゴの意味で）に先んじて横たわる先存在的なものの中で（Im Vorontischen）、流れる統一をわれわれがもち、……この流れる統一に属するのは、一つの統一の構造であり、この構造は、三方向にその特徴をもちながら、それらを超えて広がる共通性、すなわち時間化の連合（簡潔な意味での連合）という共通性をもつ。他方、感情、またキネステーゼは、その特有なあり方をもち、原統一を成している。ただ、体験として、それらは、連合を通して統一されている。[34]」

これほど誤解の余地がないほど明瞭に、また簡潔に、先自我的（先存在的）領域における時間化が連合を通して生起していることを指摘しているテキストはないといえるでしょう。徹底した還元後の先自我的領域における時間化の次元と、受動的綜合としての連合を次元的に区別することはできないのです。

第三節 〝無意識〟の現象学に向けて——先触発と触発

受動的綜合の規則性は、「連合と触発」という概念を巡って明らかにされています。これまで、発生的現象学の基礎原理として「連合」の意味を明らかにしてきたのは、倫理以前に働く「連合的動機」の内実を明らかにする目的のためでした。その際、重要な問題となるのは、これからテーマとする「先触発と触発」の関係です。というのも、原理的に触発は常に自我の働き、すなわち自我が触発をうけ、それに対向する（Zuwenden）という構図において機能すると考えられているからです。つまり、この構図において、自我の対向がちょうど、「ノエシス－ノエマ」の相関の場合のノエシスの能動的志向性とみなされることによって、本来自我の作用を含まないはずの受動的綜合の働きが、自我の作用の観点から考察されるという一面性に傾く危険を含んでいるからです。受動的綜合としての触発は、自我の作用を含むことなく、連合を通して意味統一を先構成して、自我の関心を覚起するとしても、そこでは、すでに自我極が形成され済みとして前提されています。とすると、自我極そのものの形成という発生現象学の一大テーマが、このような触発と自我の対向という構図では定題化されえないこととして、背景に退く危険がいつでもともなっているといわねばならないのです。

いいかえれば、倫理が問題になる理性の領域が、倫理以前の感性の領域とどのような関係にあるかを見極める意味で、自我極の形成と自我の活動が前提にされる触発と、自我の活動が前提にされない先触発との関係の解明は、認識論的に最も根底的で決定的な洞察を提示しうるといえるのです。そして、この認識論的基盤を獲得してはじめて、倫理以前の実践理性の働きを現象学的分析にもたらすことができ、それは同時に、倫理そのものの領域の明確な確定化に寄与することになるのです。

(1)　受動的志向性と「非－志向性」

先触発と触発の区別は、『受動的綜合の分析』では段階的、漸次的なものとして、つまり、先構成されたものは、触発されて意識されることもあれば、意識にもたらされないこともあるというように述べられています。しかしながら、この差異化、ないし、敷居とでも言える現象、つまり、受動的先構成と能動的構成の境界は、決して、あいまいなものとされ見失われてしまってはならないものです。しかも、重要なことは、この境界が、志向性と非－志向性という区別の境界線を意味しているのではないことです。当然ですが、先構成を遂行する受動的志向性は、志向性であり、非－志向性ではありません。そうではなく、この先触発と触発の差異は、先触発において先構成されたものへの、触発を通しての自我の対向という現象に明確に現れています。その際、触発は、自我の関心による自我の対向によって成立するとされますが、むしろモナド的生の関心によるとすべきなのです。なぜなら、生き生きした現在における、もっとも根源的動機とされる本能や触発や感情は、当然ですが、自我の関与がまったく含まれていない受動的志向性である以上、本能や衝動を、自我の関心と規定して、自我から発する志向性、つまり、能動的志向性とみなしてはならず、自我の能作が働く以前のモナド的生の関心とされなければならないからです。そして、このモナド的生の関心のうちで、もっとも根源的とされるのが、受動的綜合による先触発的な原触発としての衝動志向性という根本動機とされる関心です。能動的志向性としての対向は、発生的現象学の根本規則ともいえる「受動性が能動性を基づける」という原則に即して、生き生きした現在を超越論的に制約する衝動志向性によって基づけられてのみ働きうるとされねばならないのです。

① まず、「非志向性」を論ずるアンリの時間と連合に関する見解を問題にしてみます。アンリは、感情を論じて、それを生の「自己触発」とし、フッサールの時間論と受動的志向性としての連合を次のように批判します。アンリは、フッサールの「構成するものと構成されるものとは合致しあうが、しかし、もちろん、それらはあらゆる点で合致し合えるわけではない」という『内的時間意識の現象学』の命題を取り上げ、この合致を拒絶し、独断的に詭弁であると批難します。しかし、その際、アンリは、フッサールが感覚における感覚と感覚内容の不可分離性を主張し、印象は内容と同時に今という時間形式を持ち合わせるという詳細な論証に対して、これらの論証に言及することさえしていません。アンリは、生き生きした生のもつ印象の印象性が、今の点という形式を

通して構成された印象に退廃させられてしまう、「時間化する脱―自の諸々の原―形式のうちに、排―出される[35]」というのです。しかし、フッサールにおいて、感覚に内容と形式の区別が成立していないことは、過去把持に形式と内容の区別が成立しないのと同様であり、まさに、このことはアンリが、感覚と過去把持の独特の志向性、つまり、受動的志向性であり、受動的綜合として働くことを理解していないことを示すに他ならないのです。

② 仮に、触発がレヴィナスのいうように、志向性か非―志向性か、ないし「思惟か生か」という狭隘な選択を強いられてのみ働くとすると、受動的志向性による受動的綜合としての、先構成し、先構成された先触発の次元領域、すなわち、先論理的で先反省的、先述定的アプリオリが働くとされる、生活世界の現象学研究の領域確定は不可能になってしまいます。

受動的綜合の固有な力動性と創造性は、メルロ＝ポンティによって、「より深い志向性」ないし「実存」といわれているように、従来の二元的思惟の仕方による形式と内容、本質と事実という二項性によって分析、解明することはできません。ヴァルデンフェルスのいうように、「時間分析と同様、……受動的綜合の分析も、感覚的ヒュレーと志向的モルフェーという二元性を克服されたものとしている[36]」のです。

受動的綜合の分析を適切に時間分析の深化とみなすことによって、『論理学研究』で「非―志向的」とされた感覚は、『受動的綜合の分析』では、受動的志向性と理解されることになります。感覚はさらに、受動的志向性の受動的綜合として先構成されたままに、無意識に与えられる受動的志向性として理解されるとき、その先構成されたものに気づく、幼児期においてはじめて形態が表象として直観されたままでありうる原意識Ⅰの働きに他なりません。また、触発の領域において自我の対向を通して、知覚による対象構成に組み込まれていく場合には、感覚は知覚の能動性における受動性として理解されます。このような全体の展開からみたとき、フッサールが、

『論理学研究』の時期に、感覚を「非－志向性」と名づけていたのは、感覚（すること）と感覚内容が実は、同じ一つのことであり、志向的作用に対して、「非－作用」に属するからでした。『受動的綜合の分析』においては、過去把持的原意識ないし、内在的知覚において必当然的に与えられている感覚内容が、連合と触発によって、その与えられ方に即してさらに詳細に分析され、その十全的明証性にもたらすことが試みられました。その際、感覚内容の先触発的生成プロセスが自我の触発的対向という現象とともに、発生的問いの観点を通して解明されたのです。

③　しかし、レヴィナスはこの展開に注目することができませんでした。彼が、感覚を志向的、すなわち、能動的志向性とみなさざるをえなかったのは、感覚を「感覚と感覚すること」とに分けて、「感覚と感覚されたもの」との間の間隔を満たすのが志向性である、と理解したからです。したがって、倫理学の基礎にとって最も重要な鍵概念である「他者の他者性」が、感覚内容を担う原印象の、志向的に構成された過去把持的痕跡の背後に、時間流の外部に位置づけられるのは驚くにたりません。なぜなら、原印象の原受動性が、非志向的とされ、時間化が志向的にのみ働くとされることから、原印象そのものは、時間化されることはないと論ぜられるからです。そして、この原印象の次元に、志向性から分離した「他者の他者性」が位置づけられるのです。

④　こうして、フッサールとメルロ＝ポンティが受動的綜合としての「対化」を通して論証しようとした、間モナド的、間身体的原コミュニケーションにおける他者の他者性との直接的接触の可能性は、レヴィナスにおいて、感覚の次元で完全に排除されてしまいます。なぜなら、レヴィナスにとって、感覚されたものは志向の対象として対象化され、意味というノエマの存在性格をもつことになるからです。

排除されてしまうのはそれだけでなく、いわゆる幼児期の「我-汝-関係」における「生得的汝」への関係も同様です。この論点は、倫理と倫理以前の関係を考察する際、見過ごすことのできない重要な論点です。自我意識が形成される以前に、身体の中心化を生きる中で、周囲世界にひたむきに関わりあう幼児の「生得的汝」への語りかけは、倫理以前に倫理の基礎として働いているのですが、この倫理以前の間身体的受動性が倫理の問題から排除されてしまうのです。この生得的汝への関係は、自我極の形成以前に、周囲世界との間身体性を端的に生きている、受動的相互主観性、のあり方、つまり、本能の覚醒と衝動の形成に相応した周囲世界が、相互覚起を通して形成されているときのコミュニケーションのあり方なのです。この幼児期の、他者と他在との直接的な接触は、社会的コミュニケーションの形成と成人して後に生じうる「我-汝-関係」にとって、欠くことのできない土壌と土台を意味します。また、それだけでなく、同時に、幼児期の人間関係の形成とその阻害は、常に精神病理学の研究課題となっています。象徴的な言語を媒介にしたコミュニケーションに先行する情緒的コミュニケーションの持つ意味と、両者の関係が明確にされることにより、この情緒的な間身体性におけるコミュニケーションの喪失が倫理学に及ぼす影響は、計り知れないものであることが明確にされることとなります。

(2)　遭遇と逆説的同時性

先に述べられた受動的相互主観性と、相互主観的時間化の問題に関連して、ヴァルデンフェルスが定題化する「遭遇（Widerfahrnis）」と「応答（Antworten）」の関係を取り上げてみたいと思います。ここでは、遭遇と応答の間の「時間のズレ（zeitliche Verschiebung）」が決定的な鍵概念となっています。ヴァルデンフェルスは、「このズレは、徹底した時間にかかわる意味をもつ。それは、われわれが、遭遇の先行性（Vorgänglichkeit）と応答を生み出す事後性（Nachträglichkeit）をともに思惟するときに明らかになる意味である」[37]と述べています。

しかし、これに対して私が主張したいのは、ヴァルデンフェルスの遭遇、ないし触発そのものの内部において、すでに、「逆説的〝同時性〟（Simultaneität）における先触発的先構成」が生起しており、それが、受動的注意という様相を通して、触発ないし構成に至るか、先触発的先構成に留まるのか、という選択を遂行しているのではないのか、言い換えれば、遭遇の概念は、究極的原理ではなく、さらに、受動的綜合という逆説的同時性を通して、豊かな分析の可能性に開かれているのではないのかという見解です。

① この逆説的同時性については、メルロ＝ポンティも、通常の志向性概念（ここでは、能動的志向性として狭く理解されている）を批判的に考察する中で、「ある次元的現在が存在し、そこでは、現在は、過去と局限された意味で同時（simultan）であり[38]」と述べ、現在と過去との同時について述べています。しかし、フッサールは、メルロ＝ポンティのいう「同時」を単に「同時」として指摘するだけでなく、この同時性の成り立ちを、さらに現象学的分析を深め、先に言及したように、現在における原ヒュレー的なものと過去地平における空虚な形態、ならびに空虚表象との先触発的な受動的綜合という相互覚起として開示しえました。メルロ＝ポンティは、この同時性を、過去の視点から、「〈垂直的〉過去は、〔現在において〕知覚されることを要求する[39]」と論述していますが、同一のことをフッサールは、無意識における触発的力の増強と把握して、次のように、徹底した記述を展開しているのです。

「空虚な過去把持的領域において、増加したり抗争したりしているのが、〔触発的〕諸力であり、それとともに、予期の諸力も、ちょうど諸衝動のように盲目的に、予期の類型や規則性に即してそこにあり、再生産的連合の類型や規則性に依存しているだけでなく、生き生きした流れる現在の領域における根源的連合の類型や規則性にも媒介されていることがみとめられる」（XI, 189、邦訳二六八頁参照、強調は筆者による）

つまり、空虚な過去把持的領域といわれる無意識の過去地平において、触発的諸力が、生き生きした現在の根源的連合という規則性に即して、常に、その触発的力の様々な内容の間に働く相互的な抗争や促進を通して、無意識の衝動のように生起、生成しているというのです。

② 同時性は、メルロ＝ポンティにとって、彼が受動的綜合と名づける「経過の現象（Ablaufsphänomen）に属します。この経過の現象は、「〈同時性〉を保ち、移行、……過去の庇護者としてのプルーストの身体性、超越論的存在への潜行をもっている[40]」とされます。他方、フッサールは、『形式的論理学と超越論的論理学』においても、この同時性について、無意識的なものが、「意識の限界様相」として、「このような沈澱化した際立ち性の背景に、全体としての志向的発生が遡及的に関係づけられており、この背景は、地平として、すべての生き生きした現在に随伴しており、〝覚起〟において、絶えず交互に変化する意味を示している」（XVII, 319、強調は筆者による）と述べています。つまり、現在におけるヒュレー的与件の覚起と過去の地平に沈澱している空虚な形態や表象の意味からの覚起が、相互に働き合って、相互覚起として働いている、しかも、「すべての生き生きした現在に随伴して」働いている、というのです。

③ ここで言及されている受動的綜合の同時性における相互覚起は、ヴァルデンフェルスの述べる遭遇、触発、出来事という諸概念と密接な関係にある「注意の現象」においても中心的役割を果たしています。ヴァルデンフェルスは、「敷居を跨ぐこととしての注意することという規定が含蓄するのは、この注意の規定は注意の作用を通して成立するのではなく、覚起（Weckung）から生じる[41]」、そして、「注意の覚起は、出来事の領層において」生じ、出来事は触発と同様、遭遇の次元に属するとしています。となると、先に立てられた遭遇における同時性への問いはここで問題にされた注意の連関において、より厳密な問いとして表現されることになります。すなわ

ち、注意の覚起は、すでに出来事の領層である遭遇そのものの中に働いているとされねばならないか、それとも、注意の覚起は、遭遇と応答の間の時間的ズレの中で初めて生じるとされるのだろうか、という問いとなります。それについて、ヴァルデンフェルスは、「要請の特質と注意の様相はその在りかを、遭遇とそれに固有な応答とを結びつける間の領野においてもつ[42]」と述べます。ここでいう間の領野とは、ヴァルデンフェルスにとって、時間のズレが、〝距離（nunc distans）〟をもって生成する場に他なりません。ということは、注意の覚起は時間のズレにおいて生起していて、遭遇のただ中で生起しているのではないということになります。ここには同時性、つまり、遭遇における受動的綜合の〝現在（nunc stans）〟にいかなる場も与えられてはいないようです。

他方、ここでいわれている「時間のズレ」が、単に、応答が生じるための時間のズレとするのであれば、注意の覚起は受動的綜合としての相互覚起としてではなく、応答が生じるまさにその時間のズレにおいて、否定されているはずの「注意の作用」として働くのでなければならなくなります。遭遇の時間性について述べられている「早きにすぎる（zu früh）」という意味は、まさにズレる時間に先んじて、同時性において注意の覚起が先構成されているから、「早きにすぎる」のではないでしょうか。このように理解しないと、すでに遭遇において注意の覚起を通して、介入している他者の他者性の先構成、すなわち、遭遇の仕方そのものへの問いが閉ざされる危険が生じるといえましょう。

（3）先触発の次元の原創設

①もし、ヴァルデンフェルスのいうように、注意は、「注意の作用から生じるのではない」とすれば、作用以前の「注意深くなる（Aufmerksam-werden）」というプロセスそのものが存在せねばならず、それは、「そも

そも何かが経験に立ち現れ、他でもない特定の何かが立ち現れる、しかも特定の連関において立ち現れること」という注意の現象の発生プロセスが存在するのでなければならないことになります。

触発の現象、すなわち、ヴァルデンフェルスにとっての「遭遇」と同一の次元に属する、生き生きした現在における「注意深くなること」の現象において、フッサールは先触発的先構成と触発的構成を注意深く原理的に区別しています。能動的志向性による触発的構成としての触発は、すでに、注意深くなる経過を経て、自我の対向を通して働いています。触発は作用志向性の遂行のために必然的である時間的ズレを通して、触発となっているのです。しかも、触発は自我の関心による対向を通して触発という意識現象となる以上、ここで言われる「時間のズレ」は能動的志向性が志向作用を行使するためにかかる「内在的時間」と考える他にないように思われます。

②　しかし、受動的綜合としての先触発は、自我の能動性の対向なしに、その意味で受動的に先構成されています。先触発は同時性（Simultaneität）において、つまり、現在の原ヒュレー的なものと、過去把持を通して沈澱化した過去地平に眠る空虚な形態や空虚表象との間の相互覚起の同時性において生起します。この先触発の先構成の同時性は、注意深くなるプロセスをへて触発となったことそのものとは、区別され、このプロセスにおいては、受動的綜合が無意識に、そして非直観的に、しかも、類似性とコントラストの覚起という連関において生起しています。しかも、まさに、選択的注意を通して、つまり、他でもない特定の何かが、触発的直観と自我の対向を獲得しようとする抗争を通して、同時に、他の先触発してくるものを「抑圧としての排除、すなわち非直観性の下方へと抑圧」（XI, 413）しつつ立ち現れるのです。この先触発の次元にこそ、「注意深くなる」という生成の経過そのものが生起しているのです。空虚な過去把持的領域において沈澱し、お互いに抗争と抑圧の関係においてせめぎあう先触発的な力は、先に述べた「原初的な生き生きして現在をたち留まりにもたらす」先触発的

で原触発的な受動的綜合としての衝動志向性を通して、常に生成しているのです。

つまり、原ヒュレー的なものとの相互に覚起しあう、先触発の次元の本能志向性ないし、衝動志向性とは、受動的な連合を通して、確かに同時に先構成的志向充実にもたらされてはいるのですが、モナド的生の対向を獲得する以前は、触発としては十分ではなく直観にはもたらされません。モナド的生の対向を通してはじめて、つまり、時間のズレを経て、事後的に、先構成されたものへ遡及的に覚視（Blicken）されるとき、先触発的に先構成されたものが触発的なものとして直観的になるのです。しかし、注意しなければならないのは、先触発による モナド的生の対向にさいして、感覚が意識される原意識Ⅰの場合の意識化と、感覚が知覚にもたらされて、自我の対向が生じる原意識Ⅱの場合に区別されて、考察されなければならないということです。

③ ということは、感覚の原意識Ⅰは、無意識の受動的綜合に先構成されているものが空虚な形態とヒュレー的与件の相互覚起による感覚内容である場合、その先構成されたものが原意識にもたらされているのです。また、先構成されているのが空虚な表象とヒュレー的与件の相互覚起による知覚のノエシス－ノエマの相関関係である場合、それが原意識にもたらされるのは、自我の能作である能動的志向性の相関関係であり、その場合が原意識Ⅱと呼ばれるわけです。したがって、ヴァルデンフェルスの考える時間のヅレが、応答という能動的作用志向性が生じるのにかかる時間であるとすれば、この意味での時間のズレと、原意識Ⅰの場合であれ、原意識Ⅱの場合であれ、受動的綜合による先構成の場合に経過している無意識の過去把持のための時間とは、意味が異なっていると言わなければなりません。

となれば、後に詳論されることになりますが、B・リベットの提示している、すべての意識現象の成立のためにかかる、〇・五秒という無意識の脳内活動が、先構成のために必要な時間であるとすれば、先構成された内容が知覚であるときの、知覚の意識としての応答が働くための時間は、実は感覚の場合と同様、先構成のためにかかる時間に他ならず、原意識IIは、原意識である以上、その覚視が働くための時間は必要とされず、能動的志向性としての知覚としての応答や判断としての応答、言表としての応答のための時間のズレとは、実は、能動的志向性であれ、受動的志向性であれ、無意識の受動的綜合が先構成として成立する際にかかる時間であることになります。そして、決定的に重要なのは、この先構成は現在と過去の逆説的同時性において、生き生きした現在の幅において働いており、この意味での時間のズレと、能動的綜合としての応答のための時間のズレとは、その現出の仕方が異なっているということなのです。

その違いは、どのような違いであるかといえば、

a　注意の覚起は、感覚の受動的志向性であれ、知覚の能動的志向性であれ、生き生きした現在の逆説的同時性において、先触発の次元で生成しており、この相互覚起の同時性そのものにおいて、時間のズレといわれる隔時性は生じていません。

b　能動的綜合としての応答が生じるための時間のズレは、実は先触発という先構成の持続時間に他ならず、この時間のズレは、無意識に働く受動的綜合の先構成が原意識にもたらされるまでにかかる持続時間に他なりません。

c　感覚の意識を能動的志向性の構成によると考えるレヴィナスの隔時性は、相互覚起による逆説的同時性の持続時間と異なるのは、そもそも、感覚の意識は受動的志向性として働く受動的綜合によって成立する感覚の原意識（原意識I）であることによります。

d　能動的綜合としての知覚の意識の場合、レヴィナスの隔時性は、能動的志向性が働くための時間のズレと

して妥当しますが、この能動的綜合が働く前提として、逆説的同時性において生起する受動的綜合が働いていることが、レヴィナスによって、見失われています。[43] この隔時性はいつもすでに、受動的綜合の逆説的同時性を前提にしてのみ機能しうるのです。

④　ヴァルデンフェルスは応答の倫理で自由がどのように考えられるかを、「出来事」の概念を中心にして展開しています。近世哲学の「自由と必然性」の二元的選択とは方向が違っています。出来事は内秩序的出来事と、外秩序的（法外な）出来事に区分され、秩序変革や新たな秩序の創設が生じる法外な秩序が、事実への妥当性の適用という枠に収まらない事態を的確に記述することに成功しています。その際、遭遇と応答が、出来事を性格づけ、遭遇は能動と受動の区別以前の「原受苦（Urpassion）」という特性をもち、応答は、遭遇としての他者の語りかけに、答えないということができないという「不回避性（Unausweichlichkeit）」という特性をもちます。この不回避性も「自由か必然か」という二者選択では理解することができません。遭遇と応答は、「存在と当為」、「事実と自由」、「善と悪」という区別の以前と以後に働いているのです。

また、この出来事は、「間の出来事（Zwischenereignis）」と性格づけられます。そのとき遭遇に応答する者は、主観としての自我が他者に応答するという一方向性で理解することはできません。ブーバーの「我-汝-関係」でいわれるように、この関係は我と汝の間で生起しているのです。この間と時間の関係が問われるとき、これまで問題にした隔時性の問題性格がより明瞭なものとなります。カントの場合、明らかなのは、自由が超時間的に働きうるという見解です。まさにこのようにして、因果性から自由であるわけです。しかし、出来事から出発するとは、フッサールに即せば、時間化から出発することを意味します。ヴァルデンフェルスはこのことを、線状的な時間軸を断つ分割としての、遭遇の先行性と応答の事後性と性格づけるわけです。このとき、改めて問われねばならないのは、フッサールの場合に生き生きした現在における時間化において、生き生きした現在そのものが、現在と過去の逆説的同時性であると性格づけられることと、ヴァルデンフェルスの遭遇の先行性と応答の事後性という隔時性という時間のズレとは、どのような関係にあるのかという問いです。

⑤　遭遇の先行性とは、自由な意識がそれを捉える以前に遭遇が出来事として起こってしまっていることを意味します。ヴァルデンフェルスは、そのことを「予期や企投」以前と規定し、能動的志向性以前と規定するのですが、それは受動的綜合による先構成の意味での先行性という規定ではありません。受動的綜合の連合と触発の規則性の働きそのものを特に強調することはしません。

応答の事後性は、「答えるとは、答えるものが、他者に由来するということによって、自己に先行することを意味する」[44]という文章に簡潔に表現されています。つまり、応答する者は、異他的なものの遭遇を通して、すでに前もって自分に与えられている異他的なものである他者の他者性に対して応答するのであるというのです。自分からそのつど、新たに始めて終結にもたらしうるとする自由の自発性は、「自由の超越論的幻想」であると理解されるのです。

間身体性における出来事の先行性は、匿名的な身体的自己において生起しています。遭遇の先行性の働く領域です。能動的相互主観性において成立する「我-汝-関係」という意味での応答とヴァルデンフェルスの応答とは、どのような関係にあるのでしょうか。遭遇に応じて答えることは、応答の仕方によって様々であると思います。人格的態度で語られている、自己中心性から解放される「無私性」の実現は、出会いの可能性をめぐって、レヴィナスの他者の他者性の倫理の克服を促すはずです。すでに、ヴァルデンフェルスが行うレヴィナスの倫理の評価にみられるように、レヴィナスの「否定的倫理」を補うには、間身体性の強調と応答の積極性と創造性が補完される必要があるのです。間身体性において働く受動的綜合の逆説的同時性の分析は、間身体性における出来事の現象学的解明に他ならず、「我-汝-関係」における「無私性」の解明は、遭遇に対する「我-汝-関係」という応答がなされるとき、遭遇における先人称性（匿名性）が、応答における自他の区別を超えた「無私性」として実現されていることを明らかにしています。「我-汝-関係」は、人格的態度における能動的綜合として、受動的綜合の逆説的同時性を前提にしていますが、それだけでなく、能動的綜合そのものにおいてこの逆説的同時性の働きそのものが自覚にもたらされうるのです。

後続する第Ⅲ部第一章、二章では、この間身体性における受動的綜合による受動的相互主観性の成り立ちが、解明され、第三章では、能動的相互主観性における「我-汝-関係」の「無私性」という特性が、解明されることになります。

第III部　発生的倫理学の三層構造

第Ⅰ部で、ヒュームとカントに対する批判を通してフッサールの倫理学の概要が示され、第Ⅱ部では、フッサールの発生的現象学の概要が、その根本的原理とされる「時間と連合と創設」の概念の解明を通して示されました。以上を前提にして、発生的現象学において倫理が発生の秩序に即して、どのように具体的な間身体性を土壌にしつつ、また歴史的に、発生と発達の段階に応じて、記述されうるのかが、この第Ⅲ部の解明の課題とされます。

フッサールは、発生的現象学の展開につれ、受動的感情移入と能動的感情移入の区別を明確にしていきました。人と人との絆やつながりを土台にして、人間が社会の成員となり、共同体において人類愛に生きる人間へとなりゆくその生成の過程を、自我の形成以前と以後に区分して、受動性における倫理の土台と能動性における倫理の展開というように段階性が明らかにされていきます。この第Ⅲ部では、受動的相互主観性をその内実を的確に表現する間身体性と名づけ、能動的相互主観性を狭い意味での相互主観性と規定することによって、受動的感情移入と能動的感情移入の区別に即した倫理の目的論的展開を具体的に記述してみたいと思います。

第一章　間身体性と相互主観性の発達

筆者は、間身体性と相互主観性の発達という問題に関して、『存在から生成へ』の第二部において、発生的現象学における当該問題の解明の方向性を打ち出しておきました。それを土台にしつつ、この章では、乳幼児精神医学研究者Ｄ・Ｎ・スターンの研究成果、並びに、発達心理学、自閉症児の研究、及び、今日、リハビリテーションの領域で重要な展開を見せている「認知運動療法[1]」の発達障害児に対するリハビリテーションに関する見解等を、発生的現象学に取り組み、間身体性と相互主観性の生成発展をより包括的な現象学的記述にもたらしてみたいと思います。

まず、はじめに、改めて『存在から生成へ』での筆者の見解の要旨をまとめ、問題状況を明らかにします。次にその見解に即した、間身体性と相互主観性の発生の秩序を、大きな発展的段階を踏まえて、スターンの研究成果が、どのようにそれらの諸観点をより明瞭な見地にもたらすことができるかどうか、批判的考察を展開してみるつもりです。

第一節　発展の大要

フッサールのモナドロギーに依拠する筆者の基本的見解は以下のようです。まずもって、(1) 眠れるモナド間の本能的原コミュニケーションが絶対的と称される時間化を通して、原初の段階が展開し、次に (2) 人間モナドの覚醒にあたり、本能志向性の覚醒と衝動志向性の形成が始まります。この段階にあって特徴的なのは、(3) 原共感覚という、いまだ、諸外部感覚（視覚、聴覚、嗅覚）と諸内部感覚（触覚、運動感覚、味覚）とが個別的分化をみせていない、発達心理学で無様式知覚（amodal perception）が働いている段階です。(4) それが次第に、受動的キネステーゼの発現といえる喃語の例で示されたように、ゼロのキネステーゼ、ゼロの聴覚、ゼロの視覚などのように、個別的な感覚野の空虚形態が生成し、それが表象化されてきます。このとき、自我の活動はいまだ働いておらず、この表象化は、意識によって成立するとはいえても、その意識には自我意識がともなっていません。このとき諸感覚を区別している意識は、原意識Ｉとして規定することができます。そのとき空虚表象の表象化が生じるには、それが生成する以前において、もろもろの本能志向性の充足とその習慣化による衝動志向性の形成によって、空虚な形態が形成されてくる段階がそれとして確定されなければなりません。表象ではなく、形態が問題とされるのです。この表象以前の形態の次元は、すでに触発と先触発の区別に関連して、詳細に言及されている次元です。(5) これら個別的感覚野の形成に並行して、次第に身体中心化が形成され、自他の身体の区別が明確になってきます。それにつれ、能動的キネステーゼと再想起という自我の活動性をともなう能動的超越論的能作が発現し、自他の意図的行動の区別が明確になり、それらの能動的志向性の随伴意識としての原意識IIが成立します。この段階では、また、再想起の能作が働き、空間意識の構成とともに、事物対象が構成される段階でもあります。倫理の領域が形成されてくる段階です。(6) この段階での間身体的相互主観性において、同一対象(事物)をめぐる関係性が構築されてきます。(7) 次の段階は、言語使用が可能になってくる段階です。これにより、言語によるコミュニケーションが可能になります。こうして、自分の感情、知覚内容、意図だけでなく、他者の感情、知覚内容、意図などの言語を通しての理解が可能になり、間接的認知の膨大な拡大の可能性の野が開かれます。

これら、おおざっぱな段階づけ(右の括弧内の数字とは完全には一致していません)に即して、それぞれの段階で解明されるべき課題を提示し、スターンの見解を包摂しながら、より完全な現象学的記述を試みつつ、倫理以前と以後の段階の区別に留意しながら、倫理の視点との関わりを明確にしてみたいと思います。

(1) 眠れるモナド

フッサールの間モナド性の原初的段階の記述は、モナドの目的論的構想という哲学的原理の記述という特性を持っています。しかし、この記述が各自に直接与えられている意識の記述の範囲を超えていることは明白です。したがって、この領域の記述の試みは発生的現象学の方法論である脱構築(Abbauen)の方法によって、可能になります。ここではその方法論の論証には向かわず、それを前提にして考察された「再構成」としてモナドロギーの記述が成立していることを確認しておくだけにしておきます。

そのような発生的現象学における記述の例として、フッサールのテキスト、フッサリアーナ第一五巻の補遺四六「モナドロギー」を挙げることができます。この論稿では「世界の構成、世界地平、生と死、死後、無意識、ています。ここでフッサールは、現象学の再構成論が、ライプニッツの再構成論を超えているとして、その理由を、組織的で体系的な志向的現象学、つまり、受動的志向性、能動的志向性を含めた志向性概念にもとづく現象学の再構成論であるからだ、としています。

志向的現象学の再構成論が目指すのは、世界の無限性とその必然的「歴史性」とモナドの多様性が有限として与えられている、という事実に対面して、沈澱化（Sedimentierung）の理念に即して、モナドの発展のモデルを形成することにあります。それによって立てられた原初の段階が、この間モナド性の原初的段階の記述なのです。ということは、まずもって、ここで「沈澱化」という原理の内実を確認しておかねばなりません。

沈澱化が原理として確立するのは、先に言及したように、『内的時間意識の現象学』における含蓄的志向性としての過去把持の露呈と期を一にします。沈澱化とは含蓄化と同義といえます。受動的志向性としての過去把持の縦軸に表現された交差志向性に時間内容の自己合致が生成します。そしてその最も原初的な段階が、本能志向性の覚醒と衝動志向性の形成であり、そこにおいて原ヒュレーと含蓄的志向性を担う遺伝資質との間の相互覚起の生起が生じる段階であるわけです。

こうして、フッサールが述べる沈澱化の理念に即した原初の段階についての次の記述の適切な解釈が可能になります。「1　根源的な本能的コミュニケーションにおけるモナドの全性（Allheit）、すべて各々のモナドがその個別的生のなかで続行して生きつつ、それとともにそのモナドは、沈澱化した生を、すなわち、隠された歴史、同時に〝普遍的歴史〟を含蓄する隠れた歴史を伴っている。眠れるモナド[2]」この記述の内実を理解しようとするとき、次の諸点を加味しなければならないでしょう。

①　この原初の段階は、「眠れるモナド」とされています。眠れるモナドについての記述は、モナド論が展開し始める二〇年代の初めに、「はっきりしないモナド」、「〝裸の〟モナド」として、「はっきりしない〝裸の〟モナドにおいて、自我は実有的には現存（vorhanden）してはおらず、そこにすべてが関係づけられるような中心的な極としては、現存していない」（XIV, 53）とされています。この実有的に現存していないときの「実有的」というのは、通常、例えば、ヒュレー的与件が意識に内在的に、実質的に与えられるときに、そういわれます。実有的な意味で中心的な自我の極が現存するかしないかが正確に理解されねばならず、この課題こそ、発生的現象学の最も重要な課題の一つといえるのです。

いずれにしても、ここで確認されねばならないのは、モナドロギーの考察において、自我極の形成以前と以後が、明確に定題化されていることです。さらにこの定題化はモナドロギーの枠内では可能であったも、いかなる形であれ、つまり、時間化以前の原エゴであれ、エゴが前提にされたエゴロギーにおいては、エゴの極の形成そのものはエゴロギーの枠を超えている、ということなのです。

②　本能的コミュニケーションとは、志向性の現象学であればこそ、本能志向性という概念による志向性の働きとしての本能的コミュニケーションの働きと規定されていることに注意を払わねばなりません。本能的コミュニケーションは、時間化において発現しており、原ヒュレーと本能的志向性との相互覚起という規定が可能となります。しかも、ここで原ヒュレーといわれるのも、当然、モナドに他ならず、本能志向性を担うのがモナドですから、この本能的コミュニケーションとは、モナド間のコミュニケーションに他ならず、それがモナドの全性において、と表現されているのです。ということは全モナドがこの本能的コミュニケーションの働きの中にあるということを意味し、間モナド的とは、すべてのモナドがすべてのモナドとの関わりにおいて、ということなの

です。

③　眠れるモナドの個別的生に含まれる「個別化」の概念は、純粋自我がモナド概念への展開をなさなければならなかった必然性、つまり、歴史性と具体性の原理に属しています。個別化がテーマになったのは、時間論の文脈において、『ベルナウ草稿』においてでした。内在的時間意識における個別化です。ただし、眠れるモナドの段階で、意識の覚醒はみられませんので、この個別化は「隠された歴史の個別性」を意味し、歴史的個別性が沈澱し、含蓄されているという意味をもつと考えられます。ということは、フッサールのいう超越論的な遺伝資質としての歴史的個別性の潜在性を意味することとなります。眠れるモナドとして、なお、その潜在性においてその個別性を生きるということです。その個別性を生きるとは、本能的コミュニケーションを生きるということでもあります。本能的コミュニケーションが潜在的な歴史的個別性において続行して生きられているというのです。無意識の時間化が生じ続けているということを意味します。

④　しかも、驚くべきことはこの有限な個別的な隠れた歴史の中に、モナドの〝普遍的歴史〟が隠れて働いているというのです。普遍的歴史と関連するのは、フッサールの言及する生（命）の「系統発生」と「個体発生」という生成の歴史についての指摘です。隠れている歴史とは個体発生の歴史であると同時に、系統発生の歴史でもありうるのであり、系統発生の歴史にこそ、隠れたモナドの普遍的歴史を位置づけることができるのではないでしょうか。この方向に沿う考察は、それなりに興味の尽きないものではありますが、意識化された時間化に即するという現象学の分析の基盤から逸れることは適切とはいえず、むしろ、抑制すべきだと考えます。

他方、この段階の分析に対応するものとして、フッサールが、フッサリアーナ第一四巻で、編者によって「脱構築を通しての解釈としての幼児や動物への感情移入」と題された草稿 Nr. 6 において、低次から高次諸統覚の階層形成（Stufenbildung）をなすわれわれの経験の地平の「発生」を問い、「われわれは、われわれの豊かな経験（知覚、本源的な経験の統覚）を、一定のあり方で体系的に脱構築することができる」[3]と述べていることに注目することができます。

この草稿では、幼児の経験と地平に接近するために、キネステーゼを脱構築する例が示され、また、諸動物、高等動物から、下等動物の生命体、ないし身体性への接近、すなわちわれわれの知覚様式、諸統覚の層を脱構築して、「馬や家畜、くらげ」などの生きる経験の地平への接近を試みるとしています。系統発生と個体発生の区別に基づくこのような考察は、経験に即した諸統覚という動機のシステムの発生的現象学の考察であることを再確認せねばならず、その意味で単なる幻想や空想の記述ではないのです。発生的現象学の記述の試みなのです。

（2）人間モナドの覚醒

次に人間モナドが覚醒してくる段階です。フッサールはこの段階以前の段階として、「モナド的歴史の発展、覚醒するモナドと覚醒における発展、眠るモナドが、絶えざる基づけとして背景に働きながら[4]」という記述をはさみ、それに続けて、人間モナドの発展の記述に入っています。この間に挟まった記述は、モナド的歴史、覚醒するモナドの発展一般に当てはまる記述とみなすことができ、人間モナドの発展と特に区別する必要はないと思われます。そして、ここで重要であるのは覚醒したモナドの発展において、「絶えず、眠れるモナドが、基づける層として、背景に働いている」という論点です。その眠れるモナドの背景における働き方の原理的把握は、先にあげた、過去把持の縦の志向性（交差志向性）における含蓄的志向性の成り立ちが基本とされ、過去地平に眠る空虚な形態と空虚表象という潜在的働きとして把握可能とされます。

このような眠れるモナドを背景にしつつ、人間モナドの発展が大きな方向づけとして次のように記述されています。

「世界を構成しつつあるものとして、その世界の中で、自己客観化へと方向づけられた形式においてモナドの普遍が一貫して浸透しているような世界として、すなわち、そこにおいてモナドが理性的な自己意識と人間性の意識、そして世界理解へと至る、等々なのである。[5]」

この記述で特徴的なことはモナドロギーの理性の目的論です。ということは、理性を行使する倫理的存在としての人間が目的論的規定を受けているということを端的に意味しています。しかも、このモナドの普遍が一貫した目的論において、受動性をその根本性格とする眠れるモナドが、人間理性の能動性をその根本特性とする覚醒したモナドを基づけているという受動性と能動性の基本的関係が一貫していることが見失われてはなりません。

とはいえ、この目的論的方向づけにあって、ここで言及されているフッサールのテキストにおいて、覚醒したモナドの発展の具体的記述になっていないことは明らかであり、先に述べた段階づけに即して、その概略の記述を展開せねばなりません。その際、これらの論点に関係して、スターンの研究成果が意味するものを批判的に考察しつつ、この記述に組み込み、包摂できることを論証したいと思います。

第二節　間身体性における自己感の形成　スターンの見解と発生的現象学の分析

（1）　無様式知覚としての原共感覚

フッサールの開示した原共感覚の領野への歩みは『受動的綜合の分析』において跡づけることができます。フッサールは、感覚野の連合とその伝播の規則性を分析した際、点滅する光信号と心臓の鼓動の持つキネステーゼのリズムとの連合関係を明らかにしました。異質の感覚野間の、「リズム」を通しての連合という規則性の指摘です。この指摘は乳幼児に特有な内部感覚と外部感覚の未分化な原共感覚の段階の確定に原理的な寄与をなしています。

この段階について、スターンは発達心理学の見地から、乳児にみられる「無様式知覚（amodal perception）」の働きを指摘しています。このフッサールの原共感覚とスターンの「無様式知覚」の対応関係が重要な考察のポイントになり、同じ事象に対する指摘という共通性の他に、それぞれの理解の仕方が異なっていることが明確になります。この相違を明らかにするために、ここでまず、幼児の発達に関するフッサールの発生的現象学の取りうる基本的モデルを呈示し、「無様式知覚」からの個別的感覚野の形成のプロセスを詳細に考察する枠組みを示しておきたいと思います。

筆者はこれまでに、内部知覚と外部知覚が判然としない原共感覚の事態から、個別的感覚野が形成されてくるという発達のモデルを呈示しました。それはフッサールの発生的現象学において、超越論的規則性としての受動的綜合の分析を通して開示された、環境世界との先触発的遭遇という相互覚起を通して本能志向性が覚醒し、衝動志向性の形成を通して、乳児にとっての環境世界がそれとして構成されてくること、そして、その原初的な間モナド的間身体性の段階において、乳児の感覚世界は原共感覚の世界であり、そこにおいて次第に、生存の本能の覚醒に応じた周囲世界の感覚上の組織化が、生き生きした現在の時間構造を通して、個別的感覚質の形態化として生成し、形態化において働いている受動的綜合の不充実という欠損を契機に、それぞれの感覚質が表象にもたらされるというのが、その主だったプロセスの骨格でした。この骨格に相応しつつ、以下、スターンの「無様式知覚」との対応づけを行います。

① このフッサールの基本モデルは、フッサール現象学において、感覚、時間、連合等の超越論的規則性を探求する中で明確にされてきたモデルですが、このモデルを最近の脳神経学の研究成果、並びに認知運動療法において仮説として提示されている理論構造と照らし合わせて見ましょう。

そのとき、まず明らかになった注目すべきこととして、無様式知覚と原共感覚の対応関係が、最近の脳神経学の知見によって検証されてきていることです。小西行男氏は、乳幼児の原共感覚に関して、実験を通して「目をつぶってお乳を飲んでいても、視覚野、前頭葉、体性感覚野、運動野など大脳の多くの部位が活性化している」ことが検証されるとしています。目をつぶっても、視覚野の活性化がみられるということは、特定の感覚刺激が複数の感覚野を活性化させているという原共感覚の働きが、大脳の多くの活性部位において検証されていることを意味します。原共感覚の働きが複数の感覚野の活性化で証明されているというのです。もっとも、現象学からして、この証明は当然のことながら、観察データによる証明ということになり、現実の乳幼児の原共感覚の意識のされ方が直接与えられているという意味で、明証的に与えられているのではないということは、それとして、確認されてあるのでなければなりません。ということは、原理的にいって、意識分析から始めた現象学の分析がその働き自体が意識に上ることのない受動的綜合の連合の働きを明らかにし、乳幼児の原共感覚という事象にぶつかり、その解明にあたって、脳科学の研究成果の側からの、大脳皮質の活性化という実在連関による証明を得ているという事態がここで示されているのです。

この実在連関の検証ということと、現象学の原共感覚の指摘が意味することとの論証関係を明確にしなければなりません。「複数の感覚野の活性化」というとき、視覚野、聴覚野というときの「見ること」、「聞くこと」、

「見えるもの」、「聞こえるもの」等々のそれぞれの意味の区別が、わたしたちの意識に明確に区別されて与えられていることは明らかです。ヒュームの感覚一元論に対するフッサールの批判にあるように、物理的因果関係は因果関係という意味しかもたず、「見る」、「聞く」の意味の違いそのものを因果関係そのものに当てはめることはできても、因果関係そのものに意味を認めることはできません。「複数の感覚野の活性化」に「複数の感覚が起こっていて、見ること、聞くこと、触ることなどが、同時に生じている」と想定することは許されても、「見ること」「聞くこと」等の意味の区別をあてがっているのは人間の意識であり、それぞれの感覚野の活性化（脳画像上の彩りの違いによる区別）を「見ている」に過ぎず、それぞれの感覚野の活性化に、「見る、聞く」の意味をあてがっているのは意識なのです。ということは、「原共感覚」という事態の意味を与えるのは、現象学であり、「複数の感覚野の活性化」がその意味によって理解されるのであり、その逆ではないことをしっかり認識する必要があります。

②　ところがこの原共感覚にあたる大脳の活性反応は、幼児の発達とともに消失していき、特定の感覚刺激に応じた大脳皮質の個別的感覚野に個別化、選択化されていくとされています。フッサールの記述をたどると、特定の感覚形態の形成と、その形態の受動的綜合の欠損を契機にした表象化のプロセスを指摘できますが、この経過に対応すると考えられるのが、乳幼児の発達における神経系の組織化を意味する神経シナプスの結合に関する知見であり、幼児の認知運動療法の治療医であるパオラ・ブッチーニは次のように論述しています。

「発達の初期の段階においては、シナプス結合の超生成および過多が特徴となります。そしてその後にシナプス結合の削減が起こります。組織化に役に立たない／適当ではないシナプスは排除されていくのです。……つまり適切でないシナプス結合は削減され、適切な樹状突起のみの分化がさらに進むということです。(7)」

この幼児におけるシナプス結合の過剰と削減という発達のプロセスは、「神経ダーウィニズム」の仮説としても知られており、生命は環境に対する適応の過程で、「この発達後期における神経系の変化のひとつに選択的シナプス脱落（synapse elimination）があり、この現象は中枢および末梢神経のほとんどすべての部位において観察される」(8)とされます。つまり、脳神経学の知見からしても、過剰なシナプス結合によって可能になっている原共感覚（特定の感覚刺激が過剰なシナプス結合を通して、複数の感覚野を活性化している）から、環境への適応ないし、組織化を通して、シナプス結合の削減と選択化が生じ、個別的感覚野への選択と分化の経過が検証されているのです。

この見解と対置されるのが、個別的感覚を諸単位として眼、耳、等の身体器官に想定し、視覚と聴覚の連結と変換を通して、共感覚を説明したり、諸感覚の働きを前提にしたうえで、その感覚質を抽象して、乳幼児の「無様式知覚」を説明しようとする、ヒュームやカントを継承している立場です。この立論の困難さは、以下次第に明確になっていきます。

③　この未分化なものの分化、ないし分節化という生成モードは河本英夫氏が指摘するチオンピの感情生成モードに対応しています。(9)つまり、感情は未分化な基礎的感情から、次第に複雑で繊細な感情表現と理解に至るという生成のあり方です。感情の生成と感覚質の生成は、ともにシナプスの過剰による原共感覚の未分化なものからのシナプスの削減を経た分化のプロセスと理解することができ、それでこそ、感情の分化と感覚の分化が、平行して、相乗的に進展し、受動的綜合の豊かな先構成の土壌が生成し、その認知的表象化の基盤を形成することになると考えられます。しかも、フッサールのいうように、遡及的に発生をたどって、「原ヒュレーが原構造の変転にあって、原キネステーゼ、原感情、原本能を伴う」（XV, 385）とする超越論的事実性の指摘に関係づける

と、感情と認識をはじめから峻別して、その発展を別個に問うという問い方は適切とはいえないでしょう。というのも、認識の基礎となる原共感覚からの個別的感覚野の分岐的生成というモデルは、チオンピの感情生成モードと対応しているという裏づけにより、逆に感情の分化の生成そのものを裏づけることに繋がるからです。細やかな感情の豊かな陰影をともなう共感覚が成立するにあたって、それに並行した豊かに発展する様々な感覚質の繊細な区別が大きな役割を果たしていることは明白です。

④　フッサール現象学は、発達を本能志向性の覚醒と衝動志向性の形成という大きな枠組みの中で捉えようとしますが、幼児を「自律的な生体システムの機能系」と同時に、「志向性をもったシステム」として捉えるパオラ・ブッチーニの見解と対応しているということができます。ブッチーニは子どもが生後一年ぐらいかけて自己の志向性を形成していき、生後まもない子どもの治療にあたって、志向性がどのように形成されてくるかを理解することが重要であること、また、当然ながら、子どもの志向性は親子関係におけるコミュニケーションを通して形成されてくることを強調しています。[10] ここにおいて受動的志向性と能動的志向性の区別はなされていませんが、幼児の発達を志向性の概念を通して考察することを介して、認知運動療法は発生的現象学の考察を療法の実践に組み込む可能性に開かれている、といえます。

⑤　スターンは無様式知覚の導入にあたって、無様式知覚が、それまで問題とされた知覚同一性（perceptual unity）に決定的な批判的観点を提示するとしています。知覚同一性の問題とは、多様な感覚に与えられる感覚情報がどのようにして、一つの対象知覚に統合されるのかという近世哲学上の認識論的基本問題です。例えば、ヒュームにおいて出されているりんごの例[11]では、「色、形と大きさ、匂い、硬さ、重さ」といった異なった諸単位（unit）として諸感覚がどのように「一つのりんご」という知覚にまとまるのかという問いとして表現されて

います。志向性の理解が欠如している近世哲学の認識論の枠組みでは、諸感覚質の統合の問題は解けない謎にとどまります。観念連合説であれ、また、ピアジェ学派であれ、この近世哲学の認識論をそのまま援用してこの問題を解こうとすれば、それは特定の感覚質から他の感覚質への「変換」[12]の機能が要求されることとなります。

この問題に関するスターンのピアジェ学派への批判は重要です。スターンは無様式知覚の事実（ここでは、よく知られているMeltyoff & Bortonの指摘する、乳幼児が見ずに口の中で感じていたおしゃぶりを選好注視できる事例[13]）をピアジェの認識図式の説に突きつけ、次のように批判します。ピアジェ学派によれば、授乳の際、

「乳児の中ではまず、乳首がどんな感触かという図式（触覚図式）と、乳首はどんなふうに見えるかという図式（視覚図式）が別々に形作られ、次いで、これら二つの図式の間に何らかの交流、あるいは相互作用（相補的同化）が起こり、統合的な視覚-触覚図式が形成されるはずです（Piaget 1952）。……ところが、乳児は実際にはこのような構成過程を踏む必要がないことが明らかになったのです。乳児は今見ているものが、ちょっと前に触ったものと同じだとただちにわかりました。[14]」

つまり、スターンは視覚図式ができ、視覚の感覚質の単位が成立し、触覚図式とその感覚質の単位が成立し、その間に交換機能が成立して、はじめて感覚質間の統合が成立するとするピアジェの主張は、乳児の無様式知覚という原共感覚の実験結果に対応しないというのです。しかし、他方、「同じだとただちにわかる」というときのわかり方はいったいどのようなあり方であるのかは、明らかにされねばならない課題に留まります。

⑥　スターンはピアジェに対して、この無様式知覚の能力が生後一週間目には存在していることは間違いなく、乳児は「知覚様式-交叉的に移行させる」能力が生得的基盤として与えられており、この基盤の上に個別的な複数の異種の知覚（感覚）様式が築きあげられていくと主張しています。[15]この無様式知覚に関連して、スターンの

紹介する実験結果は大変興味深いものです。音の強さと光の強さに調和的に対応する能力、視覚と聴覚との対応として、人の唇の動きと音声との相関関係の認識、さらに、フッサールが本能的キネステーゼと呼ぶ「自分自身の動きや位置に関する感覚、つまり固有覚[16]」と視覚との対応関係が、平均、生後三二時間の乳児が養育者の顔の表情をみてそっくり真似てその表情を作る能力などに関する実験成果などを通して紹介されています。[17]また、表情の模倣に関しては、最近問題にされる猿の実験から明らかにされた「ミラー・ニューロン」の機能も、この模倣を可能にしている脳科学的機能基盤として、当然顧慮されねばならない要件といえます。[18]

池上貴美子氏は幼児の模倣能力を、養育者の舌だしの表情を真似る際、（顔を見る）視覚と（舌を出す）触運動との「異感性間協応のメカニズム[19]」として、同じく無様式知覚を主張するギブソンに言及しています。ギブソンによれば、周囲世界が幼体にもたらすアフォーダンスに対応して、幼体は個々の感性情報を超えて、視覚や触覚や聴覚、運動感覚を不可分に機能させるとされます。そして、四か月になると、洗練された皮質上のシステムへと移行し、「個々独立した感覚様相間の結合へと結ばれていく分化の過程が示唆された[20]」というのです。ここでいわれている「四か月」という期日は、注目すべきであり、いわゆる「伝染泣き」の現象が終息する時期（三か月半から四か月）と重ね合わせると、無様式知覚から個別的感覚野の分化のプロセスとして重要な時期と思われます。

いずれにしても、このような原共感覚にみられる「知覚様式-交叉性」を、スターンは「無様式知覚[21]」と総称します。しかし、この機能そのものの探求はこれからの研究課題とされ、おおざっぱに、「無様式の表象 representation への書き込み[22]」という方向性を示すに留まっています。この無様式知覚の定義における表象概念の存続は、発生的現象学の分析に照らして、大きな原理的に困難な問題点が含まれていることが、これから徹底して論証されていくことになります。

⑦　スターンはこの無様式知覚が彼の主張する四段階の自己感、すなわち、「新生自己感、中核自己感、主観的自己感、言語自己感」の第一段階である新生自己感、新生他者感にどう寄与しているかを問題にします。その際、再びピアジェ批判を繰り返し、母親の乳房を吸うとき、ピアジェ学派や観念連合学派のいうように、お互いに無関係に知覚される〝吸う乳房〟と〝見える乳房〟を別々に体験して、それらを統合する学習を繰り返すのではないとします。そうではなく、無様式知覚により、すでに統合された体験として出現することを主張します。このとき、スターンはこの無様式知覚において、「すでに他者（の部分）という統合された体験として出現するでしょう[23]」と述べるのですが、この「他者（の部分）」という他者の意味規定はどこからくるのか、この規定をこのまま受け入れることは到底できませんが、ここでは問題となることだけを指摘しておきましょう。つまり、「自己感」といわれるときの「自己」と「他者」の概念が、それぞれの四段階においてどのように、理解され、規定されているか問題とされねばならないのです。

（2）　無様式知覚からの個別的感覚野の形態形成——抽象作用の批判

次にあげるスターンの無様式知覚の具体的記述は、フッサールの形態の生成による空虚表象の形成の記述と対応させると、大変、興味深い対照考察につながり、この問題領域の探求方向が明確になります。この記述は先に言及した発達のモデルに即せば、空虚な形態の生成とともに、空虚表象の直観が準備され、個別的感覚野が形成されてくる段階に対応しています。まずは、ここで、スターンの記述を詳細に引用してみましょう。

「たとえば、触ったことはあるけれども見たことのない何かを、その感触をもとに実際初めて見、それが思った通りに見えたとすると、何やらそれは既視感の体験のような感じがします。乳児は物体がどう見えるべきかなどとおそらく考えはしないでしょう。つまり、認知的にそれを確認することはないのです。……ただ、視覚と触覚からの情報間に不調和が起こった時に限って、体験は具体的な性質を帯びると考えるならば、これはまた物事に対する認知的見通しの話になってしまいます。私は、（意識に無関係な）前言語的レベルにおいて知覚様式-交叉的な一致をみつける体験（特にその最初の体験）は、以前からお馴染みの何かと現在の体験が相関している、あるいはそれが現在の体験に吹き込まれる、と感じるようなものではないかと思います。……既視感的な出来事のこの原始的形態は、連合的つながりをつける過程とはかなり違っています。というのは、連合的つながりの場合、すでに知っている二つの事柄が一緒のものであることを発見するという性質をもっと多く帯びているからです。新生体験のこの領域でなら、ただ漠然と知覚されるだけの構造を明らかにしながら、隠れた未来を予感するという体験もあり得そうです。概念的レベルではなく、体験的レベルで、このような事象の類型学が大いに必要とされています。[24]」

長い引用になりましたが、記述の内容はフッサールの発生的現象学での幼児の体験の記述、とりわけ、間モナド的時間性と様々な共通点と相違をもっていて、対照考察に大変豊かな視点を提供しています。

①　まず、述べなければならないのは、このスターンの記述全体の性格づけとして、「と感じるようなものではないかと思います」とか、「という体験もあり得そうです」という表現にみられるように、この記述は当然かもしれませんが、実験結果にもとづく、乳幼児の行動の観察の記述であり、乳幼児の直接的体験の記述ではなく、それを推測し、想定しているということです。それに対して、現象学の場合、やはり直接的体験そのものの記述ではありえないことは、同じですが、観察結果に対する意味づけの仕方がスターンの場合と異なっています。発

生現象学の方法は、自分に与えられる直接与えられている意識の構成の秩序（これは、本質直観を通した意識分析の必当然的明証性をその基礎にもっています）を、「時間と連合と創設」という発生の超越論的規則性に即して、意識の基づけ関係を通して、厳密に適用しようとします。意識体験の発生的秩序が、超越論的能作の組み立ち、組成として厳密に想定され、その想定の必然性がさらなる観察結果との照合性を通して、検証されていくのです。単なる量の質への転換なのではなく、質の秩序の整合性が論証されているのです。これに対して自然科学者がその観察結果に意味づけと解釈を遂行するとき、ほとんどの場合、当の自然科学者の文化的背景をそなえた生活世界から転用されている当の意味づけの意味そのものの由来を問うことなく、素朴に適用しているのです。この両者の方法論の違いは、記述の仕方に端的に現れることになります。例えば、それは、スターンがここで否定的に言及している「連合」（明らかにヒュームに由来する）にみられ、発生的現象学で分析され、呈示されている超越論的規則性としての「連合」とは、全く異なっているのです。

簡単にいえば、これはまた発達心理学者として当然のことかもしれませんが、スターンの記述には明証性を問題にするフッサール現象学の認識論的観点が欠けているということです。言葉や表現の仕方が同じでも、フッサールの時間論において明証的に規定されている過去把持や未来予持を通しての体験の記述と日常言語を使用した客観的観察の記述とは区別されなければなりません。

② フッサールは本能志向性に相関する「空虚な形態」の形成と、習慣的となって働く衝動志向性に相関する「空虚表象」を、表象の特性をもつかもたないかによって、区別しています。スターンのこの引用文の最後で述べている「予感」は、フッサールの場合、表象とは異なり、それ以前の本能志向性の「漠とした予感」に対応し、空虚な形態に対応しているといえます[25]。その意味で予感する体験の類型学は、フッサールのいう「形態の生成」

という段階に相応しているといえます。また、この段階はスターンの指摘にあるように、概念的レベルに対応するのではありません。

ところがこのような明確な対応がみられるにもかかわらず、フッサールが形態と表象を明確に区別しているのに対して、スターンは無様式知覚という「知覚様式‐交叉的な体験」を「無様式の表象（representation）への書き込み」と表現し、「無様式の特性を認知し、その特性を抽象的に表象し、さらにそれを他の知覚様式へと変換する」[26]と述べているのです。このことには、両者の原理的把握の相違がはっきり認められます。

ここで問題になるのは、スターンがやはり、依然として、「特性の認知と抽象による表象」というイギリス経験論的認識図式で「予感」を理解していることです。というのも、通常、「抽象」とは、様々な諸特性から共通のものを引き出す知的操作を意味します。例えば先の例で、触覚と視覚が前後して与えられ、「触ったことはあるけれども見たことのない何かを、その感触をもとに実際初めて見、それが思った通りに見えたとすると、何やらそれは既視感の体験のような感じがします」という論述において、既視感をもたらしうるのは、触覚体験全体から抽象された「強さ、リズム、」などの「無様式の特性」が、始めて見るもの、視覚に与えられるものの「現在の体験に吹き込まれる」、ないし、「変換する」と説明されます。はたして、無様式的知覚の特性である「強さやリズム」は、刺激全体からの「抽象による表象化」を通して、異質の感覚野間の「知覚様式‐交叉的な体験」を可能にしているのでしょうか。そうではありえません。

なぜなら、まず第一に、無様式知覚において、すでにできあがっている様々な感覚野の感覚質の違いは、そのまま前提にされてはいません。「抽象機能を前提にした無様式知覚の諸特性」というとき、この抽象の際、捨象されるのは、すでにできあがっている様々な感覚野の感覚質ではないはずです。質の特定化なしに、どのような質であれ、その違いが違いとならずに、「強さとリズムと生動性」だけが抽象されねばならなくなります。ところで、そもそも、抽象が可能であるのは、少なくとも、二つの刺激全体が、前後して与えられ、対比され、共通するものが、抽出され、違うものが捨象されるときです。ところが、「触ったことがあるもの」に「見えるもの」が続くこの場合、触覚と視覚の違いができあがる以前ですので、「触覚的なものの強さ」と「視覚的なものの強さ」には、なんの違いもありえないのでなければなりません。仮に、強さの同じ刺激が前後したり、強さが変化するのを受け取る場合、その強さが同じであるか、変化するかを区別しているだけであり、決して抽象とはいえません。〝触覚〟の強さも〝視覚〟の強さも、強さとしてしか受け取られておらず、違いが区別されないところに抽象はありえないからです。強さの違いは区別されていても、「触覚の強さ」と「視覚の強さ」の感覚質を捨象しての抽象による違いとして区別されている必然性はないからです。

無様式知覚の諸特性は、「強さやリズム」がそれとして知覚される（「感覚される」とするのが正確な表現です）ことを意味しているはずです。そして、その無様式知覚の特性に、質の違いが備わってくる、付随してくることが、先ほど述べた原共感覚から、個別的諸感覚が分岐生成してくることに他なりません。質の分化は後出であり、原共感覚から個別的感覚野が生成することこそ、発生の秩序といわれなければならないのです。スターンの記述にはこの質の分化という観点が欠けているといわねばなりません。印象（感覚）とその表象としての観念というヒュームの認識図式を用いて、印象のもたらす諸性質（観念＝表象）から、共通の類型を抽象し、それを表象するというのであれば、それは当然、比較を媒介にした高次の認知能作を意味します。これでは、スターンの批判する観念連合説に類似した論述とされなければならなくなるのです。

③　この「無様式知覚の特性の抽象による表象」という理解の問題性は、スターンが観念連合論に対する批判

で述べられている「連合」の概念と、フッサールの連合の概念が異なっていることにも明確に顕現してきます。そもそも、スターンの批判にあるように、観念連合説は、「すでに知っている二つの事柄が一緒のものであることを発見するという性質」をもっています。この場合、いったいどのようにして「一緒のもの」を一緒のものと認知しうるのかという問いが立てられねばならなくなるのは当然です。他方、スターンのいう「無様式の表象」と観念連合説の「既知のものの同一性の発見」とどこに、どのような違いがあるというのでしょうか。というのも、②で述べたように、諸感覚の抽象という操作がはいってくるとき、諸感覚がそれとして区別されることが前提にされてしまう以上、その区別されるもののそれとしての同一性が、そこで働いていなければならないことになるのは、当然だからです。

まったく異なった情報として完成している視覚情報と触覚情報の感覚質の違いを一緒のものとしうるとすることは、両者の質を比較して、抽象を行うといった認知操作を媒介にすることと、視覚情報と触覚情報から「数や形や強さ」などの物理的諸性質を抽出、抽象することに関して、視覚情報と触覚情報がそれとして完成して与えられているとすることに、完成度の違いはあっても（つまり、どの程度違っているかに違いがあっても）何の違いもありません。感覚質の違いが前提として与えられていて、はじめて、共通なものの抽象ということを言うことができるからです。

このような抽象による無様式な表象の理論では、「知覚様式-交叉的」である原共感覚の体験の説明は不可能です。なぜなら、仮に、視覚刺激と触覚刺激が同時に与えられ、色と感触が感じられるとして、色の強さ、感触の強さを色と感触から分離、抽象することが、どうして感じているその同じ現在の幅において可能でしょうか。また、成人の場合、事後的にその体験を思い起こして、記憶に残っている色の強さや感触の強さを色と感触から分離することは可能であるとしても、乳幼児の場合、その前後する現在には、スターンのいう抽象は働いておらず、まさに無様式知覚の特性の持続的変化が認められるだけとせねばなりません。

フッサールはカントの形式的アプリオリに対する批判として、感性体験の必当然的アプリオリとして、「広がりのない色」や「強さのない音」を考えることもできないという本質的事実、ないし、事実的本質を認めていることが指摘されました。[27] フッサールは「音の質と音の強さは、アプリオリに分離することのできない契機として、一つの音の統一において存在するように」（XXXVII, 214）与えられているとしています。つまり、物理的特性とされる強度や広がりは、決してその抽象的な表象として、われわれの感性の体験に与えられることはなく、何らかの複数の感覚質（無論、乳児の場合、表象化以前の形態としてのあり方における感覚質）と結びついたあり方でしか体験されていないのです。したがって、原共感覚とは複数の形態としての感覚質がその一定の強度とリズムに対応しており、その対応関係の全体が細分化し、コード化し、特定の大脳皮質の感覚野に選択化、選別化されていくと考えられるのです。

④ ヒュームの観念連合の連合を否定するスターンは、「知覚様式‐交叉的な体験」を「以前からお馴染みの何かと現在の体験が相関している、あるいはそれが現在の体験に吹き込まれる」と感じるような「既視感的な出来事の原始的形態」と述べています。問題はしかし、「どのようにそう感じうる」のかについて、それ以上、積極的な言及はみられず、そのような問いもたてられず、また、その解明方法もまったく示されていないことです。このような問いは、発達心理学の研究に無縁な問いとはいえないはずです。現象学の問いは、常に、与えられている現象の「なに（Was）」だけでなく、「いかに（Wie）」に向けられています。

フッサールの「連合」の形成の記述は、時間意識の中核概念である「過去把持」の必当然的明証性に依拠した

「超越論的規則性としての連合」の概念に即した記述です。スターンにおいて知覚様式-交叉的な一致の「最初の体験」とされるものは、フッサールにおいては、生得的な本能としての原共感覚（無様式知覚に対応する）の覚醒における原ヒュレーとの相互覚起とされます。遺伝資質として与えられている含蓄的志向性が、それに対応する原ヒュレーとの間に相互覚起を起こし、そのつどの相互覚起が、過去把持を通して沈澱していきます。また、それだけでなく、原ヒュレーと過去把持との相互覚起、そしてその相互覚起されたものと、その直前に過去把持されたものとの相互覚起が重なりつつ、過去把持の交差志向性に過去把持の累積が沈澱化を繰り返していきます。こうして、「馴染みの何かと現在の体験の相関」、ないし、「それが現在の体験に吹き込まれると感じる」という記述は、まさにフッサールの過去把持の経過に照らしあわされることにより、はじめて、その哲学的明証性を獲得することになるのです。ここでいう「既視感的な出来事の原始的形態」とは、相互覚起による原共感覚の過去把持的経過の繰り返しによる「形態の生成」ということができるのです。この「いかに」の見解は、「既視感」の内実とその生成に解明の光を投じ、過去把持の沈澱の規則性に即して、観察する際の理論的枠組みを提示し、観察の際の記述をより詳細なものとし、この規則性の「如何に」をさらに解明していくことを可能にしています。

⑤　ここで、「漠然と知覚されるだけの構造を明らかにしながら、隠れた未来を予感する」という記述の内実は、過去把持と未来予持という「生き生きした現在」の基本構造によって明確に論証できます。過去把持された原共感覚の内容は、未来予持され、予感が生じ、それに相応する原ヒュレーに同内容の予感をあてがいます。こうして、〝吸う乳房〟と〝見える乳房〟との「知覚様式-交叉的移行」は、フッサールの相互覚起という対化現象により、「〝吸う乳房〟ー〝見える乳房〟」の対の連合（無論、表象という性格は持たず、形態の類似性という意味）とされ、実際に見えてなくても、〝吸う〟ことが、〝見え〟を補足し、実際に吸えなくても〝見える〟ことが、〝吸

う〟ことを補足するという形態の予感とその充足の原共感覚世界が成立しているといえます。

⑥ フッサールによって、指摘可能であり、スターンにおいて展開されていない、原共感覚とされる無様式知覚からの個別的感覚野の形成の過程は、まさにフッサールの連合の規則性の活用を通してはじめて解明されうるのです。このことこそ、現象学的考察の分析の鋭さとその明証性の特性が際立つことになる典型的事例といえます。「形態の類型」の予感と充足は欠損の現象として、予感が「充足されない」という体験を経てこそ、次第に個別的感覚野の分岐的生成が意識され、表象されてきます。この経過は、すでに乳児の喃語と母親の模倣の事例で詳細にそのプロセスが記述されています。(28) キネステーゼがその空虚な形態の生成を前提にして「ゼロのキネステーゼ」という空虚な表象として意識され、聴覚が、「ゼロの聴覚」という空虚表象というように、それぞれ、視覚の空虚表象、味覚の空虚表象、嗅覚の空虚表象というように、個別的な空虚表象の成立がみられると考えられるのです。その際、それぞれの個別感覚野の表象化に感覚野の形態生成が先行していることを見落としてはなりません。

⑦ フッサールの原共感覚の記述はモナドロギーにおける間身体性において、本能志向性と衝動志向性による根源的時間化の視点からこそ、根底的に明らかにされます。つまり、原共感覚は間身体的に働く原触発としての衝動志向性を土台と基盤にして機能しています。この視点とスターンの指摘する新生自己の段階の「生気情動(vitality affect)」の論述は、密接な関連があるといえます。

生気情動とは、人との出会いにおいて生じている体験の特性として、〝勢いよく〟、〝次第に高まる〟、〝次第に弱まる〟〝ほとばしり出るような〟といった力学的、動的用語で表現するのが適切な〝生気の感情(情動)〟とされます。(29) 通常の特定の感情(幸せ、悲しみ、恐れ、怒り、驚き、興味、恥など)の類型的感情(スターンはそれを

「カテゴリー性の情動」と呼ぶ）と異なり、様々な行動に備わる活性化の輪郭（activation contours）といえます。幼児が体験する世界は、根本的に生気情動の世界であり、無様式知覚というリズム、強度、生動性などの類型の世界であり、「目に見え、耳に聞こえ、触れることのできる物の世界ではないのです。[30]」

この活性化の輪郭が「時間の関数として、知覚の強さによって描写できる[31]」とされるトムキンスの研究[32]にもとづく指摘は、大変興味深い指摘です。活性化の輪郭がパターン化された時間の流れに沿った変化とされることは、フッサールの「生き生きした現在」の連合と触発という規則性に即した分析の観点のもつ的確な適合性、すなわち、無様式知覚としての生気情動の解明にぴったりと適合していることを的確に示していることに他なりません。しかも、後に示されるように、この生気情動はすべての感情に不可分に備わっていること、いいかえれば、時間の関数として描写できる生気情動をともなわない感情は考えられないことを考慮すると、時間的パターンの視点は感情の分析、また、間身体性の分析において、決定的な役割を果たすことが考えられるのです。

（3）生気情動と身体中心化（中核自己感）の形成

生気情動の分析にあたって、フッサールの発生的現象学において決定的な段階とされる「身体中心化」のプロセスが、スターンの主張する「中核自己感」の形成期に対応することに注目してみましょう。両者に共通するのは、スターンの「感覚と意識（awareness）」の区別にあるように、この段階での自己は新生自己と同様、「身体的自己」であって、普通自己意識といわれるときの自我の意識ではないということです。「この中核的自己感とは、出来事に関する体験的感覚なのです。……ここで重要なのは、自己（他者）〝感覚 sence〟という言葉です。これは自己（他者）〝概念 concept〟とか自己（他者）〝認識 knowledge〟、自己（他者）〝意識 awareness〟という言葉とははっきり違います[33]。」

この身体的中核自己感が形成されるのは、生後二か月から七か月の間とされますが、その内容に関して、「自己―発動性、自己―一貫性、自己―情動性、自己―歴史」の四つの不可欠な基本的自己―体験があげられています。この期間は乳児が社会的交流に没頭する次期とされ、乳児と養育者の間に、笑い掛け合いや声を掛け合ったり、見つめあったりすることが、活発に行われます。

スターンはこの時期に、中核的自己感が形成されてくる過程を促進する日常的状況として、養育者が単純な構文、ゆっくりしたテンポ、大袈裟なイントネーションなどで特徴づけられる〝赤ちゃんことば〟で、乳児に語りかけ、乳児が喜んでそれに応じる状況を提示します。そのような〝赤ちゃんことば〟による「養育者の行動のバリエーションと乳児の好みとが一致すると、乳児は自己と他者を同定する行動上の不変要素を認知する最適な機会を得ることになります[34]。」しかも、興味深いのは、この行動は、毎回、まったく同じことの繰り返しである場合、乳児はそれに関心を示さなくなり、少しずつバリエーションをつけるとき、乳児の興味を高いレベルに保ち続けることができるという指摘であり、「乳児には、今の刺激が、ほんの少し前に見たり、聞いたりしたのと同じかどうかすぐわかります[35]」と述べられていることです。

ここでも、先に示したように、フッサールの生き生きした現在に働く過去把持と未来予持の見解が、スターンの問うことのない乳児の体験の認識論的条件性、つまり、「そもそもどのようにして、ほんの少し前の刺激と同じかどうかすぐわかるのか」という問いに、明晰な解答を与えていることが明らかになります。このバリエーションの差が感じられるときの、与えられる刺激が同一であるか、変化しているか、という乳児にとって最も決定的な認知機能は、刺激と空虚形態との相互覚起という受動的綜合によって明解に了解可能となりうるのです。

他方、スターンの「刺激とその representation、つまり、表象」、ないし、再現在化（Vergegenwärtigung）としての「想起」によっては、この「分かる」機能が説明できないことから、フッサールの Retention（過去把持）の機能が開示されたのでした。この議論は繰り返しませんが、現象学の考察が従来の表象論を克服していることこそ、徹底して理解されねばならないことなのであり、発達心理学がいかなる哲学的認識論を前提に理論構築をおこなっているのか、学問論的論証性、哲学的明証性の議論と自覚が、事象解明の際に必須の要件なのです。

また、このような状況において、刺激の同一と変化の認知能力とはいっても、純粋な認知的出来事ではありえず、生気情動をともなう情動と興奮の抑制という相互調整なしには、このような社会的交流は生じえません。ということは、すべての感情に備わる生気情動の時間的パターンの解明という観点が、社会的交流の際の、相互の情動と興奮の調整の機能を、乳児と養育者との間でともに体験される共通体験の共有される時間パターンとして解明されうるという方向性を明確に指摘することができるのです。間身体性の根幹をなす、共通体験される「生き生きした現在」という必当然的明証性にあたえられている事象が開示されうるのです。

ここで、先に述べられた四つの中核的自己感の基本的自己体験（「自己－発動性、自己－一貫性、自己－情動性、自己－歴史」）とフッサールの身体中心化の解明とを対照的に考察してみましょう。

①「自己発動性」の体験ですが、スターンは、「運動動作にともなう意志の感覚、固有感覚フィードバック、動作の結果の予測可能性」の三つの側面を指摘しています。この運動に関わる自己感は、フッサールに即せば、キネステーゼ（運動感覚）に関わっているといえます。スターンの述べる運動自己感は、随意運動が中心に考えられていますので、フッサールの場合の能動的キネステーゼに対応するものです。フッサールは、自他の身体の区別の際、自分の身体にのみ体験される能動的キネステーゼが決定的役割を果たしていることを指摘しています。

スターンも同様に、自分の身体において、「意志と固有覚〔キネステーゼ〕が共に体験[36]」されるのに対して、他の身体においては、共に体験されないとしています。また、当然ですが、このキネステーゼの感覚とその強度の変化との密接な関連も認められます。

このキネステーゼをめぐる共通性に対して、運動感覚の考察にあたって、ほとんどの発達心理学の研究は意図のともなった随意的運動の際の運動感覚と不随意運動の際の運動感覚との区別を、たんに観察における運動様式の違いのみに依拠して、外からの区別に終始し、意志の活動を生命の内側からの活動として理解する視点を欠いています。そして、現象学研究の領域でも、この区別の源泉が実は、受動的綜合が働く原意識Iとしてのキネステーゼと能動的志向性としての「私が動く」という能動的キネステーゼとして原意識IIにおいて与えられているという区別にあることが、徹底して理解されてはいません。ゼロのキネステーゼとして原意識されるキネステーゼの形態が、キネステーゼの表象として原意識されるときは、受動的キネステーゼの形態の生成が前提になっています。したがって、「私が動く」という随意的キネステーゼに不随意的キネステーゼが実際に先行しているか、していないかが、「運動の気づき」が成立するかしないかを決定しているといわれねばならないのです。運動の気づきは、「私が動くこと」が意志され、意識されずとも、原意識Iという気づきとして生じているのです。

② 中核的自己の「自己—一貫性」は、とりわけ、時間構造の一貫性として、自己の身体の動きがシンクロナイズして働く自己同時性と、乳児と母親の間に生じる「相互交流的同時性（interactional synchrony）」とが示されています。時間を共有するという意味で、後者の指摘は興味深いのですが、スターンにおいては、この同時性は、実験による「追試で確証されない」という否定的言及に留まっています。その理由は、外的観察の時間的同時性、つまり、行動が同時におこるかどうかだけに焦点がおかれた観察結果で同時性を理解しようとするからで

す。この論点は後の間身体性の成り立ちについての議論で批判的に詳論されることになります。

これに対して上に述べられた母子間の相互調整の際に働く共有現在の体験は、現象学分析を通して厳密に確証しうることが明らかであり、再度、現象学的分析の優位性を示す一事例になっています。現象学的分析では、共通の生気情動の体験、情動の共有こそ、時間の成立と持続の成立の根拠であり、同時に身体的自己感の成立の根拠なのです。

また、時間構造の一貫性を通して、とりわけ同時性の構造を通して、諸感覚間の知覚様式-交叉的体験が統合されているという指摘も重要な指摘といえます。その際、スターンはWalkerらの実験を紹介しています。乳児が二つの違ったフィルムをみて、音と映像がシンクロナイズしているのと、シンクロナイズしていないフィルムを同じスクリーンの上に重ねてみていて、その二つの映像をだんだん離していき、隣り合わせのスクリーンに音とずれた映像が映りました。そのとき、「一瞬戸惑った後、乳児は、音のシンクロナイズしていないほうのフィルムを見ました。[37]」つまり、乳児はシンクロナイズしていない方に、注意を強く向けたのです。この観察の解釈として、スターンはWalkerらが、「知覚的選択は、認知発達の過程で形作られる特別な機構を通して行われるのではなく、早期における知覚のコツの一つである[38]」と結論づけていることを紹介しています。そして、この結論を自己の時間構造の自己–一貫性を裏づける論証とみなしているのです。

ところで、この実験結果の理解に当たって、「発展過程の特別な機構」という代わりに、「知覚のコツ」といってみたところで、いったい何を説明したことになるのでしょうか。となれば、当然この「知覚のコツ」はどう働いているのか、どう形成されているのかという問いが立ち、その解明なくしてはただ別の言葉でいってみただけに過ぎないことになってしまいます。この現象もまた、フッサールの原共感覚における連合形態の生成と、一方の連合項の欠損（同時に与えられない音、ないし映像の欠損）による、未来予持の不充足が触発力を強め、注意が喚起されると説明されることによって、しかも、その触発力の変化が時間の流れと留まりという基本構造を成立させているという、連合の規則性による触発の注意の現象として、明晰判明に了解することができるのです。

③　諸々の情動表現がほとんど生得的に決まっていて、この基本的情動のパターンは、発達を通してあまり変化することのないことは、「自己－情動性」の特性といえます。この基本的情動のパターンは、そのつどのキネステーゼと密接に連関しつつ、生気情動という土台の上に、絶えざる身体中心化という自己同一を保ちつつ、不変的協調において生じているとされます。[39]

中核的自己感が形成される際の「自己－歴史」とは、広義の意味の「記憶の働き」を意味しています。スターンは記憶を分類して、この時期の記憶を対象が現に存在していないときの喚起記憶（evocative memory）でも、対象がある場合の認知記憶（recognition memory）でもない、言語によらない「運動記憶」[40]が中心に働いているとします。しかも、「このような運動記憶が時間的自己-連続性を保証する」[41]と主張されているばかりでなく、中核自己感の発動性、一貫性、情動性、連続性を統合するシステムとして「運動記憶」をあげているのです。

乳児にとっての運動記憶とは、例えば、生後三か月の乳児をゆりかごに寝かせ、乳児の足と天井から下がるモビールに糸が結びつけられていて、足を動かせばモビールが動くようにしておき、足を動かして遊んだ、数日後、同じゆりかごに同じ状況に寝かせると、乳児はモビールをみて、足に糸が結びついていなくても、頻繁に足を動かしはじめるという実験の足の動きに働いているのが分かるとされます。もちろん、このときスターンは、「乳児は例の運動動作を思い出し」、というように運動記憶の機能を指示するのですが、ここで重要であるのはこの運動記憶が「時間的自己－連続性」を保証するという論点です。この論点が重要であるのは、運動記憶において働く自己は身体的自己であり、身体中心化において同一性が獲得されていく自己であるからであり、この身体的自己が時間の一貫性を体験する自己を保証しているとは、これまで繰り返し論証されてきたように、もはや、カントの超越論的統覚の超越論的自我が時間化を統合しているのではなく、超越論的現象学で開示された間モナド的身体性が時間化を時間化にしている規則性であることを意味するからです。すなわち、間モナド的身体性が時間のたち留まりと流れの超越論的条件性であるとする命題が改めて確証されているのです。この運動記憶を単に観察による経験知と規定することはできません。ここで述べられている運動記憶はキネステーゼ（運動感覚）の綜合を意味し、連合による時間を通して構成されているのであり、そのとき最も重要な機能としての受動的志向性が、相互覚起による過去把持なのです。

④　ということは、中核自己感を統合するのが過去把持という規定が最も適切といえるのですが、スターンはここでいわれるこの時期の記憶を総合的に「エピソード記憶（episodic memory）と理解しようとします。エピソード記憶は本来、一まとまりの生活体験の記憶とされますが、そこには属性として、「感覚、知覚、動作、情動、思考、目標」が不可分なあり方で含まれているとされます。スターンは、授乳の際の〝母乳〟エピソードを例としてあげ、そのエピソードの繰り返しを通して類似性が顕著である場合、「一般化された〝母乳〟エピソード」が抽象化を通して形成される(42)、と主張します。この主張の原理的不十分さは、この「〝母乳〟エピソード」と乳児の鼻が乳房で塞がれた「〝乳房-閉塞〟エピソード」の対比の中で、一つのエピソードのまとまりについて考察すると明確になります。スターンは、Shank を引用して、「この特定の〝乳房-閉塞〟エピソードの記憶を、予期に反した結果(43)」と呼びます。そして、この予期が起こるのは一般化され、抽象化されることを通しての先言語的表象が形成されるからだとするのです。

ところが、すでに表象と形態の区別の際に述べたことですが、表象の形成とは、無様式知覚が諸感覚質（視覚、聴覚等々）の共通性の抽象機能ではないことからしても分かるように、諸感覚の類似性の繰り返しによる抽象化を通してなされるとは考えられません。むしろ、類似性の形成そのものが、無様式知覚からの諸感覚質の選択的分割による形態の生成を意味するのです。形態の生成とは、特定の形態の過去把持の反転としての未来予持による予期が常に特定の形態の予期として働くことを含意しています。したがって、乳児のこの時期の中核自己感の形成にあたって、抽象的一般化を前提にするとする「エピソード記憶」を宛がうのは、時期として早きに過ぎるといわねばなりません。この点、やはり、ヒュームに発するイギリス経験論的認識図式がモデルとして不適切に利用されているといわねばならないでしょう。

（4）「呼び起こしの友（evoked companion）」と間身体性

この中核的自己感は養育者と乳児との相互交流の中で形成されますが、その際、〝他者〟と「ともにあるという体験」の分析が試みられます。この描写にあたってスターンは「呼び起こしの友（evoked companion）」という概念を使って図示しながら、その記述を試みています。

その際、先の④で指摘されている特定の状況の「エピソード記憶」が前提にされ、特定のエピソードの繰り返しにより「一般化された相互交流の表象（Representation of Interaction that have been Generalized: RIGs）」[44]として記憶されていることが重要な出発点とされます。例えば、もろもろの状況を体験するなかで、特定のエピソードに「類似した特定の別の活動」が生じるとします。するとその活動の属性の内のあるものは、そのエピソードの表象に対して「想起する手がかり」として働きかけます。この想起する手がかりは、この「呼び起こしの友」

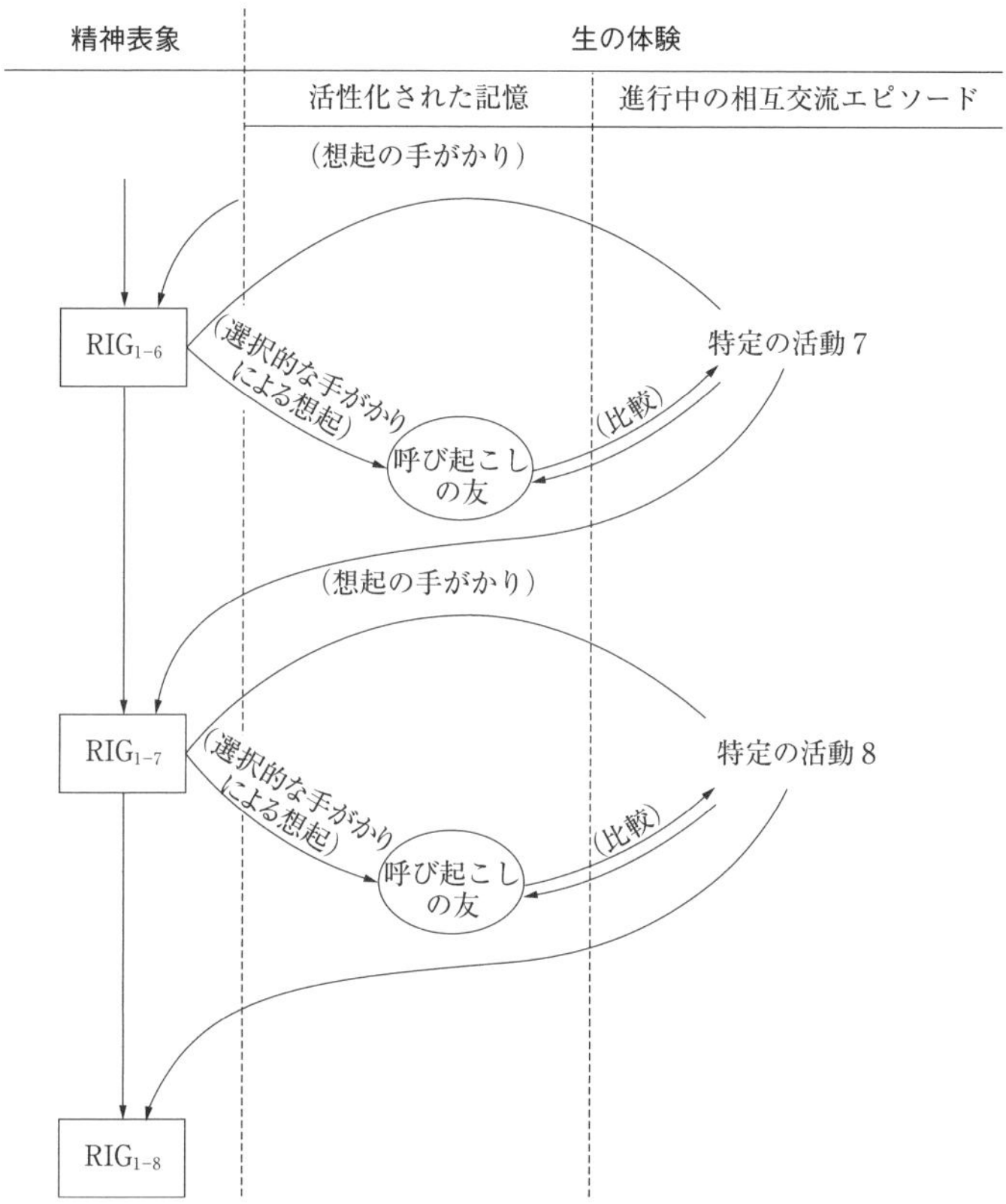

図4　D. N. スターン『乳児の対人世界　理論編』132頁参照

という「活性化された記憶」をこの一般化されている表象RIGの全体から誘発するというのです。[45] そして、この呼び起こしの友とは、活性化された記憶として、「自己を制御する他者と共にある、あるいは自己を制御する他者がそこにいるという体験[46]」であるというのです。しかも、この呼び起こしの友は、図4にみられるように現在進行中の相互交流としての、「類似した特定の他の活動」との比較、にもたらされ、類似性と差異が認められ、RIG_{1-6}にその差異が書き加えられ、次に継起する表象RIG_{1-7}への変更が加わるとするのです。この「呼び起こしの友」という概念が必要とされる理由をスターンは、「臨床上、あるいは日常生活上、これらの出来事とどんな形で遭遇するかを説明し、抽象表象に体験的肉付けを添える(47)」ためである、と述べています。RIG はそのままでは、抽象的表象である、とするのです。

ここで、フッサールの過去地平における「空虚な形態」という概念を対比させると、どのような共通点と相違がみられるでしょうか。確かに空虚な形態はそのままでは、体験的肉づけはもっていません。この空虚な形態は原ヒュレーとの間に受動的綜合という相互覚起をおこし、具体化しますが、その際、様々な空虚な形態と様々な原ヒュレーとの間に、それぞれの対化を通して、内実に即して対になるという、内実を類似性と差異による区別的選択がなされています。これをスターンのいう「特定の他の活動の属性と呼び起こしの友を通して具体化している RIG との比較」と対応づけることができると思いますが、その対応が可能であるのは、スターンが、この特定性が特定性となる「選択の機構」とこの「比較」をどのように考えているのかによります。

① その際、活性化された記憶としての「呼び起こしの友」の果たす役割は重要です。というのも、誰かとともにした体験は、ともにある体験として記憶に留まっていき、現実に他者が不在の場合でさえ、すべての「現在進行中の体験は、こうして（それが意識されていようがいまいが）呼び起こしの友の存在を含みます(48)」、といえるからです。また、この呼び起こしの友は、「現在進行中の特定の相互交流エピソードを評価する(49)」、つまり、比較を可能にしているとされます。

スターンはこの「呼び起こしの友」の概念を、Mahler の理論の「融合体験」やいわゆる愛着理論における母親に関する作業モデルとの共通性を主張しつつも、相違を明確にさせ、自他の融合体験論を批判します。融合体験と違うのは、「呼び起こしの友」が他との〝融合〟の場合のように、中核自己感が中核他者感によって「侵される」ことがないからであるとしています。[50]しかし、注意されなければならないのは、スターンがここで批判する融合体験はメルロ＝ポンティの説く「癒合的間身体性」とは、異なっていることです。というのも、後者は決して、スターンが「融合体験」[51]として規定する、そこから成長し、脱皮し、克服されていかなければならないような未分化状態ではなく、受動的綜合の働く、能動性の基盤として、成人においても、常に働いている間身体性を意味するからです。

ここで主張されている「呼び起こしの友」という概念は間身体性、すなわち、自己と他者の身体性の形成にとって、決定的な役割を果たします。というのも、「他者と共にいる体験」を意味する「呼び起こしの友」にこそ、自己身体感と他者身体感が成立しつつ、共にあるという、間身体性の意味の成立を示唆しているからであり、この間身体性が人の生涯において、深層として、いつも活動しつづけるとされるからです。[52]ところがスターンの場合、この自己感と他者感の不可侵性のみ、強調され、そもそも、自己身体感と他者身体感そのものの区別がどのように成立するのかの問いは立てられることなく、哲学の立てる間身体性の問いの領域が開示されていないという特徴をここで確認しておく必要があります。後に、具体的な間身体性が間主観性の成立として問われるとき、スターンの立論の限界が明瞭になるからです。

②　スターンは他者がその場にいない場合の「呼び起こしの友」の想起に関して、この種の想起記憶の働きをフロイトの〝幻覚的な乳房〟のモデルと対比しています。「Freud は、空腹が発散を求めて緊張を生む時、運動発散経路が遮断されると、たまった衝動は知覚経路に発散を求め、その結果幻覚が生ずるというでしょう。知覚系での発散は、それが緊張を弱める分だけ空腹を瞬間的に和らげるため、適応的」[53]とされます。このフロイトに即した記述をフッサールの「擬似知覚」[54]、つまり、授乳の充足の繰り返しにおいて形成された志向と充実の結合

関係が、擬似的充足をもたらすという分析に対応づけることができます。

このスターンの想起記憶とフロイトの〝幻覚的な乳房〟のモデルとの対応づけは、フッサールの「擬似的知覚」を持ち込むことによって、RIGと「呼び起こしの友」との関係に関する様々な問いを導き出すことになります。フッサールにおいては擬似的知覚は、いまだ、表象の特性をもっていません。RIGから「呼び起こしの友」を誘発するというとき、それは、現実の活動の想起する手がかりがある場合であるというのですが、はたして、「特定の想起する手がかりの有無そのもの」は、どのように特定されている、つまり、区別され、選択されているのでしょうか。というのも、意識しようとされまいと、また、現代進行中の体験すべてが「呼び起こしの友」の存在を含んでいるとしても、現にそこに他者が居合わせるのか、居合わせないのかの区別は働いているはずであり、それがないと、現実と幻覚の区別への移行が不明確にとどまり、両者の区別がつかない幼児として育つことになってしまうからです。フッサールにおいて、現実と幻覚の区別の基準は、ヒュレー的与件が与えられている現実と与えられていない幻覚という区別によって明確に表現されています。

③　ここで問題なのは他者の存在に関わるヒュレー的与件、ないし、他者の存在に関わる、スターンのいう「想起の手がかりの特性」です。フッサールのヒュレー的与件は、相互覚起を経て与えられないヒュレー的与件の存在がそもそも不可能であることからして、根本的に他在との関係性、間存在性、間モナド性という特性をもちます。しかし、「他者とともにあるという体験」という構成層は、(3)で述べられた「身体中心化」のプロセスを経て、特定の感覚所与（例えばキネステーゼ）が、中心化する〝自己〟の身体にしか、直接与えられることはないといった体験を経て構成されてきます。また、この身体中心化が生成する際、共有体験の共有する時間体験が常にその基盤として働いていることを見落としてはなりません。共有する時間体験の流れの中に、他者とと

もにあるという根本的体験が体験され、身体記憶ないし運動記憶として残っているのです。

その体験を「エピソード記憶」と名づける場合、どうしても疑問として残らざるをえないのは、エピソード記憶そのものの「表象」という性格づけです。後の発達の段階で表象をも包摂しうるような体験概念の根本性格が確定される必要があります。そうしないと、表象RIGに具体性を付加するはずの「呼び起こしの友」の存在特性が、いったいどこに由来するのかの説明が不可能になります。というのも、視覚や聴覚等のヒュレー的与件をともなう他者存在にしろ、それらをともなわない記憶に与えられている他者存在にしろ、スターンによれば、その「呼び起こしの友」の存在が表象としてのRIGに誘引される可能性をもって、潜在的に記憶として残っていなければなりません。ところが、表象に具体性を与えるはずの「呼び起こしの友」が、表象としてのRIGに含まれているとすれば、表象が表象を具体的にすることになり、現実の具体性と幻覚の抽象性との区別がつかなくなってしまいます。「想起の手がかり」という脆弱な規定では、ヒュレー的与件のもたらす具体性の起源とその含蓄的意味内容の厳密な規定には遙かに及びません。このことは、エピソード記憶の表象という性格づけに関わる大きな問題です。

④　さて、この「呼び起こしの友」の概念による相互交流のモデルは、母親の主観をもモデルに組み込んだ「乳児－母親関係」において始めて、具体的で全体的なモデルの記述となります。その際、モデルの複層性をもたらすのは、母親の側の「精神表象」において、RIGの複数の作業モデルが記憶されていることによります。自分が乳児だったときの自分の母親に対する記憶の作業モデルとしてのRIGが誘発されるといった、母親の作業モデルの全体が、乳児との関係の中にいつでも誘引される可能性として働いているのです。このことは、後に自閉症児の治癒の経過における幼児－母親関係の問題として、詳細に検討されることになります。

（5）「間注意性」と「間意図性」

間身体性から相互（間）主観性の段階への展開を、スターンは「主観的自己感」の形成時期と規定しています。この段階は通常、哲学の問題領域において、「相互主観性の構成」の問題として、とりわけ、現象学においてその問題性格が初めて明らかにされ、すでに長期に渡って探求されてきた歴史があります。スターンは、間主観性の問題の重要性とその観点から考察する必然性を強調して、従来の心理学研究の領域においては、主に、個人の主観的体験が主要な課題とされ、これまで、間主観性がまったく注目されてこなかった心理学研究の歴史をふりかえっています。そのような自我心理学的研究にあっては、いわゆる「融合体験」の主張も、そのような実在する個別的自我の融合体験として、結局は個体化する自己の確立のために、克服され、解消されるべき原初段階としてしかみなされませんでした。したがって、そのようなこれまでなされてきた「融合的身体性」に対する批判そのものが、単なる克服すべき段階としての融合体験に対する批判であったことを、しっかり確認しておく必要があります。

他方、フッサールとメルロ=ポンティによってこれまで開示された間身体性の領域は、共有される生き生きした現在の時間化によって、相互覚起における自–他の相互関係性という根本性格を持っており、この相互性は、受動性と能動性の関係に見られるように、受動性は常に基盤として働き続けており、スターンの批判するように段階的に解消していくような働きなのではありません。能動性が働くときは、常にその基底層として受動性が、まさに相互的間身体性として常に前提として働き続けています。克服されるべき段階としてではなく、能動性の背後にそのつどの現在に働き続けている基層としての土壌、土台であるという理解が決定的であり、スターンもそれと同一の見解を取っています。

そして、この段階で特徴的なことは、間身体性と言語活用の段階をしっかり区別して、いまだ幼児の言語活動が前提にされる以前の、身体的コミュニケーションにおける主観性の働きという特性が強調されていることです。この交流をスターンは「合同注意、意図の共有、情動状態の共有[55]」の三側面から考察します。

①　注意の共有は言語活動以前の指差し行動や他者の視線を追う行動に明確に表現されています。すでに生後九か月の乳児でも、「指差された方向を目で追うばかりでなく、目標物を見ると母親を見返り、本当に自分が意図された目標物に到達したかどうか確かめるために、母親の顔からのフィードバックを利用するかのようにみえます。[56]」興味深いのは、スターンが合同注意が成立する前提として、この時期に「はいはいして」動き回る能動的キネステーゼの発現をあげていることです。〝自分〟の身体の動きにつれて、物の見え方が連続的に変化しつつ、しかも光景を統合していることと、他者における自分と同様の「調整システム[57]」の働きを〝認識〟できることが、合同注意が成立する前提であるというのです。これによって、「間注意性（Inter-attentionality）[58]」が成立するとしています。

能動的キネステーゼによる客観的空間構成は、フッサール現象学の展開しえた豊富で内容豊かな分析が成功している好例といえます[59]。また、知覚分析における対象構成の分析も、現象学の最も豊かに研究されている分析領域といえます。この内実が幼児発達心理学に活用されれば、すばらしい啓発的な共同研究の領域が開拓されることになります。

②　意図の共有は「間意図性（Interintentionality）」と表現され、特定の意図が共有可能となる体験を意味します。意図の目的が充足されるかいなか、両者が体験でき、しかも、乳児の側でそれが実現されているかいないか、「乳児自身がそれに気づいている必要はありません。[60]」しかし、これらのスターンの記述を理解しようとする

にあたって、気づくことは、いとも簡単に自明であるかのように、意図の共有可能性が語られていることです。しかも、この共有の体験の際、乳児の気づきが必要とされないということは、充足されるかされないかの区別は働いていながら（そうでなければ、意図が充足されたとき、意図達成によって行動が止むということがないことになります）、それに気づかなくても、乳児の体験でありうることを意味します。はたして、この意図の共有体験の可能性は、いったいどのように、解明可能でしょうか。この問いは、情動的コミュニケーションの可能性の問いに直接、結びつきます。「気づかずに共有する意図を認めることができる」ということの意味がしっかり理解されねばなりません。また、意図が気づかずに、それが充足するか、しないか、〝分かる〟ためには、その働きが志向性として理解されて、つまり、正確には自己意識形成以前ですので、受動的志向性の充足いかんが問われて、はじめて的確な解明が可能になると思えます。こうして、この問いは次項（6）の情動調律による解明につながっていきます。

③ スターンは情動の共有体験を、「間情動性（Interaffectivity）」と名づけ、「乳児は何らかの方法で、自分自身の内部に体験された感情状態と、他者の〝表面〟や〝内部〟に見られる感情状態の間に対応を作り出すと結論することができます[61]」と論述しています。しかし、この結論は外から乳児と母親との間の行動を観察した上での結論です。この他者の〝表面〟と他者の〝内部〟の感情の間の対応関係という図式は、まさに従来の古典的心理学、個我主観から出発する問いの設定になっていて、このこと自体にスターンは気づいていません。このことは、ここでいわれる「何らかの方法」が、「情動調律（affekt attunement）」という概念を使って解明されていますので、その内実が提示されるなかで、現象学からみた明証性において詳細に吟味されることになります。

（6）「情動調律」による相互主観性の形成

「情動調律」という乳児と養育者との間に生じている機能は、間情動性の成り立ちを解明するのに、大変有効性のある視点を提供しています。ところが、この間情動性が成り立つ可能性を問うスターンの問題設定には、実は、彼の批判する個我心理学から出発して間主観性の成り立ちを問う問題設定の仕方がそのまま残留し、踏襲されていることが指摘されねばなりません。この問題設定の仕方の限界は、昨今の脳科学でのミラー・ニューロンの発見と対置させてみると、明確になります。現象学でこの発見がどうように理解されるかをも含めて、興味深い考察が期待されます。

まずは、彼の問題設定と間主観性についての理解の仕方が明確に表現されている次の文章に注目しましょう。

「情動が間主観的に交換されるとすれば、厳密な意味での模倣だけでは足りません。……まず親は、乳児の目に見える行動からその子の感情状態を読み取らなければなりません。次に親は、単なる模倣でなく、しかも何らかの形で乳児の行動に対応した行動をとらなくてはなりません。そして最後に乳児の側は、親が対応して示すこうした反応が乳児自身のもともとの感情体験と何らかの関係があり、単に自分の行動を真似ているだけではないことを読み取らなくてはなりません。これら三つの条件が揃って初めて、ある人の感情状態が他者にもわかり、かつ二人は、言葉を交わさなくても感情のやりとりが行われたと感じることができるのです[62]。」

長い引用になりましたが、ここで明確であるのは、以下のような多くの問題を含む諸点といえます。

① 親が親の目に見える乳児の行動、つまり、視覚情報から、その子の直接親の目には見えない感情の状態を読み取るということは、乳児の外的な行動と内面の感情を可視的であるかないかによって区別して、外に現れた

行動に、内なる感情を読み取り、理解するというのですが、はたして、このような「読み取り」は、どのようにして可能になっているのでしょうか。また、乳児が感じ分けていることとして、「親の反応（表情表現）と自分の感情体験との何らかの関係」を、「自分の行動と親のその模倣の区別」を前提にしつつ理解しているといわれています。はたして、本当にこのような感じ分けが乳児に起こっているといえるのでしょうか。スターンが三つの条件としてまとめているのは、まず、親が乳児の行動からその感情を読み取ること、次に、親が、模倣ではない乳児の行動に対する対応をすること、三つ目は、いま述べた乳児の側の見分け、感じわけの能力です。ここで、模倣は外的身体運動の表面的表現に限定されて理解されており、次に、感情がその外的現れの背後、外的身体の内部に想定され、それが相互に外的現れを通して交換され、了解されうる、とするのです。実は、この間主観性の成り立ちに関する認識図式は、近世の心身二元論にのっとった認識図式であり、メルロ＝ポンティが従来の古典的心理学の問題設定として批判している仮説と同一なのですが、そのこと自体にスターンは、まったく気づいていません。

メルロ＝ポンティは、古典心理学の前提とは、心理作用と心的なものは当人にのみ個別にあたえられている、したがって、他人の心や意識には到達不可能であり、その場合、他者の意識に至るには、一種の記号解読、つまり、「他人の身体――私には、その特徴を持った動作や話し振りしか見えないわけですが――の後ろに、私自身が自分の身体について感じているものを、言わば投影するというわけです[63]」、と述べています。この批判にもとづいて、メルロ＝ポンティ自身、フッサールの「対化」の概念を活用して間身体性を確定することにより、現象学的な間主観性の論証の方向性を明確にしているのですが、多くの現象学研究者は、この論証の不十分さを主張しています。その際、その批判の根底に、フッサールの対化の概念が徹底して、受動的綜合として理解されていないこと、言い換えれば、受動的綜合そのものが正当に理解されていないことが、根本的欠陥として言及されてきました。[64] 現象学において、相互主観性の成立の問題は、受動的綜合を通して、つまり、間身体性における衝動志向性を通して、自他の意識の生成以前に、自他の身体の分化による等根源的間身体性からの自他の身体の差異の生成によって、解決されていると筆者はみなしています。

しかし、ここで志向性の理解そのものが問題になる現象学研究の領域とは別に、まずは、スターンの論証における古典的心理学の前提を問題にして、いったい何が前提にされているのかを明解に、説明してみなければなりません。

スターンの記述に即せば、親は目に見える乳児の行動、つまり、言語をともなわない動作に、自分の感情に似た感情状態を読みとり、他方、乳児は親の反応である動作に、自分の感情と関連があっても、自分の感情とは区別される親の感情を読み取る、といった大変複雑な「記号（情報）解読」が要求されるというのです。その際、「自他の感情」の区別はいったいどこに由来するのか、「自分の感情と関連があっても、自分の感情と区別される」といった関連と区別の認知を乳児が、どのように遂行しているのか、そもそも、これらの問いの意味と問いの解決の困難さが、スターンにおいて真に理解されているといえるのでしょうか。

②　このような外的身体性（物として身体の運動）と内的身体性（身体の意識、ないし身体内の心の働き）を前提にする認識図式では、ヒュームの「観念連合説」であれ、カントの「カテゴリーによる判断」であれ、他者の感情に至ることはありえません。近世哲学の認識図式では、私たちが、いつもすでにそれをともに生きてしまっている他者との情動的コミュニケーションを事象に即して理解することができないこと、このことこそ、現象学が呈示可能な最重要な要件なのです。メルロ＝ポンティが間身体性に働く基礎概念として依拠するフッサールの、

受動的綜合の基礎形式としての「対化（Paarung）」は、この近世哲学の認識図式を根底から突き崩し、克服して、間情動性を基礎づけうる超越論的生の能作として開示されました。個我の「外的身体」と「身体の意識」の二分法が成立する以前に共に生きられている体験の流れは、受動的綜合の規則性に即して無意識に生起しています。これが間身体性の内実であり、この「共有体験」から出発する間身体性の理論がフッサールの現象学の間身体性、ならびに身体中心化の理論なのです。この理論と、個体の個別的な身体性から出発する古典的心理学との原理的峻別に目覚めることが、間情動性という事象に接近するために必須であるといわなければなりません。

③　この原理的峻別に関して、脳科学の側からの実在的連関の指摘が、昨今問題にされている「ミラー・ニューロン」の働きです[65]。ミラー・ニューロンの働きは、内の感情、外の表情という古典的心理学の二元論的認識図式を、崩壊にもたらしています。他者の感情は、自と他の外と内を介した二重の解読の重ね合わせという認識図式によることなく、直接共有される感情になっており、そこに、自他の身体の区別が付加されるのです。スターンの述べる「間意図性」もミラー・ニューロンを通して、特定の行動にともなう特定の意図が、そのまま脳の部位の活性化として実証されているのです。その意味で、受動的綜合による感情の共体験と行動の目的づけの共有が、ニューロンという脳機能の実在的連関の存在によっても裏づけられることになったわけです。

他者の動き（視覚的運動）が、自分が同じ運動を行うときに活性化する脳内部位を、自分は動かずに他者の動きを見るだけで、活性化させてしまっています。つまり、他者に関わる視覚上の運動（外的契機）とその運動にともなう運動感覚（内的契機）の受動的綜合としての連合と、自分の運動感覚（内的契機）とが、それが見えたそのときに、対化現象として同時に成立しているのです。しかも、より重要と思えるのは、他者の運動を見て、自分の脳内プロセスの活性化が生じていても、自分の身体が同時に動きだしてはいない理由です。このとき、自分の運動野の活性化が、実際に動かしている場合と近似してはいても、運動感覚のフィールドバックは与えられていません。この点に関する脳科学者の見解が確認される必要があります。

現象学はこのことを、運動感覚において、ヒュレー的与件が自己の身体にのみ与えられていること（運動感覚のフィールドバック）、また、運動感覚が自と他の身体の中心化が形成されると同時にゼロのキネステーゼとして原意識されうること、さらに他者の視覚的運動が受動的綜合として脳内に生起し、連合されている運動感覚が覚起されたとしても、他者の運動感覚は、ヒュレー的与件としては与えられないことが、自分の行動となっていないことの理拠であると説明します。他者の運動感覚は、自分の運動感覚としてその志向の充実にもたらされないのです。

この自他の運動感覚の考察に際して、興味深いのは、ラマチャンドランとオバーマンによるミラー・ニューロンと自閉症を関係づけた論文です。彼らは随意運動にともなう「ミュー波」の抑制という現象が、健常児の場合、他人の動作を見ただけでも生じるが、自閉症児の場合、自分の随意運動の際には、「ミュー波」の抑制が生じるのに対して、他人の動作の場合には、それが生じないというのです(66)。健常児の場合、「ミュー波」の抑制がおこることは、ミラー・ニューロンの働きにより、他人の動作も自分の動作と同じような脳内活性化が生じていることを意味しうるが、自閉症児の場合、「ミュー波」の抑制が起こらないとは、他人の動作がミラー・ニューロンを通して、自分の動作と同じような脳の活性化が生じていないことを示唆しうるとするのです。

このことから彼らが推定するのは、ミラー・ニューロン説と並行して、「突出風景理論」を仮定して、視覚野と扁桃体との連絡の経路が、ミラー・ニューロンの働きに関与していて、「知覚情報は情動を調整する大脳辺縁系への入り口にあたる扁桃体へと伝えられる。蓄えられた知識からの情報も使って、扁桃体は各刺激に対しどのように感情的に反応するべきかを決め、子どもを取り巻く環境の突出風景を作りあげる」(67)としています。つまり、ミラー・ニューロンを介した扁桃体と視覚情報との相互作用の欠如が自閉症児の突出風景を規定しているのではないか、と推定するのです。ラマチャンドランは彼の著書の中で、感覚野と感情に関わる辺縁系を通しての「相互作用」という言い方で、この連絡の仕方を問題にするのですが、フッサールの受動的綜合論において、それは「相互覚起」の機能として確定されているといえます。もちろん、その相互作用、相互覚起の形態化そのものが、その生成に向けて問われなければならないことに違いはありません。

④　他者の動きと運動感覚（視覚運動感覚と内感的運動感覚）と時間意識との関係の問いは、ミラー・ニューロンと先に取り上げた仮現運動と結びつけると大変、力動的な間身体性の働きの記述が可能になります。

仮現運動において、時間の契機と空間の契機が絡み合うなかで、視覚的運動感覚が成立しています。一定の時間間隔で視覚刺激が与えられるという時間の契機と視野における二つの位置と眼球による角度という空間の契機が条件となっています。しかし、この時間の前後を通して、角度が角度になっていることからして、すでに、ここでの空間的契機は、時間の契機を前提にしているということがいえます。過去把持の観点の重要性は明確です。つまり、縦軸の交差志向性において順番に沈澱してくる射映の重なりが、横軸の延長志向性に客観化される時間軸としての空間として意識されます。また、当然ではありますが、光点が同じ位置に留まって点滅するのでは、仮現運動は生じません。また、アニメの画像の動きは仮現運動によるものです。その際、顔の表情は一定の時間間隔における線のズレ、点のズレによって生じえます。

このような視覚上の運動の生成と内感的運動感覚とは、どのような関係にあるのでしょうか。内感としての運動感覚の源泉は心臓の動きとリズムの感覚であると思われます。しかし、もちろん、心臓が運動していることは、外から見えるわけではなく、圧覚のリズムの感覚として与えられているといえます。また、呼吸にともなう圧覚の変化や胎児や乳幼児に純粋に発現している本能的身体活動（例えば、液体を飲み込んだり、指の吸引運動や手足が動くとき）にともなう動きの感覚なども、内感的運動感覚といえます。ところが重要であるのは、ここで内感的運動といっている「内」という意識は、いまだ乳児の段階では成立しておらず、無様式知覚といわれる原共感覚の世界には、内と外の区別ができあがっていないという論点です。

ここで触覚の変化と動きの感覚に焦点を合わせて考察してみましょう。皮膚に押圧力がかかるとき、圧力感は触圧の変化の感覚が前提になります。この圧力感が皮膚の表面を移動するとき、何かが皮膚を動くと感じます。動きの早さも感じられます。フッサールの時間図式に即して考えると、音の持続の事例を、鼓膜への空圧の変化の継続とみなせば、音の持続を例にした時間図式は、触覚の圧力感の変化を基軸にして、再考察することができます。音の場合は鼓膜への空圧の変化が、時間の前後を介して、音の変化となっているのに対して、触圧の皮膚上の移動は、時間の契機と同時に、正確な位置と方向の変化も感じられます。だからこそ、成人の場合ですが、他の人の指先で自分の背中に書かれた文字の判別さえできます。

触覚の変化と聴覚の変化を過去把持の時間図式において対照考察してみると、次のような点が明らかになると思えます。

ａ　音の場合に過去把持の交差志向性に成立しているのは、過去把持された諸音の持続であるのに対して、指先で机の表面を移動させるとき、過去把持の交差志向性に成立するのは、触覚の線状的広がりの拡大のように感じられます。感覚内容の違いによって、時間的なもの、空間的なものと別様に感覚されるのでしょうか。しかし、音の感覚が空圧の変化の感覚であるとすると、なぜ、空圧の圧感が音として聞かれ、時間持続として感じられ、触圧の移動が触覚として感じられ、空間的広がりとして感じられるのでしょうか。違いは触圧の位置の移動にあるようです。いったい移動のときに感じられていることは何なのでしょうか。

b　フッサールはこの触覚の移動を次のように分析しています。「同一の野の二つの与件がその〝触れる〟という固有なあり方で合致しうるのであるが、他方、それらは野の持続性において分離しているという独特なあり方」(XV, 302、強調は筆者による)があるというのです。確かに、触覚として合致しても、一つの圧力の在り処と二つ目の圧力の在り処が離れているという局所性を併せ持っています。この分離の意識は、しかし、先に聴覚と視覚の対比で述べたように、いずれの場合も、広がりをもたない縦軸の交差志向性の感覚内容が、横軸の延長志向性に広がりをもった空間意識として客観化されるという観点で説明可能です。

c　触覚における位置の分離の感覚と、聴覚における音の間隔の時間意識との違いには、内的運動感覚の本質が現出しています。この本質の現出は、喃語の模倣の場合に、原共感覚である無様式知覚からゼロのキネステーゼとゼロの聴覚の分割的生成を通して生起すると考えられます。このとき、喃語を発するときに原意識されるゼロのキネステーゼは、声を発する身体部位(声帯)の振動における内圧の変化の持続と考えられます。音の鼓膜における内圧の変化が与えられ、鼓膜の内圧の変化が〝音〟の空虚な形態が充実されても、声帯の内圧の変化は与えられることなく、〝キネステーゼ(内的運動感覚)〟が、空虚なままに留まる形態として原意識され、表象化されます。そのときのキネステーゼは、身体の内圧の変化としての内感として与えられていますので、位置の変化、空間的広がりとして原意識される必然性はありません。ゼロのキネステーゼの原意識はそのとき初めて、内と外を区分し、キネステーゼの内感と音の外部感覚(外感)の違いを生成させます。自己の身体と他者の身体の差異の生成の端緒です。

d　内感としてのキネステーゼ（内的キネステーゼ）と視覚に与えられる物の運動の感覚（外的キネステーゼ）との関係を考えてみましょう。そのとき仲介になるのは、目を閉じて指先を動かして、机の表面を触る場合です。そのとき、内感としてのキネステーゼを感じるとともに、指先に机の表面の触覚が変化したり同じであり続けたりすることが、同じ一定の時間に同じ方向において与えられます。この与えられ方は、視覚の射映を通しての与えられ方と同様、交差志向性における感覚内容の成立と延長志向性による空間化として理解されます。目を開けて机の表面を指先を動かして触る場合、延長志向性による空間化が、視覚像として具体化し、直観にもたらされます。

⑤　スターン自身、古典的心理学の枠組みを通して設問しながらも、その枠組みでは理解できない「情動調律」の働き方そのものに、様々な概念を通じて接近しようと努めていることは、確かに認められます。それは内と外を架橋する、志向性の概念に内容的に対応している「表現」という概念であり、また、「類似を媒介にした選択的模倣」という概念でもあります。

彼は「情動調律」に関して、これは「何らかの形のマッチング」といえ、「知覚様式－交叉的」、つまり、無様式知覚を通して生じており、マッチングは感情状態、すなわち、「内的状態の表現間」に起こると特徴づけています。さらに彼は、「これらの表現は、その様式や形式は違っても、単一の認知可能な内的状態のあらわれであり、……行動を、信号や象徴としてではなく、表現として扱っているように思われる。それらを伝える媒介となっているのが、比喩や類似である」[68]と述べているのです。

ここでいわれているのは、「比喩や類似」が媒介となって、内的状態の表現が交換されているという事態です。形態の概念と合わせ、類似の現象を受動的綜合の働きと対応づけ、さらに、それらは信号や象徴（シンボル）ではないという点を加味すれば、スターンがここで主張する「表現」の概念は、内実として、フッサールの受動的綜合としての対化の概念に近似しうることは明らかであると思われます。ただし、スターンのとる理論的枠組みの限界に気づき、明確に現象学の志向分析への立場変更を通してのみ、接近可能であることは、常に再確認されねばならないことです。

この「表現」は、「特別に選択された特徴の模倣[69]」とも言い換えられ、「ある行動の一つ二つの特徴が選択、模倣され、他の大部分の特徴は選択されないのです。そして模倣された特徴は別の形へと鋳直され、外に現れた行動ではなくその内的状態を反映するような印象をあたえます[70]」と述べられています。模倣そのものには、選択の機能は属していないとされるので、「選択される模倣」という語が使われているのです。

では、ここで述べられている「選択」の機能について、何がスターンによって述べられているのか確認してみましょう。スターンは乳児の中核自己感の形成に際して、「呼び起こしの友」の役割を図示する際、選択の機能について述べています。まずは「特定のエピソードが起こると、その属性のあるものが、それまでのRIG_6を想起する手がかりとして作用する」というとき、その特定のエピソードの全体から、それまでのRIG_6を想起する手がかりとして特定の属性のみ作用しているというときの、その「特定さ」を規定する選択の機能です。その選択の機能はこの作用が働きかけ、RIG_6から「呼び起こしの友」が誘発される際、その誘発は「選択的な手がかりによる想起」とされ、想起する手がかりとは、特定の特性が選択された手がかりであることは明白です。ところが、この選択の機能について、「その属性のあるものは、RIG_{1-6}を想起する手がかりとして作用[71]」するとだけ述べられ、選択された模倣の場合と同様、どのように特定の属性が選択されうるのかについてのいかなる解明もなされていません。そして、通常の意味の模倣は「外部に現れた行動の形式」に注意するのに対して、調律行動は「出来事を鋳直し、行動の背後にあるものや共有された感情へと注意の的を移します[72]」と説明しています。情動調律が注意の働きとして説明されますが、この「選択的注意」の働き方こそ、説明せねばならない当の課題であるわけです。この「選択的注意」が解明されない限り、情動調律の働きが理論的に解明されたとはいえません。理論的枠組みのみ確定されはしても、そこで働いている機能の働きが謎のままに留まるのです。

これに対して、フッサールの触発と先触発の分析が呈示しえているのは、すでに先に述べたように[73]、注意の現象そのものが、本能の覚醒と衝動の形成という最も原初的な間身体性の形成される原領域において、触発の現象として、つまり、触発力の増強と減少の現象として、生き生きした現在の流れという時間化の次元に定位され、分析解明されています。選択的注意の働き方こそ、触発の現象に焦点をしぼることによって、解明される可能性が明確に示唆されているのです。

⑥　スターンは今述べたように、乳児の能力として、外的行動の模倣と内的状態への調律とを区分し、古典的心理学と同様、外的行動と内的状態の間に何らかの関係性を構築しようとしています。この関係性を、注意が外に向くか、内に向くかという主観の能力の二方向性として区別しても、この関係性そのものが明らかになるわけではありません。しかもスターンは模倣と情動調律との区別に際して、「模倣は形式を、調律は感情を表すのです。とはいえ、実際には調律と模倣は完全に二分できるものではなく、むしろスペクトラムの両極を成すもののようです[74]」、というように、いったんなされている区分が、相対的なものとして限定され、両者の関係性は問われないままに留まっています。従来の認識論において、前提とされて問われることのない「内と外」の区別が、現象学の志向性の概念の導入によって、初めて根底的に克服されるという論点こそ、しっかり理解される必要があるのです。志向性の概念が近世哲学の認識論を根底から改造し直しているのであり、志向性概念の導入なしに

人間の認知活動の根底的解明は不可能といえましょう。

(7)「コミュニオン調律」、「誤調律」そして「無調律」

情動調律の内実はマッチングという言葉に代えられて、六つの要因に分けて観察されています。「絶対的強度、強度の輪郭、時間の刻み、リズム、持続時間、形[75]」の六つです。その実際がビデオに録画され、詳細に記述され、そこで明らかになる様々な調律のあり方が臨床治療に活用されています。こうして情動調律の働きが、説得力をもって、明確にされているのです。

また、様々な調律は、「乳児と〝共にある〟、〝共有する〟、〝参加する〟、〝仲間に入る[76]〟」と特徴づけられる「コミュニオン調律」、そして、情動レベルを調整するための「意図的誤調律」、さらに「微小調律」があげられています。その他に特に重要とおもわれるのは、「乳児の感情状態の質や量、あるいはその両方を母親が幾分か誤って同定するか、または彼女が乳児と同じ内的状態を自分の中に見出しえない場合[77]」の「真の誤調律」としての「非意図的誤調律(nonpurposeful misattunement)」です。

① これらの情動調律をめぐる記述において興味深いのは、観察において描写されている乳児と母親との情動調律の実際について、スターンの提示する理論的把握の不十分さです。誤調律の実例としてスターンの描写を紹介して、記述されている内実の豊かさと、理論的把握の不十分さの意味するところを明らかにしてみましょう。

「この場合、彼女が揺すぶるスピードや強さは、乳児(生後九か月)の腕の動きや発声の強さ、速さによくマッチしており、調律とみなすに十分でした。ところが乳児は彼女の調律に対して何の反応も示さないのです!……こうして最もよくマッチすると実際判断されるよりややゆっくりと、しかも少し弱めに母親が揺すぶると、赤ちゃんはとたんに遊びを止め、母親の方を振り向きました。まるで〝どうしたの？〟とでも言いたげに。(78)」

ここでコミュニオン調律の誤調律への移行の実際が描かれています。前者の場合、乳児が適切な調律に何の反応も示さないのは、おもちゃで遊ぶことが「共に参加して」一つの行動を遂行していると感じられるからであるはずです。この遂行感が成立しうるのは、母親の側からの調律が無意識に生じている乳児の行動の生気情動とマッチしていて、乳児の側の無意識の予測（フッサールは時間内容と関連づけて未来予持と呼んでいます）と一致しているからといえます。ところが、誤調律が生じるとき、その誤調律そのものが乳児に受け取られるのですが、それはどのようにして、感じられうるのでしょうか。この誤調律への移行を、スターンの認識図式で説明しようとすると、先にのべたように、乳児に母親の顔の表情を通して、母親の情動を読み取るといった認知能力を要求することになります。しかも、自他の中核的自己の不可侵入性を前提にして、自他の情動を区別しつつということが前提にされているのです。

この移行は現象学の観点から、次のように記述できます。一連の行動における身体運動、すなわちそのときに感じる運動感覚、そして、同時に与えられている無様式知覚が、体験流のまとまりとしてよどみなく、つまり、そこで与えられる未来予持を常に充実するあり方が継続していきます。ところが、そのときの生気情動の形態と一致しない、つまり、そのつどの未来予持を充実しない、その生気情動とは異なる生気情動が与えられると、その不一致に注意が向けられます。ちょうど、いままで体験したことのない、新しくて、特有な生気情動を誘発するようなおもちゃに遭遇して、母親の情動を読み取ろうとする乳児と同じように、母親に振り向き、情動調律の不一致の解決を求めるわけです。このとき重要であるのは、生気情動が、母親との間を間身体的に常に行き来しており、受動的綜合を通して、自他の身体の差異を含みつつ一つの身体においてのように、間身体的に力動的に生起し続けていることです。母親に振り向くときの幼児のまなざしと、それに答える母親の眼差しを通しての情動調律の意味を考えてみた場合、振り向くときの運動感覚は、幼児にすでに感じられているとされねばなりません。それは、イメージ形成の前段階においての感じになっているのです。

② しかも、ビデオを見ながら行われたインタビューを通して明確になっていることで、最も重要な指摘は、この調律において、「調律過程それ自体は、無意識に起こる[79]」というスターンの指摘です。ということは、外的行動の属性を選択し、それを別の形に鋳直し、自己の内的状態に注意する行動は、無意識に起こるのである以上、表象活動とは無関係であるということを意味するはずではないでしょうか。「無意識の表象活動」というのは、通常の表象は意識されていることからして、語義矛盾に陥ることになります。無論、現象学の空虚表象という概念は別ですが。また、空虚表象そのものの成り立ちを空虚な形態の生成から問う設問の仕方は、発生的現象学に固有な仕方といえます。

したがって、スターンのいう「調律」という事態をさらに追究していかなければなりません。無意識的とされる調律過程そのものと、表象という概念で理解されている内実、つまり、意識と表象の関係が明確にされない限り、先の引用文にある「他の人の感情状態がわかる」というときの「分かる」は、いったいいかなる活動であるのか、無意識的了解なのか、意識された了解なのか、不明確にとどまるのです。

③ この情動調律と無様式知覚との関係についてスターンは、「知覚的に単一の世界を作る知覚様式―交叉的等価性を同定する能力と、母親と乳児が情動の間主観性を体験するのに情動調律を行う能力とは同一である。[80]」と簡潔に表現しています。このとき、調律はそのほとんどが、カテゴリー的感情ではなく、それに通底している

「生気情動」に向けられているとされます。「生気情動を追跡し、調律することによって、私たちはほぼ連続的に相手の内的体験と思われるものを共有し、その結果、他者と〝共にある〟ことができます[81]」と論述しているのです。ということは、間主観性の成立において決定的役割を果たすとされる生気情動が、情動調律の無様式知覚としての働きとして理解される、その理解の仕方を解明することが、最重要課題であることは明白です。

その際、問題であるのは、やはり、無様式知覚を表象概念を使って理解しようとするその仕方であることになります。スターンは先に述べたように、無様式知覚を諸感覚を抽出してえられる「抽象表象[82]」とみなしています。しかし、この理解によっては、無意識の過程としての情動調律との関係がまったく解明不可能であるといわねばならないのです。

④　無意識に働くとされる情動調律の働き方がもっとも明瞭に反省にもたらされるのは、情動調律が働くときとうまく働かないときの差異を通してです。とりわけ、うまく働かない、いわば欠損、阻害、否定の現象を経て、うまく働くときに働いている無意識的条件性が、直観にもたらされる可能性が開けてきます。そして、このうまくいかない情動調律が頻繁に現れるのは、母と乳児の間の間身体性が機能しにくい自閉症児の関係障害の治癒の臨床の場面においてです。ここで、スターンの『乳児の対人世界　臨床編』における臨床事例の症例を参照して、この情動調律の働き方を現象学的分析にもたらすよう試みてみましょう。

スターンの記述で興味深いのは、母親の側の意図的な、あるいは無意識的な「誤調律」の場合です。「〝効を奏する〟誤調律は、乳児の主観の中では、いつの間にか母親が自分の中に滑り込んでしまったかのように感じられ、しかもそれが、実際の共有感ではなく、共有しているという錯覚を作り出さなくてはなりません。[83]」このような誤調律の実例は次のようです。赤ちゃんが人形をとって、その靴を噛み始めたとした場合、母親が赤ちゃんの

「喜びの表現にいくつかの調律を施し、」それが十分であると、赤ちゃんは「今進行中の体験を相互の認め合った仲間とみなすようになり」、母親はそれを利用して、人形を赤ちゃんから手に取り、噛む代わりに人形を抱きしめ、人形は抱くものであってかむものではないと教えることができるという例です。(84)

このとき、スターンの記述で、意外におもえるのは、上の引用文における「実際の共有感ではなく、共有しているという錯覚」という表現と、この一連の誤調律の経過を「母親は、調律によって乳児の体験のなかに入り込み、そのうえで、子どもから情動体験をこっそり奪い取るのです(85)」という記述の仕方です。どうして、「奪い取る」と表現するのでしょうか。なぜ、乳児は「共有しているという錯覚」を持つとされねばならないのでしょうか。実は、スターンの記述の仕方のうちに、「共有体験とは、常に自己の体験と他者の体験の区別がすでに前提にされた上での共有体験である」という認識論的前提が常に働いていることが、上にあげた、私にとって少し不可思議に思われる記述の根拠になっていると思われます。スターンの考えの背景になっているのは、養育者の側と乳児の（身体的自己）、それぞれの自己の自発性、イニシャティブ（西洋思想の伝統である個人主義の表現）という見解です。

このことに関してスターンの示す好例として誤調律の例で明らかにされているのが、控え目にすぎる父親に似ないように、母親が生後一〇か月の息子の生気情動の強さに意図的に調子を合わせず、誤調律を行うというものです。母親は自分の方から積極的に情動調律を行うと、息子の情動活動の自発性を自分の情動調律が制御し、「奪い取ってしまわないか」と危惧するというのです。この危惧には、情動の活動を量化し、自分の情動と他者の情動を計測し、その情動の出現する自他それぞれに、量化された情動を帰属させるという考えが前提として働いているのではないでしょうか。第I部で批判的に検証したヒュームの道徳哲学のもつ、観察者の視点からした人間の情動的コミュニケーションへの関わり方の特徴ということができるでしょう。この見解と対立するのが、スターン自身の強調する「共にある」こととしてのコミュニオン調律における「共有体験」であるはずです。

ここで問われなければならないのは、共有体験と自己感、及び自己の同一性との関係です。共有体験とは、自己のイニシャティブの喪失を意味するのではありません。はじめから、自己と他者のイニシャティブが別個に成立していて、その両者が体験を共有するとき、共有体験が生じるのではなく、むしろ、自己のイニシャティブとは、共有体験からこそ生成してくるものであるはずです。「共有体験が先行することなく、自己の自発性、自己の自己性が成立しえない」といわなければなりません。共有体験というコミュニオン調律の原理的特性をここで、改めて再確認するべきなのです。

⑤　情動調律を介しての、いわゆる〝偽りの自己〟の形成は、言語使用が始まる以前の、先言語的領層での間身体性における身体的自己と身体的他者の成立を解明する上で、大変重要な視点であるといえます。スターンは、親が子に対してとる「選択的調律」が、「何が共有可能なのか、つまり、どの主観的体験は相互の思いやりと受容の境界内にあり、どれは境界を越えているかを子どもに伝えることができる」[86]として、この選択的調律が、〝偽りの自己〟の形成に決定的役割を果たしていることを指摘します。

母の側からの選択的情動調律を通して、「偽りの自己」が形成されるプロセスが、以下のように述べられています。

「自己の内的体験のうち、他者の内的体験における間主観的受け入れの達成が可能な部分を利用し、残りの、同じくらい正当な部分は犠牲にするのです。……つまり、ある体験を主観的共有から排除することについて述べていることになります。……排除された体験が〝偽りの自己〟の一部になろうと、〝私ではない〟現象になろうと、……始まりはここにあるのです[87]。」

つまり、親の側からの選択的調律による特定の情動の拒否、すなわち、特定の乳児の体験が調律されないことを通して抑圧されることが、例えば、フロイトによる両親の超自我の、幼児への影響の根拠であるとするのです。乳児の体験の内部での自己の分裂、つまり、情動調律によって、間身体的コミュニオン調律を通して肯定される体験の自己と、抑圧される体験の自己との間に亀裂が入ってくることこそ、自己形成において最も重視されるべき論点だとするのです。そして、この自己の分岐が言語使用以前にすでに形成されていることが見逃されてはなりません。

⑥ 主観的体験の共有不能性としての「無調律」の事例は、「共にある」というコミュニオン調律が実際に感じるものであり、表象するものではないことを、つまり感覚と表象の明確な区別の事実を私たちに突きつけています。情動を量化して、自他の情動を表象化し、計測できるとみなすことが、共にあるコミュニオン調律を阻害してしまうという事例は、小林隆児氏の『自閉症の関係障害臨床』で、「母親の先取り関与[88]」が子供との関わりを阻害してしまうこととして示されています。「お母さんは翔太くんのことを思えば思うほど、先のことを考えながら行動してしまいます。……そのことが体験の共有を阻害し、母性的没頭（…）を困難にしてしまいます[89]」、というのです。つまり、能動的志向性による表象と意味の関与が、受動的綜合を通して生成しているはずの間身体性を覆い隠してしまうこととして理解することができます。こうして氏は、母と子の関係性の考察に際して、おなじく、情動調律の概念を使用し、感じることと思うことの違い、表象やイメージの介在を問題にしています。「意図が通底し合う情動的コミュニケーションとは意識の介在しない non-conscious 世界なのです[90]」、と言いきっています。

⑦　無調律の問題において、後にテーマとされる倫理との関係上、もっとも強調しておかねばならないのは、養育者の側からの情動調律がまったく働かない無調律の場合です。スターンはそのような事例を次のように提示します。母親は、二九歳の離婚暦のある妄想型統合失調症の病状の悪化のため、精神科病棟に入院し、生後一〇か月の乳児が小児科病棟に収容され、スターンは他の三人の研究者とともに、母親と乳児との対応関係を観察することになりました。その観察によると、母親は赤ちゃんに過剰同一化し、境界を失い、自分自身のなかの有害な衝動に抗して反応している、例えば、乳児の害になるような外的環境にのみ注意を払うことに終始し、赤ちゃんの体験そのものには入り込めず、共有もできないという状況でした[91]。端的にいえば、

「母親は、自分自身の妄想とかかわっていたのであって、それを止めて、子どもと〝共にある〟ことはできなかったのです。……この症例は、……調律のほぼ完全な欠落状態を描いています。……そこで感じられるのは、さびしさ loneliness ではなく、しみわたる孤独感 pervasive feeling of aloneness のはずです。なぜならその子は、主観的共有の存在を体験することもなければ、その喪失を体験することもないからです[92]。」

この「共有体験」が前提にされて初めて、通常の一人であることの「さびしさ」の経験をもちうるという指摘こそ、いかに間主観的体験が自己感の形成、とりわけ情動の形成に決定的であるかを十分に示しています。つまり、コミュニオン調律における「共に共有する体験」を通してこそ、「ひとりでさびしい」という、通常、私たちが持つカテゴリー的な「寂しさの感情」をもちうるのであり、この感情をもちうるためには、コミュニオン調律が先行して働いていなければならないのです。この「共に共有する体験」が先行してはじめて、自己の身体と他者の身体の違いに気づき、それを前提にして、自我意識と他我意識の区別に気づくようになるというこの発生の秩序ほど、倫理問題の根本原則として、常に確証し、この根源的体験に立ち戻らなければならない原則は他に

ないのです。「人を生かす倫理」の根本原則がここに確認されるのです。

スターンは、このような無調律の世界に育った人が、「年長になれば、自分としては垣間見ただけで実際には体験したことはないことが、他の人々のあいだでは起こっているらしいと知るヒントを得ないはずがありません。そうなると彼女は、自我違和的な孤独を文字通り体験することになり、そうした形で親密になる可能性を恐れるはずです[93]」、と述べています。ここで述べられている「親密さに対する恐れ」が生ずるという指摘は、倫理を考えるうえで、十分に考慮しなければならない論点となります。

⑧ 感覚と感情が間身体的にのみ形成されることは、フッサールとメルロ=ポンティの論証に明確にされていますが、このことが幼児臨床研究においても、疑いえないこととして論述されています。小林氏は、自閉症児を母親が抱き続けること（holding session）を通して、安全感が形成された幼児に「知覚変様」が生じ、それまで、痛みに対する反応が不確かで、情動表出が抑制されていたのが、情動表出が豊かになり、大げさなほどに痛みを訴えることができるようになる経過を記述して、「痛みという感覚がいかに間主観的なものか、このことに如実に示されています[94]」、と論じています。つまり、「痛い」という情動表出が生じうるのは、訴えを受け取ってくれる母親がその幼児に成立してはじめて、すなわち、間主観性の成立と同時に、はじめて成立するのであるというのです。ということは、それ以前は、間身体的に無意識に働く情動調律が成立していなかったことを示唆しているのです。

同一の事態をスターンは、「呼び起こしの友」によるRIGの具体化ですでに十分、論証していることに、自分自身、気づいていないようです。というのも、スターンの中核自己感の段階で、「一般化された相互交流の表象（RIGs）」が、間主観的交流の媒介として働いていることを指摘しています。その際、働いている「呼び起こしの友」は、「他者とともにある」という体験を意味し、それによって、RIGは、具体化するのですから、具体化しているRIG、つまり、そのつどの感覚、感情、知覚は、すべて、他の主観が介在になって、はじめて、感覚、感情、知覚になっていることを意味するに他ならないのです。

（8）言語自己感の形成、言語化の制限性と抑圧性

言語自己感の段階で当然問題になるのは、言語以前とされる体験と言語表現との関係です。この段階は通常、情動的コミュニケーションに対する言語分節的コミュニケーションの段階と規定されます。

① この関係の第一の観点は、次のスターンの言明に明確に述べられています。

「言語とは無関係に続く、新生–、中核–、主観的かかわり合いの領域における体験のうち、言語かかわり合いの領域によって包含されるのはほんの一部です。実際に起こったことがどの程度言語かかわり合いの領域での出来事となるかによって、それ以外の領域での体験は疎外されます（それらの体験は体験の下部領域となるでしょう）。[95]」

つまり、言語化される体験と、言語化されずに疎外される体験という差異の構造が、言語機能が働きだすと同時に、形成され、言語の機能に構造的契機として常に随伴することになるということです。つまり、ここで、確証されているのは、言語以前の体験の領域が言語表現に先行し、すでに存在しているということが、まず第一なのです。

そして、この構造は本来、四つの自己感の基本的構造にみられるように、先行する自己感は後に続く自己感が働き出すとき、当の先行する自己感の働きを止めるのではなく、新たな自己感は既在する自己感の上に重なり、

先行する自己感が下部層として存続するという働き方の構造をなしています。ということは、言語自己感が働き出すとき、それ以前にすでに働いている三つの自己感は、それとして働き続け、言語はその三相構造の自己感と他者感の全体のごく一部に表現を与え、残りの体験は疎外されるという基本的関係の規定が重要です。

この構造は先に述べた「偽りの自己」の形成が、言語によって、的確な表現をもつことになる際にも、基本的構造として働いています。「こうして次第に偽りの自己は、親子の協力のもとに、自分は誰で、何をし、何を体験するのかに関する言語的命題 linguistic proposition により構成された、語義上の semantic 構造として確立されてゆきます[96]。」つまり、真の自己と偽りの自己の形成は、言語を通して、それぞれの体験の表現として確定されるとともに、その特定の言語表現によっては表現にもたらしえない、言語化されない「偽りの自己」の体験が言語化されないままに沈積し、固定化してくるのです。

② このことから明らかになるのは、言語による自己感の表現に、「偽りの自己」と情動調律によって肯定されている「真の自己」の成立が、すでに、言語以前の情動調律を通して形成され済みであることです。自己感とそれに相応する他者感という自己・他者関係は、すでに言語による表現以前に形成され、成立しているということが、相互主観性論、間身体性論の問題連関において決定的な命題として主張されているといえるのです。言語のもつ相互主観的で客観的とされる意味内実が相互主観性そのものを成立させているのではありません。

言語的コミュニケーションが前提にしている、三つの自己感の内実に対して、特に言語自己感の段階に属する能力として強調しておかなければならないのは、信号や象徴の使用能力、想像力と表象能力、自分自身を客観的存在としてとらえることができる能力、乳児の遅延模倣[97]の能力、表象が長期記憶として記号化される、つまり、喚起記憶の能力等々です。

③　言語化される体験と言語化されずに疎外される体験の区別がどのように生じるかに関して、スターンは、無様式知覚からの特定の体験の言語による分離を主張します。「壁に映る黄金色の陽射しの斑点」が、乳児に無様式知覚として与えられているとき、誰かが部屋に入ってきて次のようにいいます。「〝まあ、あの黄金色の陽射しをごらんなさい！〟そのとたん言葉は、感覚様式のうちのひとつへと体験をしっかり固定するような特性を正確に分離します。つまり、体験と結びつくことにより言葉は、体験の源流である無様式の流れから体験を分離するのです。」(98)

この記述の細かな認識論的論証は別にして、どうしても抵抗しがたく突き上げてくる疑問ないし、問いは、はたしてどのようにして特定の体験と特定の言葉が必然的に結びつき、無様式知覚に与えられている他の諸体験から分離しえるのかという問いです。無様式知覚の体験には、「黄金色」は色として与えられていません。だからこそ無様式というのです。体験として直接与えられているのは、色でも、音でも、硬さでもない「強さ、リズム、生動性」です。それに、「黄金色」という言葉が与えられれば、無様式知覚からどのようにして、色の体験のみ分離してくるというのでしょうか。この問いに的確に答えるためにはやはり、フッサールの展開する連合と触発による受動的綜合と、原共感覚からの個別的感覚野の生成の理論の活用可能性が、大きな役割を果たすことになるでしょう。

この問いに、間接的に答えているスターンの記述は、「言語の意味の了解」が間主観的にのみ、親と乳児との共同作業を通して形成されてくる、というその過程の記述です。例えば、幼児が一つの言葉〝食べる！〟で、特定の食べ物を表象しているとき、実際にその特定の食べ物が与えられないとき、それが与えられるまでの誤解を経験しなければなりません。

「母親の誤解を通して、子どもは、自分の使う特定の意味が、お母さんの側では、考えられる意味の下位分類の一つにすぎないことを学びます。このようにして、二人の間に共通の意味が取り決められていくのです。こうしたケースを見ると、乳児と母親が、言語と意味の独特な性質のため、一緒になって苦労しているのがわかります。(99)」

言語習得の際、すでにそれに先行する間主観的関わりが前提になっていることは、このテキストで明確に論述されています。スターンのいうように、従来の言語習得の理論は西洋の人間学的伝統による個人主義の視点から、個人の認知能力、言語活用能力の展開として考察されてきたのでした。これに明確に対置されるのが、「間主観的かかわり合いでの共にある体験が、並行する二つの主観性の感覚――内的体験の共有――を必要としたのと同様に、この新しい言語かかわり合いのレベルでも、乳児と母親は、言語という象徴を用いて共にある体験を作り上げます。これこそ、個人的体験に関し、共同で作り上げた意味の共有なのです(100)」、という論述です。

第二章　間身体性における倫理の基盤の形成と倫理の領域との関係

スターンの研究を通して、養育者と乳児の間の情動調律が間主観性の形成にいかに決定的な役割を果たしているかが明確にされました。倫理の基礎といえる自他関係、ないし、相互主観性の成り立ちにおいて、情動調律が果たしている役割は、とりわけ、調律が生じない欠落態としての「無調律」や「選択的調律」の場合において、際立ってきます。情動調律が乳児の自己感の形成、そして同時に他者感の形成に決定的役割をはたしていることは、受動的相互主観性が能動的相互主観性を基礎づけるという立論を、発達心理学の見地から検証する裏づけ、ないし根拠づけを提供するものです。こうして、これまで展開されたスターンを中心にした発達心理学の主だった見解は、フッサール発生的現象学における倫理以前の倫理の基盤の形成に組み込まれ、統合されて、フッサール倫理の基礎を呈示することが可能になります。その際、まずもって、改めてその統合が可能になるときの方法論を振り返ることからはじめて、倫理の基礎の領域を確定し、実践理性の働く倫理の領域との関係を解明する必要があります。

第一節　情動調律の生成に向かう方法

間身体性において働く情動調律の成立、不成立が情動的コミュニケーションの実現にとって決定的意味を持つことは、これまでの論述で明確になりました。したがって、情動調律が成立しうるための条件を考察することが、倫理以前の倫理の基礎の成立、不成立を考察するためにとらねばならない考察方向といえます。

①　いうまでもなく、健全な情動調律が乳児と養育者の間に成立するためには、親子関係を中心にした広い意味での安穏な、家族生活が成り立つことこそ必須の条件といえます。家族が生活できるための最低限の衣食住の基盤が確立していないところで、子どもの養育は成立しえません。したがって、健全な情動的コミュニケーションが成立し、成熟しうるには、政治的、経済的、生物学的諸条件の獲得が必要不可欠な条件なのです。この獲得に向けて、様々な実践的努力が傾けられ、学問の探求による詳細な理論的分析による、獲得の実現に向けての有効性が問われることになります。無論、この実践的理論的課題は、そのとき、そのときの時代の課題として、それぞれの社会に担われ、課題の実現に向けられているのです。

②　情動調律の成否を考えるとは、今述べた社会における家族の健全な生活環境という条件が満たされているか、欠損しているかを、常に顧慮することによって、はじめて、的確で厳密な考察になるということを意味しています。その際、常に、考察の拠り所になるのは、情動調律の不成立の現実に向かい、不成立の根拠、ないし原因をたどり、成立の条件の開示に至るという方法です。この方法は発生的現象学の脱構築の方法と密接な関係にあります。

情動的コミュニケーションの不成立は、不成立の現実として、現に現出しています。その段階では、不成立が現実であることは、明白であれ、何が原因でそうなっているのかは不明瞭です。この現実を解明するに際して、発生的現象学はすでに獲得されている志向性の構成層の全体から、特定の構成層を脱構築して、その現実の現出の解明に寄与しうるか、考察を重ねます。

③　この発生的現象学の脱構築の方法と、スターンの発達心理学において一貫してとられている第三者的視点からする観察の方法と、さらに、四つの自己感の生成の過程の論述とを振りかえり、方法の違いからくる解明の射程と可能性を明らかにしてみましょう。

a　無様式知覚とそれに対応する原共感覚の解明にあたって、発生的現象学の「時間と連合と創設」を主要原理とする考察の特性が浮き彫りになりました。スターンはその観察結果を、印象の抽象による表象化という認識論的図式で理論化しています。このことが、表象化以前の形態が形成する段階、つまり、個別的感覚野の発生をテーマにすることができないことと深くつながっています。形態の概念が発生的現象学で開示されたのは、時間と連合の志向分析を通して衝動志向性が、特定の表象ではなく、漠とした「予感」であり、諸触発を統合する原触発として、「表象」に先行し、それを基づけるより深い受動的志向性として露呈されたからでした[1]。すでにこの露呈において、発生的現象学の方法である「脱構築」の方法は、実際に活用されているのであり、本能や衝動を生物学の観察を通して、因果性に従属する実在的連関として規定しているのではありません。

b　現象学が出発しているのは、常に、広い意味での「経験」です。ヒュームの感覚一元論における狭い意味での事実としての経験なのではありません。しかし、現象学の経験の概念には、そのような事実としての経験も含まれており、日ごろの生活世界で動物の本能とか、人間の欲望とか言われるときの本能や衝動を志向性と理解して、その本質を直観にもたらそうとしているのであり、その過程において、事実として本能や衝動が、実在的連関として志向性分析の構成論の内部に、発生的基づけ関係という階層づけにおいて位置づけられるのです。発達心理学における「無様式知覚」の発見は、発生的現象学における原共感覚という規定をうけて、そこに位置づけられ、統合されていきます。

c　観察の方法の限界が顕著にあらわれるのは、他者の主観にどのように届いているのかを解明する相互主観性、すなわち、その受動的層としての間身体性の成り立ちを問う場合です。観察の立場からすると、外の表情と内の感情に区分し、他者の感情表現を、自分の感情表現に類似していると推定する他に、他者の感情に届く方途はありえません。メルロ=ポンティが古典的心理学の方法と規定した事態です。スターンの情動調律の記述に顕現しているのは、まさに、この古典的心理学の観察方法によって帰結する当のものです。それに対して、発生的現象学において開示された受動的綜合として連合である「対化」現象においてこそ、間身体性の成り立ちが生き生きした現在を共に生きる体験として、現象学の明証性において基礎づけられ、解明され、根拠づけられているのです。情動調律の「コミュニオン調律」は、無様式知覚と同様、発生的現象学においてこそ、その哲学的理拠が与えられることになります。

d　情動調律と、とりわけ興味深い「誤調律」の分析にあたって、根本において、調律が無意識に生じているとするスターン自身の主張は、観察の立場を貫く以上、脳内プロセスの観察に導き、無意識の機構を解明する方向に向かいます。それはそれとして、遂行されねばならない探求方向ではあるのですが、発生的現象学は無意識の脳内プロセスの探求成果を受けいれつつ、この探求そのものの意味づけの役割を果たします。というのも、フッサールのいうように、物理的な因果連関と数理的な直観内容の意味づけが可能であるのは、あくまでも、意味づけする主観によるのであり、今日、脳科学において解決困難とされる「クオリア」の問題も、意味の発生を実在的因果関係では解明できないことの別の表現に他なりません。

e　発生的現象学は周囲世界のヒュレー的契機と本能志向性の覚醒における相互覚起を通して、連合形態の志向と充実そのものが生成されてくることをテーマとし、探求領域として確定することができ、それによって、誤調律を連合形態の志向が充実されるか、されないか、「充実と欠損」という区別の成り立ちを通して、表象成立の以前の〝無意識〟の連関として解明できます。スターンがスターンのいう「形態」の成立として言葉にしようとしている領域の、現象学的解明の可能性の領野が開かれているのです。

第二節　倫理以前の間身体性に生起する情動調律と倫理の領域との関係性

フッサール発生的現象学の倫理の構築にあたって、倫理以前の、倫理の根底的基盤の確定と倫理の領域そのものとの関係性の規定が最も重要な課題とされます。その際、スターンによって示された「情動調律」を発生的現象学の倫理以前の領域に位置づけ、「呼びかけの友」といわれる「他者とともにある体験」が、情動調律においてどのように働いているかが解明されれば、情動調律の間身体的本質が示され、倫理以前の間身体性が、実在的連関による裏づけを獲得することになります。この間身体性において働く情動調律の現実は誤調律において明確に呈示されます。その現実を多面的に明らかにしてみましょう。

①　いわゆる「自己意識（Selbstbewusstsein）」、ないし、個我を前提にする自我論的論証はそのままでは、間身体性の領域に達することはできません。なぜなら、情動調律は間身体性の次元で、無意識に作動しており、自

己意識の働きを前提することなく機能しているからです。自我論（エゴロギー）による論証は、この自己感と他者感の形成の領域に届かず、原エゴ（Ur-ego）を導入したとしても、それは、論証の次元の変更にはなりません。原エゴは絶対的時間化以前に、形而上学的に構築されているかぎり、絶対的時間化において、内的意識、ないし、原意識の必当然的明証性に与えられておらず、現象学の明証性原理に対置される、まさに現象学的解明にとって弊害になる形而上学的措定に他ならないからです。

こうして、倫理の基礎は自己（自我）意識と他者意識が形成される以前に、情動調律という情動的コミュニケーションの次元で形成されていることが明確にされました。ということは、意識に上った事柄を比較対照して、倫理的価値に即して自由な決断が生じるとされる倫理的判断の段階以前に、そもそも意識に上ること自体が、つまり、他者の情動や意図に気づけるかどうか、言い換えると情動調律が成立するかいなか、という段階が解明されなければならないのです。

② 受動的に先構成される倫理以前の動機づけや価値づけと、養育者の側の能動的な主観性の能作による動機づけと価値づけの間にある、受動性と能動性の相互基づけの層構造が、適切に理解される必要があります。スターンにおいて自己感は、四段階に分けて、基底層からその上に重なる層構造として論述されています。この論述はフッサールの発生的現象学における受動的先構成の層に能動的構成層が重なっていく、つまり受動性が能動性に先行し、それを基づけているという原理的構図とぴったり対応しています。しかも両方の立場にとって、先行する段階は後続する段階が活動し始めるとき、その段階の機能が停止され、それに代わって、高次の段階の機能が働き始めるのではなく、高次の機能が働いているとき、その前提として働き続けているという原理的見解が決定的に重要であるといえます。逆にいえば、成人において、お互いの倫理的行為に齟齬が生じ、価値観の差異が

鮮明になるとき、その倫理的価値観に先行する、倫理以前の意識に上ることのない「連合的動機の働き方」の差異が、つまり、対象把握に先行する感覚野の特定の働き方の制約が、倫理的価値づけの差異を差異にしている根底であることが考えられます。考え方以前に働く感じ方の違いといえます。受動的動機づけと能動的動機づけの基づけ関係においてに起因する差異化の機構に注目せねばならないのです。ということは、受動性と能動性の区別にもとづかないような相互主観性論は、受動性の層を見失うことにより、倫理の基盤が喪失され、能動的志向性にもとづく、自己意識を基準にした知性の倫理を一方的に感性に強制する、感覚と感情を制御することにのみ終始するカント的道徳の繰り返しとなっているといえるのです。

　情動調律の現実は、無意識の連合的動機の働き方を問うことによって明らかにされます。調律がうまくいって、コミュニオン調律が成立している間、形態の連合が充実され続けています。しかし、養育者の状況把握に起因する無意識の誤調律が生じるとき、例えば、赤ちゃん言葉による語りかけのバラエティーの変化が乳児の関心を高め、自然な誤調律が成立するとき、形態連合による未来予持の受動的志向と、その志向と少しズレたヒュレー的与件が与えられることを通じて、この特定の形態形成がより豊かで、確実なものとなっていきます。スターンがRIGの図式で、説明している乳児と養育者間の共有体験は、形態連合の形成とその際の「注意的選択」という視点から、さらに現象学的解明が可能となっているのです。

　③　この「相互に共有される体験」としての情動調律の際、スターンにおいて定題化されることのない、先に論述した先触発と触発の関係、また「注意の現象」の記述が重要となります。触発の際、先触発された感覚質の内実が対向を通して意識に上るのであり、すでに先触発の段階で、触発的力をめぐる抗争や抑圧の関係が生成するプロセスの生起がみられます。このプロセスとその「抗争、抑圧」の働き方こそ、体験流の現象学的分析が詳

細に提示しうるものです。したがって、この「選択的注意」の働く領域の分析は、能動的な実践理性の働きによる倫理の領域に、先触発の先構成が触発の構成に対して、この無意識に働く選択的注意を通して、『倫理学入門』における「滋養分を与える」という記述の内実が、原理的に鮮明に解明されているといえるのです。滋養分は常にこの選択的注意を通して、与えられ続けています。

この選択的注意が無意識に働くことこそ、間身体性における情動的コミュニケーションの働きを決定づけている、といわなければなりません。スターンのあげる無調律の実例では、統合失調症の母親が無意識に、いわば強制的に向かってしまう、乳児の周囲世界への、あらゆる危険な状況から乳児を守ろうとして向かうように強制された注意（防御的注意）が、乳児とともに共有する体験に注意が向かわないようにしてしまっているのでした。この無意識的な「選択的注意」の働きは、連合的動機づけが理性以前の領域、倫理以前の領域で生じているように、それ自体、倫理的責任の問題領域には属しません。このような選択的注意が働くのは、「おなかが空いたり」、「夢に昔の恋人があらわれたり」するのと同じで、「物事にどう対応するのか」という意識的、意図的な倫理的に問われる行動とは、次元を異にしているのです。

④ この意識以前の受動的感情移入の働く倫理以前と、責任が問われる倫理の領域の区分は、倫理の構築にとって決定的に重要です。行動の責任はそもそもいつ問われるのでしょうか。ノエシス－ノエマの能動的志向性の相関関係によって構成される意味が成立している領域において、能動的動機による意味づけと価値づけを自覚しつつ、意識的決断がなされるとき、行動の責任が問われます。意識的活動、意図的活動にともなう行動の責任という、一般に通用している考え方です。ただし、これまでの考察で明らかになったのは、この能動的志向性に先行するのが受動的志向性であり、能動的綜合に受動的綜合が先行していること、そして、受動的綜合が働く次元

は倫理以前の次元であること、しかも、この無意識に働く受動的綜合は規則性を欠く無秩序なカオスなのではなく、また、純粋に自然の因果律に即して働いているのでもないことです。いわば、規則性にもとづく習慣性、受動的な連合的動機づけの世界、すなわち、無意識の現象学の領域が開示されているのです。

　情動調律は、意図的誤調律にみられるように、意識された意図的行動であることもできますが、意図的にズラすとき、そのズレがズレとして感じられるのは、そもそも無意識的な情動調律が働いて、はじめて可能になるのです。このことは、フッサールの言うように、あらゆる能動性には受動性が先行しているという基本原理からして、能動性が機能しているときには、根底において受動的綜合が働いていることを示しています。また、このことを時間論に関係づければ、受動的綜合としての過去把持が機能するからこそ、過去把持されたものを能動性としての反省が反省の対象とすることができるのです。感覚内容を知覚対象へと対象構成するといえます。

　このことからして、倫理の領域における能動的綜合による責任に対して、能動的判断の判断対象を前もって準備している受動的綜合としての情動調律の役割が重要であり、倫理以前の領域で問われなければならないのは、この「準備能力」の育成という課題なのです。

　⑤　受動性の概念の明瞭な理解は、倫理以前と倫理領域との関係を考える上で肝要です。繰り返し述べているように、受動性には、「能動性以前の受動性」と「能動性における受動性」の区別があります。過去把持の発見を通して導入された「含蓄的志向性」が、瞬時的明証性を克服した、志向性の明証性にもとづく「習慣性」の概念を確定することに成功しました。習慣性は「能動性以前の受動性」の領域と「能動性における受動性」の領域の二領域において含蓄的志向性として働いています。したがって、能動性に先立つ受動性の側面と、能動性が受動性に転化して、無意識の受動的綜合として働く習慣性の重要性も無論、見落とされてはなりません。受動的に

生じたからといって、そのような転化による受動性の起源である能動性の責任が問われずには済まされません。能動的動機が時をまたいで、受動的に生じたとしても、能動的動機が働いたそのときのその責任は問われなければなりません。習慣性を形成するにあたっての能動的契機と受動的契機が明確に解明されねばならないのです。

情動調律の成立不成立の要因として、この二領域において働いている習慣性が決定的な役割を果たします。乳幼児の側からすれば、いまだ能動的志向性が働いていないことから、「能動性以前の受動性」の領域の習慣性のみ生成しています。養育者の側をみると、「能動性以前の受動性」だけでなく、能動的志向性が働いており、その能動的志向性が受動性の領域に沈澱して空虚表象の習慣性なることも含め、能動性と受動性がともに生きられています。特定の生活習慣や文化価値や個人的関心等の習慣性（「能動性における受動性」における習慣性）が、乳幼児に与えられる周囲世界を大きく規定しています。したがって、育児にともなう、それぞれの社会の特定の生活習慣や文化価値の分析を通してはじめて、その社会での社会的行動の倫理的責任意識を準備する能力の形成が定題化されえます。グローバル化する現代において、倫理的責任能力の形成の問いは、様々に異なった複数の生活世界における「情動調律」の形成の問いとして、つまり、間文化哲学の問いとして展開されていきます。

⑥　情動調律の準備能力が問われるとき、この受動的綜合の能力は、間身体性の領域で形成されてくることが重要な論点です。したがって、情動調律の相互主観的特性が徹底的に理解されねばなりません。スターンの表現では、「共にある体験」、「共有体験」といわれますが、この「共に」は、個の体験と他の個の体験が並行して別個に経過していて、たまたま「共に重なる」というのではありません。「共に」という情動調律が生成して後、身体的自己と身体的他者の区別が乳児自身の経験となっていくのです。この間身体性における健全なコミュニケーション調律という共有する情動の体験を前提にしてはじめて、自己の身体と他者の身体の区別が成立するという発生

の秩序が確認できて、自閉症児の情動的コミュニケーションの阻害の原因究明が可能になります。

情動調律が受動的綜合として生じていることが明らかになるのは、意識作用の志向性としての能動的志向性が、表象をともなう予期として働いてしまい、情動調律が受動的綜合のままに生起することを阻害してしまうという事例においてです。小林氏が指摘する、自閉症児の行動を予測しようとする母親側の能動的志向性としての予期の働きが、その子どもがどう感じているか、自分に受動的綜合を通して映ってくる情動をそのままに受け止めることを妨害し、その代わりに、過去のその子の行動の記憶（それ自体、行動の把握という能動性が受動的な含蓄志向性に変様して記憶としてある）を呼び起こして、予測に躍起になってしまう例がありました。[2] また、他の書物で論述した、松尾正氏の示す自閉症患者の例として、他者の眼差しや動作に、敏感に他者の能動的志向性の関与を感じわけ、あらゆる能動的関与を拒絶し、仮眠する医師の存在を安らいだ間身体性において受容することから、受動的相互主観性の地盤を再獲得していくことができた事例もあります。[3]

また、スターンの症例として提示されている無調律の例は、通常の自己感と他者感の区別にもとづく「さびしさ」と、自他感の区別が生じることなく、他者の身体の存在そのものの区別に至らない絶対的「孤独感」との違いは、間身体性からの自他の身体の区別の成立という事態を、鮮烈な逆光のもとに晒し出します。

いずれにしても肝要であるのは、受動的綜合として働く情動調律の世界を、それとして確定し、積極的に促進し、間身体性の豊かな土壌と基盤として実現していくことなのです。フッサール発生的現象学における倫理の最も重要な主張は、このような意味での倫理の基礎の構築なのです。

第三節　間身体性の世界に生ずる〝生得的汝〟への関係性

受動的感情移入が生起している間身体性における倫理の基盤には、ブーバーの幼児期における〝生得的汝〟への幼児の「我-汝-関係」が生起しうるのであり、この関係性が倫理の領域の実現を促す潜在的動機連関として働いていることを明確にしてみましょう。通常、幼児と養育者の関係は、おもに成人である養育者の観察の視点から論述されることが支配的であるのに対して、このブーバーの論述は、幼児の側からの世界への関わりという視点から記述されています。となれば、その記述の非学問性という批判が立てられるは、当然のことともいえましょう。しかし、その記述が発生的現象学の脱構築の方法を通して、あえて幼児の体験の世界に立つ企てとして、現象学的分析の明証性の裏づけを獲得しながら成立しうるのです。とりわけ、このような視点の強みは、情動調律の成立の困難さを乳児が克服する可能性に向けた問いを立てることにあります。乳幼児がもつ、生まれながらの、世界に向かって関係性をうちたてる能力をテーマにすることができるのです。そして、この能力が、成人における倫理の実現を背後から動機づけていることが示唆されることになります。

① ブーバーの〝生得的汝〟への関係性の特徴は、乳幼児が受動的志向性を通して、世界に関わっているということにあります。能動的志向性は、自我極の形成とともに自我の作用として働きます。自我極の形成以前の、自我の作用が働く以前の志向性が受動的志向性であり、受動的綜合は、積極的活動としての生の働きかけとしての本能志向性と衝動志向性の働きをいまだそれとして自覚できずに働いているということができます。受動的綜合の特性は、能動的綜合の対象構成の段階と異なり、対象構成以前の感覚野の先構成の段階で機能しているとい

うことにあります。したがって、スターンのいうように、新生自己感と中核自己感、そして主観的自己感、言語自己感の形成が始まる時期まで、乳幼児には、明確な自我としての自己意識は形成されていないと同様、明確な他我意識も形成されておらず、自己を対象として構成することなく、また、他者を対象として構成することもありません。これら四段階の自己感とは、自己を対象化することなく、表象化することのない身体的自己の感覚なのです。

この自己意識の獲得以前ということを、「無私性」と名づけるとしますと、この無私性の現実をそのまま受け取ることができるかどうかということが、養育者に与えられた大きな課題といえます。乳幼児の無私性に、自分の生きる自我性を通して、「乳幼児の意図」を押し付けることは、絶対に避けられなければなりません。つまり、乳幼児の行動に、意図性を押し付け、「嫌っている」とか、「泣いて、わざと困らせようとする」とか、自我性を押し付けてはならず、乳幼児の無私性をそのまま認識論的に認めうる知恵と見識をもたねばならないのです。

②　乳幼児の無私性を受け止めうるのは、養育者の無私性が活性化されうるかにかかっていると思われます。養育者の無私性が活性化しうるには、自分の諸能動的志向性を脱構築してみることが勧められます。乳幼児になってみる試みです。フッサールにおいて、知覚と感覚が区別されています。感覚の場合、知覚と異なり、対象構成が生じていません。何であるかはどうでもよく、どう感じられるか、それが純粋な感覚の働きです。無意識に働くコミュニオン調律や誤調律は、ぴったり乳幼児の「生気情動」に即応しつつ、まさに間身体性のただなかに生じています。親は無邪気な子どもと遊べるときは、一緒に無邪気に遊んでいます。そうこうする内に、子どもは無邪気に遊んでいられない親の〝都合〟に気づかされ、養育者の意図的な誤調律を通して、子どもの直向《ひたむき》さが満たされることなく、スターンのいう「偽りの自己」の形成が生じたりもします。形態の生成と空虚な形態志向

の充実や不充実は、すでに、「良い乳房」、「悪い乳房」といった快不快の区別を区別として成立させ、乳幼児の直向さに対応する間身体性の多様さ、周囲世界の複雑さが、乳幼児の世界を先構成していきます。

③ ブーバーの「汝の哲学」において、生得的汝との関わりを通して、関わりを担っていた自己に気づく、ないし、振り返ることにより、自己の身体と主観としての自己に気づく、つまり、遂行態において生得的汝に関わる自己を自覚する瞬間が描写されています。間身体性を生きる中で、ゼロのキネステーゼの原意識を通して、自分の身体においてのみキネステーゼを感じるという、自他の身体の違いに気づいていくプロセスは、ブーバーの記述の裏づけとして宛がうこともできます。

他方、レヴィナスはメルロ＝ポンティのいう感覚の「間身体性」を批判して、「くすぐったい」という感覚は、自分で自分をくすぐっても、あまり、くすぐったくないのに対して、人からくすぐられてくすぐったいのはなぜか、すでに自分の身体と他者の身体の区別ができているから、そのような感覚の違いが生じるのだ、と主張したといわれます。(4) これに対して、メルロ＝ポンティの主張する間身体性は、まさにここでいわれる自他の身体の区別がつく以前の間身体性であると反批判せねばなりません。この意味での間身体性を、乳幼児が生得的汝に直向に生きていることである、と理解するべきなのです。この無私性をそれとして認識できないと、真の意味の「幼児性」を認識したことにならず、それが、結局、倫理の領域での「責任と愛」の次元での「無私性」の真の理解を妨げることになってしまうのです。

④ 幼児期の無私性と、「愛と責任」が問われる倫理における無私性との関係は重要な考察課題です。これまで明らかにされてきたように、コミュニオン調律と無調律のコントラストが照らし出すのは、無意識に生じる間身体的なコミュニオン調律の基盤が獲得されてきて、はじめて、その土壌から自他の身体の区別が生成してくる

ということであり、この間身体的コミュニオン調律の土壌なしには、後に倫理的判断を担う自己意識と他者の意識そのものが成立しえないということなのです。しかも、この間身体性を生きる無私性は、後に「自己意識と他者意識」の区別さえ超えて、他者との出会いが生じたときに生起する「無私性」と根底において通底しているのです。ブーバーが、「成人における我-汝-関係とは、生得的汝との関係という根源的動機が、実現したことに他ならない」とする真意は、この無私性に依拠しているのです。

第三章　沈黙からの倫理

――「我‐汝‐関係の無私性」から湧出する倫理――

フッサールのモナドロギーの倫理において、人格的態度における能動的感情移入を通して成立している倫理が積極的に言及されます。この人格的態度において真の意味での倫理的判断、つまり、目的論的枠組みの内部での価値の秩序における行動の妥当性と当為が問題にされるのです。他方、人格的態度の論述のさい、指摘されたこととして、愛と責任という倫理の領域は、能動的志向性の「ノエシス－ノエマの相関関係」では捉えきれない、「汝との出会い」の次元、並びに、同様に能動的志向性によって接近することのできないレヴィナスの「他者の他者性」の次元によって根拠づけられているという現実があります。実践理性と言語によるコミュニケーションの領域に成立している倫理が、言語での表現では届かない、しかも言語表現そのものを支えている「沈黙の倫理」によって、はじめて、倫理となっているということをこの章で示してみたいと思います。そして、ここで示される「沈黙に発っし沈黙において完成する倫理」は、文化の差異に通底し、それを超えた普遍的倫理に方向づけられていることも、強調しておきたいことといえます。

第一節　沈黙の三段階性

この章では、沈黙と言語表現の関係についての考察を通して、「我-汝-関係」から湧出する倫理というテーマで、言語表現を前提にする倫理的判断が、広い意味での「我-汝-関係」（乳幼児期の〝生得的汝〟への「我-汝-関係」と成人における「我-汝-関係」）をその根源と同時に目的にしていることを明らかにしてみたいと思います。言語による言表や命題の述定を基準にすれば、述定以前の前－述定的次元における間身体的人間関係という第一段階、そして、言語表現内の述定的倫理性の第二段階、さらに、言語で表現できないという意味で、超述定的な「我-汝-関係」の次元という第三段階の違いを通しての、全体としての発生的倫理の考察です。

この三つの段階の違いは、主観－客観関係という認識論の議論に照らして、主観と客観分岐以前の前－主客的段階と、主観－客観関係が確立している段階、そして、できあがっていた主客関係が解消されてしまう、主客融合の段階に相応しているということを、前もって述べておくことができます[1]。

第二の段階である主客分離の段階では、言語と表象が完全に機能しています。乳幼児の受動的綜合を生きる世界に、言語活用能力と諸能動的志向性の能作が形成され、言語と表象が人間関係を支配し、生活習慣を学ぶ中で、倫理的判断に即して行動することを通して社会の成員となります。いわゆる相互主観性を基盤にする人間関係における倫理の領域が正面から問題にされる段階です。しかしこの章では、真なる倫理性の源泉は、実はこの第二段階ではなく、第一と第三の段階の言語以前の、そして、言語以後の沈黙にこそあることを論証してみたいと思います。したがって、ここで問題にされる沈黙は、三つの段階に、すなわち、第一の先－言語的沈黙の段階、第二の言語に対置される、話さないこととして、言表の間に挟まれた沈黙の段階、第三の言語を超えた超言語的沈黙の段階に分けることができます。そして、この第一の段階と第三の段階において、自己中心化から開放されている「真の倫理性」、すなわち、「人を生かす倫理性」が生き生きと生動していると思うのです。

自著『文化を生きる身体』で指摘したように、ブーバーの「我-汝-関係」と大乗仏教哲学の無我の概念は、内容上の対応関係にあり、両者の対照考察は、「我-汝-関係」における「無私性」の本質を明らかにする上で、大変、有意義であるといえます。(2) ここで確定できるのは、第一段階の沈黙は、ブーバーのいう「生得的な汝」への関係において、自我(己)意識の形成以前に、その意味で自我中心化なしに、幼児が周囲世界という「生得的な汝」に向けて、まったく直向に生きている「無私性」の中で生じている沈黙です。そして、第三段階において、成人の我-汝-関係において生じる無私性が実現するのは、第二段階で生成した自己中心性が、汝との出会いである「我-汝-関係」を通して解消するときなのです。

沈黙の無私性は、三段階目にあたって、仏教哲学の文脈においては、「仏陀の沈黙と無我」の原理としてよく知られています。しかし、ここで大変興味深くまた重要であるのは、第一段階と第三段階の沈黙のもつ本質的な共通性であり、この共通性が仏教とブーバーだけでなく、『禅と弓道』の著者であるオイゲン・ヘリゲルによっても肯定されていることです。ブーバーにとって、第三段階での我-汝-関係は、「出会うもの達にとって、生得的な汝の現実化(実現)」に他ならないのですが、ヘリゲルにとっても、同様、悟りの体験というのは、行為のただ中で自己を振り返っているような自我への関係をまったく欠く幼児期の世界へ向けた態度の「再活性化」を意味するであろう、としているのです。(3)

このような次元の無私性の哲学的論証は、厳密な認識論的反省を要求します。その際、フッサールのなしえた大きな寄与は、彼がここで第一段階とされている、幼児の遂行する自我の機能をともなわない周囲世界への直向に向かう対向への、発生的現象学を通した現象学的分析による接近を可能にしたことです。フッサールの受動的発生の分析は、受動的な、すなわち、自我の能動性をともなわない、主観と客観への分割以前の先述語的な原創設を解明し、そこで無意識に働く間身体的衝動志向性の、原連合的で受動的な時間化の領域を露呈することができました。そして、それだけでなく、この次元の原創設の開示は同時に、成人における、汝への完全な対向の無私性の解明にもつながるのです。というのも、第三の段階の時間化は、成人において形成されている自己中心化を克服した、汝への無私的な対向において、現在と過去の逆説的な統一がそのありのままに体験されていることに関して、発生的現象学を通して明らかにされた第一段階における時間化と同一であることが明らかにされうるからです。

この第一段階と第三段階の、現在と過去との逆説的な一致性は、論理学の原則である同一律と矛盾律が妥当しない領域で生成しており、この論理原則が妥当するのは、現在と過去の逆説的な統一による先構成が能動性による対象構成を経て、主観と客観の分割において沈黙と発話の対立が必然的とみなされている第二の段階においてだけなのです。そして、通常、具体的な倫理的判断が問題にされるのも、当然、この段階においてです。ところが、この第二段階が第一段階と第三段階との関係性において考察されないかぎり、そもそも第二段階となりえない、つまり、第二段階がそれとして実現しえないことこそ、この章で論証したい課題なのです。倫理とは、第一段階の倫理以前の前提、また、第三段階の倫理の完成態としての目的なしに、そもそも倫理になりえない、すなわち、倫理の本質を形成しえないということであり、倫理の解明は、第一段階と第三段階の沈黙の倫理の解明を通してはじめて、その解明になりうるということなのです。

したがって、ここで、沈黙という様相における倫理を、まずは、時間の理解の仕方において、次に、他者の理解、第三に、「我‐汝‐関係」の沈黙からする倫理という観点から考察したいと思います。

第二節　時間と倫理

時間への問いは、私たちを、倫理がその根源から考察される際、最も鋭い哲学的反省にもたらすことになります。その実例として、本著、第II部第二章で論述されたフッサールの絶対的時間化の論説と、大乗仏教、唯識派の「識の変転」における時間性を対比的に考察してみます。

(1)　倫理以前の領域における受動的綜合と時間を先構成する衝動志向性

時間の現象学的分析は、現象学的還元、すなわち、直接、必当然的に内的意識に与えられている、内在的時間意識の明証的所与性への還元を通して遂行されます。したがって、いわゆる客観的事物の運動の計測から導き出される客観的時間は、括弧にいれられ、内在的時間意識の分析において、活用され、援用されることはありません。したがって、社会生活において、「約束の時間に間に合う」とか、「いつも、遅刻する」といった例で明らかな、社会活動の際に前提にされている客観的時間が、括弧にいれられていることを確認しなければなりません。

①　この内的時間意識への還元は、しかし、単にデカルトの懐疑を繰り返し反復して、社会的生活から隔離された個我の意識へ還元するものではありません。むしろ、デカルト的懐疑をさらに徹底して、エゴ－コギトの狭隘な枠組みにおける個我の意識を、必当然的明証性の探求を通して根底から克服し、「絶対的時間流」と、その

受動的志向性として二重に働く過去把持を通した逆説的自己構成を露呈し、その逆説的自己構成は、根本的に間身体的な衝動志向性を通してはじめて、自己構成として働きうることを明らかにすることができたのでした。

その経過を改めてたどれば、はじめは、第二段階において働いている能動的志向性である「想起」という統握作用として理解された過去把持が、この過去把持の志向性は、特有な志向性として、統握作用の能動的志向性という特性をもたないことが明らかにされました。過去把持の志向性は、対象構成以前の感覚内容が内容として統一されるときに働く、自我から発する作用性格をもたない、受動的志向性と規定され、感覚内容がまとまることそのものとして、原意識されるのであり、過去把持の内容は、「それ自身において、必然的に、「原意識」されて」(XI, 119) いるとされました。倫理の領域で能動的志向性が働き出す以前の倫理以前の領域において過去把持を通して、時間が自己構成されるのであり、感覚内容がそれとして成立するか、しないかということは、実は基本的には、倫理の領域に属するのではなく、倫理以前の領域に生じていることが、時間の分析を通して必当然的明証性において論証されたのです。ということは、第一段階の感覚と第二段階の言語との関係が、厳密に規定されてはじめて、第二段階の倫理的判断の持つ意味が明らかになることを意味しています。

② 『受動的綜合の分析』では、時間意識の構成がさらに深く、詳細に、とりわけ時間内容の構成に関して分析されています。そして、それと同時に、カントにおいて謎に留まった「生産的構想力」が、連合的―受動的な先―自我的綜合として、過去把持のプロセスそのものを分析することを通して解明されました。この分析の重要意義は、先に論述したように(4)カントの超越論的構想力のハイデガーの解釈と対比すると明確になります。ハイデガーは、その解釈において、カントの超越論的統覚の自我に依拠し、時間意識を「われ思う(エゴ―コギト)」と同一視するため、過去把持の変様において働いている受動的綜合としての生産的構想力の次元に到達することを

はできませんでした。このことは、ハイデガーにおいても、同様に、幼児期に働く倫理以前の間身体的な衝動志向性の次元を確定することができず、幼児期の時間性は、死の不安に立ち臨み、実存的決断を通して成立するとされる成人の「本来的時間」の埒外におかれた「非本来的時間」という規定しかもちえないのです。

受動的－連合的で先自我的な綜合は、現在の周囲世界のヒュレー的契機と過去把持の交差志向性を通して沈澱化した、過去の地平における含蓄化された空虚な形態と表象との間の対化する相互覚起において、作動していきます。現在においてはいつも、「沈澱化した際立ったものの背景があり、それは、地平としてすべての生き生きした現在に随伴しており、〝覚起〟において、その持続的に変化する意味を示している」（XVI, 319）のです。倫理以前の段階において感覚内容の与えられ方は、過去地平において触発的力をもつ空虚な形態や空虚な表象によって支配されるのが常です。そのようにしか与えられない感覚内容を規定しているのは、過去地平における触発的力なのです。

したがって重要であるのは、過去の地平が絶えず、現在に随伴し、臨在していて、現在と過去の力動的な相互の働きかけにおいて、空虚な形態や表象の触発的力が衝動に即して、絶えず増加したり減少したりしながら、過去地平の無意識において習性として形成されているということです。こうして最終的には、従来の線状的にイメージされた時間理解、すなわち、今の印象において根源的、直接的に与えられる時間内容が過去把持を通して、志向的に変様するとする理解が、現在と過去の相互覚起という理解によって完全に、原理的に凌駕されるのです。この相互覚起は、無意識においてこのように形成されている触発的な諸力によって、超越論的に条件づけられています。したがって、フッサールがこの論点に関して最終的に到達した命題は、「生き生きした現在の立ち留まりは、様々に異なった触発的諸力を統一化する原－触発としての普遍的な衝動志向性によって規定されている」

（XV, 595を参照）、という命題になるのです。

この倫理以前の時間性における感覚内容の成立についての理解が欠けると、感覚内容を内容にしているのは、超越論的統覚の自我の同一性であるとし、その自我が、感覚内容を自己の自然とみなし、それを外的自然を支配するのと同様に自己の内的自然を支配する、そのような支配の対象という意味しかもたないことになります。感覚内容は、単に知性が支配すべき、経験的心理学的所与なのではありません。コミュニオン調律において共有する体験としての感覚、すなわち、自己が自己になり、他者が他者になる基盤こそ、間身体的な感じあう体験なのです。この体験の基盤なしに、自己意識は生成せず、能動的な倫理的判断の能作は展開できないのです。精神病理学の領域で、常に健全な自我意識の形成が解明の課題とされるのは、この意味で当然のことであり、倫理的判断の有無に関して、重要で決定的な意味を持つのです。

③　フッサールの発生的現象学のアスペクトのもとに示されるのは、幼児における時間意識は、生き生きした現在の地平、すなわち、過去把持、印象、未来予持において、自我の能作による能動的志向性である再想起の働きなしに作動していることです。原初的な相互覚起は、周囲世界のヒュレー的諸契機と超越論的な〝遺伝資質〟（XV, 604）の含蓄化された本能志向性との間に生じています。

このように形成された根源的で生き生きした現在は、単に第一の段階にのみ妥当するのではなく、顕在的ないし潜在的に、第二段階の沈黙と第三段階の沈黙にも妥当します。この生き生きした現在は間身体性の受動的綜合の基盤を形成しており、この間身体性は、自我論的にではなく、一九二〇年代に展開するフッサールのモナドロギーの意味に即して、間－モナド的に衝動志向性によって時間化されているのです。

ここに、超越論的能作としての再想起が覚起され、それと並行して、自我極が次第に、身体中心化とそれを基礎にする自我中心化を通して形成されるとき、対象の構成、つまり、事物の知覚が可能となるのです。自我の活動性の関与のもとに働く能動的志向性は、ノエシスとして、受動的綜合を通して先－構成されたものを活性化し、対象化し、客観化して、ノエマを構成します。第二段階における言語の分節機能は、このノエシス－ノエマの意識の相関関係の次元で作動し、この相関関係は、拡大した時間地平、すなわち、生き生きした現在、再想起による過去、予期による未来において、絶えず、時間化が進行していくことになります。この再想起の働きなしに、言語活動は、それとして展開不可能です。

④　しかし、我-汝-関係、ないし、フッサールの人格的態度という第三段階においては、対象化と自己についての反省による関係性、ならびに、そのさい作動する能動的志向性は、汝へ直向に向かう完全な対向を通して、止揚されます。この対象化の止揚は、時間性との関係で、過去と現在の逆説的同時性として解明することができます。ブーバーはそこで、いかなる対象化も生じていない汝の光の〝とき〟である「汝の現在」に対して、過去と性格づける「我-それ-関係」に属する対象化と事物の因果性が、汝の現在の光のもとにあって、活動することなく静まっていると述べています。[5] つまり、それは決して、我-それ-関係の単純な否定なのではなく、むしろ、まったくそれにわずらわせられることなく、無関心であり、マイスター・エックハルトの言葉によれば、完全に〝離脱〟されて、現在の光に包まれ、活性化されていないのです。[6] 時間と被造物の多様性のそばに生きても、その「中」にいることなく、「魂は被造物的な世界から、したがって、己のあらゆる我性から離脱することによって神の根底における「一」なるいのちとして生まれ変わるのである」[7] とされるのです。まさに、この離脱の現在は、汝の光の現在に他ならないといえましょう。

第三段階の「それの過去」と「汝の現在」の逆説的同時性は、過去地平における含蓄的な空虚な形態と空虚な表象と、現在のヒュレー的契機との間の相互覚起として明瞭に理解されます。何らかの事物（Es）の様々なヒュレー的契機は、ある特定の現在に臨在する過去地平において受動的に覚起され、先構成されてはいますが、汝への強い関係づけ、結びつき、ないし、汝の光の中で、完全に無関心とされ、構成にもたらされることはないのです。つまり、「汝の現在」の光において、先構成された「それの過去」がそのようなあり方で、構成への欲求に惑わされることなく、共存しているといえるのです。

この段階において、フッサールの時間化は、もはや〝エゴ・コギト〟の能動的志向性によって規定された自我論の内部においてではなく、第一段階と同様、徹底して先‐自我的で、最終的に、自我中心化から開放された共同体化、すなわち、人格的態度において、個我の枠組みから自由な、理性の動機を生きるモナド共同体の発展の中でこそ理解されうるのです。フッサールは、「根源的に本能的なコミュニケーションにおけるモナドの全性」（XV, 609）を第一段階の「眠れるモナド」とみなし、「絶えざる基づけとしての眠れるモナドの背景をともなう、覚醒における成長したモナドの発展」を、第二段階を経て、第三段階において目的づけられた理性の目的論に位置づけています。フッサールは、モナドの全性に備わる「エンテレヒー［完成態］として、絶対的理性になる人間性の無限の発展のテロスの理念として」神を考え、このような意味での全体的なモナドの発展を理性の目的論にみているのです。（XV, 610を参照）

（2） 大乗仏教、唯識派における時間論

仏教の根本概念である苦、無常、無我は、時間の観点から、次のように考察することができます。苦が生じるのは、物事への執着からであり、物事を、変転する時間の規則性である無常という見解のもとに理解するのを拒

否しようとすることから生じるとされます。執着の中でも特に強力であるのは、自我、つまり、自分に固有とされる実体と理解され、恒常的であるとされる自我への執着です。しかし、無我とは決して真なる自己の否定なのではありません。真なる自己は仏教において、第三段階の沈黙において、その修行を通して直接、体験されうるものです。

無我としての真の自己は法において、つまり、超越論的に理解される存在要素ないし規則性の縁起において体験され、直観されます。法の縁起は、主客の分割において、また二元論的に、実在論的にも、観念論的にも把握することはできません。第二段階における言語表現の枠組みでは、理解が困難なのです。法を観るとする「法観」は、仏教の修行の目的であり、ヨガの実践を強調する唯識派が目指しているのも、この法観です。

① 時間意識はこの修行のただ中で、大乗仏教唯識派にあって、大乗仏教の一般的見解に即して、「非連続の連続」として、法の「刹那滅」という教説の基礎の上に表現されています。唯識の「識の変転」の説において、この変転において働いている時間性は、先に論述したフッサールの時間論と驚くべき共通性を示しています。このことについては、『文化を生きる身体』で集中的に論じていますが、(8)概要を集約すれば、次のようになります。すなわち、識の変転において、現在と過去との更互の働きあいが、次のように分析されているのです。この更互関係は、刻々の時の流れのすべての時点に、習性として沈澱している含蓄的潜在性である過去の「種子」と、その現在に生じた意識内容（現行識）そのものとの間に生じます。その更互性とは、一方の種子の側からすると、種子が熟して現行識になる（種子生現行）のであり、他方、現行識の側からすると、現行識が生じて、その潜在力を、種子として残し、種子の潜在力を高めていく（熏習）という関係（現行熏種子）なのです。したがって、一方で、潜在性は、常に増大する潜在力によって、現勢化する事態に至るのですが、そのようにして生じた現勢

的な意識内容は、生じると同時に、当の意識内容の潜在力を残すのです。ということは、現行識を生み出し熟すること、すなわち潜在力が高まって意識として現勢化することと、潜在力を残す、習性化することとは、実は、刻々と現勢的な意識内容が成立するという同一事態の両側面の描写であるということなのです。このようにして、刻々と、入れ替わり立ち代り、意識は成立し、変転していき、時間がそのつど成立しては流れ去っていくのです。このように、習熟と熏習は、過去と現在の、過去が現在になり、現在が過去になるという逆説的同時性を通して、一つのこととして、すべての時点に生起し、消滅し、それによって新たな次の現勢的意識が生じ、このようにして、「非連続的連続」が生起すると言われるのです。非連続であるのは、過去は過去として、現在になることはありえず、現在は現在として、現在である限り過去になることはありえないからであり、言い換えれば、過去と現在の間の断絶を意味するからです。連続というのは、この逆説的な現在と過去の更互関係にもかかわらず、意識の連続がまさに、連続として意識されているからです。

②　この唯識の更互関係の見解とフッサールの相互覚起の見解との共通性は、まず第一に、フッサールの場合、周囲世界の偶然的なヒュレー的契機が、実在的物理的な単一体（アトム）ではなく、本能的な原コミュニケーションの覚起された位相内実に相応するものとして理解されるべきであるのと同様、唯識派の場合、物的身体と無機的周囲世界（器世間）のヒュレー的契機は、アラヤ識の無意識的潜在性によって先-構成されたものとして理解されるべきである点にあります。第二に、フッサールにおける過去地平に沈澱している意識に上っていない潜在性としての空虚な形態と表象は、唯識における、同様に意識に上っていない潜在性としての種子にぴったり対応し、とりわけ重要であるのは、刻々の現在の先構成と構成が、そのつど、触発力を高めるという意味で、常に潜勢力を高め、無数の先構成と構成の間での相互に増強しあったり、互いを抑制しあったりする、無意識におけ

る力動的な習性の形成の絶えざる過程（プロセス）にあるということです。このことは、第二段階における倫理的判断の遂行に、決定的といえる影響力を与えており、倫理を考える上で、中核的な解明の課題といえます。

③　両者の見解の違いをみてみると、先構成と構成との区別、すなわち、受動的綜合と能動的綜合の区別は、フッサールの場合、唯識派よりも明解に論述されているのに対して、唯識派において、自己中心性から開放された純粋で直向な「対向」が、フッサール現象学の理論的把握に対して、実践という修行を通して実現されうることが明示されているといえます。

例えば、「青い空」が視覚として意識される際、まずもって、潜在性と現勢態との間の相互の覚起を通して生じる先構成が生じます。現在の周囲世界のヒュレー的な諸契機と過去地平において含蓄的に与えられている空虚な形態ないし空虚な表象との間の、対化する連合的綜合を通して、先構成される意味形成としての〈青い空〉が生じるのです。そして、「青い空」が現実に意識されるのは、そのように先構成された〈青い空〉が自我の意識を通して、ないし、伴って（それを唯識では、マナ（自我）識とよぶ）現実に構成された「青い空」になるのです。

この例に即せば、フッサールの場合、先構成と構成の区別が、受動的綜合と能動的綜合の区別として、原理的に鮮明に解明されており、自我が関与しない、執着が生起していない先構成の働きが純粋に露呈され、幼児期の、自我意識が生成する以前に直向に〈青い空〉に対向し、それに対応する〈青い空〉の世界が、確定しうるのに対して、唯識では、受動的綜合の世界が、自我意識（マナ識）を通して能動的綜合によって、常に覆われてしまっていることを強調します。この自我の意識の活動は、実践的脱構築としての黙想という修行を通して、まったくその活動性が脱去され、奪いつくされる境位まで修行が遂行されていきます。いわば、純粋に受動的綜合のみ働く先構成の次元が成人において実現される、ブーバーでいえば、自己中心性から解放された「我-汝-関係」が実現し、「無私性」が獲得されるための具体的な修行の道を呈示しているといえます。その際、重要なのは、先に述べたように、この修行において先構成されたものは、それが仮に、自我意識の関与なしに現実に意識されなくても、つまり、構成されなくても、たえず、自我意識の介在なしにその潜在力を残していき、そのようにして、その潜在的力が無意識のうちに熟成していくことなのです。

(3) フッサールと唯識の時間論から帰結するもの

さてここで、フッサールと唯識の時間の理解をまとめ、そこから帰結することに目を向けてみましょう。

① 第一段階の幼児期の間身体性が形成される時期の沈黙は、いわば、逆説的同時性のみ継起している時間性の世界での沈黙といえます。自我極がいまだ形成されず、再想起という能動的志向性が発現していないので、受動的綜合の連合による相互覚起の逆説的同時性がそのまま起こっていて、当然ですが、その起こりが起こりとして意識されているわけではありません。この第一段階の沈黙における現在と過去の同時性をより明晰に開示しえたのは、時間意識の構成を解明し、過去把持を開示しえたフッサール現象学の分析であるといえます。

② 時間は第二段階において、能動的志向性の発現により、生き生きした現在に再想起による過去、予期による未来が加わる構造的拡張が生じてきます。これにより、対象認知と言語運用が可能になり、第一段階で形成されている間身体的に先構成された感性的所与が意識作用（ノエシス）による活性化を通して、対象という意識内容（ノエマ）として構成されることになります。この段階において、主観と客観の分割のもとに、「現在、過去、未来」という時間軸上を、常に現在に生起する主観の働きと、現在に現れ、過去に去り、未来から到来する移ろい行く客観という認識構図ができあがり、沈黙は、言葉によって埋められる沈黙、言葉が記憶として残っている

沈黙、対象と言葉が現れる以前の未来の沈黙という意味しかもたないことになります。対象化と言語化以前の第一段階において生じている、すなわち、逆説的同時性において生じる与えられたままの感覚の世界は、生起したとたんに、自我の関心に即した自我の能作による「何であるか」の知覚の対象にされています。知覚と判断の対象は、客観的時間位置を獲得して、主観／客観の認識構図に位置づけられるわけです。したがって、言語表現そのものは、モナドの原コミュニケーションにおける間身体性を通して生成している生き生きした現在における感覚野の発生という基づけの前提、つまり、生き生きした現在における過去と現在の逆説的同時性を前提に、矛盾律や同一律の世界として成立しているといえるのです。

③　この第二段階において働いているのが、客観的な時間の流れを前提にした「因果関係」であり、論理の次元における「同一律」と「矛盾律」といえます。すべての段階においていつも働いている、第一段階において発現している現在と過去の逆説的統一は、当然、実在的因果性から自由に生じているのであり、この第二段階の因果性は、時間の「以前‐以後」という順序を前提にしています。逆説的同時性そのものは、物の実在的因果性という客観的時間の時点の前後を前提にした原因‐結果の関係では理解できない相互覚起を通して生成しています。時間化とは、意味の生成の次元であり、この意味の生成の連続が逆に、「客観的時間の前後という意味」そのものを規定するのです。この逆説的同時性は、したがって、この因果性に先行し、因果性という意味を規定しています。第二段階の言語の分節化は、能動的志向性としての再想起を前提としており、再想起によって、通常の過去の意識が構成され、再想起によって言語使用が可能になり、言語による論理的判断の表現が可能となり、約束し、計画を立てて行動する社会生活の規則性が確立しうるのです。

④　言い換えると、因果関係において、無限に細切れにできるとされる点的な時間の前後は主張できても、

「現在と過去の逆説的同時性」を論証することはできません。この第二段階において典型的なゼノンのパラドクスは、このような点として無限に切り刻むことのできる客観的な時間の幅を前提にした、いわば、作りあげられたパラドクスであり、生きられている「現在と過去の同時性というパラドクス」とは、まったく異なった次元において出現しています。この作りあげられたパラドクスは、切り刻む、区切るそのつどの意識作用、すなわち、切り刻む対象（客観的時間軸）をそのつどノエマとして構成していることに気づいていません。つまり、対象構成以前の感覚的所与を、切り刻む対象としてノエシスを通して構成することはできても、切り刻まれているのは、感覚所与から構成されたノエマとしての対象なのであり、感覚所与そのものを切り刻もうとしても、それは対象にした感覚所与を切っているのであり、感覚所与そのものは、切り刻む分割以前に、自ずと生起してしまっているのです。すなわち、切り刻む作用以前に生起しているのであり、まさに、逆説的同時性において生起しているのです。また、A＝Aという同一律は、知覚対象の関係づけの論理です。発生的現象学は、対象知覚以前の逆説的同時性にあたえられる感覚そのものが、対象の意味として統握されるとき、対象知覚が成立するのであることを、意味の生成の問いを通して、開示しえたのです。

⑤　第三段階で、フッサールの人格的態度やブーバーの我‐汝‐関係、また、仏教の無私性において、自我中心化とその根源を意味する身体中心化から開放されるとき、第一段階で生きられていた逆説的同時性が、再度、その同時性の現実性を顕現化します。しかも、無私性において与えられている「汝」の現在に、「汝」に属するとされるすべての内容が、その同じ現在に過去地平から先構成されて居合わせていることができるのです。汝の現在の光の中に、具体的唯一性という個別的意味内容が先構成されて同居しているのです。そしてその先構成されたものは、すべて、逆説的同時性において先構成されています。

⑥　この第一の段階と第三の段階における現在と過去の同時性は、第二段階の客観的時間における因果関係に対して、広い意味での動機連関である何かに向かっている志向関係においてのみ、細かく言えば、意識にのぼる以前の受動的志向性の「志向‐充実／不充実」関係において適切に理解しうるものです。言語は時間の前後関係において、特定の音声の特定の持続と変化の感覚（聴覚）の知覚（言語上の意味としての統一化）を通して活用されます。第二段階の沈黙が語りきれないものの伝達の効を奏すのは、もともと第一段階の沈黙における感覚内容の限定としてしか言語が働きえないからであり、その言語は、刻々の現在と過去の同時性において働きあい、響きあっている意味の充実を迫る無数の空虚な形態と、周囲世界の無限に近いヒュレー的契機との間の対化と響きあいによる先構成の「豊穣の海」の表面の波頭にすぎないからです。また、第三段階の沈黙の「無私性」は、第二段階でしか活用されない論理を語る言語に対して、「無私性」について語ることの限界を常につきつけ、沈黙を迫るという意味で、常に言語に働きかけているのです。

第三節　「我‐汝‐関係」の「無私性」から発生する他者性と倫理

間身体性において覚起され、現実化される生得的汝の現実性と、成人における「我‐汝‐関係」の現実性は、沈黙からする倫理の新たな次元を提供しています。この新たな次元を明確に指摘するために、まずもって、どのように、また、どのような規則性に即して、非‐エゴロギー的な間身体性が作動しているかを示してみます。次に、上田閑照氏の西田哲学における「私と汝」の考察を、「我‐汝‐関係」の分析に対置させ、対照的考察を行ってみたいと思います。この対照考察を通して、無私性から発生する他者性の倫理の本質が、明確に呈示されます。

（1）〝生得的汝〟と〝汝〟の喪失の危機

フッサールは相互主観性の問題系において、超越論的－発生的な基礎づけとしての、間モナド的間身体性における「対化」の受動的綜合について言及しました。この間身体性の領域の確保が、第一段階の言語以前の沈黙の段階の確定のために決定的に重要なのですが、レヴィナスは、他者の他者性の本質を間身体性の受動的綜合の見解からではなく、受動的志向性をそれとして認めることなく、志向性の概念の彼方に、志向性の概念から開放された「非－志向性」の領域に確定しようとします。こうして、受動的綜合の間身体性において、生得的な汝への関係における周囲世界への、幼児の全身全霊とでもいうべき全体的対向（直向に向かうこと）は、生き生きとした現在をその根底にする意識流そのものがレヴィナスによって、能動的志向性として規定づけられることにより、そのような能動的志向性の志向的特性とともに、他者の他者性の考察から排除されてしまいます。

さらに、この生得的汝への関係性の喪失は、第三段階の沈黙の領域に展開する我-汝-関係の「無私性」の本質、つまりは、他者の他者性との出会いの可能性を喪失してしまうことにつながるのです。このことが、第二段階で展開される倫理の基礎（第一段階）と目的（第三段階）の本質を見誤り、倫理そのものの狭隘な把握に陥ることになります。

①　レヴィナスは、〈近さ〉を語り、「言語以前の触れること」について言及するのですが、この「言語以前のコミュニケーション」は、「創造作用を受け取る主観を欠く受動性」、「文と文字を欠く根源的言語」とあるように、また、「被造物の根源的受動性と根源的言語の威力と輝き」という聖書解釈にその背景をもつと考えられる根本的見解のもとに、その「輝きの影」ともなりえないようなあり方で、完全に、消失してしまいます。倫理以前の「第一段階の沈黙」が形成されているか、いないかの現実性、切実性、そして必要性は、例えば、自閉症児

の行動に露に現出しています。しかし、志向分析を能動的志向性のもつ対象化のゆえに排除するレヴィナスには、隣人の〈近さ〉へ接近する現象学的分析の路は断たれているのです。

自閉症児の沈黙の行動が、獲得されていく間身体性を通して、「イタイ！」という母親に向けての言語表現になる劇的変換に居合わせるものは、言語表現のもつ、根本的な間身体性という本質の露呈に居合わせているといえます。発生的現象学の脱構築による接近法は、沈黙の行動に込められた特有の感覚世界の成り立ちに迫ろうとして、その感覚世界を世界にしている時間化に焦点を合わせ、特有な時間化の構造に接近しようとします。本能志向性の覚醒と衝動志向性の形成の次元に「連合と触発」の規則性に即して遡及しようとするのです。こうして、倫理以前の言語活動の基盤である間身体性の形成の探求領域が獲得されるのです。本能志向性の覚醒と衝動志向性の形成が、間身体性の獲得にとって必須であり、この領域の解明が時間化の分析を通して可能になるからです。この第一段階の沈黙における間身体性の獲得が倫理以前の倫理の基盤の獲得を意味しています。

② レヴィナスにおいて、除外されてしまうのは、幼児期の〝生得的汝〟への幼児の関係性だけではありません。成人における「我-汝-関係」そのものが、レヴィナスの取る他者性に関わる二元論的形式主義によって否定されてしまいます。レヴィナスは、「他者において何らかの内容を見て取るのは、すでに、他者に対して、対象に対してのように関わることであり、「我-それ-関係」に立つことを意味する」(9)としています。このような、汝から具体性と世界に結び付いた現実性を奪い去るような誤解は、形式と内容という近世哲学に由来する二元論から生じたものです。カントに起因する、この二元論的な認識論的狭隘さは、すでに、フッサールにおいては、受動的綜合としての過去把持が、統握作用（ノエシス）－統握内容（ノエマ）の相関関係において把握できないばかりでなく、この相関関係の成立以前に生起していることにより克服されていることは、繰り返し述べていること

です。[10]

③　ブーバーの我-汝-関係において、倫理の根本問題とされる「存在と妥当」の二元性が克服されていることも明確に示される必要があります。M・フリードマンは、「カントにおいて理性の《ねばならぬ》は傾向性の《ある》から分離されている。ブーバーにとっては、その反対に、《ある》と《ねばならぬ》とは真正の人間存在の先行条件としてのこれら両者の緊張をうしなうことなく結合し、人間と人間との間の生を現実的なるものにするのである」[11]と適切に表現しています。つまり、当為と存在は、カントの場合と異なり、ここで「間の生」といわれる「我-汝-関係」において、分離ではなく結合され、統合されているのです。どうして結合が可能かといえば、ブーバーは、カントのように、普遍的原理の具体的状況への適用という観点から倫理を考えるのではなく、そのつど、具体的状況のただ中で、具体的問題と格闘し、フッサールのいう人格的態度において、自分のみならず、他者の無意識をも含めた動機の全体にまで踏み込んで、自己の全存在をかけた、無私性が自ずから生成しうる具体的問題状況との「我-汝-関係」からこそ、そのつどの「存在と当為の結合」が生じるとしているのです。このような実現が決して容易とはいえない倫理のあり方を、そのつどの実存的な決断（当然、孤立した実存ではなく、汝に対面する我-汝-関係を生きる実存の決断）と表現することは、妥当といえます。我-汝-関係において、汝の具体性と世界性が失われることなく、当為と存在の結合がそのつど、生成しているのです。しかし、注意せねばならないのは、そのつどの真の「存在と当為の結合」が実現することの困難さは、まさに「我-汝-関係」の実現の困難さに相応しているということです。

④　このような実存的な倫理的決断が可能となる根拠を、フッサールの発生的現象学の倫理以前と、倫理の領域に実現する人格的態度から解明することができます。「存在と当為」の対立は、明らかに、カントの感性と理

性という二元論的構図を認識論的前提にしています。第一部で詳細に論じたように、カントのこの感性と理性の二元対立と内容と形式の二元性によっては、人間の主観性の本質と、認識の成り立ちを解明することはできません。対象認識を志向性の相関関係から新たに捉えなおすとともに、対象認識に先行する、感性の綜合の規則性である受動的綜合の解明を通してはじめて、対象構成の基盤の解明による、必当然的明証性に基づけられた新たな真の認識論が成立しえたのです。この認識論において、理念一般が身体の実在性と理念性の両面に体現されているということは、通常の「認識と実践の峻別」がもはや意味をなさないことに他なりません。なぜなら、すでに感性の超越論的規則性において示されているように、感性の領域が可能な実践にむけての感性であることからして、また、感性の認識に与えられないような実践は、そもそも考えられないことからしても、認識と実践の交錯をあえて分離して与えられるいかなる積極的なものもありえません。この身体を中軸にする新たな認識実践論こそ、倫理的決断が問われるときの判断対象の内実を明示しているのです。このとき、「存在と当為」の対立軸は、経験的事実としての存在と実践理性の規則としての当為という対立を意味するのではなく、倫理以前における超越論的規則性を通して形成される身体的存在とその存在の所与性を考察し尽くし、動機と価値の秩序づけをそのつど行うという、人格的態度における決断という新たな枠組みの内部に位置づけられるのです。

⑤　レヴィナスは、このような、我-汝-関係から生成する倫理の次元を認めることはできませんでした。しかし、レヴィナスが語ろうとする「自己犠牲」とは、実は、「我-汝-関係」における自己中心性から自由な「無私性」に他ならないと思います。レヴィナスが「憑依」における「文も語もなきコミュニケーション」について言及し、すでに他者との「責任と愛」の関係にはいってしまっていることを強調するとき、実は、乳幼児期の第一の段階の沈黙を意味する「文も語もなきコミュニケーション」をも指示しうると理解できるのですが、その「責

任と愛」は、親の側の立場を意味するのみであり、乳幼児の側からの視点を欠き、そこに立ちうる現象学的分析の可能性に触れないままに留まっています。また、レヴィナスの「責任と愛」は、同時に、第三段階の「我-汝-関係」の言語を越えた沈黙における「文も語もなきコミュニケーション」を示しうるはずなのですが、その形式主義により、具体性と歴史性をになう世界における汝と直接出会うことはできず、モナドの共同体の倫理が成立しえないのです。

⑥　このように、レヴィナスによって失われた〝生得的汝〟と「我-汝-関係」の汝は、倫理に関して多大な帰結をもたらすことになり、それによって、モナドの共同体から発する倫理の基盤であるような先自我的間身体性とモナド的共同体を積極的に肯定する、我-汝-関係の間の現実性による倫理が失われてしまう危険にさらされることになります。〝生得的汝〟の喪失は、間身体性の「無私性」を直向に生きる乳幼児の周囲世界への積極的な関係性の喪失につながります。これまで論述してきたスターンの発達心理学及び、親－乳幼児心理療法の分野での間主観的アプローチにおいて、乳幼児と親との間身体性における「情動的コミュニケーション」の決定的意味合いを考えるとき、〝生得的汝〟の喪失の重大性は、明白なことと思われます。同様に、他者の他者性との真の出会いが中心課題とされる倫理の領域で、我-汝-関係における、能動的志向性による対象化を経ない汝との出会いが不可能とされることは、倫理の中核が失われてしまう危険につながります。レヴィナスにとって、汝との出会いが不可能とされるのは、形式と内容というカントの二元論に即した形式主義を通して、汝がいかなる具体的な身体性と歴史性をになった汝としても出会うことができないからです。汝に属する内容は、すべて、「我-それ-関係」における能動的志向性によって構成され、対象化された内容であり、他者の他者性と触れることはないとされます。先に述べたように、第二段階の因果性による時間の前後関係における対象構成が先構成されてはい

ても、構成にはいたらず、非対象的汝に直接向き合うことを通して、汝の光の中において、汝に属する内容が排除されることなく、むしろ、個々の汝の一回性の内実として生かされているということは、レヴィナスにおける汝への〈接近〉では不可能なのです。

⑦　ブーバーの我-汝-関係における他者の他者性は、このように、レヴィナスのそれと異なり、出会いにおいて、かけがえない人格性としての、フッサールによれば、類比の不可能な一回性の他者性として、自己が真の自己となる（それが同時に、他者の一回的な自己にとっての、一回性における他者となる）ことを通して、深い直覚（Intuition）において輝きでるのです。その出会いは、その人が真の自己になるということを通して、実現した真の自己がさらに深まり行く方向性を示唆し、こうして、通常の善悪の判断を超えた、存在と当為が一つに統合される、そのつどの無私的な我-汝-関係へと方向づけられます。この方向づけの中でそのつど実現される無私的な、言語上の善悪の区別としての倫理を統合する、すなわち、倫理上の善悪の区別を具体的内容として内に包含している汝の光であり、その沈黙の光の内に、倫理という善悪の区別は正当な位置づけを獲得するのです。

⑧　具体的で歴史的な汝の喪失の危機は、同時に、汝の光に生きる「それ」の危機を意味します。ヴァルデンフェルスが指摘するように、レヴィナスの他者の他者性の過度の強調は、倫理の領域において形成されている法や政治の制度の積極的役割を過小評価することにつながり、「政治的、そして社会的構想力の効能と決断をめぐって現れてくる紛争がまったく考慮されなくなる」(12)のです。このような「否定的倫理」にかわって、様々に異なった諸生活世界に生成してくる法意識や社会意識の成り立ちを問える発生的倫理が「我-汝-関係」の無私性への方向づけの中で、倫理的諸制度の生成を間文化的探究の枠組みに位置づけることが可能になるのです。

（2）無私性と西田の「直覚的経験の事実」

沈黙からなる倫理に関して、間身体性の役割は決定的に重要であり、健全な間身体性の形成が、とりわけ、人間の身体的実存に関する倫理的な基盤が、単に合理的思惟の観点からのみでなく、間身体性に依拠する根拠からして形成されているのでなければなりません。また、黙想する身体を基盤とする仏教の修行は、「自己を忘れて座する」という修行原理にみられるように、身体的実存を欠いたところに成立しえません。

第三段階における沈黙の特性は、〝超論理的〟と呼ばれるのであり、仏教の場合、仏陀の沈黙は理論的に言語によって分節化された同一律と矛盾律という論理を通しての理解が不可能であり、にもかかわらず、実践的に修行の実践の遂行を通して、直接、体験され、生きられうるのです。その論理を超えた論理の真意が修行を通して明確になるプロセスに関しては、鈴木大拙、井筒俊彦、上田閑照によって、的確な論述が展開されてきました。(13)ここで、上田氏の論述の展開をさらに追究してこの段階の沈黙から生成可能な倫理を明らかにしてみましょう。

上田氏は、『私とは何か』という著書において、ブーバーの「我‐汝‐関係」と西田の「私と汝」との対照考察を展開しています。その際、氏はその問題の検討に先立って、デカルトのエゴ・コギトと西田の思惟の展開を対照的に考察します。このデカルトのエゴ・コギトの問題をまず取り扱うのには、いくつかの重要な意味があってのことです。倫理以前と倫理の領域の区別を通しての考察にとって、倫理の領域が成立するのは、デカルトのエゴ・コギトの見解が獲得され、自己意識の存在が確立されることと同時です。ということは、第二段階における言語と沈黙が交差する言語的コミュニケーションにおける述定的判断を介した倫理の領域は、第一段階の「無私性」と第三段階の「無私性」と完全に対立する「われ有り」の、いわば「有私性」の領域として際立っています。となれば、このエゴ・コギトの「有私性」と「無私性」の関係を見極め、倫理の領域を明確に確定するためにも、このエゴ・コギトについての考察は大変重要な意味をもつのです。

①　第一に上田氏は、デカルトのエゴ・コギトの内実を的確に、「（A）「私は音を聞いている」。これは（これだけでは）偽である。眠って夢を見ているのだと言われればそれまでだからである。（B）「〈私は音を聞いている〉と思われる（私に思われる）」。これは、確実であり、偽ではありえない。ほんとうは、（C）「〈私は音を聞いている〉と私は考える（コギト）」であって、ここで初めて真に確実なことが成立する」[14]と表現しています。デカルトのエゴ・コギトの明証性は、感覚そのものでは成立しておらず、感覚についての思惟の明証性であるというのです。そして氏はデカルトの思惟の遂行者としてのこの「考えるわれ」の優位性に対して、西田の「直覚的経験の事実」を対置させます[15]。

この自己意識の明証性と「直覚的経験の事実」の対照考察の際、先に検討したフッサールの超越論的事実性の概念を改めて議論に導きいれることができます。発生的現象学の視点からして、「考えるわれ」の明証性と「直覚的経験の事実」との関係は、「本質」分析を遂行する「われ」と経験の「事実」というように、本質と事実の関係としてこの対立を考えるのではありません。そのことが明確になるのは、フッサールが、デカルトのエゴ・コギトの明証性を継承しているといわれ、フッサールの隠れたデカルト的形而上学の前提というように批難する、まさにそのような無理解においてなのです。というのも、この批難はまったく、根拠を欠く批難であり、フッサールの超越論的現象学の明証性、並びに、発生的現象学で開示された「超越論的事実性」は、次の諸点でデカルトのエゴ・コギトの明証性と異なっていることを見落としてはなりません。

a　一つは、時間論に関わります。デカルトにおいて瞬時的でしかありえなかったエゴ・コギトの明証性は、過激な懐疑主義の餌食となってしまい、それが倫理においては、極端な快楽主義として、倫理の基盤を奪いかねない敵対者として現れました。フッサールは時間化の解明を通して、過去把持の必当然的な絶対的明証性を獲得し、モナドの歴史性と事実性が、時間化する過去と未来の契機を内に含み、過去がいつも現在に臨在し、過去の含蓄的志向性なしにそもそも現在の感覚内容がそれとして存在しえない、いわゆる、幅の有る「生き生きした現在」の必当然的明証性として解明されたのです。これにより、懐疑主義は完全に克服され、志向性概念の発見により快楽主義が根絶やしにされました。

b　これによって、二つ目に、デカルトの世界概念の理解との根本的相違があげられます。フッサールの時間化において与えられている「世界信憑における「われ有り」」(XV, 385) の必当然的明証性で述べられている「われ」は、デカルトにおいて前提されたままその生成が問われることのない「客観的世界に実在する実体としてのエゴ」なのではなく、デカルトが問うことのなかった「客観的世界そのものを構成する超越論的主観性としてのエゴ」の本質なのです。つまり、絶対的時間化の自己構成による世界の構成とその世界の内に構成されてある絶対的時間化を担う主観という、人間主観性の逆説における世界構成の意味と、問われることのない客観的世界（神の被造物としての世界というデカルトの見解）の存立という根本的相違なのです。

c　そして、三つ目に、この客観的世界の構成を遂行する超越論的主観性は、もはや、その根源的働きをエゴ・コギトに持つのではなく、エゴ・コギトと超越論的統覚の及ばない深層における絶対的時間流の生起（時間化）において働いているのであり、この基盤の上に、はじめて、エゴ・コギトと超越論的統覚そのものが可能になっているということです。倫理学の成立において、超越論的統覚の自我は、責任の主体として不可欠に要請されるだけでなく、経験における客観的対象の認識にとって、不可欠な自我の同一性として、デカルトのエゴ・コギトの実体性を退けつつ、超越論的認識主観として論証されています。それに対して、超越論的構想力の生産的構想力の働きとして解明されたのが、受動的綜合としての超越論的連合であり、この連合には、いかなる自我の関与も認められない、つまり、超越論的自我の統覚は、働くことなく、体験の流れが自己構成されていることが開示されたのです。すでに、倫理以前に、間身体的に先構成された感性の世界が、成立しており、自我の能動的志向性による構成の働きは、受動的志向性の先行と前提においてのみ、働きを行使しうることが明らかにされたのです。

d　また、四つ目として、この時間化の相互主観的本質からして、フッサールの衝動的志向性による時間化を前提にするエゴ・コギトは、当然、必然的に個我のエゴ・コギトではなく、根本的に相互主観的な基盤の上に成立しており、フッサールにとって、独我論とは、自己の根底を忘却した個我の持つ幻覚であるということなのです。すべてを自我が構成するという意味での独我論の基盤の上に、真のコミュニケーション、すなわち他者との出会いが成立することはできず、他者の他者性は、人間の体験の領域にはもたらされることなく、要請という理念的あり方を示す他なく、その意味で義務の倫理は成立しても、フッサールの言う理念一般が、実在性と理念性の両側面を統合しつつ体現されている人間の身体的実存に関わる、人を生かす倫理とはなりえません。

以上の四点から、フッサールがデカルトの「われ有り」の立場を、絶対的時間流の立場から、超越論的事実性という「われ有り」そのものがそこから成立する具体的時間化の次元へと現象学の考察を深め、「本質と事実」という二元性を通底する、その二元性そのものの起源の領域を開示したことを改めて再確認することができるのです。

②　第二に、上田氏は、西田の「直覚的経験の事実」に関して、「西田は、……デカルトでは問題になっていなかった（A）以前へと飛躍し、そこに疑うに疑いようのない「直接の知識にしてそのまま直接の事実であるも

の」（これが「純粋経験」と言われるもの）を見出す[16]」と述べていますが、この指摘をフッサールの超越論的事実性としての感覚概念の理解と対応づけることができます。

フッサールにとって五感に与えられる諸感覚は、通常の能動的志向性の「意識作用（ノエシス）─意識内容（ノエマ）」の相関関係において把握することはできません。「感覚とは感覚内容の内的意識〔原意識〕に他ならない。……したがって、私が『論理学研究』で感覚と感覚内容を同一視できたのは、明らかである」（X, 127）と述べているように、フッサールは、感覚を通常の意味での意識、「〜についての意識」とは理解しません。感覚は時間論において最も根源的で、原初的な時間内容を意味し、その感覚内容の自己構成が、過去把持の交差志向性において形成されることが示され、まさに「形式／内容」、「本質／事実」の二項対立では捉えられない超越論的事実性として規定されたのでした。そして、この感覚を基礎にする感性の領域は、倫理以前の間身体性において形成されています。

この感覚の原意識は、知ること以前の「赤の赤たることが即ち意識である[17]」という意味での西田の「意識」に対応するということができるでしょう。上田氏はこのような感覚の意識に関連して、メルロ＝ポンティの「志向的越境」（transgression intentionelle）に言及し、積極的な評価をしますが、西田の場合、「越境して現に居るそのところをそのまま出す[18]」、とその違いを述べています。「すでにそこに行っている」というこの表現は、実は、通常、「志向性」（「〜についての意識」）といわれるときの「能動的志向性」にも妥当しており、能動的志向性の分析は、いつもすでに、越境して、構成してしまっている、できあがっている関係性から出発してはいるのです。しかし、この能動的志向性による相関関係の分析がそもそも可能になるのは、上田氏のいうように、通常の意識は、「反省的であるからこそ、反省以前に意識は無─意識としてそこまでいっていなければなりません。[19]」このことからして、メルロ＝ポンティの「志向的越境」は、「無－意識」というあり方で、すでにそこまで行っていることを表現するに最もふさわしい「受動的志向性による受動的綜合」[20]として理解するのが最も適切かと思われます。受動的綜合の働きそのものは、それがそのまま意識されることはありません。「無－意識」として働き、現象学的反省そのものを可能にしています。それは、絶対的時間流と過去把持が開示された『時間講義』において、能動的意識ではない、自我の活動を一切含むことのない過去把持的原意識が、反省そのものを可能にすることを解明した分析[21]に明確に確証されうるものです。

つまり、この第二段階の言語的コミュニケーションによる倫理的判断の基盤であるエゴ・コギトの明証性を根底から支えるのが、言語表現以前の、先述定的な感覚の内的意識、ないし原意識（正確にいうと、ここでは、原意識II）の必当然的明証性であり、先に述べたように、過去把持の縦の志向性（交差志向性）において感覚質の自己合致、自己構成として成立している、それ自身直観化されえない受動的綜合が意識化された原意識（I）として、必当然的に与えられているのです。こうして、新たな受動的綜合による受動的先構成の領域が確定されています。

したがって、フッサールの革新的なところは、フッサールが、感覚内容の内的意識（原意識I）の必当然的明証性を開示したことに留まらず、このそれぞれの、原意識されている感覚質が、その生成のプロセス、発生の秩序をもつこと、すなわち、発生的現象学において、「原本能、原キネステーゼ、原感情」などの原ヒュレーの変転からの生成をもつことを明らかにし、その生成を問うていることです。また、習慣性に関わる志向性である含蓄的志向性が導入されることにより、身体性が過去地平に沈澱する「空虚形態」の触発的力の競合と増加として理解され、身体性の深化と発展が理論化される枠組みが成立していることでもあります。西田の「自覚」をフッサールの原意識に対応づけると、西田における「自覚の深まり」とフッサールにおける「原意識の発生的問い」という対応関係にある問題領域が確定されているといえるでしょう。

（3） 無私性と倫理

沈黙と言語と倫理の関係を考察してきて、「われ有り」と「われ無し」の「無私性」という概念を基軸にして、ブーバーの「我-汝-関係」と仏教の「無私性」に対応づけながら、これまでの段階づけの議論をもう一度、概略しておきたいと思います。まず第一に、間モナド的本能志向性による言語以前の沈黙の間身体性において、個別的身体の身体中心化による自他の身体の根源的差異が成立してくる段階があり、ここでは、感覚の意識と上に述べた原意識Ⅰが主に働いています。この段階は、ブーバーのいう、幼児期における「生得的汝」への幼児期の「我-汝-関係」が成立している段階であり、この関係から、次第に自我主観が形成されてきて、「我-それ-関係」が準備されてきます。次に、身体中心化にもとづく自他の身体の区別が原意識され、それを基盤にして自我-他我意識の区別が生じ、主客の対峙が成立し、通常のエゴ・コギトとしての能動的志向性による措定的-対象認識が成立する段階であり、自我の活動をともなう自覚としての原意識Ⅱが働いています。「経験と利用の個我」による「我-それ-関係」が形成し、発展する段階です。第三に、人格的態度における「我-汝-関係」の成立です。「我-それ-関係」を生きる日常生活のただ中に、「我-汝-関係」が成立し、汝との出会いを通して自我が真の我（「我-汝-関係」における「われ」）になる段階です。この三つの段階の関係性を明らかにすることによって、上田氏の西田の「私と汝」論との関連において、仏教の無私性を、倫理との関係でなお一層、明確にしてみましょう。

① フッサールが超越論的他我の問題に直面したのは、『イデーンⅠ』における純粋自我と「ノエシス-ノエ

マの相関関係」による構成論が確定した時期といわれます。この時期に、フッサールはまさに、純粋自我としての個我に他我がどのように与えられているのか、つまり、エゴ・コギトが「意識作用（ノエシス）－意識内容（ノエマ）」の相関関係において解明される際、この自我ではない他我の超越論的主観性が、私の意識の相関関係にどのように与えられているのか、他我とは必然的に私の意識作用による意識内容になってしまい、独我論を帰結することになってしまうのではないか、という問いに直面しました。つまり、明らかに、これまで述べられている第二の段階から出発して、第一の段階と第三の段階へとフッサールの考察が進展していったということができます。この第一段階への歩みが、発生的現象学の道筋であり、第三段階への歩みは、モナドロギーの枠組みの中で、他者経験の分析が「共同精神（Geimeingeist）」へ進展してゆく歩みといえます。その際、倫理の問題は、能動的感情移入の発生が問われて、受動的感情移入がモナド的間身体性において生成してくる、これまで検討された「倫理以前」の領域が解明され、第二段階における倫理の問題は、『改造論文』に自由と普遍的理性の問題として展開される方向[22]と、人格的態度における我－汝－関係、能動的感情移入の分析の展開にみられてくるのです。

② 他人の感情の起伏や快・不快が自分に直接伝播するそのあり方は、その生成の歴史をもつという、第一の段階での意識生と世界とのコミュニケーションの生起の仕方が、フッサールの発生的現象学を通して定題化され、解明されていきました。私の体験の流れは、私に内的意識として必当然的に与えられています。しかも、この体験の流れは、時間論の展開につれ、その根底において、本能の覚醒と衝動の形成に即した自己が生きる意識生の根源的関心に即して、留まり流れゆくことが明らかになりました。自我－他我という区別そのものの生成が問われる中で、エゴロギーでは問えないモナドロギーの問いが展開されます。さらに、衝動志向性の制約による体験流の中で、自我極がどのように生成してくるのかと、問われることとなったのです。そこでは、生命と生命とが、

世界との関わりにおける刻々変化する状況性を共に生きることの中で、共有する体験の流れが超越論的事実性の内実をなしていることが開示されました。また、自我極が形成されるに当たって決定的要因をなすのは、身体を意図的に動かす能動的キネステーゼ（運動感覚）の発現です。このとき、自分の身体は動かせても、他人の身体は動かせない、つまり他人の身体にはなれないという、意識に与えられる必当然的明証性が生起しています。「自分の身体」という超越論的原事実の原初的表現です。自我と他我の断絶は、この決してのり超えることのできない身体的な超越論的原事実にその根源をもちます。

この身体的実存の原事実を基盤にすることなしに、いかなる倫理学も成立しえないことが、フッサール発生的現象学における倫理の基本命題です。これは、倫理以前が受動性として、能動性としての倫理に先行するとも言い換えられます。第一段階の沈黙の倫理の基盤なしに、第二段階の倫理の領域は確立しえません。しかも、倫理が向かう普遍性への方向には、第三段階の言語を超えた沈黙における我-汝-関係の実現が位置づけられており、この「無私性」の実現が第一段階の「無私性」の第二段階のただ中における再実現であるというのです。

③　フッサールの発生的現象学の方法である「脱構築」は哲学の方法論ですが、思考も、実践に属するという意味では実践的であるともいえます。現象学的還元を通して、フッサールが「時間の意識の構成」を問うたとき、すでに日常生活で活用している「過去、現在、未来」という言葉のもつ意味は、意識により構成された意味として括弧に入れられました。このすでに構成済みの意味を使って、時間の理論を構築するのではなく、その意味の構成の仕方、生成を問うたのです。その意味で現象学的還元に、すでに発生的現象学の脱構築の方法の契機がみられるということもできます。発生的現象学ではこの生成の問いが、本質直観をへて解明された本質規則性の構成層全体を考察対象とし、全体の中の特定の構成層が脱構築され、その構成層の生成の秩序が問われるとき、い

ままで気づかれることなく、隠れて働いていた「生きる深い動機」としての衝動志向性が露呈されてきました。自他の身体という自他の事実性との深いつながりが、超越論的規則性として開示されたのです。

倫理以前に働く「無私性」への発生的問いは、受動的志向性の概念が確立することによって、明確な進展をみせました。なぜなら「自我の活動をともなわない」という受動性の原理が、自我極の生成という乳幼児期の発達の問題領域に現象学的分析を届かせる脱構築の基準となったからです。

④　この超越論的事実性の間身体性は、第一段階に属しますが、上田氏が西田の「私と汝」とブーバーの「我と汝」を対照考察する場合、明らかに、主観－客観の分裂以後に生起する第三の段階が問題とされています。上田氏の両者の対照考察の核心は、「ブーバーが相互現前の直接性を強調するのに対して、西田哲学では、「汝」は「私に生死を迫るもの」であり、「絶対否定によって相結合する」、「非連続の連続」というように否定性が核心になっている[23]」と表現されています。また、西田の「自覚の基本形式[24]」は、「われは、われならずして、われなり」と表現され、「われなし」の否定性を介さない「われの自覚」は、ありえないことが、常に強調されています。ここであえて、論じてみたいのは、ブーバーの「我-汝-関係」における否定性の契機であり、これをもって、西田の「絶対否定」の意味への一つの問いかけが成立しうるかどうか、という論点です。

a　ブーバーが「我-汝-関係」という出会いを通して、つまり、汝との出会いを通して、はじめて、「我」は、真の「我」になるというとき、我と汝の「間」としての「出会い」が生起するための根本条件として、たえず自己中心化して止まない「私」の否定が含まれているとはいえないでしょうか。出会いが生じる前提とは、ブーバーにとって、「私の存在全体が、集一して、一つになること」を意味します。ただただ直向に、自分の全存在が汝にむかうとき、自分に振り返ることがなく、(ブーバーは、「翻転」することがないといいます)、その意味で、

「無心に、無私で」、「無我」というあり方で、汝に向かうことが可能になるとき、初めて、出会いが成立するというのです。なんらかの自分の関心に即した他者への向かいは、いまだ直向ではありません。ブーバーは、「我-汝-関係」を「純粋な主観性」とも名づけますが、対象認識としてのノエマを構成しない、ノエマなき純粋なノエシスといってもよいでしょう。「我-それ-関係」における「経験と利用」の主体としての「我」の否定と、「それ」の否定、すなわち「それ」に囚われないという意味での否定なしに「我-汝-関係」は成立しえません。いわゆるエゴ・コギトのエゴの同一性は、「我-汝-関係」では、反省の意識に全く上っていません。

b　上田氏が、「私と汝」を論ずるにあたって、さきに述べたメルロ＝ポンティの「志向的越境」を取り上げ、越境が可能になるには、「なんらかの仕方で自他の境の壁が越えられねばならない。握手の刹那、「自もなく他もなし」、そこを通って他者へと脱自しつつ自己に還るという仕方で互いに向かい合う、そういう事態と解釈することができるであろう」[25]と的確に述べています。「志向的越境」の志向性は、「対化（Paarung）」と同様、受動的志向性ですので、「無-意識」のうちに、自他の間に常に成立している根源的つながりとして働いています。この「無-意識」における脱自（「われなし」）は、第一段階における幼児期における「生得的汝」との我-汝-関係の場合と、第三段階における成人の「我-汝-関係」における自己中心性と身体中心性の否定とは、当然、区別されなければなりません。なぜなら、第一段階では、否定されるはずの「私」がいまだ形成されていないからであり、第三段階では、我-汝-関係そのものの中で、形成済みの「私」の自己中心化と身体中心化が解消する（「われなし」になる）のであるからです。この否定がいかに困難なものであるか、つまり、いかに、第二段階の「我-それ-関係」において第三段階の他者との出会いが、困難となってしまっているか、『我と汝』の第二部で大変説得力をもって描かれています。

c　ここで問題にしてみたいのは、この第一段階における「われなし」と第三段階における「われなし」は、その違いにもかかわらず、それ事態としては同一の事態なのではないか、という論点です。無論、上田氏のいう「本当の挨拶や握手」が成立しているとき、実は「無‐意識」を生き直しているのですが、そのことが日常生活において「自覚化」されることは稀です。実はわれわれは、通常、第一段階の「われなし」が受動的綜合として常に臨在しているからこそ、通常の「〜についての意識」が成立していることに、無自覚なのです。そして、無自覚なのは受動的綜合の働きそのものは、意識化されることがありえないからです。第一段階の「われなし」は、日常生活に常にいつも働いているにもかかわらず、それが自覚されることはなく、第三段階の「我‐汝‐関係」が実現するとき、改めてその第一段階に働く「われなし」が、その根底から自覚されるのだといえるのではないでしょうか。

このことを『弓と禅』の著者であるオイゲン・ヘリゲルは、次のように述べています。「おそらく、この観得のあり方〔座禅の悟り〕は、……私たちが幼児期に、時として自然に生じていた行動の復活であり、増強であり、確定化ではないか。人が当時、遊び戯れた事物は、特定の結びつきから自由で、結びつけられうることもなく、本当にそれそのものとして体験されていたように思える。(26)」ここで、ヘリゲルが「特定の結びつきから自由で、結びつけられることもなく」といっているは、「自我」を問題にしているこのヘリゲルの断章では、明確に「自我への結びつき」を意味しています。つまり、第一段階で、いまだ完成していない自我への結びつきから自由な幼児が「それそのものとして」体験していた事物との関わりが、無私性の観得において復活し、増強されて再実現するというのです。

⑤　第一段階の「われなし」と第三段階の「われなし」との関係は、自我の形成の前後によって規定される関

係です。第三段階における自我（自己）の否定は、しかし、「対象として意識された自我」の否定ではありません。原意識IIの意識は、「～についての意識A」が起こったとき生じますが、その起こったことを「Aについて意識」するときのような「～についての意識」なのではありません。自我の活動を必然的に含んでいる「～についての意識」が起こったとき、それがそのまま映っているのが、原意識IIのあり方であり、それを対象化してそれに関わらないこと、判断をくださないことが、「われなし」に導いていきます。実践的判断停止（脱構築）において、「～についての意識」は、それが起こっても、ノエシス－ノエマの相関関係へと分析されていくことはありません。座禅の「数息観」であれ、「随息観」であれ、「無になりきる」ことであれ、それぞれの課題に成りきることを通して、「われなし」が実現してきます。それは、実践的脱構築を通して、自己中心化と身体中心化が働く暇がないほど、ことに成りきるとき、幼児期にそもそも「われなし」で働いていた世界への直向な生き方が、原意識Iとして復活し、増強し、確証されることであるといえましょう。

⑥　この両段階の関係を問うにあたって興味深い事例は、一一歳の少年だったブーバーの馬との触れ合いと「翻転」の経験です。一一歳ですので、すでに自我の形成後ということができます。そのとき成立した「我-汝-関係」は、したがって、第三段階に属するといえます。そのとき、生起した出来事こそ、「直向」という言葉で語ろうとする事態です。自分が自分に関心を向けるといった自己意識はなく、出来事のただ中で「間」が成立していました。否定すべき自己は、まったく念頭にありません。そこに与えられていたのは、まったくの他性、他の生命の「生のエレメント」ともいうべきものでした。「われなし」ということを意図せずに、「われなし」が成立しており、そこからの「翻転（自己中心化、身体中心化）」を通して、対象化された「自分の楽しみ」と対象化された「自分の手」に気づいてしまいました。西田が第三段階で「絶対否定」を語らざるをえないのは、第二段

階を生きる私たちにとって、対象化（「我-それ-関係」）の呪縛があまりに強力であるからです。

⑦　西田哲学の背景となる仏教の修行の実践は、脱主観化、ないし無私性の実現のプロセスとして、例えば、禅の修行のプロセスとして記述することができます。このプロセスを現象学的に、実践的な脱構築の方法の行使として描写することができるのです。沈黙した黙想は、単に、フッサールが最も徹底した還元としてあげる「すべての能動性を禁じる」（XV, 585）こと、例えば、能動性として、運動し、知覚し、思惟し、ないしは、何か特定のことについて瞑想することなどを禁じることを意味するだけではありません。それ以上に、積極的に正しい修行の仕方について語り、自分の呼吸と完全に一つになるように指示します。その際、ここで「禁じる」ということを、決して能動的な否定ないし拒否と誤解してはなりません。能動的否定とは、すでに意識の相関として表象化され、対象化された意味対象としてのノエマを、生起したと同時に否定したり、拒否したりすることを意味します。したがって、その「否定」は、同時に自我の活動性の遂行に他なりません。この呼吸と完全に一つになるとは、むしろ、受動的に先構成されたものや能動的に構成されたものに無頓着、無関心になるまで、呼気と吸気に集中するということなのです。

この無頓着、無関心が生きられるとき、逆説的に聞こえるかもしれませんが、自我の能動性が生起するその刹那がちょうど漆黒の闇夜に稲妻が走るように、またとない鮮明さで、生起のままに映し出されます。明確な表象をともなうノエマの構成が構成される刹那が、鮮明に原意識に映ります。ということは、このノエシス－ノエマの相関の成立を映す原意識は、その暗さと深さを増せば増すほど、当の相関の生起をより鮮明に映し出すということを意味し、原意識には、暗さと深さの限りない深化の深まりがみられることを意味します。日常生活での、いわゆるすべての「行動の自覚」こそ、倫理的行動の基礎なのですが、この自覚の深まりは、「無私性」が実現される程度に応じて常に発展していきます。このことこそ、倫理上の変化は、キリスト教の場合、言語と表象を駆使した自己反省を通して自己の過ちや弱さを改めようとするのに対して、禅の場合、言語や表象を離れ、無私性に徹することを通して自然に過ちがなくなり、徳がついてくる、[27] という修行のプロセスについての愛宮ラサールの言明の内実を示しているのです。

⑧　黙して座することである修行の実践的脱構築は、フィンクが積極的に語る「超越論的傍観者」における無関心による理論的脱構築よりも、われわれを、より直接的に我-汝-関係の無私性へと向かわせます。理論的脱構築は無論、現象学する、反省し、思惟する自我を通して能動的に遂行されます。実践的脱構築はまさに、そのような能動的な思惟を働かせずに脱構築することです。まさにそれを通して、呼気と吸気と完全に一つとなるということが、ヘリゲルのいう「わたしが呼吸しているのか、呼吸に呼吸されているのか、もはやわからなくなる」[28] ということを生じさせているのです。なぜなら、すべての自我－活動性が、脱構築されるだけでなく、自我中心性の根源を形成している身体中心化の働きである受動的綜合、すなわち、それらすべての能動性を基づけている受動的綜合でさえ、その身体中心化から解放されるからです。この身体中心化は人間のあらゆる活動の背景に隠れて働いており、通常、意識に上ることなく、理論的な反省にもたらされることはないのであり、そのような身体中心化が自覚されることを通して、脱構築されうるのです。無意識に隠れて働いている受動的綜合の開示は、理論的な反省による脱構築を通してだけでは、容易に自覚にもたらされません。なぜなら、能動的構成の特定の層（たとえば再想起）の理論的脱構築だけでは、受動的先構成（例えば、過去把持）の働き方を解明することはできないからであり、受動的先構成の働き方そのものは、能動的構成の実践的脱構築を通して、鮮明に原意識にもたらされうるからです。

このような実践的脱構築がいかに、つよく倫理的行動に影響を及ぼしうるかは、先に述べた自覚の深まりのプロセスの他に、座禅の脱構築が身体に直接かかわる打座を基軸にして遂行されているからです。フッサールは、認識と実践の深いつながりを、実在性と理念性の二側面を具体的に体現している身体にみていました。「責任と愛」という理念が実現されて、具体化されていくのは、その意味で身体を通してしかありえないのです。我-汝-関係における「無私性」は、身体を動かさず、自我の活動を抑制し、構成されて止むことのないノエマの生起に関心を向けず、形なき呼吸の動きに集中することを通して、直接、具現化し、実現されていくのです。

さて、ここでこれまでの考察を振り返り、この章で述べたかったことをまとめてみたいと思います。

（1）フッサールの発生的現象学における倫理と倫理以前の区分にしたがって、第一段階として倫理以前の段階を位置づけ、第二段階における倫理的判断が遂行される倫理の領域と、この倫理の領域の最終目的が実現される第三段階が確定されました。この三つの段階の関係性が問われ、発生的現象学における倫理の全体構造の解明が課題とされました。

（2）第二段階の倫理の領域で特徴的であるのは、言語によるコミュニケーションと述定的判断が超越論的能作として必要な前提とされていることです。能動的志向性が遂行されており、能動的感情移入による、言語を介したコミュニケーションを通して、社会的価値づけの秩序の中で倫理的判断が行使されています。しかし、重要であるのは、この第二段階に先行して、第一段階の間身体的受動性による倫理以前の領域が生起しており、第二段階のすべての能動的志向性の基盤と前提となっていることです。この第一段階では、情動的コミュニケーションが中軸となり、言語表現の内実を形成しています。

（3）第三段階は、フッサールの人格的態度とブーバーの我-汝-関係、そして仏教哲学の「無私性（無我性）」

が鍵概念とされ、倫理的活動はこれらの実現に目的づけられています。「責任と愛」が実現される領域です。第二段階がそれだけで完結しえないのは、理念の生成と実現が、人間の身体的事実性を通してのみ可能だからです。そして、自我中心化とその根源である身体中心化の自覚が第三段階の「無私性」において成立してはじめて、「責任と愛」の実現が可能になるからです。しかも、肝要なことは、この第三段階における、言語を超えた沈黙の無私性の実現は、第一段階の言語以前の沈黙における〝生得的汝〟への関わりの復活であり、再実現であることが判明することです。このように、倫理の領域は、倫理以前をいつも、つねに前提にしつつ、倫理の実現を言語的表現のかなたの沈黙の倫理の領域にみるのです。

第Ⅳ部　発生的倫理学の学際的諸研究領域

フッサール発生的現象学の倫理の概要が獲得された後、現代倫理学の個別的問題として三つの学問領域から問題を取り上げたいと思います。一つは、脳科学が解明した無意識に生じている脳内プロセスと自己意識を前提にする理性による自由な決断との関係、すなわち脳科学の発展による無意識に働く脳機能の解明の研究成果を前にして、はたして、いまなお物の因果に対置される自由意志の存在を論証し、検証できるのかという問題です。この問題は発生的現象学における意識の現象学と無意識の現象学の関係、言い換えれば、広義の意味での能動性と受動性の関係の考察と関連することになります。二つ目の課題は、「脳のリハビリテーション」をめざす認知運動療法における身体能力の復元（再構築）と活性化を通して、倫理以前の倫理の基礎がいかに再構築され得るとされるかについての発生的現象学による分析、三つ目は、ルーマン社会学のシステム論において、「規範と事実」がどのように理解され、フッサール発生的現象学からする倫理学とどのような関係にあるのか、オートポイエーシス論が活用されているとされるルーマンのシステム論において、社会倫理がどのように考えられるのか、発生的現象学の倫理との関係性を見極めてみるという課題です。

第一章　脳科学と発生的現象学の倫理

現象学はこれまでの考察で明らかなように、時間についての考察に大変大きな比重を置いています。というのも、現象学は人間存在という世界の内に存在する人間主観の根源を、主観と客観の二項構造そのものの生成の場における間身体性として働く「時間化」に見ているからです。

この時間化についての現象学の洞察に対して、現在の脳科学の成果であるリベットの „Mind Time The Temporal Factor in Consciousness"(1)（以下文中の括弧内の数字は、邦語訳の頁数とする）を対置させて、自然科学である脳生理学と哲学である現象学が、いかに時間の問題の核心に接近しているかを明確にし、今後の自然科学と哲学としての現象学との協働作業の可能性がどのように開かれているかを明らかにしてみたいと思います。この協働作業の現場が確定されたとき、自然科学にとって無縁であるかに思える倫理の問題が、脳生理学の領域でどのように捉えられるか、その一例として、リベットの考える因果律の支配する脳生理学的事実領域において、また、フッサールの発生的現象学における倫理からみて、自由がどのように考えられるかを、明らかにしてみたいと思います。

第一節　リベットの「無意識的時間持続」と「主観的時間遡及」

フッサールの時間論において、そのつどの瞬間に与えられる感覚内容（例えば、色、音、痛さ等）をその感覚内容として成立させつつ、その感覚内容の一定の持続を持続にしている働き（感覚という時間内容が過ぎ去りつつ保たれていく働き）として「過去把持（Retention）」という受動的綜合の発見は、決定的な意味を持ちました。いわゆる近世的二元論、主観−客観の二元性にたつ認識論を克服する原理が、無意識において働いている受動的綜合としての過去把持において開示され、探求されました。

他方、リベットが解明したのは、時間の意識も含め、すべての意識活動、すなわち感じたり、何であるかと知覚したりする何かについての意識は、無意識に働く脳内プロセスという活動の一定の持続（〇・五秒）を前提として始めて働きうること、絶えず、事象の生起に〇・五秒遅れて、その事象についての意識が生成しているという驚くべき事実でした。しかも、この無意識における事象の生起は、近世的な精神と物質の二元論を、意識が脳一元論における無意識の脳内プロセスの「創発」によるとすることにより、克服されうるとしています。この「創発」の概念がいかに積極的な役割を果たしうるかは別として、この驚くべき事実は、意識活動のみ明証として取り組んできた狭い意味での「意識の現象学」の限界を突きつけ、無意識の現象学の方向性を的確に示唆する積極的な意味を持っています。

その意味で、無意識の脳内プロセスをいかなる事態として理解すべきか、これからの哲学の探求と科学の探求の共同作業の可能性をみやりつつ、まずもって、ここでリベットの主張に向かい、その内実を明確にしてみなければなりません。

(1) 意識化のための〇・五秒の脳内プロセス

大変興味深いリベットの実証的研究成果は、その要旨を簡潔に述べれば、すべての意識内容は、約〇・五秒間の脳内プロセスの無意識の活動を前提にして初めて意識にもたらされるという事実です。「事象へのアウェアニスを引き出すには、脳には適切な活性化が最大で約〇・五秒間という比較的長い時間が続くことが必要なのです。」(邦語訳、三九頁) つまり、何らかの感覚内容が、その特定の感覚内容として意識されるすなわち気づかれるためには、意識される以前に、ほぼ半秒 (〇・五秒) という長さで、その閾値以上の感覚刺激が持続する必要があるというのです。

もしこのことが文字通りに真実であるとすると、何かことが起こっているときの「今それが起こっている」という意識は、実際に起こっている事象より半秒遅れて生じていることになり、そのようなズレがあれば、到底、日常生活の行動は成立しえません。人ごみを歩けば、人にぶつかってしまうのは必定です。しかも、例えばドアの開閉一つにしても、意識をもたない事物との関わりが日常生活の大半を占めている以上、このような〇・五秒のズレが現実のものであるとすれば、倫理的行動どころか、そもそも社会生活は成立しえません。しかし、日常生活の今の瞬間は、正確に今の瞬間として意識されています。いったい、〇・五秒のズレなどと、何を脳科学者は、主張しようとしているのでしょうか。

まずは、この事実はどのような実験を経て確定されたのか、その実験による根拠の概要を示して見ましょう。

① まず、身体と皮膚全体の触感覚入力が受容される「一次体性感覚皮質」の表面に電極を設け、ここに与え

られる電気刺激が特定の身体部位の皮膚に投射され、チクチクした意識感覚やその他の反応を引き起こすことが被験者に認められるように設定されています。そこで、そこに意識感覚が生じうる閾値の電気刺激を与え、連発したパルスを、刺激する時間の幅を次第に変化させ、例えば、はじめは五秒、つぎに五秒以下というように次第に短縮すると、被験者の意識感覚の長さ（どのぐらい長く感じるか）もまた、短縮していきます。ところが、〇・五秒以下に短縮すると、この意識感覚がまったく消失してしまうというのです。つまり、〇・五秒以上、体性感覚皮質に刺激が持続しないと、感じられない（意識できない）というのです（四五頁以降参照）。その際、刺激の閾値が大変大きくて強い刺激の場合、この〇・五秒は多少縮まり、また、無意識のその身体部位の痙攣といった反応を起こすといった例外的事態に関しても十分なデータが提示されています。

② しかも、この〇・五秒の持続は、大脳皮質に限って通用するのではなく、皮膚刺激が末梢神経から信号として感覚神経繊維を通して送られ、大脳皮質の下にある視床を通して大脳皮質に至るのですが、その視床に電気刺激を加えても、同じ結果、つまり、〇・五秒刺激が持続しないと意識されないことがわかったのです。ということは、大脳皮質だけでなく脳内の感覚が伝わる経路のどのような個所を刺激しても、それが意識されるには、〇・五秒の刺激の持続が必要だということなのです。

③ 二つの末梢の感覚刺激が前後して与えられると、二番目の刺激が一番目の刺激を覆ってしまったり、促進したりする「逆行的マスキング効果」が実証されていますが、それが有効なのは、〇・一秒後、〇・五秒以内という計測結果があります。つまり、マスキング効果とは、仮説された〇・五秒という「神経活動の正常な完了」を妨害することに他ならないと理解するのです。なぜなら、〇・五秒以後に第二の刺激を与えても、マスキング効果が現れないからであり、〇・五秒以内だとその効果が現れるからです。また、マスキングとは逆に第一の刺

激を促進することも発見されました（五八頁以降参照）。

④　皮膚に電気刺激を与える場合に生じる初期ＥＰ反応（例えば、皮膚に刺激が与えられて、大脳皮質に数十ミリ秒後に現れる電気反応）が、感覚皮質に直接、電気刺激を与える場合には、皮質において初期ＥＰ反応は認められません。初期ＥＰ反応は皮膚から感覚経路を通って皮質に与えられる入力によってのみ生じるのです。また、後に重要なこととなるのですが、刺激の強さを弱めて、意識に登らないほどに低下させても、無意識に初期ＥＰ反応が皮質においてなお、記録されていることです（五六頁以降参照）。

ここで、感覚皮質に刺激を与え、次に皮膚に刺激を与える実験をします。被験者は二つの感覚のうち、どちらが先に感じられたかを報告します。ここで、被験者にまず、皮質に刺激を与え、次に皮膚に刺激を与える場合、その順番にその刺激を感じるはずです。ところが、皮質に先に刺激を与え、皮膚の刺激が後になっても、それが〇・五秒以内に皮膚の刺激が与えられる場合、皮膚に与えられた刺激を感じる方が、先に与えられる皮質の刺激よりも先に感じられるというのです。そしてちょうど〇・五秒後に皮膚に与えられる刺激と、皮質に与えられる刺激とが、同時に感じられたというのです。（八五頁参照）つまり、ここで検証されているのは、まずは、皮膚からの刺激の場合に感覚経路を経て与えられる初期ＥＰ反応が、皮質に直接電気刺激が与えられる場合にはみられないことです。次に、この初期ＥＰ反応がみられる皮膚から感覚上行路（感覚入力回路）を経た皮膚刺激は、この初期ＥＰ反応がみられない皮質の刺激よりも、〇・五秒早く感じられるということです。ということは、皮質に刺激を与えて、〇・五秒の無意識の脳内活動が起こり、その後意識されることと皮膚に刺激が与えられて、同じ〇・五秒かかって意識にもたらされるはずが、後者の場合、どうして、当然、必要とされるその〇・五秒が必要とされていないのか、という大きな謎が生じることになります。

（2）　ＥＰ反応への主観的時間遡及

さて、以上の事実を前にして、この〇・五秒の刺激の持続が体性感覚の意識に関して持つ意味を考える際、刺激が与えられて〇・五秒たたないと、つまり、おなじことですが、〇・五秒たった後にはじめてそれがそれとして意識され、感じられるという主張は、あまりにも私たちの日常生活での感覚と知覚の経験とかけ離れているとはいえないでしょうか。「駆け込み乗車」、「ドアの開閉」、「とまった瞬間に蚊をたたく」といった日常の出来事で、一秒の半分の〇・五秒の遅延では、まったくそれらに対処できません。この私たちの「その瞬間」とする同時性の経験に対して、リベットは彼の実験結果による〇・五秒のズレに関して、どのように納得の行く説明をしうるのでしょうか。

①　リベットはまず、（1）－④の事実に関係づけて、「皮膚刺激のアウェアネス〔意識〕は、おおよそ五〇〇ミリ秒間の適切な脳の活動が終わるまで、事実上遅延します。しかしながらそこで、初期ＥＰ反応の時点にまで遡る、感覚経験の主観的な時間遡及が起こるのです」（八七頁）と述べます。皮質に直接与えた刺激の場合には、初期ＥＰ反応はみられないことから、意識化に要する〇・五秒の遅延がそのまま遅延のままに留まるのに対して、皮膚から感覚上行路を経た刺激の場合、〇・五秒ではなく、数十ミリ秒後に大脳皮質に生じる初期ＥＰ反応にめがけて遡る、すなわち、経験をなすわれわれの主観（「精神」の運動とリベットは名づけます）が、この経過したはずの、約〇・五秒の脳内プロセスを遡り、時間の流れを逆行するというのです。

②　つまり、T_1という時刻に、感覚皮質に直接与えられる刺激の場合、初期ＥＰ反応は生じることなく、〇・五秒後のT_1＋〇・五秒に感じられますが、仮に、感覚皮質に与えられる刺激の〇・五秒後、例えば、T_1＋〇・五秒（Ａ）に与えられる皮膚刺激は、それが感じられるのは、もし、感覚皮質の場合と同じであれば、その〇・五

秒（Ｂ）後、すなわち、T_1＋〇・五秒（Ａ）＋〇・五秒（Ｂ）に与えられるのでなければなりません。ところが、皮膚刺激の場合、ここで述べられている二番目の〇・五秒（Ｂ）を遡り、現に与えられたT_1＋〇・五秒（Ａ）に与えられていると感じられる（意識される）というのです。（１）－④で実証された、感覚皮質の意識と皮膚感覚の意識のズレは、皮膚感覚の場合に、人間の主観が、〇・五秒という脳内プロセスの時間を遡ることができることから生じるズレであるというのです。こうして、感覚上回路を経て、初期ＥＰ反応を皮質に起こすすべての末梢感覚は、常に、意識化のための〇・五秒を初期ＥＰ反応まで遡って感じていると説明するのです。

③　この主観的な時間遡及が実際に生じていることの間接的証明として、リベットはまず、視覚領域において、刺激を空間的に位置づける修正能力が、無意識において学習されること、そして、この学習可能性とは、主観的遡及が学習されることを意味するのだとしています。例えば、上下逆さまにみえる眼鏡を被験者にかけさせると、はじめは、上下逆さまで、正確な位置を認知できませんが、約一週間後、被験者は視覚イメージが上下逆さまになる以前のときと同様、正常であるかのように行動できるようになります。つまり、この無意識の学習過程において、感覚事象のニューロンの変形を特定の感覚質に修正するとき、常に、この主観的時間遡及が働いているとするのです。興味深いことに、動物の場合（例えばカエルの場合）この修正は不可能であり、他方、人間の場合、生後一か月間の乳幼児の視覚形成における視覚イメージの修正の過程にも、この主観的時間遡及が対応するとしています。（九四頁以降を参照）

④　リベット自身が指摘してはいないのですが、（１）－③で述べた「逆行的マスキング効果」の場合に、まず第一の刺激が与えられ、〇・五秒以内に二番目の刺激があたえられるときには、すでに過ぎ去っているはずの一番目の刺激に第二番目の刺激が「逆行的効果」を与えうるとすること自体、ここでいう主観的時間遡及と同様に

時間を遡及するという主張がなされているということにはならないのでしょうか。しかし、両方の場合に問題であるのは、すでに存在していないはずの一番目の刺激とそのすでに過ぎ去って存在しないはずの時点に、いったいどのようにして、主観が時間を遡ることができるのかという問題です。遡ろうにも、〇・五秒以前の出来事は、過ぎ去ってもうそこには存在していないのである以上、遡りようがないではないですか。

⑤　しかも、この際重要なことは、「遡及を直接媒介する、またそれを説明するとみなし得る神経メカニズムがない」（九九頁）というリベット自身の指摘です。したがって、この主観的遡及は、「脳内での対応神経基盤のない精神機能」とみなされるのですが、とはいっても、リベットは、デカルト的二元論の立場をとるのではなく、ここでいう、「精神の主観的機能は、適切な脳機能の創発特性である」（一〇一頁）と主張します。ということは、意識される以前に、無意識において働く脳内プロセスの「創発」そのものが、この主観的時間遡及の働きであるということになります。

（3）　記憶と意識

この大変興味深い、無意識において〇・五秒以上続く脳内プロセスが、その大脳皮質のＥＰ反応に向けて主観的に遡及されて、瞬時的同時性の経験をなすという主張に、フッサール時間論の「生き生きした現在」の分析を対応づけたいのですが、その際に、前もって、この〇・五秒の遅延が記憶の働きといかなる関係があるか、あるいは、関係はないのか、リベットの見解を確認しておきたいと思います。

①　リベットによれば、記憶は側頭葉の海馬において働く宣言記憶、ないし、顕在記憶と、別の神経経路において働く非宣言記憶、ないし潜在記憶（身体記憶）に区別されるとします。そこで、ある患者の例を提示し、そ

の患者は、左右、両海馬の機能が働かなくなって、今起こったばかりの事柄が想起できなくなっていますが、それでも、「今現在と、自身についての自覚」（七一頁）があり、話すこともでき、自分の記憶できないという能力の欠陥にさえ自覚をもち、それに苦痛を覚えていることから、つまり、起こっていることを感じ、意識できていることからして、ものごとの意識そのものには、海馬における記憶能力は無関係であることが証明できるとしています。意識する機能と記憶する機能は別に働きうるというのです。

②　他方、この同じ患者は、コンピュータゲームの遊び方を、どう覚えたかは想起できなくても、実際に学習することができます。つまり、手続き記憶（自転車の乗り方などの身体記憶）そのものは、海馬の機能とは別に生成しうるのであり、無意識に生じており、この記憶は潜在記憶ともいわれ、そもそも、「意識されない」ということにその特徴をもっています。したがって、意識すること、すなわち現在起こることの自覚は、海馬の記憶と同様、この無意識に生じている潜在記憶の機能と結びつくことはできない、とされるのです。（七一頁参照）したがって、リベットはここで、「しかし、（当然のことながら）潜在記憶と結びついたアウェアネスはありません。」（同上）と断言しているのですが、潜在記憶と顕在記憶の関係をこう簡単に、無意識と意識という区分で、無関係と言いきれるか、大変大きな疑問とせねばならないと思います。なぜなら、先ほど述べた、上下逆さの眼鏡をかけた場合、ニューロン変形を経験イメージに修正することに、主観的時間遡及が関わるとするなら、この修正そのものは、形成され、学習されていく以上、潜在記憶（身体記憶）の働きを媒介にせざるをえないからです。問題は「媒介にすること」と「意識すること」との明確な関係づけの可能性ということになります。この点が、現象学による過去把持の機能の開示と密接な関係を持っていることが明確にされます。

第二節　フッサールの「無意識に働く過去把持」

さて、ここで、私が論証を通して指摘したいのは、無意識の脳内プロセスの創発によるとされる「主観的時間遡及」というリベットの仮説に代わる、フッサールの「無意識の過去把持が意識化される」という見解です。つまり、意識に直接にそうとしてしか、つまり、必当然的な明証性において与えられている原理としての、フッサールの時間論における最重要概念である「過去把持」の概念を適用し、この意識化に必要とされる〇・五秒の持続を、より明瞭に志向分析を通して、解明できるということです。ここでリベットの仮説に対峙させるのは、「無意識に過去把持されたものが遡及的（客観的時間を遡及することではありません）に覚視（Blicken）される」という現象学の見解です。そのとき、主観的時間遡及の仮説は、この現象学の見解に即して書き換えられることになり、意識、ないし意識化のプロセスがより明瞭に理解されることになります。

（1）無意識に働く過去把持の交差志向性に保たれる時間順序

まず、確認しておきたいのは、過去把持には意識をともなう過去把持と、無意識に機能する過去把持の二つの働きがあり、後者が、前者に先行して、それを基づけるという関係にあることです。この無意識に働きうる過去把持については、これまで、様々な形で、その現実の働きが、必当然的明証性において論証されています。ここでは、特に、この基づけ関係の内実が重要な意味を持つことになります。

①　まず、確認したいのは、リベットが、「主観的時間遡及」が立ち戻るとされる、初期ＥＰ反応の時点は、

フッサールの時間論においては、常に新たに訪れる印象が無意識において与えられ、その時点で、原初の過去把持による連合が起こり初めている起点を意味していることです。このとき、この「印象」と、過去地平において、以前の過去把持を通して沈澱し、眠っている（覚醒以前に無意識の状態に存在する）「空虚形態ないし、空虚表象」との間に、意識される以前に、〝その感覚内容〟（この括弧は、何が意識されるか不明であるため）を媒介にして、意識に上ることのない受動的綜合に即した無意識的相互覚起が生起しますが、この相互覚起こそ、無意識に機能する過去把持のプロセスそのものといえます。そのつどの無意識的過去把持のプロセスにおいて、その意識化されていない内在的時間における「時間位置」と「順序」が、その成立の順序に従い、そのまま過去把持の交差志向性（当然、受動的志向性です）に生成する内在的な感覚内容の自己合致の沈澱化において、無意識に過去把持され、保持されているとされます。つまり、特定の印象とそれに直接する、同時的過去把持（印象と過去把持の、点的ではない生き生きした現在の幅のある同時性（Simultanität））の初まりの時点が、リベットのいう初期ＥＰ反応の時点として、無意識的過去把持において、そのまま、その「時間位置」と「順序」を変化させることなく、保たれているといえます。意識にもたらされないＥＰ反応の時点は、このように無意識に過去把持されつつ、確保されていると考えられるのです。

②　リベットの主観的時間遡及の場合、まず、問題にされねばならないのは、マスキングのときのはじめの刺激にしろ、初期ＥＰ反応にしろ、その時点においてそれらが、そのまま残存していなければ（リベットは記憶されてはいないといいます）、主観的遡及が向かおうにも、遡及の起こりようがないことです。どこをめがけて遡及するというのでしょうか。そのような遡及は不可能です。リベットは、ここで残存と語られている過去把持の機能の必然的必要性に気づいていません。また、客観的に過ぎ行く時間の刻々の経過において時間上の出来事は、

客観的に不可逆であり、主観的に残存するのでなければ、それに後続の出来事の関係づけが不可能であるのは、自明なことではないでしょうか。リベットは初期ＥＰ反応がどのように残存しうるのかを問うことはなく、前提にされている客観的に流れる時間軸を、過ぎ去ってもはや存在していないはずの、以前の客観的時間軸の時間点に、つまり、過去の時間点に遡りうるとしているのです。ここでヒュームとカントにおいて前提にされたまま、問われることのない客観的時間の流れが前提にされているのは明らかなのです。しかもそれだけでなく、時間軸を紙に描いて、空間化された客観的時間の流れの一時点に遡及できるとするのは、空間上の点であれば、自由に行き来できますが、根本的に空間化されえない過ぎ去る時間に主観的に遡ることは不可能です。わたしには、客観的に過ぎ去る時間を遡る主観性、特定化できない脳内プロセスが創発する主観性という見解は、理解しがたいものです。むしろ、まずもって概要を述べれば、この〇・五秒という無意識の脳内プロセスそのものが、無意識における印象と過去把持の相互覚起という過去把持化のプロセスといわれるべきであり、おのおのの初期ＥＰ反応は、このプロセスにおいて、そのまま無意識に過去把持されているとすべきだと思うのです。

③　過去把持は、モナドの生に属する能作ですが、海馬における顕在記憶に対応することはなく、むしろ、別の神経器官における潜在記憶との対応関係の考察が興味深いものとなります。過去把持には、意識による構成に先行して、無意識に連合として働く気づかれない過去把持と、意識されつつ働いている、つまり、「過ぎ去ることがありありと意識されている」場合に働く過去把持との区別があります。この無意識に働く過去把持は、意識されている過去把持に常に先行しています。この先行する無意識的過去把持が、意識的過去把持を基づけるというのは、前者なしには、後者は存在しえないという意味で、基づけているというのです。したがって、無意識的過去把持という原理は、リベットが〇・五秒という、意識化が起こるための前提である「無意識における脳内プ

ロセス」を事象の実在的分析として受け入れ、承認することができるだけでなく、初期ＥＰ反応の時点をそのまま保持しておける機能を意味しているのです。

④　この無意識に過去把持されていた時間内容と時間位置が意識にもたらされるとき、意識に上る以前に過ぎ去っている〇・五秒は、どのように取り戻され、出来事の同時性が確保されるのでしょうか。無意識的なものの意識化をフッサールは、「無意識に過去把持されたものに遡及的に及ぶ覚視すること（Blicken）」といい、「気づかずに聞こえていた特定のメロディーに気づく」、といった例を出し「無意識に過去把持されていたものに、遡及的な意識のまなざしが生じる」と説明します。そして、そのための条件として、無意識に過去把持されたものの持つ「触発する力」とそれが意識にもたらされるまでの「持続時間」が考えられ、受動的綜合を通して触発する無意識の過去把持の意味内実に即して、二通りに考えられます。つまり、自我の活動を必要としない感覚の空虚形態が受動的綜合を通して意識化される原意識Ⅰと、自我の活動としての意識作用と意識内容による対象構成の空虚表象が、印象により相互覚起される場合の原意識Ⅱです。このとき、この「触発する力」は、脳生理学上の、実在的条件として、刺激の「閾値レヴェル」（これが、モナドの生の根源的関心という「注意の強度」にしたがって変化することも重要です）に対応し、リベットが解明した「〇・五秒の持続」という必要条件は、この二通りの原意識が成立するためにかかる持続時間に対応するということができます。

⑤　しかし、ここで重要なのは、「〇・五秒」は、覚視が生じるのにかかる、つまり原意識するまでにかかる時間とはいえても、気づきそのもの、つまり覚視そのものが意識したことを意味するのですから、意識が生じたときには、それが生じるための時間はすでに経過していて、意識化が生じるための時間（〇・五秒）の他に、覚視そのもののためにかかる時間は必要とされない、ということです。つまり、覚視は、原意識、ないし内的意識

として、意識作用と異なり、それが働くための時間を必要とせずに働いているということです。原意識は意識といっても、リベットの考える意識されるまでに〇・五秒必要とされる意識とは異なり、〇・五秒かかって意識が生じたその意識の生起そのものを意味しています。特定の感覚Aが意識されるためには、〇・五秒間の無意識の脳内プロセスが必要とされますが、意識にもたらされたとき、その〇・五秒は無意識の過去把持の相互覚起としてすでに経過しており、この感覚Aが意識されたそのとき、意識されたからといって、その意識そのものにさらに、〇・五秒かかる必要はありません。

さらに重要であるのは、原意識は、先に述べたように、能動的志向性である自我の活動を前提にする意識作用(ノエシス)が働いて能動的綜合による対象構成が沈澱して、受動的な含蓄的志向性となっている空虚表象と原印象との間の相互覚起が、受動的綜合として生じたときの原意識、すなわち原意識IIと、過去地平に含蓄的志向性として存在する空虚な形態と原印象との間の相互覚起による受動的綜合が原意識される、つまり感覚の意識として働く原意識Iに区別されることです。いずれの原意識の場合も、〇・五秒の無意識の過去把持のプロセスを前提にした、それ自体、時間を要しない意識です。すべての感覚の意識は、無意識の過去把持を通して、無意識の感覚質ないし、感覚形態が受動的綜合によって形成された先構成の原意識を意味します。

⑥ それに加えて、フッサールは、過去把持の交差志向性に無意識に保持されていた時間内容と時間位置(過去把持の交差志向性の深さ)が意識化されるとき、過去把持の延長志向性に客観化され、内在的時間意識において客観化されたという意味での客観的時間位置が構成される、と分析していることです。無意識の〇・五秒内の出来事の順序が、順序として意識され、出来事の客観化が延長志向性の順序づけ、位置づけが成立するのです。この〇・五秒ごとの意識化の継起、継続に際して、〇・五秒内の無意識の反応(反射ではなく、スポーツなどにおけ

る俊敏な無意識に対応する運動などの例）は常に可能です。したがって、無意識的過去把持は無意識の反応を可能にしつつ、出来事の同時性を確保しつつ働いており、意識をともなって働く過去把持は、〇・五秒ごとに無意識に過去把持されたものの時間順序を覚視して、取りまとめつつ、出来事の順序性を確保していくといえます。

⑦　したがって、仮に、「主観的時間遡及」を「遡及的覚視」とすれば、この「主観的時間遡及」に対応する「脳内での対応神経基盤」が検出されないとされるのは、当然のことといえます。なぜなら、意識化以前の無意識的な脳内プロセスそのものが、感覚印象と空虚形態、ないし空虚表象との相互覚起という無意識の過去把持のプロセスそのものであり、この過去把持のプロセスが覚視されるためには、プロセスそのものが生起すること（言いかえれば、過去把持のプロセスそのものが生起すること）だけがその条件となっているのであり、このプロセスを逆向きに、改めて過去の初期ＥＰ反応に遡及する主観的経験能力は必要でなく、したがって、その精神的運動がそこから創発してくるはずの、別の対応神経基盤が前提にされる必要はないのです。元来、この覚視と同様、それが働くのに時間を必要としない特有な意識の働き方が、「随伴意識」、「内的意識」、「原意識」と呼ばれるのであり、時間を必要とする自我の活動をともなう意識作用と峻別されなければならないのです。

⑧　「今まさに過ぎ行く感覚の持続の意識」は、意識されている過去把持を通して成立しているとされますが、このとき、無意識に過去把持されたものが、十分な触発的力と〇・五秒の持続を前提にして覚視され、その覚視が継起していると理解することができます。しかも、この覚視という意識化が生じるとき、〇・五秒以前の感覚の始まり（初期ＥＰ反応に現れている）は、無意識に過去把持され、しかも、それだけでなく、閾値以下のすべての感覚入力さえ過去把持され、その過去把持されたものに「遡及的覚視」が及び、その始まりが意識されていますので、〇・五秒のズレはその内部に無意識に過去把持されたものの順に位置が占められており、〇・五秒内の、

時間内容の時間順序で満ちたそのままが、ひとまとまりとして意識され、それが継起、継続して、感覚の持続の意識が成立するのです。このとき、○・五秒のズレを感じることなく、瞬時的同時性において感じられているわれわれの経験は、過去把持のプロセスに即して次のように、矛盾なく詳細に記述できます。

時速一四五キロの速球に応じる打者が、ボールの軌道を意識的に見る以前に、無意識に運動反応を起こしている例に即して記述すれば、このとき無意識に与えられる感覚印象は、その諸位相の変化がそのまま、諸位相の変化の持続として無意識に過去把持されてゆき、それに応じた運動反応が生じているといえます。意識化に必要な○・五秒の持続時間は必要とされず、無意識において、その時点に運動反応が生じ、後からその無意識に過去把持されたボールの軌道と自分の運動反応が意識にもたらされ、思い起こされて、「カーブだった、ストレートだった」と意識化された軌道について言及できるというわけです。また、閉まり始めたエレベーターのドアに触れて止められたり、とまった瞬間に蚊をたたけるのは、そこですでに、これらの出来事が起こる以前の意識されている感覚内容の位相の変化が、そのつど過去把持に与えられているからです。このときの過去把持は、もちろん、意識をともなう過去把持です。つまり、見えている（意識されている）ドアの端の内側への動きは、すでに、エレベーターに向かっているときの意識内容（すでに何らかの無意識的に過去把持されたものが、モナドの生の関心に即して意識されている、例えば、「さっき、授業開始のチャイムが鳴った、急がなければならない。エレベーターは来てるか？」といった意識内容）に継起して、その人に見えて（意識されて）います。そのとき、ドアの端の位置の変化は、初期EP反応の時刻に即して、無意識に過去把持された位相の変化の持続のまとまりとして、連続して○・五秒ごとに、覚視され続けているのです。

⑨　○・五秒ごとの意識化による時間内容の時間順序の客観化が、どのようにして、出来事の瞬時的同時性を

獲得できるのかという問いに関して、つまり、出来事の瞬時性に即した、無意識的運動反応と意識化との関係に関して、ラマチャンドランの視覚経路の研究は、無意識におけるボールの軌道、ドアの動き、蚊の飛行運動等の「位置の変化」の感覚可能性について、系統発生的にみて旧と新の二つの視覚経路の区別を通して、大変興味深い視点を提供しています。彼は盲視の研究を通して、見ているという意識なしに、空間的位置だけでなく、方向や移動に関わる空間視の成立する旧経路と、新経路を区別し、新経路がさらに二つに別れ、頭頂葉の「いかに」の新経路と、見えているものが「何」であるかを特定する側頭葉の新経路というように、視覚経路の役割分担とその働きの統合について明快に論述しています。[2] その際、重要であるのは、旧経路は無意識にその役割を果たしているという事実です。しかも、この無意識の運動位置の確定機能と、視覚対象が何であるかの認知の機能が、相互作用を通して連結統合しており、無意識の機能と意識の機能が結びついているというのです。つまり、無意識の運動反応が、出来事の動きに即して発動し、何であったかは、〇・五秒遅れて意識されてもいいことになります。それだけではありません。無意識の過去把持の機能からして、「何であるか」という意識は、実はすでに、初期ＥＰ反応から〇・五秒の間で無意識に特定されており、（無意識における対象認知の可能性について、リベットは多くの事例を示しています）それだからこそ、無意識に特定されたものと、〇・五秒後に「何であるか」と意識された対象との同一性が、保証されているといえるのです。球の軌跡にしろ、球の何であるかの認知にしろ、すでに、無意識の過去把持を通して特定されているのであり、このように働く無意識の過去把持が必当然的明証性をもっていることは、明白といえます。つまり、無意識に過去把持された運動の軌跡と意識して過去把持されるボールの種類（何であるかの意識）との同一性、すなわち意識された過去把持の必当然的明証性とは、それに先行する無意識の過去把持の必当然的明証性を直接指示している、同一の事態の必当然的明証性の二側面であることを確証しているということなのです。

また、改めて瞬時的同時性の持続の意識についていえば、リベットのいうように、複数の〇・五秒以上の刺激の持続が、オーバーラップして（重なりつつ）持続の意識が生じるという説明に対応づければ、オーバーラップが生じているとはいえても、そのつど、〇・五秒を主観的に時間遡及するのではなく、以上のように、無意識における変化の位相の過去把持による保持と、それへの覚視によって持続の説明が可能になるのです。

⑩　このように、リベットの主張する「主観的時間遡及」の内実は、フッサールの過去把持を通して、再び主観の原理をたてるデカルト的二元論に陥ることなく、意識化にかかる〇・五秒のズレと日常の出来事の瞬時的同時性の主観的経験が矛盾なく説明できるのです。瞬時に与えられる時間内容は、無意識において先構成されつつ、保たれていき、そのまま現在に含蓄的に残されていきます。このことはとりわけ、過去把持の「交差志向性」に、時間内容が含蓄的に持続していくこととして図示されており、内在的時間意識における客観的時間持続の根源が明証的に呈示されているといえます。リベットにおいて「脳内の生理的プロセスを検証できない主観的時間遡及」という仮説は、客観的な時間軸を前提としたままであるため、その前提された客観的時間を遡るといった、主観に法外な能力を要請していることに気づいていないといえましょう。このようにしては、瞬時的同時性の経験を説明することは不可能だと思います。現象学の場合、現象学的還元を通して、客観的時間軸を含めた実在的連関をまずは、括弧にいれ、直証的意識体験の分析にいどみます。それによって獲得されたのが、無意識において働く過去把持というモナド的生の機能であり、また、無意識の領域なのです。

（２）無意識の機能と意識化

リベットは、無意識的精神機能の内実である「無意識における意識内容の歪曲」（八三頁）、「無意識に起動する感覚、知覚、創造的行為」（二二四―二二七頁）、「無意識の迅速な運動反応」（二二七頁）、「感覚入力の無意識の検出（感覚入力を無意識のうちに、選択し、フィルターをかけている機能）」（二三五頁）や、「サブリミナル（閾下）刺激の無意識に知覚できる可能性」（二三七頁）、知覚に際しての「無意識の変様」（二四〇頁）等々を指摘し、これらは、意識の成立以前の〇・五秒の脳内プロセスの内に活動しうる無意識の精神機能であるとしています。ここにおいて、意識される以前の無意識の脳内プロセスの果たす広大な活動領野が提示されているわけですが、問われるべきは、この脳内プロセスを支配している規則性、すなわちいかなる原理で活動が生じているのかという問いです。この問いにこそ、フッサールの開示した「連合」という受動的綜合として働く過去把持という本質規則性の有効性いかんが、明確になるはずです。

リベットは、「主観的時間遡及」の機能を、通常の知覚の場合に「空間的に変形した皮質の表象そのものが、修正されて、実際に経験しているイメージを生み出している」、「主観的に差し向ける」、「投影する」（九三頁参照）とも表現しています。無論この機能そのものは、無意識に機能しており、初期ＥＰ反応にまで主観的に差し向けるとか、遡及するというとき、そこに与えられていた刺激をそこに見出すというのではなく、ＥＰ反応後、約〇・五秒内で、ある脳内プロセスが経過し、その経過を初期ＥＰ反応の時点まで遡及するとき、主観的意識経験が形成されるというのです。

この経過を遡る過程は時間の観点のみならず、空間的位置づけの観点からも検証されています。例えば、先に提示された見えないボールをヒットする場合、意識の上では対象がみえなくても、いわば、視覚上の意識なしに、その正しい位置を指し示すことができるといいます。リベットはこれを、一次視覚野への投射システムを通して、主観的、意識的定位づけがなされ、修正がなされているとしています。（九四頁参照）

①　さて、リベットはこの無意識における様々な識別機能を総称して、哲学者サールが意識経験だけに「精神」という規定を与え、無意識的機能を生理的ニューロン活動と規定するのに対して、「精神的」と規定していますが、それはどうしてでしょうか。この規定の根拠は、「無意識の機能は、アゥエアネスがないこと以外は、意識機能と基本的なところが似通って見える方法で心理学的課題を処理する」（一一六頁）、つまり、「すべての意識を伴う精神事象が実際には無意識に始まっている」（一二四頁）のであり、意識である「アゥエアネスは、その内容とは関係のない現象であることが証明されました。」（一二三頁）ということに依拠しています。ここで主張されていることを現象学の意識、ならびに無意識の概念と対応させると大変興味深い論点が析出してきます。

a　まずは、無意識においてすでに意識内容が出来上がっているという主張は、まさに、フッサールの分析する、意識の通常の意味での能動的志向性による構成に対して、受動的志向性の受動的綜合を通しての〝意識内容〟の「先構成」と同一の主張である点が重要です。無論、受動的綜合そのものは、無意識において連合の規則性を通して成立しています。したがって、リベットのいう精神的無意識という概念は、フッサールの無意識に働く受動的志向性の受動的綜合の働きに対応しているといえます。また、このとき、この無意識に働く脳内プロセスは、物的因果性によってのみ規定されているのではないことがまずは、確認されなければなりません。このことは、後ほど詳論されねばならない内容です。

b　ただし、フッサールの場合、内容と形式の関係は、受動的綜合と能動的綜合の場合に分けて考えなければなりません。まず、受動的綜合の働きである過去把持において、内容と形式という区別は、繰り返し強調された、カントの感性の形式としての時間に対する批判に明確なようにまったく妥当しません。また、能動的綜合における意識の構成に際する「ノエシス－ノエマ」の相関関係の場合にも、リベットのように、一概に「意識は内容とは関係のない現象」と規定することは不可能です。意識内容の欠けた形式としての意識作用（ノエシス）を機能として分離して考察することはできません。様々な意識作用（知覚すること、想像すること、判断すること、類推すること）の相違は、それ自身、意識作用ではない内的意識において意識されており、それらの意識作用は、それらの意識内容（知覚されたもの、想像されたもの、判断されたもの、推論されたもの）との相関関係にあり、意識作用の働きの違い（例えば、知覚しているのか、想像しているのかの違い）さえ、内的に意識されているのです。意識を主観の形式として理解する通説は、意識の本質は志向性であるという見解によって、すでに克服されているのです。

c　また、先構成と構成の関係を基礎に、構成そのものの役割を考えると、ヒュレー的に先構成されたものが、自我の関心の対向を受けるとき、構成されたノエマとなるということができます。構成の次元においては、先構成の能作にはなかったそれ独自の高次の能作が働いています。自我の様々な関心の対向というのは、関心の内実を考えればわかるように、例えば、同じく、同一の花に向けた関心でも、花の色か、匂いか、形全体か、何の花か知りたいのか、それによって、意識される内容は、実に様々です。意識をリベットのいう〇・五秒という刺激の持続という時間の形式的要因にのみ帰することは、当然ながら不可能であり、意識の受動的、そして能動的志向性という特性からこそ、厳密に分析されねばならない事柄です。

②　無意識から意識への移行における要因を考察するとき、リベットはこの時間持続という形式的要因の他に、「注意を集中すること」（二一八頁）をもう一つの規定要因としてあげています。しかも、彼は「一秒間に何千

回も脳に到達する感覚入力」（一三四頁）の内、「脳機能がどのように、他の信号ではなくある信号に集中することを「決める」のかは、まだわかっていません」、というように、注意という精神のあり方を、脳生理学的に規定することは、いまだできない状況である、と率直に述べています。そして、この「注意と選択」という働きこそ、①のcで述べていた、自我の、というよりむしろ、「モナドの生」の関心によるものであり、現象学が意識の志向性分析において、すなわち、過去把持のプロセスとしての受動的綜合の規則性である「連合と触発」を通して、詳細に解明しているものです。

したがって、学習における睡眠の役割とか、芸術創造、学問研究などにおける創造的活動が、無意識を経て出現するといった場合の無意識の果たす大きな積極的役割は、それだけ別個に強調しても、あまり意味をなさず、周囲世界への人間存在の全体が関与する精神的関心とその活動がその前提となり、背景となっていることが注視されなければなりません。例えば、無意識の迅速な運動反応にしても、多くのスポーツにあって、まず、根本的動機づけとして働いているのが、より迅速で的確な反応をして成果をあげるという意識的目的づけ、すなわち意識的注意です。これなくして、反応の迅速化は進展しません。ということは、意識的努力の成果が潜在的能力の向上に向けて、沈積し、身体能力として潜在化してくることを意味します。この習慣化のプロセスをどのように解明すべきか、この課題は記憶能力の形成とともに解明すべき重要な課題とされています。そして、まさにフッサールの過去把持の働きこそ、様々な意識活動の含蓄的沈澱化の機能として明らかにされたのでした。無意識の働きといっても、フッサールが「能動性以前の受動性」と「能動性の内の受動性」（すなわち能動性を起源にした無意識化した様態にある受動性）とを区別しているように、無意識には、意識的努力が沈澱化して習慣化した無意識の働きがみられるのです。

ということは、無意識の働きを物理的因果性のもとでのみ解明しようとするのは、ちょうど、ヒュームが連合を「引力の法則」に即して理解しようとしたことと同一であり、生きた人間において働く無意識の解明には、到底結びつきえません。無意識の活動は、意識生、すなわちモナドの生の全体の中でのみその意義をもっているのです。

(3)　無意識の脳内プロセスと衝動志向性

ここで、改めて、無意識の脳内プロセスの識別機能の内実である「衝動、感情、欲動や感覚様相、認識機能等」の精神的活動の諸層をフッサールの発生的構成論に即して対比的に考察してみたいと思います。

①　まず、リベットの探求の中心に据えられたのは、感覚の意識、特に体性感覚でした。この領域は、フッサールにおいて感覚野の現象学として、『受動的綜合の分析』で定題化され、感覚質の意味（色、音、触覚、味覚）を介して連合の規則性によって説明され、しかも、原共感覚の無様式知覚に属する「リズムや強度、生動性」を介した異質の感覚野間の連合をも含めて探求の方向が示されています。しかも、受動的綜合としての連合は、それが働くとき、意識されていないという特徴を持っていることも重要です。この特定の感覚野内の、あるいは、感覚野間の連合の規則性は、リベットの場合にも同様に、無意識に機能していることは指摘されているものの、感覚質の意味の生成そのものは、まったく問われていません。フッサールの発生的現象学が問う感覚野の生成という問いの視点は、このリベットのこの問題領域においては、当然のことかもしれませんが、含まれてはいません。この問いは、無意識裏に色は色、音は音、匂いは匂い、キネステーゼはキネステーゼと感覚の区別ができているのは、いったいどのようにしてなのか、という発生的現象学の問いとなり、フッサールは、これ

を触発と連合の規則性を通してさらに分析し、解明しているのです。

② フッサールにとって、この感覚質の意味の生成が問われなければならない必然性は、先に問題にした「注意の現象」と直接、結びついています。というのも、リベットにとって脳生理学的謎とされている「どうして、特定の感覚入力に注意が向かうのか」という問いは、フッサールにとって、意識生の関心、とりわけ最も根源的な精神的動機（関心）としての本能や衝動、感情の解明につながるからです。つまり、フッサールは、これらが無意識における複数の感覚質にまとまりをつけている、すなわちこれらの関心に即した根底的方向づけを行なっているとする「注意の源泉」を指摘しているからなのです。注意と関心が働くのは、周囲世界と生命体の間における相互覚起を通した相互の触発の関係においてであり、この相互の触発の強さは、注意と関心の強さとして表出しており、具体的には本能、衝動、感情の働きが様々な感覚の領野に大きなまとまりと方向づけの基礎をなし、その意味で衝動が様々な触発を取りまとめつつ根底に働くことからして「原触発」とよばれるのです。したがって、リベットが「注意の集中を決定する、方向づけ、選択する機能は不明である」という主張に対して、フッサール現象学は、無意識に働く本能や衝動がその根底に働いていると大きく方向づけうるとしているのです。

このように無意識に働く「検出、感覚入力の選択」という機能に関して、受動的綜合の連合の規則性において働く過去把持によって、その機能の働き方に接近することができます。「検出、選択」、とりわけ「無意識の変様」という論点をも含め、最終的にこの過去把持の働き方を最も根源的に、諸触発の諸力を大きく方向づけるあり方で原触発という統一を常に生成させているのが、「衝動志向性」であり、無意識に特定の感覚をそのつどの衝動の方向に即して選択し、特定の感覚を優先し、他の感覚を意識にもたらさず、直観にもたらさないというあり方で「抑圧」したり、「変様」する機能として働いているとしています。しかも、これらの働き方は、触発力の「助成や抗争」という働き方の仕組みを通して、詳細に、例えば本著で展開された乳幼児の発達の発生的現象学における分析において展開されたのでした。

③　しかも、この本能や衝動は「精神的動機」として、本能志向性と衝動志向性という規定をうけ、無意識の志向性という性格をもちます。そして、フッサールの時間論で決定的な命題「時間の流れは、衝動志向性の充実、不充実によって、流れが留まったり流れたりする」が表現されます。つまり、無意識に流れる、リベットのいう〇・五秒における精神的活動は、無意識に働く本能や衝動の原触発という基盤の上に、受動的綜合を通して働いているということがいえるのです。こうしてフッサール現象学において、無意識の志向性としての衝動志向性が時間化の最終根拠とされますが、この最終根拠とは、能動的志向性が働くための受動性の基盤が存在するということを意味するのであっても、注意せねばならないのは、意識生の高次の能動的志向性の能作そのものが、受動性の能作そのものから生成してくるという意味をもつのではないことです。

④　フッサールは、「受動性」の働きを、「能動性以前の受動性」と「能動性内の受動性」に分けて考えます。前者の能動性以前の受動性が、本来の受動性の原意であり、乳幼児期から、成人になってまで、絶えず無意識のうちに本能志向性や衝動志向性として常に能動性に先行してはたらき続けており、その意味で、能動性を基づけています。後者の受動性は、高次の能動性の能作が働き出し、受動性によって先構成されたものがこの能動性の能作（例えば、言語使用、比較、類推など）によって高次の対象性を獲得して、この意識内容（ノエマ）が形成されると、それが過去把持を通して、空虚表象として過去地平に沈澱して、含蓄的志向性になり、到来する感覚素材に対して、無意識において相互覚起が先構成される際の空虚な表象として働くといった場合の受動性を意味しています。一度、自我の活動をともなう意識作用（ノエシス）を通して意識内容（ノエマ）として構成された対

象性格をもってはいますが、その空虚な表象は、再度、自我の関心による対向を受けずとも、受動的に無意識においてて先構成されうるということが、決定的に重要なこととなります。この受動性が日常生活の背景に、いわば、無意識の受動的綜合の活動として、常に働いていることは、無意識的背景意識と注意された結果である意識的前景意識とが、絶えず変転、交換しあって流れていく無意識と意識の流れという事態を明示しています。日常の覚醒した意識における活動は、無意識において過去把持されてくる無数の先構成された質的与件の潮流の波立つ海面の動きにたとえられます。

(4) ヴァレラの「現在－時間意識」とリベットの見解

ここでリベットの見解を、F・ヴァレラの「現在－時間意識」の分析と対照させ、ヴァレラの考える現象学と脳科学との相互補足的研究方向を明確にして、次節の考察のための準備的考察を試みたいと思います。

まずもって、これまでの考察で再確認しておきたいことは、〇・五秒という無意識の脳内プロセスを無意識の過去把持における受動的綜合と対応づけうること、次に、注意という意識化の他の条件が、受動的綜合における触発力の増減と対応しているということです。この二点をヴァレラの分析結果と対応づけることができるかどうかが、ここでまず第一の課題とされます。さらに興味深いのは、フッサールの受動的綜合の規則性である「連合と触発」に即して働く「相互覚起」の概念が、オートポイエーシスの鍵概念である「カップリング」の概念と「相互作用」の概念に対応させてみることの有効性の射程を見やる試みです。

① 〇・五秒の持続時間に関して、大変興味深いのは、ヴァレラが、『現在－時間意識』[3]の論文において、生き生きした現在に妥当する「三つの主要な仮説」として、「相互結合する神経が分布する下位集団である」力動

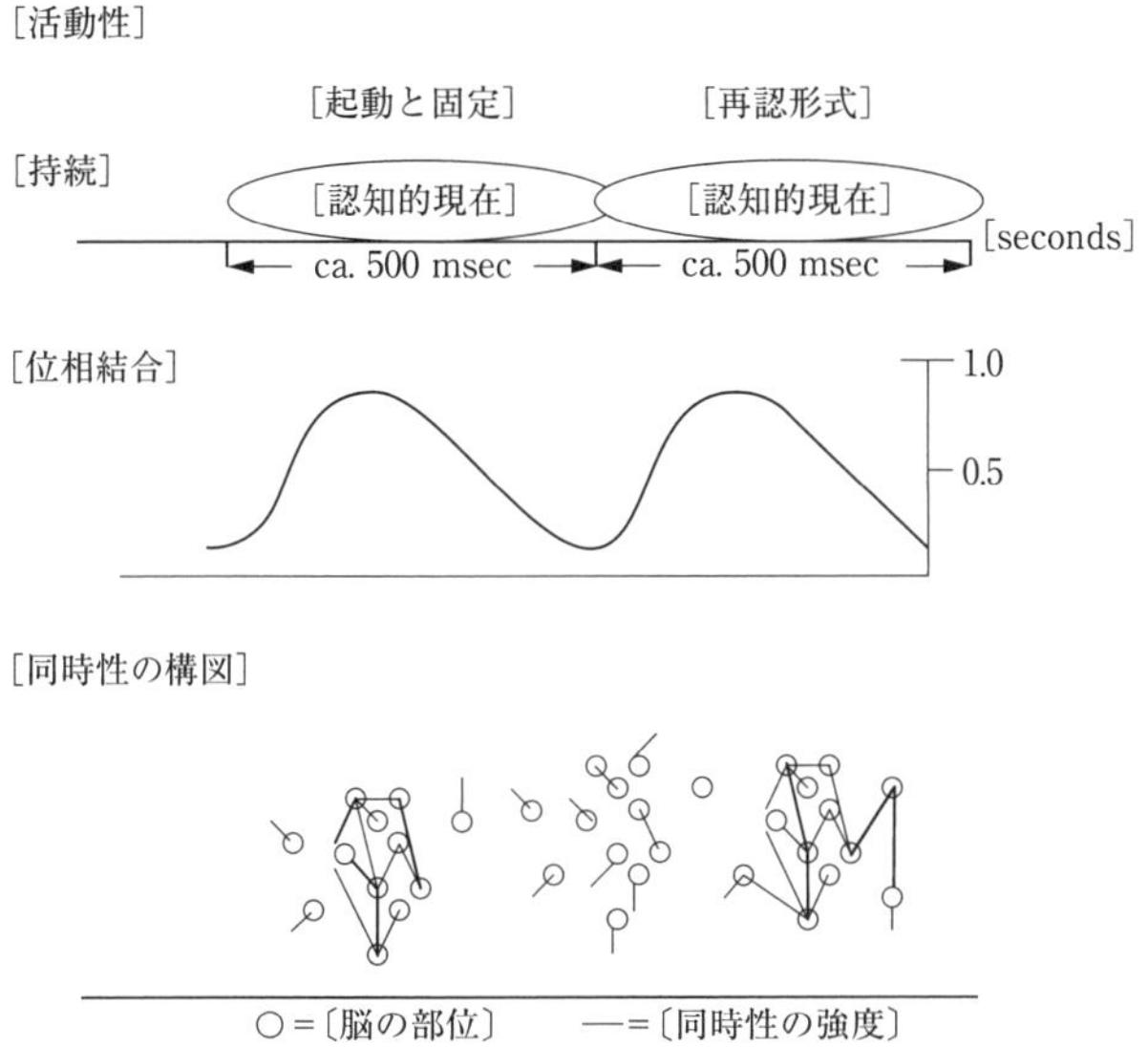

図5
(F. ヴァレラ，The Specious Present; in: Naturalizing Phenomenology. p. 276. 参照)

的な「神経細胞アセンブリ〔組成〕（CA）」と、それに対応する三〇から八〇ヘルツの高低の電気波形と、認知の単位としての「認知現在（cognitive present）」と言う三つの領相が、約〇・五秒のまとまりを単位にしつつ、この単位が同時に生起する三相として図示されていることです。約〇・五秒を単位にしつつ、三つの相が、並行して同時に対応しつつ生起しています。つまり、リベットの主張する〇・五秒の持続時間が、力動的な神経細胞アセンブリの統合・弛緩プロセスとして図示されているのです。（図5を参照）

②　ここで述べられている「神経細胞アセンブリ〔組成〕」は、ヴァレラの「現在─時間意識」の分析では、三つのスケールのうちの一つ、すなわち、一／一〇スケールの初期刺激を受ける時間、一スケールの細胞アセンブリの時間、一〇スケールの記述的、叙述的説明の時間という三つのスケールのうちの二つ目の一スケールにおいて起こっています。そ

れをヴァレラは、「整合的活動」であり、「アセンブリが特殊なタスクそれぞれに対して過渡的に自己選択（self-selected）される」という重要な機能を指摘し、さらに、詳細に「特定のCAがある種の時間的共振ないし「つなぎ」を通じて創発する」[4]、「特定のCAが、下位の閾をもつ競合するCAに属する活性化されたニューロンの急速な過渡的位相固定を通じて選択される」[5]というような自己選択のプロセスとして説明しているのです。その際、①で述べたように、神経アセンブリの生起に約〇・五秒があてられ、しかも、「この神経アセンブリの共時的カップリングの概念は、われわれの時間性の解釈にとって、大変重要であり、われわれがこれから、繰り返し立ち戻ることになる（補稿Cをも参照）[6]」とあるように、明確にこの神経アセンブリが「共時的カップリング」と表現されていることに注意せねばなりません。また、「一スケールの統合・弛緩プロセスは、現在-時間意識（present-time consciousness）に厳密に対応する[7]」とされ、フッサールの生き生きした現在との明確な対応づけが可能になっているのです。

③　ここで明確になった神経アセンブリの共時的カップリングは、いったいいかなるシステム間のカップリングといえるのでしょうか。簡単にいえば、神経アセンブリの創発が、様々な意識体験の生成そのものを意味し、この共時的カップリングは、リベットにおいて無意識の脳内プロセスとされる物的因果的システムと心的動機的システム（フッサールのいう受動的綜合の連合による先構成）とのカップリングとして表現されているといいうるのではないでしょうか。このカップリングは、意識内容と無意識的脳内プロセスとのカップリングを意味することになります。とすると、いわゆる心身関係、心身間のカップリングが、この神経アセンブリにおいて、まさに現在という過去であると同時に過去という現在という、原印象の現在と過去把持を経た過去との逆説的同時生成という時間化の逆説において、心身関係が心身関係として成立しているということがいえるのです。とすれば、

旧来の心身関係という難題が「受動的綜合というカップリング」を通して生起している現場を押さえたことになります。

④カップリングとは、力動的結合という意味をもちますが、もともとcouple「ペア」、ないし「対」という意味をも持つことを考え合わせると、フッサールのいう受動的綜合の基本形式とされる対化（Paarung）と同様な意味内容をもつと考えられます。実はこのカップリングと受動的綜合の基本形式としての「対化」の概念との事象的対応関係について、ヴァレラと共同研究を行っていたN・デプラズが明確に肯定していることは、すでに言及してあります。(8) カップリングとは対比の別名に他なりません。しかもデプラズの挙げていた二つの概念に共通である四つの構造的要因のうちの二番目の要因が「時間のダイナミズム」でした。まさにこの無意識の〇・五秒が対比とカップリングに要する〇・五秒と規定することができると思います。このことからしても、生き生きした現在の流れを規則づけている受動的綜合としての衝動志向性と原印象との間の相互覚起は、ヴァレラが生き生きした現在に働く力動的な神経アセンブリの生起を、時間の流れの二重の志向性のうちの「交差志向性」において働く内在的触発的傾向性（disposition）と原印象との「相互作用」(9) とみなしていることからして、相互覚起と相互作用とは、同一自体を表現しているとみなすことができるでしょう。こうして、図5は、神経アセンブリの〇・五秒の生起と認知の次元との対応関係が、位相結合の電位反応を通して示されていることを呈示しているのです。

⑤　この興味深い一致を確認して同時に明確になるのは、ヴァレラのとっている明確な「神経現象学」の立場と、B・リベットのいう「一人称の意識をも含みいれる」とする現象的考察の立場の根本的相違です。ヴァレラは、脳科学の研究のためには、現象学的還元を学ぶことが必須であるとし、時間意識を考察する際にも、現象学

的還元を経た内的時間意識の領域の分析を共に遂行する中で、客観的時間を活用した実験結果をその分析に宛がうという方法論をとっています。それに対して、リベットの場合、客観的時間を前提にしない内的時間意識の領域確定ができずに、実験結果を、客観的時間を宛がって理解しようとしていること自体が、彼自身の方法論的自覚にもたらされていないのです。

（5） ラマチャンドランの幻肢の研究と「連合と触発」による解明

受動的綜合として働く「連合と触発」が、どのように脳内プロセスとして機能していると想定できるか、ラマチャンドランの提示するいくつかの症例とつき合わせながら明らかにしてみたいと思います。

第一の症例は幻肢に関わる症例で、鏡に映る健常な腕と手の映像を、動かすことができないにも関わらず存在し、痛んでいた幻肢に重ねることによって、幻肢が動かせると感じるようになり、最終的には幻肢の腕そのものとその痛みが消えたという症例です。ここでその現象学的分析を、連合と触発の規則性を活用して、次のように試みることができます。健常な腕と手を動かしているのを自分で見ているとき、そこで起こっているのは、第一に健常な腕と手の視覚感覚入力と脳内に潜在的に存在する視覚イメージとの間の「相互作用（A）」、第二に、体性感覚としての運動感覚入力とその同一の運動との間の「相互作用（B）」と、第三に、この二つの相互作用（A）、（B）、つまり、視覚と運動感覚との間の「相互作用（C）」を想定することができます。

① このとき、まず視覚上の相互作用（A）の成り立ちは、ラマチャンドランの場合、端的に「患者から得られた事実は、知覚〔この場合視覚知覚〕と呼ばれるものが、実際は感覚信号〔入力〕と過去に貯蔵された視覚イメージに関する高次記憶との動的な相互作用の最終結果である」[10]というように説明されています。ここにおいて、

感覚信号を原印象、視覚イメージの高次記憶を「過去地平に眠る空虚な形態ないし、空虚表象」に置き換えれば、ラマチャンドラの語る相互作用とフッサールのいう「相互覚起」が同一の事態を表現していることは明瞭だと思います。現在の感覚入力と過去の視覚イメージが相互作用を通して、現在の視覚像の知覚になっているのです。

　しかも、この相互覚起の現実を考察する際に興味深いのは、ラマチャンドランの指摘する「幻覚か、現実の知覚か」の識別に際しての、無意識における視覚感覚入力の役割です。例えば普通、健常者の場合、視覚イメージとして猿のことをイメージしても、その幻覚の猿が現実にその健常者の周囲世界にみえることはありません。それがそのようにあるのは、「たとえあなたが眼を閉じていても、網膜の細胞や初期視覚路がつねに活動して、基準となる平坦な信号をだしているからだ。……初期視覚路が損傷されていると、この基準信号がなくなるので、幻覚が生じる」[11]というように、無意識の基準信号の役割を指摘することによって、幻覚という症例を通して説明しています。無意識の視覚入力が、閾値以下において常に働きかけ、猿といった視覚イメージとの相互覚起（相互作用）を生じさせないことから、猿をイメージしても、現にそこに猿を見るわけではないというのです。つまり、猿のイメージとの連合を生じる現実の視覚入力がないと、現実の猿を見るのではないのに対して、初期視覚路の損傷によりその無意識の基準信号が送られてこない場合、そのイメージがそのまま投射され、擬似知覚としての幻覚が成立してしまうというのです。この擬似知覚のとしての幻覚の発生が、フッサールにおいて「本能充足の擬似知覚」[12]として、本能と周囲世界との相互覚起による連合形態の生成によって解明されていることは、注目すべき重要な共通の論点です。そこでは、まさに、連合の欠損としての負の相互覚起が指摘されており、ラマチャンドランのいう初期視覚路を通しての無意識の感覚入力をも相互覚起の連合項として考察できるということを意味するのです。

さらに、この平坦な通常の無意識の感覚入力が欠けるとき、幻覚が生じる、つまり、イメージがはっきりと表象され、仮想現実が生じるという指摘は、原共感覚から個別的感覚野の生成が問題にされる際、母親の喃語の模倣を通して、「ゼロのキネステーゼ」が原意識されるという指摘ともぴったり呼応し、両者における連合の働き方を明示しているといえます。というのも、声（音）と連合しつつ、形態として形成され、表象として原意識されうるようになっていたキネステーゼを、まさにそのキネステーゼの感覚入力の欠如を通して、はっきりした表象（フッサールは、「擬似知覚」とも表現します）にもたらすことになった、といえるからです。

② ラマチャンドランは、知覚を一般的に規定して、「トップダウンの想像とボトムアップの感覚信号が相互作用する」[13]と言う原理的把握を提示し、「おそらく私たちはいつも幻覚を見ているのであり、私たちが知覚と呼んでいるものは、どの幻覚が現在の感覚入力にもっともよく適合するかを判断した結果なのである」[14]とさえ主張しています。[15]もちろん、ここでいわれている「トップダウンの想像」とは、「ボトムアップの感覚信号」と同様に、能動的志向性による、いわゆる自我の作用をともなう能動的な意味で想像することではなく、無意識の脳内プロセスの記述であることに注意せねばなりません。ということは、まずもって、現在に成立している知覚とは、過去に発する想像（無意識に生成しています）と現在の感覚信号との間の逆説的同時性を通して成立しているという、フッサールの時間論と即応していることを意味しているといえます。また、想像と感覚の相互作用が知覚を成立させているという、この原理的把握を納得させるに足る他の症例は、幻肢の際、「幻肢の握りしめた掌に爪が食い込んで痛む」といった症例にも見られます。健常者にとって、握りしめた掌に爪が食い込んで痛んだ記憶がよみがえりそれを想像しても、現実に痛みの入力がないので、何も感じないのに対して、幻肢の患者の場合、「以前に体験した痛みの記憶が、きれまのない感覚入力に否定されることなく、出現することができる」[16]という

ように理解されます。この場合も同様に、感覚入力の欠損が幻覚という想像の投射に歯止めをかけることができないという、擬似知覚の生成と、健常者の場合の、感覚入力と想像との間の相互覚起の役割を明確に理解しうるのです。

③　さて、「幻肢の消失」の事例にもどると、鏡に映った健常な腕と手の視覚像の動き、つまり、視覚に関わる視覚感覚入力と脳内に潜在的に存在する視覚イメージとの間の「相互覚起（A）」と運動感覚に関する体性感覚としての運動感覚入力と脳内の運動イメージとの間の「相互覚起（B）」との間の「相互覚起（C）」が、その視覚像と重ねあわされた幻肢に、現実には働いていないはずの運動感覚に関する相互覚起（B）を活性化させ、幻肢が動かせると感じるということになります。運動感覚のイメージと運動感覚の感覚入力の相互覚起である「相互覚起（B）」は、現実の感覚入力がないまま、鏡像に見えている「相互覚起（C）」を通して、「相互覚起（A）」の連合項として、仮想現実となりえるのです。ところが、このような事態が繰り返し与えられることを通して、現実の運動感覚入力の欠如が繰り返し確かめられ、――それは、ちょうど、幼児において、キネステーゼの感覚入力をともなう自分の身体と、キネステーゼの感覚入力をともなわない他の身体との区別が、絶えず原意識される場合のように、――相互覚起（B）の非実現という連合の崩れが、視覚に関わる「相互覚起（A）」と運動感覚に関する「相互覚起（B）」との間の「相互覚起（C）」の崩れをもたらし、それだけでなく、「相互覚起（C）」における「相互覚起（B）」の連合項であった「相互覚起（A）」も、「相互覚起（B）」の崩れとともに、ともに崩れて消失した（幻肢が消失した）と理解できるのです。

つまり、動くようになった幻肢が消失するのは、運動感覚に関する感覚素材と空虚表象との相互覚起の不成立が、幻肢の視覚上の連合と運動感覚の連合との間の相互覚起の不成立を結果し（運動感覚の連合が成立しないからです）、それと同時に、幻視の連合そのものも、運動感覚の連合項の不成立とともに、この両者の連合の連合項としては、崩壊していくのです。

第三節　脳科学と現象学の協働研究の方法論

ここで、リベットの「意識するために必要な、無意識の脳内プロセスの持続時間（約〇・五秒）」という研究成果、並びに、ヴァレラとラマチャンドランの研究とフッサールの「無意識に過去把持されたものの意識化」という現象学の立論を対比的にまとめ、その共通点と相違を改めて明確にしておきたいと思います。これによって、今後の、脳科学と現象学的哲学との協働研究の可能性の方向を見定める試みが可能になります。このような適切な方法論の考察を通してのみ、倫理についての考察の適切な舞台設定が可能になるのです。

（1）現象学の方法

まず、現象学の側からする協働研究にとって重要な論点を考えてみます。そのとき気づくのは、第一にリベット自身、自分の研究を「現象学的」と名づけていることです。その理由は被験者の一人称の立場からの経験と、三人称の観察の立場を、常につき合わせることによって事実連関を解明しようとするからだ、というのです。一人称の経験を研究に組み込むこと自体、確かに現象学的探求に接近することにはなると思いますが、それだけでは、フッサールの創設した現象学の研究との協働研究が可能になるとは思えません。この点が最も明確に現れるのは、リベットがわれわれ一人称の経験として現実の経過との同時性の経験を説明する際、「主観的時間遡及」

という仮説を立てる場合です。客観的に確定される時間のズレ（約〇・五秒）を主観的な精神の活動が遡及的に取り戻すというとき、リベットは、認識論的に通常の主観と客観の二元的対立原理を通して考察していることに反省が及んでいません。自然科学の研究が客観的時間と空間を前提にして遂行されていることは、当然のことといえるのですが、その前提が反省されないと、この二元性を前提にしたまま、客観的時間を主観が遡るというまったく不可解な立論に捕縛され、二元論の袋小路から逃れられないのです。この厳格な認識論的反省がなされていないことからして、

①　現象学的研究を共に遂行するのであれば、現象学的還元を通して、経験の明証性の基盤において、脳科学の実験を通したデータを理解するのでなければならず、当該の時間意識のテーマに関しては、客観的時間、主観的時間という日常生活で活用されている区分そのものを括弧にいれ、直接的な時間経験の分析領域を獲得せねばなりません。この経験の分析がフッサールの『内的時間意識の現象学』で提示されており、こうして、リベットの客観的時間と空間を前提にした実験結果を、「無意識に生じる過去把持のプロセス」と理解することがはじめて可能になるのです。現象学的還元は、協働研究のために必須の前提といえます。この点に関して、ヴァレラは大変明確な立場決定を遂行しており、将来の「神経現象学」の展開にあって、現象学的還元は、脳科学の研究者が遂行することを練習せねばならない第一の課題であるとしています[17]。

②　しかし、現象学的還元は「各自の意識に直接与えられている、つまり明証的に与えられている意識体験にもどる」と一般的に定義できますが、一度、現象学的還元をすれば、明証な意識の相関関係が隠されていた宝物のように、あるいは地層に眠る化石のように、目に見えたり、手にとってみることができるということを主張しているのでは、もちろんありません。意識の明証性には、二面性があり、「疑うことのできない、そうとてし

か与えられていないという意味での必当然的明証性」と、「疑うことができないだけでなく、不明瞭なところのない、完全な明証性という意味での十全的明証性」との区別があります。例えば、内的意識に与えられている「音の持続の意識」は、それがそのように与えられているのは疑いえず、必当然的とはいえますが、いったいどのようにして、そのようなものとして与えられているのかは、いまだ完全な明証性にもたらされているとはいえません。だからこそ、十年以上に渡るフッサールの現象学的分析の積み重ねが必要とされ、それを通して「今、過去把持、未来予時」という現在時間意識の基本構造が十全的明証性にもたらされたのです。また、内的意識に与えられている論理的規則性（矛盾律や同一律等々）や諸感覚（色、音、触覚等）は、絶対に疑いきれないのですが、それらがどのようにしてそう与えられているのか、その如何に（Wie）をめぐって、『受動的綜合の分析』における構成分析が遂行され、そこに働く「連合と触発」という超越論的規則性が解明されたのです。

③　このように十全的明証性を目指す現象学研究にとって、「無意識の脳内プロセス」と「無意識的過去把持」とは、いかなる明証性の特性をもつといえるのでしょうか。両者とも意識されてはいないのですから、意識の明証性について語ることはできないようにみえます。しかし、後者の場合、「無意識に過去把持されていたもの」の明証性は、次のように確証されています。そもそも、生き生きした現在において意識される、例えば、何らかの感覚は、すべて、過去地平に無意識という存在様式をもつ空虚な形態としての感覚質の内実として、そのつどの現在に与えられる感覚素材との相互覚起を通してのみ、感覚として内的意識に絶対的明証性として与えられうることが確証されている以上、感覚意識の明証性格は、無意識における感覚の空虚形態の明証性格、ここでいう、「無意識的過去把持」の明証性格を直接、確証しているのです。しかも、空虚な形態は、本能の覚醒を通して、生成し、形成されるものであり、感覚（印象）についての表象というコピーや鮮度の薄まったものではありませ

ん。形態および空虚な形態が、表象および空虚表象に先行するのであり、その逆なのではありません。その端的な事例として、無意識に反応して打った球が、打った後に、カーブであったかストレートであったか特定できることは、無意識とその意識化との正確な対応関係として、ビデオにとって、検証してみることもできるでしょう。つまり、無意識に同定された球の軌道と意識に上ってくる球の軌道の同一性を確認すればいいのです。しかも、意識の明証性に現れる以前に、無意識の行動が先行し、現実に対応しえているという、明証性の発生の順序について考え、明証性の起源についての論証を展開しなければなりません。発生的現象学において明示されたのは、意識の明証性の根源が時間化における「われ有り」の必当然的明証性に依拠し、この時間化の明証性は、究極的には過去把持の明証性を意味し、この過去把持の明証性は、さらに無意識に生起する周囲世界の感覚素材と本能志向性との相互覚起による本能の覚醒をその起源としているということです。

つまり、無意識の行動が周囲世界に対応しえていることは、カーブやストレートとして意識されるノエマとしての明証性の生起に先行しており、このノエマを構成するノエシスの明証性は、視覚の自覚として「原意識と過去把持」において絶対的に明証的と規定されます。原意識と過去把持が、働くからこそ、すなわち、時間化の絶対的明証性によってこそ、「われ有り」の必当然的明証性が確証されうるのであり、その逆、つまり、「われ有り」の明証性が、時間化の絶対的明証性を確証するのではありません。意識以前に球の起動を確定する無意識の行動は、この無意識に働く時間化を通して可能になっているのであり、無意識に働く相互覚起が、生き生きした現在の時間の流れの留まりを留まりにすることによって、意識に上らない球の軌道をその軌道として特定しているのです。

④　しかし、当然ですが、現象学的還元を通した現象学の意識と無意識の分析は、脳科学の実験を通しての解

明を遂行しているのではありません。また、現象学の研究を通して、そのような実験データを獲得することはできません。現象学は、他方、その本質直観という方法[18]を通して、脳科学の研究成果を積極的に取り入れようとします。事象の本質連関を理解するために、因果的事実連関を考察に組み込まなければならないのは、当然のことです。しかも、現象学はこの因果的事実連関の研究が、いかなる諸概念を活用して、理論化し、仮説の設定を行って実験を行うか、当の研究方法を現象学の明証性という基準をあてがいつつ明らかにし、たえず、それに対して、批判的隔たりを持ちつつ取り込むことができます。これが、哲学的探求の特質といえるのです。

(2) 脳科学の方法

では、脳科学の研究からみて、現象学の研究に対する協働可能性はどのようなものとなりうるのでしょうか。

① 仮に脳科学者が、現象学的還元をともに遂行したとして、また、現象学者が主張する本能の覚醒による形態ならびに空虚な形態の生成と形成を仮説として受け入れるとしても、現実にどのようにそれらが生成し形成してくるかを、因果的実在連関において呈示できるのは、脳科学者です。例えば、現象学者が感覚野における異なった感覚間の連合を指摘する場合、実際に、それがどこでどのように生じているのか、その実在的因果連関を指摘するのは、脳科学者による脳疾患の研究や実験を通して初めて可能になります。

② 他方、疾患が疾患として、また、治癒による変化を変化として確証できるのは、当然ですがその当事者の意識体験、すなわち内的意識に与えられた直接的意識体験によります。脳科学者は現象学を通して、意識体験の基本構造を、例えば、ここで問題にされた時間意識の構造である「今―過去把持―未来予持」の構造をそれとして理解し、過去把持の機能を、ヴァレラが実際に実行したように、「現在―時間意識」の力動的脳内プロセスと

して解明し、約〇・五秒の単位で計測される「神経細胞アセンブリ」に対応づけることができます。こうして、脳科学者にとっての、研究対象の確定化が可能になり、その確定を通して、さらなる実証的研究の方向性が明確になりうるのです。

③　脳科学者による「ミラー・ニューロン」の発見や発達心理学者による乳幼児の養育者の顔面表情の模倣能力の指摘は、フッサールやメルロ＝ポンティの主張する「間身体性と相互主観性」を実証的に裏づけることができます。哲学者の理論的主張とされていた論証的分析が実証的に証明されたのです。ということは、文化の受容と継承と発展にとって決定的意味をもつ模倣能力からして、個別主観における孤立した意識現象として捉えられ、理解されてきた伝統的見解は、根本的に転換され、間身体性と相互主観性という基盤から考察しなおさなければなりません。実証的研究成果は、強い説得力をもち、哲学的直観が多くの人々に理解されることに多大の貢献をなしうるのです。

④　脳科学者がその研究成果を常に試されているのは、治療の現場においてです。現象学の理論的把握が常に試されているのは、事象といわれる現実です。脳科学の理論が治療の有効性において試されるのは、現象学の研究が事象という現実に試されることに近接しており、現象学の事象分析は、治療の現場という現実に如何に対応できているか、いないかの検証を通して、増々その分析の精度を高めていきます。

第四節　時間と自由

リベットの研究成果である、意識が無意識の脳内プロセスに〇・五秒遅れて常に生じているという見解は、当然のことといえますが、これまで倫理の領域において原理的に前提にされていた「自由意志」の活動、つまり、行動の決断にあたって、理性が働き、自由意志により決断され、その決断に即して行動が生じるとする自由意志の原則自体を疑問に付すことになります。理性の決断は、当然ですが、意識されて遂行されます。しかし、すべての意識に無意識の脳内プロセスが先行するのであれば、自由な決断は単に〇・五秒前に先行した無意識の脳内プロセスを意識にもたらしているだけとなり、自由意志に対して実在連関の成立が先行し、自由は現実を後追いしているだけになってしまい、実践理性による倫理の領域は、必然的に崩壊に導かれることになります。

したがって、リベットの研究が倫理問題にどのような帰結をもたらすか、脳生理学者や哲学者の間で活発な議論がなされました。その議論の特徴を前もって述べれば、倫理の問題が近世哲学で明確な表現を得た従来の伝統的思惟の枠組み内での議論に留まってしまっており、当然とはいえ、フッサール現象学の発生的倫理の領域にまったく盲目であり、この領域での議論の進展がまったくなされていないということになります。したがって、まず、リベットの意識化にかかる〇・五秒の脳内プロセスという研究成果と、それを巡る倫理の問題系を明らかにし、後にフッサールの発生的倫理学において、この問題がどう考察しうるかを明確にしてみたいと思います。

(1) 自由をめぐるリベットの見解

リベットは、自分の実験結果による意識の遅延の事実にぶつかり、通常、意識による自由な決断を理論的基盤としてきた倫理学の基礎が崩壊の危機にさらされるのではないか、という危惧の念に襲われます。リベットの言うように、「自発的行為では、行為を促す意志は行為へと繋がる脳活動の前かそれが始まったときに現れると、今まで一般的に考えられていました」。(一四三頁)脳活動は自然の因果的経過であり、意志はある特定の目的を定めて、行動を起こす基点であり、当然、意識した自由な決断によって行動が起こり、それに即して脳活動がみられるというものです。ところがこれまでの実験で証査されているように、感覚や知覚の意識は、〇・五秒前に始まる無意識の脳内プロセスを前提にしており、意識した自発的行為も同一の条件のもとで生じていることは必然的です。となれば、「意識を伴った意志ある行為を起動する脳活動は、行為を促す意図が十分に発達するよりもずっと前に始まっていることがあり得るように思えます」。（同上）つまり、意図や自由な決断の前に、内容を同じにする脳活動が無意識に始まり、意識はその活動を受け止めているだけであり、無意識的な自然という脳の機能が意識の自由に先行する、因果関係で言えば、自然が原因で精神の自由は先に立つことなく、それをただ受け止めるに過ぎないことになってしまいます。

① リベットはこの問題の解明のため実験を遂行しました。その実験は〇・〇四三秒を一メモリとして回転する光点の時計を前にして、自発的な随意的運動として好きなときに手首を動かすことを被験者に指示し、意図が生じたときの光点の時点を記憶して、後で、報告するという実験で、そのときの脳内活動が、コンピュータに記録されます。その実験によって明らかになった結果は、「脳はまず**最初に**、自発的なプロセスを起動します。被験者は次に、脳から生じて記録されたRP〔準備電位〕の始動から三五〇〜四〇〇ミリ秒程度**あとに**行為を促す衝動または願望に意識的に**気づき**（W）ます」（二五九頁）、というものです。この実験結果は、他の研究者による追試によっても、検証されたと報告されています。

したがって、自発的な行為に繋がるプロセスは、行為を促す意識をともなった意志が現れる前に「脳で無意識に起動」する、という結論に導かれるわけです。リベットは、このことを、すでに提示されているスポーツの事例を再びひいて、時速約一六〇キロでサーブしたボールを打ちかえすテニス選手にとって、どう反応するか自分の決断に気づくまで待っていては打ち返すことができない、という事例の根拠になっているとしています。

② この事実を前にして、リベットは人間の自由意志の有無の問題を取り上げ、精神の自由か自然の因果性による決定論か、という従来の哲学上の選択の問題として倫理に関する自分の見解を展開します。この人間の自由意志の有無の問題とは、「私たちは、自然界の法則の決定論的な性質によって完全に支配されているのでしょうか？ 私たちは（……）自覚ある感情や意図を随伴現象として搭載している精巧な機械にすぎないのでしょうか？ それとも、既知の自然界の法則に完全に支配されずに選択や行為を成す主体性が私たちにあるのでしょうか？」（一六三及び次頁）という問いとして表現されています。

この問いに対して、リベットは、実験結果として与えられている無意識の脳内プロセスをそれとして認めた上で、意志が意識されて、筋肉の活動が実際に始まるまでの一五〇から二〇〇ミリ秒間（この間隔は、実験において検証ずみです）の間に、「自身の行為を拒否できる可能性がある」（一六五頁）ことを、さらに実験を通して、示しえたとしています。つまり、自由意志は意志プロセスを起動することはないが、その意志プロセスを積極的に拒否し、行為を中断したり、遂行させたりして、その結果を制御できる（一六七頁、参照）というのです。

しかし、そのとき出てくる必然的な問いは、この意識的な拒否そのものが、それに「先行する無意識プロセスに発生源があるという可能性について考えなければならない」（一七〇頁）という問いです。この問いに対して、リベットは、実験による裏づけをとることなく、「意識を伴う拒否は、先行する無意識プロセスを必要としなければ、その直接的な結果でもないという考えを私は提案します」（一七一頁）、とする立場をとります。このときのリベットの言明は、自分で「提案」というように、拒否する無意識のプロセスの可能性を完全に排除するのではないとしながらも、拒否できる「とすべきだ」という要請の性格を強くもつものになっています。

③　こうして、リベットは、決定論か自由意志かという選択の前に立ち、両者の側に、実験による完全な証明が欠けているとして、「物質的な現象のカテゴリーと主観的な現象のカテゴリーの間には、まだ説明されていないギャップ」（二八〇頁）があるとした上で、「決定論と非決定理論の両方の思弁的な性質を考えると、（……）私たちは現に自由意志があるのだという意見を受け入れるべきではないでしょうか？」（一八四頁）と結論づけます。この結論は拒否する意識だけが例外として、その拒否の意識に先行する無意識のプロセスが不必要という、無意識の先行という実験結果に矛盾するとせねばなりません。ここで問われなければならない最も重要な問題は、はたして「自由意志か因果の自然か」という二項選択が、ここで議論されているように、この枠内においてしか倫理が確定されえないような必然的な選択を意味するのか、という問題です。私はこの二項選択そのものが、二元論を根底にする、事態に対応しきれない伝統的思惟に拘束された、そこから開放されるべき幻想であると思います。

（2）フッサール発生的倫理における自由の基盤

以上のリベットの自由意志の見解に関して、フッサールの無意識に働く受動的綜合としての過去把持の理論からしてどんな論点が明らかになり、自由意志の有無に関して、何が主張されることになるのでしょうか。これまでの議論で明らかになったように、そのプロセスそのものが意識に上ることのない、周囲世界と過去地平に潜在態として存在する空虚な形態ないし表象との間の受動的相互覚起は、意識的な比較、推量、判断といった能動的綜合ではありません（したがって、当然、意識的な自由な判断や決断なのではありません）。しかし、また、何度も強調したように、それはヒュームのような、因果的に規定された物質としての原子の、万有引力に範を取るような自然主義化された連合なのでもありません。むしろこの相互覚起は、原理的に、生命論としてのオートポイエーシスによるヴァレラの「相互作用」や、脳科学でいわれるラマチャンドランの「相互作用」という原理に近似するといえるでしょう。

① このことからして、受動的綜合が意識のともなう能動的綜合に先行すること自体、従来の哲学の議論でなされてきた「精神の自由か自然の決定論か」という選択の前に立たされるとする必然性は、原理的になりたちません。なぜなら、受動的綜合という相互覚起において与えられる周囲世界のヒュレー的与件は、決して物理学で言われる物理量ではなく、生命の本能志向性や衝動志向性（生命の志向性）に対応した意味づけにおいてのみ与えられているからであり、また、受動的志向性としての本能志向性は、自然の因果に還元することは原理的に不可能であるだけでなく、もちろん、受動的志向性として能動的志向性である意識活動に先行する以上、意識活動に還元することも原理的にできません。つまり、受動的綜合は、精神と規定される意識としての自由に属するのではなく、自然と規定される因果に属するのでもありません。精神と自然の二元性成立以前に機能している、また、二元性が成立するための必要条件とされる領域に働いているのです。

さらに、「自由か因果か」という選択的思惟は、客観的時間軸上の前後関係を前提にした思惟であることが、決定的に重要です。それに対して、先構成の領域の相互覚起の領域（カップリングならびに相互作用の領域）は、周囲世界と生命体との同時的相互覚起として、因果的前後関係においてではなく、逆説的同時性（Simultaneität）の次元で生じているのです。この次元が、客観的時間を内在的時間意識に還元する現象学的還元を経てはじめて開示された次元であることは、言うまでもありません。

このことから、カントにみられる「自由か因果か」という二者択一として考えられる倫理学の領域は、先に呈示した能動的志向性の働く、言語と沈黙が交互する第二段階に妥当しても、倫理以前の倫理の基礎の領域である、受動的綜合の働く間身体性という言語以前の沈黙の第一段階と、我-汝-関係が成立する、倫理の完成態とされる第三段階には妥当しません。ということは、この「自由か因果か」という問いは、倫理の起源と目的の間の狭く区切られた領域においてのみ立てられた設問であり、基盤と目的を含む倫理の全体には、該当しない問いなのです。

②　無意識の脳内プロセスは、受動的志向性と能動的志向性の関係性において捉えられるフッサール発生的現象学の倫理の全体から理解されます。そのとき、自由意志に関わるリベットの手首を動かす実験は、受動的キネステーゼと随意運動である能動的キネステーゼの連関から、自由意志をともなう能動的キネステーゼに受動的キネステーゼが先行し、それが前提にされているのは当然のこととして理解されうるのです。発生的現象学の解明したキネステーゼの発生に関して、無意識に身体の運動が起こっているという受動的キネステーゼが、原初に生成することが開示されました。気づかれていない、意識されていない原共感覚という無様式知覚としての〝キネステーゼ〟が、常に随意運動としての能動的キネステーゼに先行し、前提にされているのです。したがって、随意運動に関していえば、無意識の受動的キネステーゼが〇・五秒先行することになんらの問題もなく、随意運動の生成以来、つまり、受動的キネステーゼが原意識され、すでに起こっている手の動きを止めたり、強めたりすることを意識できるようになって以来、随意運動は、いつも、このようにして、運動を起こしていたのです。無意識の運動を利用し、活用するのが随意運動です。それが身体を動かすということなのです。自己の身体は、自己の身体として意識する以前に、〝自分の心臓〟のように、いつも、すでに動いていました。それを意識して動かせる部位を動かすのが随意運動です。

つまり、受動的綜合が能動的綜合に先行するということは、受動的綜合が能動的綜合を因果的に決定づけているということではありません。意識化、ないし、構成という能動的志向性の能作は、受動的綜合によって因果的に規定されたり、決定されたりすることはなく、能動的志向性の発現は、超越論的に理解された遺伝資質の覚醒を通して、ちょうど、再想起の能作や、言語運用の能作が活性化されるように、構成能作として働き出し、発現することといえるのです。受動的キネステーゼの原意識は、無意識に過去把持している感覚の原意識であり、原意識そのものには、〇・五秒のズレは生じておらず、感覚による先構成が、同時にノエマとして対象構成されるとき、この〇・五秒の先構成が前提にされ、対象構成による「何であるか」のノエマの成立に、〇・五秒が必要とされるといわれるわけです。しかし、能動的綜合による対象構成と複数の対象の比較や、類推などの高次の理性の領域での考察は、受動的綜合の働く領域では可能ではなく、能動的志向性の働きとしての再想起を前提にする諸対象の比較や類推を通して、高次の能動的綜合としての反省が自由な決断を可能とします。この自由な理性の活動は、その最も根源的な層にみられる随意運動に明らかなように、無意識に生じる受動的キネステーゼを活用することではあれ、それによって因果的に規定されているわけではなく、(障害によって、受動的キネステーゼそのものが阻害されている場合は、それとして問題にせねばならないのは当然です)、いつ、どのようなときに、それを活用するか、まさに、自由な決断に任されています。

このキネステーゼの発生の秩序に無関係に、「意志の自由か、自然の因果か」という問いを立てるのは、キネステーゼの本性にそぐわない設問なのです。随意運動が受動的キネステーゼに先行したり、まったく同時に起こることはありえません。しかしそれは、物の因果が心の自由に先行するということなのではありません。先に強調したように、受動的綜合は、物の因果ではなく、心の自由でもなく、『倫理学入門』で「連合的動機」という概念で表現されたように、生命体の生きるという動機なのです。

③　生きる動機は、幼児が成育し、成人になるころ、様々な具体的価値を帯びた諸活動の動機に発展し、社会生活が営まれていきます。野球のプロになる夢をもつ人もいるでしょう。リベットが描くスポーツ選手の無意識に反応できる能力（無意識に、ボールをバットで打つ能力）は、こうした、能動的な価値づけ、価値に応じた自由な判断のもとに、意識的に努力してはじめて成立した、無意識に発現しうる能力です。その際の無意識の脳内プロセスが実在的因果連関を通して生じていようと、その能力そのものは、生命体の生きる動機に発し、意識的な努力を経て形成された、無意識の受動的キネステーゼの能力なのです。つまり、受動性が、能動性以前の受動性と能動性の内部の受動性に区分されるように、受動的キネステーゼに発し（能動性以前の受動性）、随意的な能動的キネステーゼが、含蓄的志向性となり、習慣性、潜在性という受動的キネステーゼへと転化した（能動性の内の）受動性なのです。このように、受動的な生きる動機と能動的な動機の全体の関連のもとに、はじめて、無意識の脳内プロセスの意味が的確に理解されるのです。フッサールの言う「因果関係そのものには、いかなる意味もない」という命題は、ここでも当然、妥当しています。

④　無意識に働く脳内プロセスに属するとされる「注意と選択」の機能、すなわち本質的に意味を欠く自然の因果連関によって原理的に解明されるはずのない、リベットがいまだ謎のままに留まるとする「注意と選択」の機能を担っているのが、現象学の開示した受動的綜合としての本能志向性や衝動志向性です。他方、受動的綜合が能動的綜合に先行するということは、当然また、物質的下部構造が精神的上部構造を規定するといった、唯物論的決定論を意味するのでもありません。これまで幾度となく、指摘してきたように、能動的志向性の能作は、超越論的に理解された遺伝資質に由来するものであり、受動的志向性の能作に由来するのではありません。本能

志向性と衝動志向性による受動的綜合を通して先構成されたもののもつ触発する力に、意識生の関心が向かうとき、自我の活動をともなう能動的志向性が働き、知覚されたものに、比較、場合によっては推量や想像も加えて、判断を下し、行為が遂行されます。そのとき、能動的志向性を働かせ決断をくだすのは、自由に意味づけや価値づけを遂行する自由意志であることは、単に主観的にそう思われるにすぎない主観的体験として自明とされるのではなく、客観的で普遍的な価値の実現をめざす人間主体の、責任をともなった自由意志の活動なのです。つまり、受動的綜合の働きのために必要とされる〇・五秒の脳内プロセスは、特定の価値に結びついた行動を遂行するための基礎であり、基盤なのです。

したがって、無意識の先行という自体そのものが、唯物論的な快楽主義に陥ることがないのは、第Ⅰ部で解明されたように、客観的価値の構成が、能動的志向性による構成として確定されうるからであり、価値づけが問題になりえない因果的自然の成立の主張につながることはないのです。

⑤　リベットの自由意志の議論において特徴的なのは、西洋思想の時間に関する典型的なモデルの一つである、客観的時間が直線上を不可逆的に一方向に流れるという時間観といえます。自然の因果関係が前提にするのも、この客観的時間のモデルです。リベットは、この無意識の脳内プロセスを因果関係として理解しています。その結果、意識した自由な決断は、それに先行する無意識の因果関係によって因果的に決定され、自由と思っているのは、幻想だということになるのです。このとき重要であるのは、因果関係とは、客観的時間を前提にして初めて成立する関係であるということです。そして、アリストテレスの第一運動者、不動の動者、純粋思惟という神学の第一原因を人間の主体に位置づけ、自由な意志と自由な思惟にもとづく、自由な決断においての責任を担った行為にあって、常に、自由な思惟が自由な行動に先行するのでなければなりません。意識をともなった自由な

思惟が時間軸上、先に働き、その思惟の決断後、ないしそれと同時に行為が成立するのでなければならず、無意識の脳内プロセスが先立つのであれば、自由という自己原因の第一原因という特性は失われてしまい、無意識の因果関係によって規定された脳内プロセスの単なる随伴現象という意味しか持たなくなってしまうというのです。

こうして、リベットは、どうにか自由意志が、客観的時間軸上で先行しうる時間点を求め、実際の行為の直前の一五〇ミリ秒前に、自由意志による拒否権を認め、位置づけるわけです。まるで、無限分割が可能なゼノンのパラドクスを想起させる時間軸上の抗争にしか、自由意志の問題解決が与えられていないかのようです。こう考えられなければならないとする「思惟の前提」そのものをどうして疑おうとしないのでしょうか。

ゼノンのパラドクスがパラドクスであるのは、論理的判断が、無時間的、ないし超時間的とする妄信にあります。自由な精神が客観的時間軸上を、時間の流れから自由に、いつでも介入しうるとする盲信にあります。この盲信の前提になっている客観的時間軸が点的な時点の集まりとされること自体、フッサールの時間論を通して、根底から克服された時間観でした。点的時間点は、完全な抽象の産物であり、生きられている具体的な現在は、必然的に「今－過去把持－未来予持」からなる、受動的綜合として連合と触発が活動している幅の有る現在なのです。この生き生きした現在を根源にして、客観的時間は相互主観的に構成されているのであり、自由な判断の対象とされる理念的対象は、超時間的、無時間的にではなく、相互主観的客観性において遍時間的（allzeitlich）に妥当するのです。フッサールが『経験と判断』で展開する論理の発生学（Genealogie der Logik）においては、時間化を経た時間化に即した論理の生成と遍時間的能作が解明されています。フッサールの遍時間的論理において、ゼノンのパラドクスは、パラドクスにはなりません。なぜなら、論理的判断には、判断遂行するノエシス行使のための時間が必要となり、本質的に超時間的には機能しえないからです。飛来する空間をよぎるためには、その空間の半分をよぎらなければならないと判断する以前に、矢は飛来しきたっています。論理の生成する現場から遊離して、超時間的とする理念的対象性の領域において、論理的判断を行使すること自体、遍時間的対象を時間に即して、時間化において判断を行使していることを失念する危険にいつもさらされているのです。

⑥　フッサールは、真の明証性を求め、あらゆる思惟の内実をまずもって、括弧づけし、時間意識の解明にあっても、直線的時間軸を流れるとされる客観的時間を、現象学的還元を通して、直証的に与えられている内的時間意識にもたらし、構成分析を遂行しました。ここで最終的に明らかになったのが、「生き生きした現在」の時間化における現在と過去の逆説的同時性（Simultaneität）という事態でした。つまり、一方で、周囲世界のヒュレー的与件の現在が現在になるのは、過去地平に眠る含蓄的志向性の過去との相互覚起を通して、初めて可能であり、他方、含蓄的志向性の過去が過去になるのは、周囲世界のヒュレー的与件との相互覚起を通して、初めて可能になるということなのです。そして、この過去地平の含蓄的志向性には、自由意志による価値づけを通して理念的特性をもつ客観的価値の実現の努力が、空虚表象として、自由な自我の関心、理性による目的づけと動機に即した触発的力を常に蓄えつつ、潜在的に現存しています。無意識の脳内プロセスを方向づけているのは、生命の目的性、つまり、本能および衝動志向性の目的性と理性の目的論における自由意志による行為の習得性なのです。受動的綜合と能動的綜合がともに機能している成人の場合、無意識の受動的綜合が先行し、能動的綜合を基づけるという事態そのものは、すでにその受動的綜合そのものの内部に、能動的綜合の習慣性（フッサールは、この受動性を能動性内部の受動性と名づけました）が働いている以上、自由は無意識の領域にも及んでいる、ということができます。しかし、この精神の自由は、リベットが客観的に経過した〇・五秒の無意識の脳内プロセスを遡るとする自由とは、まったく異なっていることを見落としてはなりません。なぜならこの自由は、超時間的

に、あるいは、無時間的に論理的判断の主体として時間を遡るといった働きをすることなく、時間化を通して働いている自由だからです。

⑦　リベットがここで展開している「自由か決定論か」という選択は、客観的時間軸上の時間の前後関係を争う因果性をめぐる議論であることは、強調しすぎることはないほど重要です。自我の自由な活動を感覚の束へと還元する感覚一元論にたつ第三人称の観察による傍観の倫理のヒュームも、また、超越論的統覚の自我にもとづく、実践理性の自由を要請するカントも、自然科学が前提にする客観的時間の流れの前後を前提にした因果性に則るか、その時間の因果性の彼方に、超時間的な自由の決断を主張することにおいて、両者とも、時間の前後の因果性を議論の前提にしていることに違いはないのです。

この前提から自由に、客観的時間の流れを括弧にいれ、真に生きられている時間から出発するフッサール現象学の時間論は、衝動の目的と理性の目的を階層的に包含する目的論的倫理の領野を開示しました。受動的綜合による時間化において本能の覚醒と衝動の形成にもとづく豊かで健全な感性の土壌は、能動的綜合が働く、理念的な価値の実現と創造の活動の源泉です。実践理性の活動は、感性の土壌から常に滋養分を受け取っているのです。

究極的には、この自由か決定論かという選択的問題設定は、近世哲学の二元論に由来するものであり、この二元論的思惟からする倫理は、その制約を担うこととなっています。それに対して、フッサールの受動的綜合による相互覚起も、ヴァレラの生命と周囲世界とのカップリングを通しての相互作用も、精神か物質かという二元論をその根底から突き崩し、モナド的生命の倫理の領域を開示しているといえるのです。

第二章　認知運動療法と現象学、そして倫理の問題

——運動と自由——

認知運動療法は、新たなリハビリテーションとして、現在注目されているリハビリの療法です。個別的な倫理の問題として認知運動療法をとりあげるのは、これまで問題にしてきた倫理以前の間身体性の領域の確定とその形成の解明が、様々な障害によって阻害された運動能力の回復と復元という課題を前にして、いかなる理論的実効性を持ちうるかを明らかにするための、最適な試金石となりうるからです。したがって、ここで、まず、認知運動療法における典型的な治療の事例として、片麻痺患者が健常な四肢の運動のさいに持つ感じ（運動感覚）を患部に移す練習を取り上げ、これまでに明らかにされた発生的倫理の構造分析を徹底した検証にもたらしてみましょう。つまり、この練習で患者と治療者の間で生成している事柄に関し、現象学の分析によってみえてくるものを明らかにし、倫理以前の間身体性を通した身体能力の形成という事態をより明確にしてみることができると思うのです(1)。

この章での考察は、このような限定された目的設定によるものであり、当然のことといえますが、認知運動療法の全体と現象学全体との共同研究の可能性を問うといった、大きな課題に向かっているのではないことをお断りしておかねばなりません(2)。

第一節　治療の事例の現象学的分析

例えば、典型的な治療場面の例として、成人の患者が健常な左手の手首の動きに注意して、その注意に与えられる感じを、患部の右手の手首に移そうとするとき、治療者が患者の腕と手首に両手を添え、健常な左手の手首を動かすことから治療が始まる場合があります。そのときに含まれている訓練内容をとりあげると、四つの視点から考察することができるでしょう。(1) 自分で健常な左手を動かすのではなく、治療者が動かす「他動」によっていること、(2) そのとき、患者は目を閉じていること、(3) その動きに患者が注意を注ぐこと、(4) 患部(患側)の右手の手首に、左手の手首の動きの感じの活性化が試みられること、この四つです。

(1) 「動かない手」と身体記憶の生成

治療の始めに、患者が自分で健常な左手を動かすのではない理由は、どこにあるのでしょうか。そのとき、治療者にその治療の前に何をするか、前もって言われているので、患者にとって、突然、治療者によって手が動かされるのではありません。つまり、手首が動くということがいったいどのようなことかは、患者には、分かっています。手首だけでなく、身体がどう動くかは、自分で今まで経験してきていることです。しかし、普通、日常生活では、自分の身体が動くことに慣れていて、身体が動くことそのものを自覚していないのがほとんどです。身体が動くことに気づくのは、ちょうど、健康であることに病気になってはじめて気づくように、身体が動かない、動かせないことに気づいたとき、はじめてそれに驚くものです。

① コップを取ろうとして、手が動かない、あるいは、起きようとして身体が起き上がらない、といったとき、どうして、そもそも「動かないこと」に気づけるのでしょうか。気づくというのは、動くことと、動かないことの違いに気づくことです。そのまま動くのであれば、動かないことには気づけません。また、初めから動かないままであったのなら、「動かなくなった」と気づくこともできません。普通、動いていたのが動かないので、動かないと気づけます。ということは、どのようにしてかは別にして、いずれにしても、動くことと動かないことが対比できていることが、動かないことに気づけるための前提です。

しかし、「動かない」と気づけたのですから、比べるとは言っても、「動く」ことが「動かない」と気づいたとき、それらが同時に感じられていることはありえません。となると、そのとき、「動かない」と感じられることと比べられるのは、「動くということの身体記憶」ではないでしょうか。「動くということの身体記憶」と一致することがない、その記憶が暗黙のうちに働いていて、その記憶に相応しないから、「動かない」と感じられるのではないでしょうか。もし、「動くということの身体記憶」がそこになければ、動かなくなっても、「動かない」と気づけるでしょうか。気づけないと思います。「ない」ということは、「ある」ということとの対比のなかでしか、「ない」と気づけません。重症心身障害児の場合、生まれてこの方、「動くということを感じられない」、「身体の重さをそれとして感じられない」のであれば、「動かないということ」、「身体の重さを感じないこと」にも気づけません。初めから、「ある特定の感じが感じられないとき」、その特定の感じが感じられないと気づくことはできないでしょう。「動くことの身体記憶」が寄り添っている、居合わせているとき、初めて、「動かないことに」気づけるのです。この「動くことの身体記憶」が、居合わせ続ける、臨在し続けるからこそ、「これは夢ではないか」と思って、「動かそう、動かそう」と繰り返すたびに、「動かせない、動かせない」という「ないこと」に気づけるのです。この「記憶の寄り添い、居合わせ、臨在」は、単に「手を動かす」ときだけでなく、何かを感じ、何かをするときには、いつもそこに、そうあるといえるのでしょう。一般的にいえば、何かを感じないというとき、その何かを感じたことの記憶がそこにあって、はじめて「それを感じない」ということがいえるのです。フッサールは、この「感じの記憶」を「過ぎ去った感覚の意味が今も保たれていること」として、「感覚が過去把持されたもの」と名づけています。このような、気づかずに無意識の受動的綜合として働いている過去把持を通して、この過去の身体記憶が常にそのつど、現前する周囲世界に臨在していることは、これまでの本著の論述で十分納得いくはずの事柄です。

②　ではここで問うてみたいのは、そもそもこの「動くことの身体記憶」は、いつ、どのように形成されてきたのか、ということです。「動くことの身体記憶」だけでなく、すべての身体に関わる感覚、触覚、重さの感覚、圧力の感覚、匂いや味の感覚、色や形の感覚、音の感覚などに関わる感覚を「身体感覚」と呼べば、それら身体感覚の記憶が生成し、形成されてきた発生の歴史があることになります。この身体感覚の記憶を辿った生物学者で、養老孟司氏の先生にあたる三木成夫氏は、『胎児の世界　人類の生命記憶』という本の中で、「自分がアメーバだったときの記憶」について語ります。胎児における、いわゆる個体発生に際して、生物の系統発生をもう一度、生き直すというのです。無論、ここでこの系統発生を実際に体験できるかどうか、断言できるのかが、問題であるのではありません。むしろ、フッサールの発生的現象学において、系統発生と個体発生を含めたモナドロギーの全体の発展として、過去把持の交差志向性における含蓄志向性という原理を通して、理論的解明の可能性が開かれているということが、重要であると思われます[3]。

(2) 閉眼による「他動」の意味

患者が目を閉じて訓練することにどのような意味があるのでしょうか。そのとき、外から見えるものはありませんが、何かが見えるということの記憶(見えるという身体の習性とでもいった方がよいでしょうか)、また見えたものの記憶が失われているのでは、もちろんありません。目を開けさえすれば、何かが見えます。何かが見えることの記憶に相応する見えるものが与えられるとき、何かが見えると気づきえます。しかし、目を閉じていますので、見ることと見えたものの記憶は、活性化されず、静まっています。夢を見るとは、この記憶が外に見えるものがないにもかかわらず、まさに目を覚ますといえます。ラマチャンドランのいう「トップダウンの想像」による脳内の投射の働きが、ここで一方的に活性化しているといえるのです。

ところで、座禅をするときは目は閉じません。自然に眼差しを落とし、目を閉じずに、半開きにしているのは、目を閉じると、夢幻というトップダウンの想像に襲われやすく(感覚入力がないと、想像が像として成立してしまうというラマチャンドランの説明にあるように)、課題とされる呼吸の動きに集中しにくいからです。そのとき、目は閉じられていませんが、何も見えていません。外からの刺激に晒されていても、そのまま何もみず、何も見えていないのです。しかも、当然ですが、物思いに耽っているのでもありません。意識は呼吸の動きに完全に集中するように練習が重ねられていきます。

さて、閉眼であっても、物思いに耽ることなく、手首の動きに集中しようとするとき、よりよく集中でき、注意できるようにするにはどうしたらよいのでしょうか。なにか特定のもの、例えば、治療者の手の「暖かさ、冷たさ、硬さ、柔らかさ、動きの早さ、遅さなど」それらが強く感じられると、つい、注意がそれらに向いてしまいます。それらに患者の注意が向かないように、言葉による注意の方向についての指示を行い、治療者の手は患者の手を動かします。

経験を積んだ治療者によると、[4]「患者さんの手に添える治療者の手の動き」を一目見れば、治療者の治療の経験の深さが直接、伝わってくるといいます。私にはもちろん手を添えた経験はありませんが、それは他の身体技能の習得の経験から、確かだと思えます。ミラー・ニューロンという模倣を可能にする働きだけでなく、武道における「見取り稽古」の例も、[5]同様に、十分にその客観性を保証できるものです。では、このような経験の伝わり方は、はたしてどのようなものなのでしょうか。この問いの解明こそ、本著でこれまで、間身体性において生成する情動的コミュニケーションの内実として、情動調律の働きの分析を通して展開されたものでもあります。[6]

いずれにしても、注意が散漫にならないように、手首の関節に注意しやすいように、治療者の手が患者の健常な左手首を動かします。そのとき、その左手首に感じられる感じは、いったいどのような感じなのでしょうか。一般に身体の運動の感覚は、キネステーゼ（運動感覚）といわれます。

①　サントルソのリハビリセンター見学の際、自分でそのつもりで手首を動かす随意運動のときのキネステーゼと、他の人に動かされるときのキネステーゼの違いはどんな違いか、という私の問いに対して、リゼロ先生はその違いはあまり重要ではないと答えています。ではなぜ、治療者によって他動的に動かされるのか、尋ねたところ、自分で動かすとき、手首だけでなく肘や肩の関節、それらに関わる筋肉からの情報が送られているため、純粋に手首の感じに集中しにくくなるからだ、という答えでした。重ねて、乳幼児の本能的な身体の動きにともなうキネステーゼと、自分で起こせる随意的な運動の際のキネステーゼとの違いはどうなのか、尋ねたところ、「乳幼児は自分の運動を制御できないだけだ」ということでした。ということは、すべての身体感覚は最終的に制御のために与えられていることになるのでしょうか。

②　では、どのように制御できたり、制御できなかったりするのでしょうか。まずはっきりしていることは、「制御できること」と「制御できないこと」との違いがあることです。そして、制御できるためには、制御される何かがあるのでなければなりません。何もないところに、制御できるも、できないもありえません。また、成人の片側麻痺の患者の場合、「制御できること」と「制御できないこと」の違いに気づいているのでなければなりません。手が動かない、足が動かないということに気づくとは、健常な手足が動かせ、制御できるのに対して、患部の手足が動かせず、動かせないばかりか、知らずに曲がったり伸びたりしてしまい、制御できないことを意味します。

治療中に、患者に付き添う家族に、家で訓練が継続できるように、家族の人に同じ治療を練習してもらうときがあります。このとき、多くの場合、添えられていた患者の手、特に指先に緊張がはしり、曲がってしまうことがあります。もちろん、患者が意図的に曲げているのではないのですから、ある種の防衛反応といわれたりしますが、ちょうど乳幼児のときのように、「制御が利かない」ということになります。そのとき、患者の注意はどうなっているのでしょうか。乳幼児のときの「制御の利かなさ」と成人の患者の「制御の利かなさ」は、同じとはいえないと思うのですが、どこがどう異なっているのでしょうか。

患者の指を誘導して、Tの字の形をした薄い板を、Tの字の角に沿って、動かすとき、指先の触る感じにではなく、肩の関節の動きに注意するようにいわれることがあります。肩の関節に注意が向かうと、指先の緊張がほどけるというのですが、曲がってしまった指先に注意が向かないように、治療者は曲がった指を緩めて緊張をほぐすようにみえます。そのとき患者の注意はどうなっているのでしょうか。制御がきかずに、制御しようにも、注意が向かない、感じにならない患部の指先に、自然に生じた自分のものでない緊張を、治療者がほぐそうとします。

乳幼児が、一定の年齢になると、自分の両手を見ながら、飽きずに、ずっと、右手で左手を触ったり、左手で右手を触ったりする時期があります。いままで制御できなかった手と指の動きが制御できるようになりつつ、片方の手に触りながら、その制御そのものに集中しているかのようです。制御そのものに注意が向かっているのでしょう。仮に、制御できるとは、動きを止められることであるとすると、成人の患者にとって、患部が気づかずに曲がってしまう不随意運動にキネステーゼはともないませんので、感じられない動きは、制御しようにも、制御できないことになります。動きを止められること、すなわち、制御できることには、キネステーゼが働いていること、「動きを感じている」ことを前提にしているようです。逆にいうと、感じられない自分の身体部位の動きは、制御しようにも、制御できないことになります。感じがないところに、どうやって注意を向けることができるか、という重要な問いが持ち上がってきます。

③ さて、赤ちゃんの首が据わるとき、据わらない以前がありました。母親の手に支えられるということが続いて、据わらない首が据わるようになります。頭の重心が納まりどころを見つけます。ところで、電車で座って、居眠りのとき、頭の重心は、納まりどころを求めてさ迷います。真ん中に留まることはまれで、右に傾き、左に傾き、ときとして、隣の人の肩にひと時の平穏が訪れます。しかし、このときの頭の重心の置き所が見つかることと、乳幼児の頭の重心の発見とは、質を異にしているのではないでしょうか。電車の居眠りの際は、目が覚めれば、いつでも見つかる重心です。しかし、乳幼児の場合、目覚めつつも、いままでなかったところにみいだされる重心です。みいだされるように育ってくる重心です。では、重心が感じられるようになるとは、いかなることでしょうか。

母親の手に支えられた頭は、いつも重心にあるわけではなく、常に変化しつつ、重心が求められており、重心は与えられては失われ、失われたものが再度与えられます。このとき、何が起こっているか、現象学による記述は次のようになるでしょう。〝与えられはじめる重心〟（今だに気づかれていないので〝〟がついています）が失われるとき、それはまったく失われるのではなく、重心の名残（余韻、大乗仏教の唯識哲学では、「衣服に残るその人の香り」を意味する「熏習」という言葉を使います）が残ると想定されます。しかし、ここで想定されているのは、未だ感じられていない重心です。何らかの感じ方の違いが、そこで、想定されない限り、未だ感じられていない〝重心〟を想定することはできません。この何らかの感じの違いは、重心の過去把持といえます。重心が失われるとき、重心の名残との対比のなかで、重心の欠損が、欠損になりはじめます。あることがあって、ないことが、ないことになります。しかし、物理量の刺激の連続の世界には、「ある／なし」、「感じる／感じない」の意味の違いはありません。フッサールのいうように、物理量の世界には、いかなる意味もありません。重心の名残が名残になるのは、その重心を「感じる」という働きが、単なる物理量ではなく、生命の働きであるからです。重心の名残は、名残となることで、重心の欠損を欠損として浮き彫りにしながら、「重心‐重心の名残＝重心の欠損」を繰り返し、その繰り返しを通して、重心の名残が名残としてのその陰影（現象学で、浮き彫り（Relief）といったりします）が深くなるにつれ、その名残は、はっきりとした形態となってゆきます。本能志向性の覚醒にともなう形態とその欠損態としての空虚な形態の形成を意味します。この重心の置き所という形態は、形態がはっきりすればするほど、その形態の欠損を通して、何が欠損しているのか、はっきりすることになります。この形態の生成は、重心の感じとなり、頭が重心に即して前後、左右に動くことの感じとなるといえるでしょう。この重心の前後、左右のズレの感覚が、身体全体のキネステーゼの感覚と深く関連していることが想定されます。

ここで形態というのは、これまで、発生的現象学において、本能志向性の覚醒による衝動志向性の形成を通して生成する形態（Gestalt）といわれてきた概念です。この形態が、欠損の現象と原意識Ｉを通して、表象になるとされています。

④　他方、キネステーゼの感覚の生成と形成は、喃語のキネステーゼに気づくこととしても説明されています。キネステーゼと音声の両者の形態が、一つの全体の形態として（無様式知覚、ないし、原共感覚として）生成されてきたものが、キネステーゼの形態に対応する質量的与件（ヒュレー的与件）が欠損するために、音声の形態の充足とともに、欠損した形態としてのキネステーゼ（ゼロのキネステーゼ）が気づかれるという説明でした。キネステーゼと音声の全体の形態（無様式知覚、ないし、原共感覚としての形態）が、音声の形態とキネステーゼの形態とに分岐するとされる説明です。喃語が発せられるときの、また、むしろより一層明確である、乳幼児が全身を震わせて泣くときに音声が発せられるときのキネステーゼは、リズムと強度と生動性からなる、いわゆる無様式知覚の中に含まれて発動しています。この無様式知覚の全体から、キネステーゼに特有な形態がきわ立ってくるのです。

喃語を発する際に気づきにもたらされたキネステーゼの形態は、喃語が繰り返されるたびに、音声の形態と区別されるキネステーゼの形態がヒュレー的与件によって充足されることを通して、気づきの繰り返しとなり、その形態の「始まりと持続と終わり」が、キネステーゼの形態の充足の「始まりと持続と終わり」として気づかれることになります。気づかずに始まり終わっていた喃語の際のキネステーゼが、その始まりと持続と終わりが気づかれたものになります。気づかなかったキネステーゼが、気づかれたキネステーゼになるということは、喃語のキネステーゼの「始まりと持続と終わり」に気づけることです。今まで起こっていたことがどのようなことであるか、気づけなかったことが、その起こりの〝如何〟に気づけるのです。その起こりの持続を気づきつつ見守る（原意識する）ことから、この起こりの持続を制御するようになる際、右手で左手にさわり、左手で右手にさわり、両手を叩いたり、手で自分の他の身体部位を触ることなどが、大きな役割を果たしているように思われます。

乳幼児期にあって、右手の動きにつれて生じる右手内部のキネステーゼと、その動きの見えと、その動きにつれて生じる触覚は、無様式知覚の全体の中で不可分に、しかも、それらの同時性において与えられています。見える手の動きにつれ、その手が触れているところからの触覚が、見える動きの変化と一致しながら、動けばその動きの持続に相応する触覚の持続が、止まれば、止まっている間の圧覚ないし、温かみとして与えられます。止まっていることもキネステーゼの一様態として、キネステーゼに含めて考えますので、見える手の動きと手の内側のキネステーゼがぴったり相応しています。乳幼児は、これらの不思議な一致にとりこになっているかのようです。一致が不思議と感じられるのは、漠然とした無様式知覚が、無様式のまま、一つのこととして、その全体の強さ、リズム、生動性が持続したり、変化していることそのものだけなのではなく、次第に明確になりはじめているキネステーゼの感じが、感じとしてその形態のヒュレー的与件による充足を保つ中で、ということは、キネステーゼがそれとして感じられることは、同時に、視覚の見えが見えの形態になりつつ、その充足を持ちつつ、キネステーゼと区別されながら、分離しつつ一致しつつ、同じ時間の流れとなっているということです。しかも、この不思議にともなうのが、触れられている手の側の皮膚の感じです。右手が触れて動いている間だけ、左手が触れられているのです。動いている間だけ、触れられる持続が感じられ、動きが止まると、触れられる感じに変化が生じます。

⑤　ここで安易に「同時に」という言葉を使っていますが、右手が触れることとそのとき触れられる左手の触れられる感じは、本当に同時に感じるのでしょうか。サントルソの見学の際、カルロスというスペイン人の治療者は、「注意は、一時に一つのことにしか注意できない」ということをいつも、強調していました。フッサールが『受動的綜合の分析』で、触発について語るとき、同じように強調している同一の意識の根本原理とされる事柄です。(7) ということは、右手が触ることに気づくことと、左手が触られていることに気づくことは、同時ではなく、前後していることになります。

このことを、D・N・スターンが述べていた次のことと対比的に考えてみましょう。スターンの観察によると、乳幼児が、同じ映画を映像と音とが一致した画面と、次第にズレていく画面を同時並行してみせるとき、乳幼児は、ズレている画面を一心に注視します。一致しているのが当たり前で、当たり前のことには興味がない、どうでもいい、かのようです。映像と音が一致しているとき、視覚像という形の感覚質と聴覚刺激の感覚質が、質に関して一致するはずはありません。無様式知覚とは、質の区別に関係なく、しかし、抽象するのでもなく、同じ「強度、リズム、生動性」において与えられていることを意味しています。ところが、映像と音がズレる場合、映像の「強度とリズムと生動性」が、音の「強度とリズムと生動性」との間に、まとまった全体として、前後の時間的ズレにおいて与えられているのです。乳幼児は、まさにこのズレに注視するのです。

これに対して、自分で自分の両手を触ったり、叩いたりする場合、無様式知覚の全体が、まさに同時的に、一つの無様式知覚を形成していることが特徴的なことです。この無様式知覚が全体として一つにまとまって経過することは、養育者と乳幼児の間の「情動調律」、とりわけ、「コミュニオン調律」といわれる「共にそこに生きる現在の体験」の場合、最も原初的な事例である授乳という出来事の中に、明確にその現実性が表現されています。

授乳の際の「強度とリズムと生動性」は、乳児と母親が直接、共に体験している共に生きる体験です。自然に生じる誤調律は、形態のズレの体験となり、多くの場合、そこに注意が向けられ、諸々の形態の違いに気づくきっかけになるといえます。

⑥　さて、改めて制御の問題に戻るとき、気づかれなかったキネステーゼが、その初めと終わり、そしてその持続が気づかれるということが決定的な意味を持つでしょう。始まりは、触れることの始まりであり、終わりは、触れることがもはや継続しないことです。その間は、触れる持続です。触れることの始まりは、触れるとき感じの形態がなかったところにその形態が覚醒され、感覚素材によって満たされることを意味します。触覚が「触覚になる」ときのことです。触覚が触覚になれるのは、触覚の形態が残って記憶になっているからです。その記憶が呼び覚まされるのは、その記憶に相応する質的与件がたまたま与えられるからです。持続とは、形態が残っていくその形態が、自ずと先取りされ、未来予持され（表象されることではありません）、その予持された形態が充足されることを意味します。もちろん、このときの予持とは、表象をともなわない形態による予持です。いまだ、表象が形成されていない段階に予持が生じているのです。その形態の終わりとは、予持された「触れるという形態」がそれに相応する感覚素材によって充足されないことを意味します。

　ということは、制御するとは諸感覚の初めと終わりを意識できるということ、言い換えれば、個別的な感覚を感覚として気づけることが、まずは第一の前提となります。いわゆる乳幼児の本能的な手足の運動の場合、意識はされずとも、運動の始まりと終わりはあります。母親の真似る喃語に接して驚く乳幼児は、その真似が始まるのと、驚きの始まりは同じであり、真似が終われば、驚きもやみます。驚きの持続にキネステーゼの意識の持続が対応しているといえるでしょう。このキネステーゼへの気づきは、その後、本能的な運動が生じたとき、それをキネステーゼとして意識できることにつながります。本能的運動の始まりと終わりは、その本能の充足が目的となって決まってきます。生まれたばかりの乳幼児の手に、ロープのようなものが触れると、乳幼児はそれを摑む本能をもっているとされます。摑むのは摑むのであって、連続的に開閉するのではなく、摑んで放せば、摑むという本能の目的は充足されません。意識しているか、無意識かにかかわらず、特定のなにかの充足に向かっていることを志向性と定義する以上、無意識に働く本能を本能志向性と名づけなければならないのは必然的です。現象学は、すべてを志向性と呼んでいるのではなく、向きのある主観性の働きを志向性と呼んでいるのです。

⑦　これまで、乳幼児の本能的行為が、乳幼児の側からのみ考えられてきましたが、本来、諸本能に即した行動は、養育者との間の情動的コミュニケーションとして、はじめて成立しているものであることが、考慮されなければなりません。このことを欠いて、乳幼児のキネステーゼの「制御」について語ることはできないと思います。スターンのいう「情動調律」にあるように、例えば授乳の場合の「コミュニオン調律」を通して、授乳という状況全体の中で諸形態が形成されてきます。その際、それらの諸形態は、自然に生じた「誤調律」や母親の側の意図的な「誤調律」を経て、気づきのきっかけになっていきます。間情動的な情動調律を経て、本能的で自覚できないキネステーゼが、気づける、意識できるキネステーゼになるとき、無意識におこった手の動きに気づいて、その気づきに導かれて、「気づきが続く限り行ってみよう」、と思ったら、左手の甲から右手の指がズレ落ちる。このとき、左手の皮膚の触覚の終わりにも気づけ、左手の甲を動く右手のキネステーゼの、左手の甲から落ちる突然の変化に気づくということが、右手の指がズレ落ちたことに気づくことであり、そう気づいたとき、すでに、本能的に右手が動き、もとの、触り始めた左手の位置に戻っていたことに気づく。このような、本能的動きとそれに即した気づきの経過が想定されます。

さて、本能的な右手の動きに気づき、もう一度、触覚の気づきに即して、気づきを追ってみる場合、ほかでもない、この気づきを気づきとして追えるのは、触覚の気づきが起こるそのつど、その気づき、つまり、触覚の記憶の覚醒という気づきの名残が残ってゆき、それが残るそのつど、その名残と同じ形態が、未来を先取りするように、未来に向けての予持として、しかも、それ自体、意識に上ることなく、気づかれることなく、特定の形態を受容する構えが出来上がっているからです。この形態の未来予持が働くからこそ、触覚に対応する感覚素材が与えられないとき、「予期（予持）が外れる」、と気づけるのです。

ということは、本能的な動きの制約、つまり、関節の構造、四肢の長さ、身体器官の機能等、身体的制約と本能の覚醒といった身体上の制約が、諸感覚の形態の生成の制約となり、諸感覚の気づきとともに、その始まりと持続と終わりを基本的に条件づけるということができるでしょう。つまり、本能的な身体的機能への気づきが、制御が成立するときの必要条件であるといえます。しかし、本能の覚醒が生じるのが、通常は同種の生命（人間は人間、サルはサル、等々）と周囲世界という環境のもとでのみ、覚醒されることを考えれば、制御は、個別的身体としてではなく、常に間身体性においてのみ、制御として働くということが根本的なことといえます。情動律調の内のコミュニオン律調が、無様式知覚の共有として体験されることが、無意識の〝制御〟として意識的制御に先行し、それがそれとして、気づかれ、自覚されていくのです。

これまで明らかにされたのは、通常の意味での制御はまずもって、無意識的な間身体的制御の気づきを前提にするということです。この前提の下に、対象構成、自己意識の形成、再想起の機能の発現、言語使用能力の展開などの高次の志向性の働きを通して、特定の運動能力の獲得、例えば、歩行、ダンス、歌謡、自転車走行などの、いわゆる高次の身体運動の制御といった領域が展開することになります。無論、このような高次の領域での制御が、認知運動療法で問題とされ、課題とされているのではありません。むしろ、患部において再生してくる諸感覚の気づきそのもの、あるいは、新たに生成してくる諸感覚の気づきが基本的問題なのです。

(3) 運動イメージと注意

患者が、健常な手首に注意を注ぎ、その運動イメージを麻痺した手首に移すというのですが、ここで、いったい何が起こっているのでしょうか。他動と自動の区別についてすでに問われましたが、他動が行われるのは、自動の際の、「他の身体の部位からの情報の介入にわずらわされることがない」からだといいます。しかし、動かされている当の本人にしてみれば、他の身体の部位からの情報の介入の現実が、気づきに上るわけではありません。これは、治療者の脳神経学の見識によるものです。

ただし、手首の動く感覚に注意するようにといわれて、それに注意することはできます。しかし、注意することと同様、「イメージすること」という言葉が使われますが、注意することとイメージすることは同じことでしょうか。さきほど、頭の重心が見つかるということについて述べましたが、乳幼児は、首の骨が何本あり、どうつながっているか、また、そこに筋肉がどのようにつながっているのか、もちろん解剖図をみたこともないし、その知識もありませんので、重心が見つかる感じを感じえて、前後、左右に動く感じは感じえたとしても、その動きを視覚的にイメージできているわけでは、もちろんありません。

それと同じように、成人でも、手首の関節の動きに注意することはできても、手首の関節の構造を視覚的に「イメージすること」が要求されているのではありません。イメージとは、原義は「想像」ということでしょうから、「言葉」を通して「……のような」と表現される場合が多いようです。「どんな痛みですか」と聞かれる場合、「ズキズキします。ちくちくします。ズウーンと重たい痛みです。骨に染み入るような痛みです。等々」、言葉のもたらすイメージの喚起力は、例えようもなく豊かです。

① リゼロ先生と軽度の片側麻痺のシスターとの間の言葉の行き来は、まるで、一幕の劇の上演のようでした。シスターの表情は、初めは硬かったのですが、リゼロさんの語りかけに応じて、シスターの短めの言葉が、とつとつと解けるように出始めます。たび重なる「どのような感じですか」という問いに、シスターは、思いを潜め、言葉にしつつ、次第に雄弁になり、表情豊かに、「わたしが、ラテン語を勉強したときのような、動詞の変化の規則性のような感じです」といった言葉になり、リゼロさんとの応答は、昔の学校のときのエピソードや、現在の修道院での生活などにまで及びます。イタリア語は分かりませんが、ドイツ語の同時通訳を通して、二人の言葉と表情の行き来の変化は、そのつど生じる人と人との生き生きしたコミュニケーションとして、見ている人の心に訴えます。劇をみるようだといったのは、そのような意味です。

シスターは、T字の角を他動で、患部の指先で辿るとき、感じが途絶えたり、混乱してくると、「ストップ」といい、もう一度、初めからやり直してくれるように、先生に言います。先生は、もう一度、初めの箇所に集中するようにいい、その初めからやり直します。同じところで「ストップ、もう一度」と繰り返されるとき、先生は、初めの箇所にふれるとき、角をたどるとき、そのつど、それを言葉にするように促します。未来予持として生じている〝感じ〟を言葉を通して、よりはっきりイメージするように促がしているのです。シスターをそう仕向けることによって、ストップした箇所を乗り越え、感じの持続が次第に、延長していきます。また、一つの角に来て、「どちらの方向に向かうと思うか」と聞き、言葉にするように促したりもします。

この言葉にするということについて、治療後に先生にお聞きしたところ、「言葉は、触覚、聴覚、視覚、等々、すべての感覚を取りまとめているからだ」、という答えをもらいました。シスターは、触覚を言葉にすることによって、他の諸感覚との通路をつけ、それら諸感覚からもたらされる生命力と世界への方向づけからもたらされる活力をもらい、触覚そのものの能力が高まることのようです。

②　そして、ここで問題にしてみたいのは、どうして、そもそも、触覚の感じが途絶えたり、混乱したりするのか、という論点です。感じは与えられるものであり、作るものではありません。この問いに、「患者の注意が途絶えたからだ」という答えは、答えになっていません。注意が向けられるような感じそのものが育ってきていなかったり、途絶えてしまうからでしょう。注意を向けようにも、感じが育っていなければ、注意の空回りです。つい何かに注意が向いてしまうのと、意図的に何かに注意を向けるのとは、その働き方は異なっています。イメージ療法でいうとき、あるいは、スポーツのイメージトレーニングというときは、それは後者の意図的に注意を向けることに対応します。しかし、「感じを育てる」のは、注意を向けるというより、注意がそこに向かうように、感じそのものを育て、そこに注意が向くようにする前者の場合です。つい注意が向いてしまうような感じの力（フッサールは、それを周囲世界と生命との間に生じ、互いを覚醒させている「触発力」と呼びます）を育てること、その生成が問われているのです。

このイメージの活用に関して、健側の動きをイメージさせ、それを患側に移すことが試みられます。感じに与えられているものを想像することは、もちろん可能ですし、その注意力を高めることもできます。そして、患側に、健側でイメージできたことが、イメージ通り与えられるかどうかをその差異に注意することの積極的な役割を想定することができます。しかし、重要であるのは、健側の側でイメージできているのは、過去把持に残っているのである、過去把持されているからであるということです。イメージするとは、無からイメージをつくっているのではありません。

③「意図的に注意を向ける」ときの注意することに関して、興味深い事例があります。カルロス氏の治療のとき、閉眼、他動で、指先で直線の角をたどるとき、一定の普通の速さで角をたどって、感じる長さの感覚と、その速さを半分ぐらいにゆっくりと辿らせて感じる長さの感覚を問うと、実際、目に見える辿った長さは、初めのほうが長く、後者の場合、その半分ぐらいにしか、指先がきていないにもかかわらず、閉眼では、同じぐらいの長さに感じるという例です。つまり、ゆっくり動かすと長く感じ、早く動かすと短く感じるというのです。

このとき、例えば、労働がテーマになるとき、一日に仕事をする人の人数を計算して、延べの労働力といったりしますが、時間×注意力の総注意量が、同じであることが、どのぐらいの距離を身体（指）が動いたかの触角による距離間隔の感覚の基準になっているのではないでしょうか。一度記述したことがあるのですが、[8] 待ち合わせで人を待つときの主観的に感じる時間の長さは、注意が向かい「まだ来てない、まだ来てない」と意識化する頻度と密度によるのではないか、と記述しました。その際、そのつど、「まだ来ない」と意識化されたことは、ことの名残を意味する過去把持の縦軸の志向性に、感じる内容が時間内容として沈澱していくことです。この感覚内容という時間内容の縦軸における沈積の深さが、感覚の持続の長さであり、感じる長さとして感じられるのでしょう。つまり、後者の場合、ゆっくりということは、じっくり意識して、ということであり、じっくり意識して触覚の各点に注意を注ぐときの注意の総量と、前者の場合に触覚点の数量は多くても、各点に注ぐ意識的注意は少なくなるので、そのときの注意の総量は同じになる、と考えられないでしょうか。

同じく注意を注ぐ時間に関してですが、鶴埜氏によると、どういうわけか、すべての治療者がT字の角や、円形の縁を辿るときの動かす速度が、同じ速度になってくるといいます。注意が向かいやすい接触の速度があるのでしょう。時間の問題をフッサールは、音の長さのつまり、聴覚の持続感覚の分析から入りましたが、そこで明らかになった時間構造は、視覚像のもつ空間感覚（縦、横、奥行き）へと、触覚とキネステーゼ（運動感覚）の分析を経て、転用されていきました。感情の領域にどのように活用されているかは、スターンの情動調律についての現象学的分析の際、その解析力が明確に示されています。(9)

④　しかし、時間の流れや意識の流れを、川の流れのようなイメージで理解することはできません。この絶対的な意識の流れの自己構成については、すでにこれまで述べてきたように、周囲世界のヒュレー的与件と、過去地平に眠る空虚な形態や表象との間の、現在と過去の区別が超えられてしまう逆説的相互覚起によって、生起しているのです。しかし、流れていない川の流れはイメージできません。時間がなぜ流れていないかといえば、縦軸の過去把持の志向性にすべての過去の歴史が過ぎ去ることなく、すべての到来する現在に居合わせている、すなわち臨在しているからです。大法螺に聞こえるかもしれませんが、生物学者の命題に、「個体発生は系統発生を繰り返す」という命題があります。それをそのまま真に受け、遺伝資質とは、「系統発生の過去把持という様式における潜在性」であるとすれば、私のそのつどの触覚は、私がカタツムリだったときの触覚能力の過去を、忘れてしまった能力として持ち続けている、そのつどの過去把持の過去の深さにそれが潜んでいるということになります。

（4）　注意の移行

健常な手首の動きに感じるキネステーゼに注意を向け、その感じを患部の手首に移すというとき、この移すというのは、いったい何をどのようにしていることになるのでしょうか。

①　ここで改めて、他動による手首の動きと自分で随意に手首を動かす場合の違いについて、B・リベットの、自由意志の意識による決断に先行する無意識の脳内プロセスの出現という論点と関連づけて、考察してみましょう。随意運動の場合に、動かそうと意識する以前に脳内プロセスが生起していることは、実証ずみの事実とされています。問題は他動の場合です。しかし、注意されなければならないのは、他動であれ、まもなく手が動かされること自体は、治療者に治療の際、前もって言われていて、「手が動かされる」という予測がたっているということです。「動かされるということ」が前もって意識されています。

このような場合と、動かされるということが、まったく予測されない身体の動きがそもそもあるかどうか、考えて見ましょう。例えば「地震かな？」、と身体のゆれに気づくとき、地震であろうと、地震でなかろうと、身体が揺さぶられることは、ゆりかごのときから、あるいは、胎児の頃から経験ずみです。不随意運動の感覚をさかのぼれば、胎児、乳幼児の無意識的な本能的身体運動の経験にまでさかのぼれます。このことを考慮すれば、本能的予感をも含めたいかなる予測もたたないような身体運動の感覚など、ありえないことになります。しかし、先ほど考えたように、そもそも動きに気づけるようになるのに、本能的動きの名残の蓄積が、動きの形態を形成することが前提になっているのですから、動きの形態の形成を運動にかかわるシナプスの形成に対応づければ、すべてのキネステーゼの脳内プロセスが、それが無意識的な運動であれ、随意的な運動であれ、すべて、運動の気づきに先行するのは、当然のことといえます。

②　随意的運動の際の運動行使の自由な決断とは、リベットによれば、運動が遂行される〇・二秒前の「禁止」する自由であるとされます。もちろん意識された禁止です。しかし、意識された禁止である以上、この禁止さえ、その禁止という意識に至る、〇・五秒が必要になるはずですが、リベットは、根拠を与えないまま、その

必要は無いと主張します。この妥当性は、ともかくとして、気づきという意識は、常に、脳内プロセスの後に生じます。ということは、気づき以前の、無意識にキネステーゼが生じる〇・五秒の経過が、過去把持の縦の志向性（交差志向性）に意識せずに感じた順番に、深さの順番に上に向かって蓄積している、その順番のまま、気づきである意識にもたらされるのです。

ということは、随意運動とは、起こっている運動に気づきつつ、動いている運動を持続させるか、止めるかが、自由に任されていることになります。持続させるのは、今生じている運動の意識に任せて、身体的制約が運動不可能性を告げるまで、運動の継続が可能になっていることです。あらたな随意運動が生じるとは、例えば、歩行の途中で、他の目的のために運動を止めるとき、例えば、歩いていて店の品物が目に留まり、よく見ようと足を止めるとき、あるいは、歩いてきてドアの前まで来て、歩みを止めるとき、注意が向かう方向が変化して、行動の変化がみられるということです。注意の方向が変化するのは、一般的にいって、その人の世界に向けられた生きる価値づけに即して、ということができます。何を目的に歩いているのか、もちろん、何の目的も無く、ぶらつく、散歩するといった、特定の目的もなく歩く場合の〝気分転換〟とか、〝歩きたいから歩くんだ〟といった、〝意識に上らない身体性の目的〟をも含めた〝目的〟に向けて歩く、ということが、「世界に向けられた生きる価値づけ」の意味です。歩いていて、「彼（女）の誕生日のプレゼントにいいかも」と思って、ショウウインドウの服に注意が向いて立ち止まるとき、また、ドアは廊下の突きあたりであることが分かっているので、その前に行って立ち止まるとき、特に意識されなくとも、目的づけられた歩きであるのです。あるいは、歩くこと自体が自己目的であれば、壁に当たっても足を動かし続けるロボットのように、ドアの前に来ても止まることなく、ドアに足をぶつけ続けるでしょう。

③　健常な左手首の運動を他動で感じるとき、「手が動かされる」という経験が背後に記憶されていることが目覚めつつ、この経験が繰り返されるとき、動かされている当人にとって、新たな課題とされるのは、他動による手首の動きへの集中という経験です。この経験は、腕相撲で手首もろとも相手に動かされるときの手首の運動の体験とはまったく異なります。こんな風に自分の手首の動きに注意を向けたことはないというのが、ほとんどの場合、その経験内容と言えます。このとき、手首の関節の構造を視覚的イメージにすることは、動きの感じに注意する助けになるでしょうか。あるいは、その感じを言葉にして、「滑らか、スムーズ、滑る」といってみることも他の感覚野との繋がりを喚起することになるでしょうか。座禅のとき、呼吸の運動に集中する助けとして、吐く息に集中するとき、集中の中（中という字）の字の真ん中の上から下に伸びる線の先を、習字のときのように、途絶えることなく細く、細くしていくことをイメージするようにいわれます。細く長い吐く息と無限分割される点への集中が一つのこととして生じます。視覚イメージの助けであり、同時に、見えない点への集中が生じます。

こうして、生じた集中を患部の手首に移すというのですが、それは、その患部の手首に向けて、見えない点に向けてのように、感じることのできない感じに向けて集中し、感じを獲得しようとすることと言ってみましょう。健常の左手では、開眼の場合、手を動かしてくる治療者の手が見えるだけでなく触れられている感じ（触覚）を持ちます。右手の場合、触れられている手首が見えるのですが、はっきり感じられません。この場合、もちろん、目を開いている場合ですが、目を閉じている場合でも、健常な左手の場合、左手の見えは、実際には見えないイメージのように、注意が向いているキネステーゼに随伴しています。閉眼を通して、患部の手首での、触れられて動く手首の感じの育ちは、見えていない左手の〝見え〟のイメージに随伴する気づき（患部の手首を動かす、見えていても触れられていると感じられない治療者の手は、虚像かもしれず、健常な手の、見えないが働いている見えないイメージにさえなりえていません）と同時であるのかもしれません。つまり、視覚と触覚に通底する無様式知覚の「強度とリズムと生動性」を介して、欠損している触覚形態への連結ないし連合（あるいは連動）の活性化が生起しているとはいえないでしょうか。手を当てる、手当てのとき、当てられたところに、自然に注意が向きます。そのとき、触覚が大きな役割を果たしていることは確かだと思いますが、触覚がいまだ、完全に覚醒し、活性化していない場合、自然に注意は向きません。あえてそこに注意を向けるというとき、見えないイメージとしての視覚の連合項の働きが、キネステーゼに働きかけ、活性化させるのかもしれません。バイオリンの演奏者が、冬の午前中の演奏に備えるとき、指先に注意を集中していると、次第に指先がぽかぽか温かくなります。冬の夜、寝床で、足先に集中し、気を送り続けると、足先が温かくなります。気と集中、注意ということは、日常生活のなかで、自然に活用されている、生活の知恵です。剣道の動きの基本である、すり足を練習するとき、水をいっぱいにした洗面器が腰骨のところにあると思い、水がこぼれないように、注意して、すり足で運べ、という指示をうけます。この喩えは、運動の制御にとって大変有効です。イメージとは、喩えでしょうから、その人のそれまでの経験、生きてきた文化的背景、使っている言語など、当然ながら、その人にとってのイメージであり、喩えであるはずです。シスターの感じの言葉による表現とリゼロ先生の感じの言葉による表現とは、それぞれの個人の歴史によって異なっているのが当然です。その人固有の喩えの仕方が、感性の活性化にあって、大きな役割を果たしているようです。

第二節　治療から見えてくる身体能力の回復と倫理

認知運動療法は、様々な障害によって欠損した運動能力を回復させ、再び活用できるようにすることを目的としています。一見、能力の復元と倫理は無関係に思われますが、そう思うのは、倫理の問いを、その基礎と目的という論点を無視した、行為の善悪に狭く限定するからです。

フッサールは、『倫理学入門』で、倫理を広く実践理性の働きとみなし、意志と行為の「技能論（Kunstlehre）」と価値づけの学問と規定しています。さらに、フッサールは、価値（快・不快、善・悪）の客観性の確定に対する快楽主義の主張ならびに、ヒュームの感情道徳とカントの義務の道徳を人間の主観性の本性である「志向性」概念の無理解という理拠による批判を通して、能動的志向性による客観的価値の構成という倫理を構想し、その倫理の基礎に、倫理以前としての受動的志向性の領域を確定しえたのでした。

身体能力の形成のその創造性は、倫理以前と倫理の両領域だけでなく、これまで第三段階と名づけた、倫理の目的が実現される我-汝-関係の領域にまで及んでいます。リハビリテーションとしての認知運動療法は、とりわけ、倫理の基礎としての倫理以前の領域と深く関連しています。

（1）　動くことと動かせること

今まで動かせなかった患部が、動かせるようになること、すなわち身体能力の復元ということは、能動的キネステーゼが失われて、まずは、受動的キネステーゼという無意識の運動の形態の再形成が目的とされます。感じられないところに感じの活性化が試みられるわけです。この点が従来の理学療法との最も大きな相違であると言えます。この場合、そもそも感じることができないとき、それは明確に倫理以前の領域であり、行動の倫理的責任が問われてはならないということが、最も基本的原則として立てられます。しかも、感じられ、動かせるという目的が、すでにこの感じの再構築の作業そのもののプロセスに「生きる動機」として、働きかけていることは見落とせません。

①　感じられなかったものが、感じられるようになるということに、すなわちこのような生成変化が可能であるということに、倫理以前と倫理との間の境界線の変動ということが現実の問題となります。感じることができるかできないかは、瞬時、瞬時に、そのときの単なる経験の事実、当為に対する存在の領域に割り当てる、つまり事実であるか事実でないか、と判断し、振り分けることに依拠しているのではありません。日常生活において、自分の身体能力をめぐり、どのような場合に、どのように感じ、どのように知覚しうるかということは、日ごろの経験で自覚しているのが普通です。倫理的責任を担う境界線の変動そのものも自覚されています。この「なる」の変化が、倫理の領域の確定に必須のことといえます。

②　この「なる」の変化をめぐって、「変化しうるすべての可能性」を試みることができるかどうかで、人は悩みます。例えば、老人の介護とか、医療活動にあたって明らかなように、実際の自分の能力と、自分はできる可能性をすべて尽くしえているのかどうか、また、それができないときに、その無能力を「自己の責任」として叱責したり、自己批判したりするのが介護や医療活動の現実です。自己の責任とは、このように、常にそのときの自己の能力とその能力の変化の可能性をめぐって、そのつど、それと対峙しつつ、その所在が求められ、明らかにされていくものです。あのとき、こうすることができたのに、それをしなかった、と自分を責めます。

このように、能力と当為は、常に緊張関係にあって、ブーバーもいうように、そのつど、自分の全体をもって決断し、この両者を統合していかねばなりません。しかし、この統合は多くの場合、両者の一方の少なくとも一部を犠牲にしていかなければならない場合がほとんどです。その不足と欠陥を常に自覚しつつ、能力の側の進展と当為の意識の洗練が常に要求されることになります。

③ 当然のことですが、治癒の可能性とは、患者の治癒の可能性です。真の治癒の可能性が開かれるとき、治癒にあたるものは、治療能力を患者のために高めるのは、能力の面のみならず、治療者としての当為からいっても、当然のことといわれねばなりません。この当たり前のことさえままならない理由は、様々であるかもしれませんが、当然あるべき能力と当為の緊張関係に身を置くまいとする、自己防衛に起因することが多いようです。この緊張関係のただ中に立つとは、「存在」といわれる身体の働きの現実を見極める作業と、すなわち、身体の仕組み、脳内プロセスという事実を明らかにする努力を共にすることと一つのことです。

④ 倫理以前の脳内プロセスの再構築というとき、能動性の内の受動性として、言語と文化を生きる能動的綜合の沈澱化としての受動性が、その再構築のプロセスに入り込んできているということが重要です。リゼロ先生の言うように、言語が諸感覚をそのつど統合しているのであれば、患者の感じを言語をも通して活性化することも、治癒の方法であり、「生きる動機」の全体の中で、すなわち患者一人一人のこれまで述べられてきた言語以前の沈黙の第一段階での間身体性の情動的コミュニケーションの歴史（個体発生的－系統発生的歴史）と第二段階の言語と文化の習得、そして、第三段階の我-汝-関係の「無私性」の実現の相互関係の中でこそ、再構築が実現しているのです。治療者は、それぞれの間身体性を担う個人としての患者にその人の〝感じ（感覚）〟を尋ねます。その人が自分の感じを求め、手探りし、言葉にまとめるのを待ちます。また、色々な尋ね方で、まとめるの

を手助けします。感じが定かでない場合、それが表象化され気づけるようになる以前の形態の生成を、治療者と患者との間身体性の働き合いを通して、共同で作りあげようとします。生きる動機としての、倫理の基礎と倫理の完成態を含めた倫理全体の中で、間身体性を基礎に治癒が実現されていきます。

⑤　間身体性における生きる動機の響きあいの能力とその価値づけ（当為としての価値）は、普遍的でありえても、言語と文化の違いを反映しつつ、まさに、身体存在という実在性と理念性の両側面を通して、様々に異なって具体化され、実現されていきます。間身体性は言語と文化によって浸透されています。人間の身体的実存の表現でもある仏教の「無我」とユダヤ教神秘主義ハシディズムに発する「汝」とは、普遍的な「無私性」の異なった表現の仕方として発現しているといえます。イタリアのサントルソで見た治療者と患者の応対は、「言葉を介した人格と人格の応接」という強い印象を受けました。人格性の響きあいです。日本では、「自分を無にする」という態度が、一般的に受け入れやすい文化的背景となっているようです。自分が無になればなるほど、他がより、はっきり自分に映るということです。間身体性の響きあいの中に、言葉を介さずして直接し、そこに住まおうとするかのようです。ときとして、自分の思い込みがそこに反映しているだけであることを自覚できずに。しかし、常に、無私性の実現には現実が対応しています。つまり、第一段階での、間身体性における感覚形態の生成は、能動性以前の受動性の形成に関わります。そして、この形成は、最も最高度の能動性が実現してそこに達する、第三段階の無私性と本質的に同質の無私性において形成されるといえるのです。

（2）　文化と倫理

受動的キネステーゼと能動的キネステーゼの区別が、「制御」の概念に結びつけて考えられているという主張に対する違和感は、どこからくるのでしょうか。制御の概念は発達心理学者ピアジェの「操作」概念と密接な関係があります。ピアジェは、カントのカテゴリーを中軸にした認識論を批判し、操作概念を導入しました。ここに、認識に対する、操作概念を軸にした実践（活動ないし運動）という構図が立てられました。それに対してフッサールは、『倫理学入門』にみられるように、理念の身体における体現としての実践という見地から、論理と倫理が根本から交錯している次元を確定し、発生的現象学を展開していきました。そこで展開する時間論と他者論（間身体性と相互主観性）を受動的綜合が媒介しています。

受動性の概念の特質は、いまだ自我の活動がはじまっていないことにあります。自我の活動を欠くという定義が、なかなか他の西洋哲学の諸立場に受け入れがたいことの要因として、自我概念と、人格概念の同一視があげられます。しかし、人格（Person）の概念は、自我の概念ではなく、むしろ、個人（Individuum）という概念に近い概念であると思います。フッサールは、モナドロギーの全体を呈示するさい、モナド間の本能的コミュニケーションが生じている「眠れるモナド」の段階にさえ、「個人の生（individuelles Leben）」（XV, 609）の活動をみています。このような意味での人格性の無私性と仏教の無我性の無私性を治癒の倫理において考察してみましょう。

① 個人性（Individualität）の概念がモナドロギーの全体の中に位置づけられるとした場合、間身体性だけでなく、間人格性、間文化性への理論上の開きを獲得することができます。他方、レヴィナスの「非－志向性」を通して内容を欠く純粋な形式としてのみ出会うことのできる「他者の他者性」には、いかなる身体性も帰属させることはできません。しかし、身体性を介さない個人性はありえず、フッサールの場合、超越論的に理解される遺伝資質が、モナドロギーにおける身体性を担う最も根源的な「生きる動機」であるといえます。この「生きる

動機」が間身体性において覚醒され、衝動志向性として展開する倫理以前の倫理の基盤の領域に立ち戻ろうとする治癒の方法は、〝感じうる〟身体の再構築が、倫理の基盤の再構築であることを自覚しうるのでなければなりません。他者の他者性という人間の尊厳の主張は、「感じうる」という能力を目的にしていることを見落としてはなりません。感じうることは、「制御しうること」、「支配しうること」、「拒絶しうること」に結びつくことができるのですが、感じられることなしに、その制御も支配も拒絶も働きえないことは明らかです。

しかし、仮に、制御を意識以前の無意識の脳内プロセスに依拠させようとして、その脳内プロセスを実在的因果関係として捉えようとするとき、それ自体、有意味的でない因果性の次元に、特定の何かに向かう「注意」や、特定の何かの「選択」における特定化に働く意味を読み取ろう、ないし、押しつけることになってしまいます。もともと因果性の把握は、第二段階の能動的志向性として機能しているのであり、この把握を、第一段階に働く受動的綜合に当てはめようとすることは、第二段階の倫理の領域で問題にされる構成原理を、感じることが成立していないこともありうる倫理以前の倫理の基盤の領域に強制しようとすることに他なりません。仮現運動にみられる運動の形態に、点的感覚刺激の因果性を押しつけても把握が不可能なのですから、いまだ明確な形態となっていない、形態の形成の次元に、因果性を当てはめようにも、当てはめようがないではないですか。

② 情動調律を通して、それぞれの文化において生成する間身体性を言葉によって促進し、制限し、抑圧し、浮き彫りにするその仕方は、その文化に特有な特定の言語による特有な促進と制限の仕方を意味します。したがって言葉による語りかけとは、間身体性を特有な仕方で促進し、制限し、浮き彫りにする仕方を共にするように招待することを意味します。しかもこの言語による規定化は、間身体性を共に生きる中においてしか直接、体験することはできません。このような状況において、問題は、複数の文化において、それぞれのあり方で、間身体

性と言語化の関係、とりわけ、促進と制限と抑圧の関係が形成されてきているのですから、この形成のプロセスを解明しうる哲学的方法論が必要となってきます。その際、フッサール発生現象学は、これまで十分に展開しているように、時間分析を通して、「コミュニオン調律」の「誤調律」の内実に即した分析を呈示できているといえるのです。この分析を通してこそ、各文化に特有な情動調律のあり方が解明可能になるのです。

③　リゼロ先生とそれぞれの患者さん達との、劇のようだと喩えた治療風景全体の印象ですが、人と人とが対面して、人の感覚の覚醒を目指して、共通の課題への集中が実現し、両者の間に新たな現実が出現してきているといえます。一頃、「人格主義」、「対話哲学」、「人と人との間」が、哲学のテーマとされたことがあります。私にとって、これほどまでに生きた間身体性の実現が、人格と人格の対峙という枠組みの中で、力強く生起している場面に接したことはありません。

人格というのは、なんだか、とても硬質で硬くありながら、しなやかな感じを受けるものです。リゼロ先生の人を見通すようなぴたっとした眼差しに接して、人格の硬質性は、この眼差しの強さにも表現され、シスターが自分のほのかな感じを言葉にしようとするときの、内に向かう眼差しにも表現されているように思われます。まるで聖書を読むときのような、確かめるような言葉遣い。シスターの感じを問うときの「どのように感じますか」というリゼロ先生の問い方、それに答える答え方、世紀の大発見に居合わせている二人の物理学者のような、感性の動きに対する硬質な距離感。もちろん、治療場面という特定の制限された場であるからこそ、人と人との応答の仕方が、純粋な形式において現れるということはあるのでしょう。いずれにしても、私に思い浮かんだのは、フッサールのいう、自然的態度、自然主義的態度、超越論的態度、これらの諸態度を統合する人格的態度です。

森有正という哲学者は、四〇年前ぐらいでしょうか、「日本人が人格という生き方を理解できるようになるには、一〇〇年は、かかるだろう」といっていましたが、あと六〇年したら、人格という言葉が理解できるかどうか、それは、保証できないとおもいます。

人格を問題にするとき、森有正は、ブーバーが「我-汝-関係」と「我-それ-関係」を対置して述べ、「我-それ-関係」が汝への全体的で集中した関わりにおいて克服され、「我-汝-関係」が成立し、人格と人格との間の関わりが成立するとするが、日本人の場合、そもそも第三人称の観察の観点に徹して、世界と自分をも、徹底して石にしてしまうような、客観化と距離化によって成立する「我-それ」の「それ」が人間関係の中に成立しておらず、したがって、「我-それ」関係という「一人称-三人称」関係は成立していないと言います。したがって、克服しようにも「我-それ-関係」は出来上がっていないのですから、克服後の「我-汝-関係」が、そのようなあり方で成立しているはずもありません。

④　日本人の人間関係は、あなたにとっての私が、あなたに対峙する「あなた−あなた」関係、つまり、「私にとってのあなた」と、「あなたにとってあなたである私」との「あなた−あなた」関係、簡単に言えば、「親分−子分」関係が基本だ、と森はいうのです。親は子を気遣い、子は親を気遣い、夫は妻を察し、妻は夫を察し、課長の顔色をうかがい、課長が職場に残れば、定刻に退社もできず、先生の見解と解釈に抵触しないように学生は論文をまとめ、「良くかけた、俺の本を引用している」、と学生を優遇し、先輩が後輩の面倒をみ、ああなるのはいやだと思いつつ、先輩と同じように後輩の面倒を繰り返し、といった具合です。和辻哲郎は、「間柄の関係」と呼びました。

人格は人柄とは違います。性格とも違います。もちろん、ＩＱやＥＱで表現できず、脳機能のすべてだといってみたところで、「ほら、これが俺の骨だ」という中原中也の喩えにさえ、及びません。ドイツ語で、Entwicklung der Persönlichkeit「人格の発展」というとき、これが人生の目的とされますが、浮気とか、我慢が足りないとか、わがままが原因での離婚の場合でも、日本で、「性格の不一致」といった風に、性格のほか、人格の意味が理解できないかのように、離婚の理由の建前にこの人格と考えられた性格の言葉が使われたりします。

自分を空しくして、他者の立場を移し込むのに上手な日本人としての私にとって、人格という言葉に一番近いのは、「本当の私」、禅仏教で言われる「父母未生の自己」、「大我」、「無私」という言葉だとおもいます。しかし、自己を空しくして課長の立場を移し込むのは、実は、課長の利益は、私の利益だからであり、会社の利益は、自分の利益に結びつくからです。それに対して、自分の損得勘定が完全に無くなって事にあたっているときが、本当の「無私」です。ときとして、自分の生死さえどうでもよくなるのが「無私」です。単細胞的短絡思考と言われてもかまいません。この「無私」と「我-汝-関係」の我、すなわち人格は、同じ事を指しているのだとおもいます。リゼロ先生は、幼児の本能的な手の動きは、運動を制御できていないからだといいました。確かにそうかもしれません。しかし、運動を制御できる手が、すべてを成し遂げることができるのではなく、制御の果てに、自分でもはや制御するのではない「幼児の握った手が自然に開くように」矢を放てるようになったのは、他でもない、仙台で、阿波範士のもとで弓を体得したあの新カント派のドイツ人哲学者、オイゲン・ヘリゲルでした。成人の彼に、もう一度、自分で制御するのではない幼児の手が実現したのです。沈黙の三段階における第一段階と第三段階を通底する、自己中心性と身体中心性から解放され、自由になった運動が現出しているのです。

第三章　法のパラドクス、規範を事実とみなせるか？

様々な生活世界における社会的秩序の形成プロセスを解明するにあたって、社会学のみならず、他の精神科学に次第に影響力を持ち始めているルーマンのシステム論と、フッサールの発生的現象学の方法とを対比的に考察することを通して、二つの解明の方向性の共通点と差異を明らかにし、倫理の問いにどのように取り組んでいるかを、とりわけ、「事実と当為」の関係を問う中で明らかにしてみたいと思います。その際、ルーマンが現象学とオートポイエーシス論をどのように受容し、継承しているのか、その仕方を見極めることが考察の中心課題の一つとなります。

また、ここでは、その考察の端緒として、「法のパラドクス」について正面から問題にされているルーマンの論文『一二頭目のラクダの返還』という論文をとりあげます。この論文とそれをめぐる諸研究者のコメントを含めた論文集『ルーマン　法と正義のパラドクス』（G・トイプナー編、土方透監訳）は、このパラドクスとフッサールの人間主観の逆説（パラドクス）とが、どのような関係にあるのかを問題にする中で、事実と当為の関係を明らかにするのに適した論文であるからです。

ここで法と正義のパラドクスの実例としてあげられている「一二頭目のラクダの返還」を概略すると次のようになります。

ある裕福な遊牧民が三人の息子に遺産相続として、その頃の法に従って、ラクダを長男にその一／二、次男に一／四、三男に一／六渡るように指示した。父が死んだとき、ラクダの数は、減って、一一頭になってしまっていた。長男は、遺言に即して、六頭を要求したが、六頭だと、一／二を超えてしまう。そこで裁判官が下した判決は、裁判官が一頭ラクダを提供し、相続の問題が解決した後に返却するように、というものだった。こうして、長男に六頭（一二／二＝六）、次男に三頭（一二／四＝三）、三男に二頭（一二／六＝二）、合計一一頭が配分された、という事例です。

ルーマンがここで、パラドクスとして取り上げ、問題にするのは、「その一つは一二頭目のラクダは、必要であったのか、また、何のために必要であったのか。……第二に、一二頭目のラクダは返還されたのか。……ラクダは実際に提供されなければならないのか、それとも提供されたと想定するだけで十分なのか」（『ルーマン　法と正義のパラドクス』邦訳、三頁、以下カッコ内に、その頁数のみ示す）という問いです。

第一節　システムの作動のパラドクス

ルーマンは、第一の問いに、「一二頭目のラクダは必要でありかつ必要でなかった」とパラドクスとして回答し、このラクダは、記号や環境のモデル化ではなく、「それ自身が象徴的な作動（Operation）を引き起こす。……言い換えると、このラクダは局所化されたシステムの自己言及であり、そうした自己言及においてはシステムの作動とその結果を区別することができない」（三頁）としています。

このように一二頭目のラクダが「システムの自己言及」であり、システムの作動、その閉鎖性と開放性というパラドクスの別の表現であることになり、このラクダの必要と不必要というパラドクスは、システムの作動のパラドクスの別名に他ならないとされます。

（1）システムの閉鎖性と開放性

このように、法システムをオートポイエーシスのシステムとみなすことは、「事実から規範を導き、規範から事実を導くことを法システム自体に許容することなく規範を事実としてみることから出発する」（二五頁、強調は筆者による）というパースペクティヴのもとで、法と正義を考察することを可能にするとされます。これまで、フッサールの超越論的事実性が、従来の事実と本質、事実と妥当性という二元的思惟と次元を異にしており、この二元的思惟に先行し、事実を事実にし、妥当性を妥当性にする受動的綜合の次元から社会的秩序を考える倫理を展開していることと重ね合わせると、「規範を事実としてみる」という視点との相違が興味深い論点となります。

実は、ここで「規範を事実としてみる」といわれていることの内実を問うと、それは、「規範的妥当性はシステムの閉鎖性に対応し、認知的学習の用意があるということはシステムの環境に定位することを意味する」（二七頁）という、システムの閉鎖性と開放性のパラドクスに帰着します。このとき、「規範のもつ当為としての性質は、自分自身に対して規範的要求をかかげる予期の様相として性格づけることができる。予期は、たとえそれが裏切られたとしてもなお保持されることが見込まれるときに規範的な意味を持つ」（二六頁）とされるように、予期と妥当性との密接な関係が示唆されています。もちろん、ここで、予期とされているのは、フッサールの時間論で示される生き生きした現在における「未来予持」と峻別されなければならず、能動的志向性として働く、表象をともなうノエシスとしての予期を意味しています。ということは、規範的妥当性は、予期として、自己言及的に働き、予期が充実されることと、されないことも含め、認知的学習の開放性と、「開いているほど閉じていて、閉じているほど開いている」という「法の分化」の展開に即したパラドクスの度合いを規定しているのです。

（2） 事実と妥当性

事実と妥当性（規範）の関係の考察をめぐるルーマンの理解するオートポイエーシスの特性を明らかにする上で、ハーバーマスのカントに即した「基礎づけ」の論理との対比は、興味深い論点となります。ルーマンは、ハーバーマスを批判して、基礎づけ理論では、「良き根拠が悪しき結果を生むというパラドクス」（四三頁）、や、この一二頭目のラクダのパラドクスを扱うことができないといいます。なぜなら、ハーバーマスの試みる、より良き根拠を求める、基礎づけのプロセスそのものに注視し、討議倫理として展開しようとする試みは、伝統的トポスを破棄しつつ、なおも普遍化を求める努力に他ならないとみなすからです。この合理的基礎づけによって、ラクダのパラドクスを扱うことができないのは、良き根拠が悪しき結果を生むというパラドクスが、「排除され無視されるか、自己修正という手続き規則の中にもち込まれているからである。」（四三頁）とされます。

「良き根拠が悪しき結果を生む」ということは、事実として確定されえます。しかし、このことは、良き根拠の妥当性そのものを、疑問に付すわけではありません。とりわけ、ルーマン自身が述べるように、法は、パラドクスのままに留まるわけにはいかず、脱パラドクス化され、最終的に何が妥当するのか、常に決定せねばならず、それによって、法は、法の「予期構成機能を果たす」（四四頁）とされます。このルーマンの妥当性、予期、自己言及、閉鎖性の関連において特徴的なのは、これらの概念そのものが、〝事実〟として理解されていることです。オートポイエーシス論において事実がいかに理解されるべきかが、ルーマンの考える、旧来の「事実と妥当性」に対する基本的見解であることになります。しかも、脱パラドクス化としての「法の分化」は、ハーバーマスのように、それを普遍化してはならないというのですが、いったいこの普遍化と脱パラドクス化との相違はどこにあるのか明確にされねばなりません。

（3）脱パラドクス化

その際、鍵になるのは、ハーバーマスの理論では把捉しきれない、システム論の「冗長性」という概念です。冗長性とは、「余計な情報」とされ、フロイトの「重層決定」に対応するとされますが、それ自体、「一つのパラドクスであるかもしれない」（四一頁）とされます。冗長性がパラドクスとされるのは、一二頭目のラクダのように、余計であって、余計でないとされるからです。そして、基礎づけとしての議論が遂行するのは、このパラドクスの「脱パラドクス化」においてです。「脱パラドクス化の過程は、「非－Aであるがゆえに A」から「Aは非－Aである」、「Aは非－Aではない」「AはBである」へというふうに進む」（四一頁）とされます。

法のパラドクスのパラドクス性を性格づける際、この脱パラドクス化の過程の論述は、重要な論述となります。ジャン・クラムは、パラドクスの概念を分析して[1]、「根本パラドクスの中心」（一七六頁）を、「自己と非－自己の区別の自己の中への再登場」（一七七頁）という見地から、作動する法システムは、

> 「その自己の同一性がなんらかの本質や、本質直観、区別、根本作動を核として結晶化されたとき、現実になる。つまり、法は、一定の意味や、一定の志向性や、一定の対立（弁証法）や、一定の機能や、指示された内容の一定の取り下げが、それらにとって〈他なるもの〉に対して遂行されるところでのみ構成されるも

のとして、企投されうる。」(同上)

と述べています。システムの自己同一性の働きとして「本質直観」が挙げられており、ルーマンが、「予期」とする概念の特性を「志向性」と規定すること自体、ルーマンがフッサール現象学に依拠する側面が明確にされているといえます。

このことに加えて、システムの作動は、自己統一性と環境への開放性の同時的作動のパラドクスにおいて、開放性の次元で、差異化のプロセス、および、意味の生起と生成に関わっていることが指摘されます。クラムは、このことを、システムの自己同一性の働きにもかかわらず、「生ける法」と「法感情」へのフィードバックが生じるとして、

「法は自己集中的なシステムとして考えられているにもかかわらず、生活世界的に実存しているモノについてのまだ差異化されていない意味の知覚という本来の領域へと浸透し、同時に、まだ区別されていない意味の複数の領域から突然に生じるあれこれの刺激へも開かれることになる。」(同上)

とするのです。ただし、ここで、問われなければならないのは、法システムが、生活世界の刺激に開かれているとする論述に関して、一体、どのように開かれているのか、その如何にです。「まだ差異化されていない意味の知覚という本来の領域への浸透、ならびに、このような刺激への「開き」」という、この「浸透と開き」は、いったい、どのようにして可能になっているのでしょうか。「生ける法と法感情へのフィードバック」といいますが、「生ける法」そのもの、ないし「法感情」は、事実として誰にでも、客観的に与えられていて、それを受け入れればいいだけになっているとでもいうのでしょうか。法感情は、自然の事実というときの事実と同じ意味の事実なのでしょうか。カントが感情はわれわれの自然の事実というときの事実を意味するのでしょうか。その受

けいれは、つまり、システムの開放性は、方法論的にどのようにして遂行されるのか、フィードバックの仕方は、このままでは、不明に留まっているといわれねばなりません。

例えば、極端な例かもしれませんが、インドの生活世界に生成した仏教において、まさに「生ける法（ダルマとしての法）」、生きられた「法感情」に訴える教えがあります。「善男善女よ、如来の説いた功徳は、功徳ではない。……だから功徳である」とか、「仏法は仏法ではない。……だから仏法と呼ばれる[2]」というように、構造上、ルーマンの法のパラドクスの表現と完全に一致する言明がなされますが、システム論は、この言明の真意にどのように浸透し、いかなる刺激に開こうとするのでしょうか。システム論は、異文化というシステム間のコミュニケーションの可能性をどう捉えているのでしょうか。というのも、この金剛般若経の教説は、ルーマンの定式にならって、「善男善女よ、如来の功徳（善）は、功徳（善）ではない」から、「善男善女よ、如来の功徳は、功徳でなくはない」」、「善男善女よ、如来の功徳は、悪である」といった脱パラドクス化の経過を取ることは決してありません。そのような脱パラドクスが決して生じないことは、この教説の真意を理解するものにとって自明のことなのです。このパラドクスは、パラドクスのまま直接体験され、その体験が仏教文化において現に継承されているのです。

（4）システム作動と構造的カップリング

この問いに対する手がかりとなるのが、クラムの「システム生成としてのパラドクス」における考察です。そこで、クラムは、ルーマンの考えるパラドクスは、いわゆる単なる「論理的矛盾」なのではなく、「一つの歴史の始まりであり、システム構成の、リスクと分岐を含んだ運動の始まり」（一八五頁）であるとします。このシステム構成の運動は、「諸作動を観察する問題設定である」（一八五頁以下）とされますが、作動を観察するとはいかなることなのでしょうか。その観察にもたらされるのは、

「作動はいつも、可能なものの領域を拡大するので、静止状態をかいくぐる構成要素の導入である。システムの作動とは、可能性拡張的構成要素をそのように取り扱うことにほかならず、そのような取り扱いを自己偶発的ではあるが閉塞不可能な出来事全体へと濃縮することにほかならないのである」（一八六頁）

という事態です。

出来事としてのシステムの作動に特徴的な「可能性拡張的構成要素」と「自己偶発性」という両概念について、クラムは、「オートポイエーシスは、進化の条件であり結果である」とするルーマンの理解に関連づけて次のように解釈します。

「生命、意識、コミュニケーションは、そのような進化の主要段階である。おのおのの内部で、継続的にパラドキシカルな作動が行われている。つまり、擬似現実的な構成要素が貸し出され返還されている。どの段階も、迂回路の役割を果たすなんらかのタイプの新規なものとその貸し出し・返還を核として、結晶化する。ライプニッツのモナドロジーやドイツ観念論の想像力への架け橋はここから考えることができる。すなわち、両者とも、意識それ自体を下回り超過する一般化された宇宙論的存在論的概念なのである。」（一九八及び次頁）

ここで明らかになるのは、作動が「擬似現実的な構成要素の貸し出し・返還」と規定され、「一二頭目のらくだの貸し出しと返還」がその典型的な一事例とされていることがまず第一です。次に、それが、哲学との関連で、ライプニッツのモナドロギーとドイツ観念論の超越論的構想力の問題への取り組みに連結しているということで

す。ここでいう「擬似現実的な構成要素の貸し出し・返還」は、F・ヴァレラに即せば、オートポイエーシスの生命と環境との間の「相互作用」としての「構造的カップリング」ということになるでしょうし、フッサールに即せば、現象学的モナドロギーにおける空虚な形態の生成の際の本能志向性と周囲世界のヒュレー的契機の間の「相互覚起」としての「受動的綜合」ということになるでしょう。いずれの場合も、「可能性拡張的構成要素」は、まず、初期段階では、いってみれば、神経ダーウィニズムの周囲世界の偶然性に対応しうるシナプス結合の多大の可能性が、個体発生のそのつど、相互の働きかけを通して、限定され、制限され、自己同一性を形成していくということとして、また、さらに高次の段階において、高次の構成能作に対応した「可能性拡張的構成要素」が考えられます。

さらに、モナドロギーと構想力の問題に繋がる論点について、クラムは、これ以上言及していませんが、「意識を下回りして、超過する」という点に関していえば、まずは、ライプニッツの「意識下」とされる「微小表象」がフッサールの受動的綜合に対応することが指摘できます。次に、解明されず謎のままにとされる超越論的構想力の解明が、やはり、フッサールの受動的綜合の分析を通して遂行されていること、また、オートポイエーシスのいう「相互作用」としての構造的カップリングが、フッサール後期の発生的現象学の「相互覚起」としての受動的綜合と的確な対応関係にあることが、本著のこれまでの記述において、「宇宙論的存在論的概念」としてではなく、発生的現象学の枠内で、豊かに分析されているといえるのです。

第二節　発生的倫理の課題としての「時間と他者」からみたシステム論

システム論の「法のパラドクス」がシステム作動のパラドクスとして示されてきた今、時間と他者という、これまで中心的に取り扱われてきた倫理への視点からして、システム論がどのように理解されるかを、ここで問題にしてみたいと思います。

（1）　観察という方法

以上から明らかになるのは、大きな方向性としてルーマンが法の妥当性、自己同一性、予期と規定している内実は、フッサールの能動的志向性によるノエシス－ノエマの構成概念と構成論に相当し、システムの作動の開放性の側面は、形態生成の際の相互覚起という受動的綜合に相当するといえることです。

ただし、問題であるのは、ルーマンは予期に働く能動的志向性と、出来事の偶発性を含む作動としての受動的綜合に働く受動的志向性の区別ができていないことから、「作動の観察」の「自己観察」という方法が、不明確に留まっているということです。同時に生活世界における「生ける法」へのフィードバックといっても、どのようにフィードバックすればよいのか、その方途が開かれないことも指摘されねばなりません。作動の開放性を偶発性の原理、あるいは、デリダの差延、フロイトの重層決定の概念に近似するとだけ規定するのでは、作動の観察の方法論として、まったく不十分としてしか言いようがありません。(3) それに対して、フッサールの場合、必当然的明証性の領域に確定された原意識、ないし内的意識を出発点にして、発生的脱構築の方法による現象学的分析の道が明確に方向づけられ、すでにこれまで示されたように、豊かな現象学的分析が呈示されているのです。

（2） 偶発性と論理の発生学

ルーマンのパラドクスをめぐる「事実と偶発性」の概念を、フッサールの時間化のパラドクスと触発の偶然性との対比的考察に導くことができます。ルーマンのいうように、「オートポイエーシスは、進化の条件であると同時に結果でもある」（三〇頁）ということは、フッサールにとって、生き生きした現在の流れの根本条件であると同時に結果でもある「過去把持が生じること」、つまり時間化のパラドクスそのものに直接対応しうるといえるでしょう。「過去把持が生じること」には、触発の、厳密にいえば、先触発の偶然性という原理において過去把持が生じるということが含まれていると同時に、相互覚起という選択性の機能をも含みもっています。過去把持は、過去把持自身の他、他の条件を必要とすることなく生じ[4]、過去把持されたものとして、その結果を残していくのです。

① 先触発の偶然性という原理は、相互覚起に属する根本原則であり、周囲世界に属するヒュレー的契機の偶然性を意味しています。この見解と、「作動の偶発性」とはいかなる関係にあるのでしょうか。クラムは、「パラドクスが存在する」という論点に関連づけて、「端的に生じる作動性の諸側面」の表現として、「あらゆる秩序の根本的偶発性こそが、それを、単純に存在する純粋な事実性にするのである」として、「規範が事実である」という命題を偶発性から説明しています。さらに、偶発性と事実性について、次のように、述べています。

「パラドクスやシステムというものは、発生してしまうのであり、単にすでにそこにあるのである。それらの基本的偶発性は、それらの事実性であり、……根本的に偶発的なものは、純粋に創発的なものとして、単純にそこにあり、予告不可能なものの内奥から生まれる。おのれが発生すると同時にそのときはじめておのれに自身のロゴスをもたらすものに、つまりそのときはじめておのれ自身の観察の可能性と現実性をもたらすようなものに、あらかじめロゴスは存在しないのである。」（一九〇頁）

この「おのれに自身のロゴスをもたらす」そのような偶発的発生としての事実性という見解は、フッサールの発生的現象学研究の典型例として挙げられる『経験と判断』の副題が、「論理（ロゴス）の発生学」と銘打っていることを想起させます。フッサールの場合、このロゴスの発生が、超越論的感性論としての受動的綜合の基盤から解明されています。受動的綜合の基盤とは、先触発の偶然性を内に含む、時間化のパラドクスをその根本構造としてもち、相互主観性（ここでルーマンによってテーマとされる「コミュニケーション」）の解明において開示された「人間主観の逆説」としても表現されています。つまり、世界を構成する主観が、同時に世界において構成されたものであるという逆説です。この逆説は、言い換えれば、世界を構成する時間流が、同時に世界において構成されていることを意味し、『内的時間意識の現象学』の時期の表現によれば、内的時間意識を構成する絶対的時間流が、同時に内的時間意識においてのみ構成された絶対的時間流であるということと同じ事態を指示しています。

つまり、ロゴスの発生学において、時間流のパラドクスは、時間流に本質的であり、「おのれが発生すると同時に」ということは、「時間が流れると同時に」ということであり、「擬似現実的構成要素」が形態として受動的綜合を通して、偶然的に生成することであり、当然ですが、あらかじめ存在するロゴスに即して事実が事実になるのではありません。「おのれに自身のロゴスをもたらす」とは、時間化を通して、ヒュレー的与件の偶然にさらされていた本能の予感の内実が、気づかれない過去把持として形態化されているということです。ロゴスがロゴスになるのが、ロゴスの発生を意味しています。そして、それと同時に事実が事実になるのです。ロゴスがロゴスになるとは、「おのれ自身の観察の可能性と現実性をもたらすようなもの」になるということを意味します。

このように、フッサールにおいて、偶然性と事実性は、超越論的事実性の時間化の分析において、方法論的にも明確な枠組みを持つ中で現象学的に解明される方向性が明らかなのですが、ルーマンの場合、ここでいわれている「観察の可能性と現実性」が、はたして、ルーマンにおいてどの程度、方法論として確立しているのか、とりわけ、時間化の問題と関連して、どのような方向が示されているのか、十分に吟味される必要があります。

② ルーマンは、作動の時間性を「以前／以後」という構成要素の連接的結合関係において、プロセスとして捉えようとします。[5] この問題との関連で、クラムの理解するルーマンの時間論の指摘は、どのようにして開示されているのかは別にして、内容的にフッサールの時間論に接近していることを明確に示しています。

「ルーマンの時間は、円環的な、外部のない作動の時間であり、作動の遡及的な（rekursiv）連鎖の時間である。それは、主観の時間でもなければ、世界の時間でもなく、作動性の内的規則であり、この規則は、すべて生起するものは、同時に生起し、諸作動がそのつどの生成という狭間に強制的に布置されるというあり方で、諸作動を刻み付けている（sequentiert）。……存在するものは、同時に生起する、すなわち、時間の還元に沿って生起する作動の遂行である。作動に特徴的な同時性としての時間は、経験的なものの根拠である。システムは、空間的にシステムを包括する世界の中で接合されるものではなく、生起するものの同時性の、システムの作動性に内在的な時間の還元において接合されるのである。[6]」

ここで、フッサールの時間の逆説でいわれている、また、メルロ＝ポンティの時間論でも主張されている、現在と過去の逆説的同時性（Simltanität）の見解[7]との基本的合致は、注目すべきものです。この合致は、しかし、オートポイエーシスと現象学を統合する視点から時間論を展開する、先に紹介したF・ヴァレラの「現在意識」の論述の方が、このクラムの論述より、より説得力をもって、原理的に明証的に根拠づけられているということができます。クラムの論述は、ヴァレラの解明を通して、哲学的根拠を獲得しえているのであり、このままでは、クラム自身のいうように、「見通しの効かない構築物(8)」に留まってしまうのです。

(3) 触発の偶然性を含有する超越論的目的論

ここで問われる「観察の可能性と現実性」を問題にするとき、ルーマンのシステム論に特徴的なことが、次第に明確になってきます。フッサールにあって、先触発の偶然性の指摘と超越論的目的論の方向性は、矛盾するものではありません。それに対して、ルーマンのいう「偶発性」の主張は、いかなる目的論も排除する原理であるかのように主張されています。この論点とシステム論の「観察の可能性と現実性」の理論との関連を明らかにしてみましょう。

① 目的論の否定は様々に語られますが、典型的であるのは、「(ドイツ観念論における)〈自らに達すること〉という図式とは反対に、オートポイエーシスの運動は、自らの中にも外にも、テロスをもたない。」(一八七頁)という言表です。ドイツ観念論における絶対者の自己展開と自己目的という図式は、確かに目的論の典型といえます。絶対精神の運動というヘーゲルの目的論は、クラムによれば、システム論の作動のパラドクスとは異なり、作動のパラドクスは、「基本的な運動する矛盾を厳密に二極的な矛盾とみるヘーゲルの理解を超えている。……それらは、「論理的に」互いから導出可能なのではなく、指示と非指示の境界をそのつど別様に引きうる偶発的な区別に由来する」(一八八頁)とされるのです。先に述べたように、ロゴスの生成の次元が問われているとき、

のです。
「論理的導出可能性」は、事後的操作と形而上学的目的づけの役割しか果たしえません。それだけでなく、ヘーゲルの目的論は、当然のことながら、表象化可能な概念の目的論であり、それが論理の目的論と表現されているのです。

② ルーマンの理解する目的概念は、次の文章からも推測されます。

「制御が制御であり、現在と過去とを調停することであっても、現在と未来を調停するものでないことにはかわりない。……システムの未来に関する過去の観念が目標や目的として記憶の中に蓄えられたとしても、失望を制御することはできない。」(32)

ここで語られる「制御に働く記憶の中の観念、目標、目的」と、「予期に働く観念、目標、目的」は、いずれにしても、形成ずみ、使用済みの意味であり、システムの開放性に関わる偶発的な「擬似現実的構成要素」をそのまま含んでいるのではないことは、意味を形成ずみのノエマとして考えるルーマンにとって当然のことです。しかし、意味の生成、ロゴスの生起、差異化のプロセスそのものにおいて働く「生の本能」の覚醒時における特定の本能のもつ特定の方向性（特定の方向性が定まらない本能の覚醒は考えられません）と、ノエマとしての意味の表象の構成とを同一視することはできません。この同一視こそ、ルーマンが能動的志向性と受動的志向性の区別ができていないことを明白に語るものです。形成済みの意味の目的と、どのような意味に生成するか確定されていない、漠とした方向性を取り違えてはなりません。受動的綜合としての本能の覚醒は、周囲世界との偶然的相互覚起、すなわち、ヴァレラのいうカップリングの相互作用（ラマチャンドランの相互作用でもある）において生起している意味の生成と、形成済みの意味としての表象化された概念とを混同することはできません。発生的現象学の意図する「意味の生成」の解明の方向性は、受動的綜合と能動的綜合の区別が見過ごされることにより、ルーマンの盲点になってしまうのです。

「オートポイエーシスの運動は、内にも外にもテロスをもたない」と言い切ることを可能にしている、ルーマンの「偶発性」の概念は、フッサールの超越論的事実性の目的論の把捉に接近することはありません。ルーマンが「規範は事実である」というときの事実は、フッサールの超越論的目的論において、「事実が事実になり、同時に本質が本質になる」というときの、まさに生成の時間化としての事実性とは異なります。ルーマンの場合、やはり、「観念−実在」の対立における事実であるからこそ、一人称の観察の対象としての観念、三人称の観察の対象としての事実の対置で考えられているのに対して、フッサールの場合、発生的現象学の方法論に即して、本質としての意味の生成と同時に事実の生成が、現象学的分析の課題として確定できるのです。ルーマンの考える目的論とは、従来の近世哲学で考えられた観念の目的論か、実在の目的論であり、フッサールの考える超越論的目的論は、観念と実在の分岐以前の目的論であり、その分割が、分割として解消する次元での目的論を意味しています。

(4) 相互主観性論とオートポイエーシス論

イルヤ・スルバールの見解として、ルーマンのシステム論の現象学に関わる根本特徴は、次のように述べられます。

「一方で、狭い社会学の範囲に関係づければ、システム概念を、フッサールの意味に訴える構造としての意識の構想の助けのもとに、さらに展開することである。第二には、社会学を超えて、そのように獲得されたシステムの概念を自然科学の基礎研究の成果、すなわち、マトゥラーナとヴァレラのオートポイエーシス論と関係づける可能性である。[9]」

①　ここで興味深いのは、フッサールの「意味と主観性」の概念を能動的志向性の相関関係において捉えるルーマンにとって、当然、大きな問題とならざるをえない「相互主観性の問題」を、ここでいわれている第二の視点であるオートポイエーシス論の活用によって解決しようとしていることです。相互主観性の根拠づけの問題が、倫理の問題と如何に密接に関連しているかは、これまで十分に論述されてきました。したがって、システム論において倫理が如何に考えられているかを、明らかにする意味でも、この論点の解明は大変重要な意味を持ちます。スルバールは、フッサールの相互主観性の問題を回避するためのルーマンの方策を次のように論述します。

「意味の生起を三人称的なものとして、生産物として、同時に心理的システムと社会的システムの共−進化(Co-evolution)の共通の枠組みとして考察し、それらのシステムは、そのつど、その作用(意識、コミュニケーション)の固有な組織化を通して、その自己生産(オートポイエーシス)にとって要請される意味の生起の諸能作に到達する。[10]」

ここで問題とされるコミュニケーションに関する論述は、大変、単純な構図をもって説明されています。「この自己観察を基礎にして、諸組織は、自己と外の世界との間の差異に遭遇し、その内なる態度を観察可能なものへと移し変える。つまり、他者とのコミュニケーションを行う[11]」、というのです。これをより詳細に述べれば、「一つのシステム状態が他のそれと、内的地平および外的地平において、構造的カップリングに至ると、そのようなカップリングは、まずもって、常に一般的な場合として、つまり、規則として妥当する。ある経験の唯一性が確定するためには、さらに特殊な諸カップリングが必要となる[12]」とされ、構造的カップリングの概念が、相互主観性、すなわちコミュニケーションの場合の鍵概念となるとしています。カップリングとは、ヴァレラによって「構造可塑的なシステムが、再帰的に攪乱する環境と絶えず相互作用することによって、システムの構造が連続的に選択されるというプロセスが生み出される。……構造選択を生み出すこうしたプロセスは、構造的カップリングと呼ばれる。[13]」と定義づけられています。環境との相互作用による連続的プロセスがカップリングであるわけです。

ところで、これまで述べられたことですが、「構造的カップリングとは対化（Paarung）である」としているのは、当のヴァレラと現象学研究者、N・デプラスです。周知のことですが、対化とは、受動的綜合の基本形式とされ、間身体性の働きを現象学的に基礎づけている概念であり、この対化によって、相互主観性が根拠づけられていることもまた、周知の通りです。ということは、ルーマンは、受動的綜合としての対化を理解することなく、フッサールの相互主観性を批判し、実は、その理解できなかった対化であるカップリング、つまり誤解したカップリングを通してコミュニケーションを説明しようとする事態に陥ってしまっているのです。

② このルーマンにおけるカップリングの概念による相互主観性の解明の試みから、さらに多くの問題点が析出してきます。その際、批判的に考察してみたいことの第一の論点は、ヴァレラの主張する「神経現象学」の枠組みにおいて、相互主観性論を取り扱う際、二人称の視点が十分に解明され、神経現象学の内部で展開できる可能性が確実であるかどうか、という問題です。というのも、神経現象学において、自然科学の三人称的考察と現象学の一人称的考察の協働の枠組みが確定されているとした上で、はたして、他者論の中心問題の一つである二人称の視点はどうなっているのか[14]、という問いが立てられなければならないからです。ヴァルデンフェルスは、この論点に関し、ルーマンのシステム論を批判して、「観察が知るのは、ただ、自我と彼、彼女、それ（Es）だけである。……神経生物学的探求の呈示にあって、第一人称と三人称の視点が検討されるが、二人称の視点は、

語られていない」[15]としています。

これに対して、ヴァレラ自身は、『神経現象学』において、いわゆる一人称的視点について、「まず現象学的探求は、間主観的根拠付けによって他者へと方向づけられているがゆえに、私の「私秘的なトリップ（旅）」ではない、ということを強調しておきたい」[16]とあるように、アメリカで流布している現象学の、ナイーブで最大の誤解である「内観主義」を批判し、本来の現象学の「間主観的根拠づけ」を明確に、他者（二人称）への方向づけと規定していることを確認することができます。ヴァレラは、現象学のもたらした最大の発見の一つが、相互主観性の発見であると次のように述べています。

「私の意識は他者の意識と現象学的世界へと強固な綱で解けないように結びつけられているのだが、人間的経験の構造の研究にとって、その結び付きのいくつかの考察が必須であることを早急に自覚したことは、現象学的運動の中で最も重要な発見の一つである。[17]」

このように、彼は、相互主観性論をテーマにしえた現象学の特質を強調しているのです。このことからして、ヴァレラにとって、三人称的な客観的説明が、「具体的人間たちの共同体」、すなわち、「生活世界」から成立してきていることは、神経現象学が現象学である立場からして当然のこととしています。これに関してヴァレラは、一人称と三人称の二元性を意味する「主観的／客観的の二元性を超えた生が存在する」[18]とも表現しています。当然ですが、オートポイエーシスの主題である生命は、この二元性では捉えられないのです。

③　この相互主観性と生活世界という論点をめぐって、ルーマンとフッサールの相違は明確なものとなります。ルーマンにとっての関心は、人間のコミュニケーションを社会システムと規定し、生命システムと心的（意識）システムとは異なるシステムとみなし、オートポイエーシスに即して「二重偶発性」の概念で捉えるところにあ

ります。その際、フッサールの相互主観性の問題を、フッサールの現象学的還元に即して現象学の問いとして展開すること事態に関心があるわけではなく、したがって、ルーマンは哲学史の解釈による概念分析に終始し、概念としての不成立を問題にしているだけなのです。

ルーマンの超越論的主観としての主観（Subjekt）概念の批判を通したフッサールの「相互主観性（Intersubjektivität）」の概念の批判は、フッサールの超越論的主観性をカントに範をとる「主観―客観」の対立における形式的構成主観とみなし、意識主観がすべてを構成して客観を現象と捉えるとすることから、「相互主観性の問題は、それによって、解決不可能となる(19)」という浅薄な批判に留まります。その浅薄さの理由は、

a　フッサールの超越論的主観は、多様性を統一するとするカントの超越論的統覚の超越論的自我の主観と理解されてはならず、『イデーンI』の時期の形式的な純粋自我が、身体の具体性と歴史性をそなえたモナドとして把握されていく展開の中でこそ、的確に理解されなければなりません。このことは、これまで、フッサールの「超越論的事実性」の概念をめぐる論述において徹底して論証され尽くされています。ルーマンの理解は、厳密にいえば、『イデーン』期のフッサールの主観概念にも至っていないと言われねばなりません。なぜなら、『イデーンII』の「感情移入論」や「人格的態度」の分析には、「身体の知覚」が中心テーマとして取り扱われ、後に「受動性」として定題化される受動的な「原感性」の領域が開示されているからです。

b　超越論的主観性に依拠するフッサールの『デカルト的省察』第五省察の受動的綜合としての「対化（Paarung）」現象による「他者の身体の知覚」の論述は、「挫折に終わっている」と断定することは決してできません。「対化」は、「自己反省の超越論的な所見から他者の経験的意識を推論すること」でもなければ、「自我から他我を類推すること(20)」でもありません。ルーマンは、対化が時間意識の分析における、ノエシス―ノエマの

相関関係で理解できない「過去把持」の発見を通して、過去把持の交差志向性における感覚内容の受動的綜合として解明されていることに、まったく理解が及んでいません。対化は、いかなる類推でもなく、身体の感覚を前提にした知覚であり、受動的綜合と規定されています。対化は、まさに、「他者の身体の知覚」を可能にしている受動的綜合であり、「社会性の端的な事実」を事実にしている「超越論的事実性」の領域に属する本質規則性なのです。ルーマンは、対化をカップリングと同一の事柄とするヴァレラ自身の見解に到達していません。したがって彼が、カップリングをもって、フッサールの相互主観性論を批判的に克服しようとするのは、実は、自己矛盾の露呈に他ならないのです。

c　ルーマンは、相互（間）主観性の概念を主観の間（Inter-）と概念規定することにより、独立した関係項を前提にする関係主義として理解し、「間主観性という概念は、心的な基礎づけも超越論的基礎づけも必要としないコミュニケーションという統一体、オートポイエーシスとして自己を自分自身で実現する統一体、この統一体の創発という表象によって置き換えられる[21]」とされます。しかし、元来、「ノエシス－ノエマの相関関係」として理解される志向性の概念は、関係項を前提にする関係主義とは、まったく異なっており、相互主観性論は、主観の間に生じる能動的関係づけを問題にしているのではありません。それだけでなく、ここでルーマンのいう「超越論的基礎づけ」で理解されている内実は、「時間と他者」が必当然的明証性へと還元される、『哲学入門』で示されている、『イデーンⅠ』の超越論的素朴性の克服を経た、徹底した超越論的還元による「基礎づけ」の議論の水準に達していないとされねばなりません。さらに言及されるべきは、繰り返しになりますが、オートポイエーシスを「神経現象学」へと展開しているヴァレラは、フッサールの相互主観性論を、対化とカップリンが同じ事態に関わるということを通して考察していることです。

④　ルーマンの解釈するフッサールの「生活世界」概念にも、ハーバーマス同様、指摘されねばならない根本的無理解が潜んでいます。ルーマンは、フッサールの「生活世界」の概念に含まれる二義性として、「地平」と「地盤」という相矛盾する意味を指摘します。「地平は地盤ではない。地平の上に人は立つことができない。人は地平に向かって動いていくことはできるが、地平の上で動くことはできない。地平と地盤という二つのメタファーは、空間的なものである[22]」というのです。そして、長岡氏の解釈するところによれば、ルーマンは、この二義性にフッサールが気がつかなかったのは、フッサールが放棄しえなかった「主観／客観図式」によるのであり、ルーマンは、『イデーンI』での、原的に与えられる直観を原理とする明証性の原理を根拠に、この主客の図式の前提こそ、「原的に与えられているものにおいてその被規定性と諸地平とのなじみある様式を同時に記述することを可能にしていたからである[23]」、という批判が成り立つとしています。

このルーマンの批判に対して、以下の反批判がなされなければなりません。

a　『デカルト的省察』の「地平」の概念の規定にはっきりみられるように、地平とは志向的生のもつ顕在性と潜在性という見地からして、端的に「あらかじめ描かれた潜在性のことである[24]」とされ、だからこそ、「すべての知覚には、呼び起こされるべき想起の潜在性として、過去の地平がいつも属しており[25]」とあるように、地平は、当然ながら、意識生の歴史性を内含する時間性として理解されねばなりません。空間として表象（イメージ）される「地平」は、本来の地平概念の一面にしかすぎません。

b　ルーマンが、馴染んでいることと馴染んでいないことという区別によって、習慣性を踏まえた空間性として、上にたつものとして地盤をイメージするとき、慣れ／不慣れが生活世界から生成してくるという意味での地盤を読み取ろうとしていると考えられますが、この発生的現象学で展開される意味の生成の問いそのものは、当然のことながら、『イデーン』期の「知覚の直観による明証性」にのみ依拠して、主観／客観の図式で理解できる意味内容ではありえません。これまで繰り返し強調されたように、『イデーンⅠ』での知覚の明証性は、時間と他者の必当然的明証性を問う、『イデーンⅠ』の時期の超越論的還元の素朴性の克服を経て、内在的知覚、ないし内的意識（原意識）の必当然的明証性の領域における十全的明証性の解明へと、明証性の拡大と深化が展開していきました。発生的現象学としての展開といえます。生活世界論とは、この経過を経る中での論述であり、記述であることが、ルーマンにおいて、理解されていないのです。

c　したがって、ルーマンのいう地平を単に空間性として捉えた「地平と地盤」の同時記述といった企ては、フッサールにとってまったく無縁のものといわれねばなりません。ハーバーマスが生活世界を「知の背景的ストック」と曲解するのと同様、ルーマンは、フッサールの生活世界に対して、発生的現象学の見地を完全に欠いた、能動的意識の表層に関わる構成の問題に局限して、伝統的主観・客観図式を無理に押し付けた批判をおこなっているに過ぎないのです。

⑤　再度、ヴァレラが相互主観性をどのように考察しているかに立ち返ってみましょう。ヴァレラは、『空性の現象学（Ⅰ）』で、仏教の倫理的修行を通して、無我の理説を意味する「自己の見出しがたさ」が「他者の見出しがたさ」に通じていく過程を、現象学の間主観的還元と生活世界の領域全体に関連づけて次のように述べています。ここで重要であるのは、「第一に、……他者について生きられた経験のなかで、想像上の位置移動（「他者の場所」に身を置くこと）が果たす役割。第二に、……主観的経験の間主観的かつ発生的性格に与えられる重要性」であるというのです。第一の「「他者の場所」に身を置く」（正確にいえば、受動的綜合によることからして、「置かれている」）は、フッサール、メルロ=ポンティの語る間身体的な身体の遍在性に対応し、第二では、経験

の間主観性ならびに、それが発生的に生成するという根本性格、つまり、発生的現象学からみた間主観性の生成が問題にされているのです。

この間主観性の生成の領域をヴァレラは、さらに大乗仏教の唯識派の修行と結び付け、〝倫理的〟修行を通して到達する境位である「経験の先ノエシス的基礎」として「経験全体の先人称的な根本的構造化（……阿頼耶識）が存在するに違いない」としているのです。[27] つまり、自己と他者がそれとして構成される以前の間主観的な「経験の先ノエシス的基礎」が露呈されてきて、それが、唯識派の阿頼耶識と対応するというのです。相互主観性の成り立ちに、先人称的な阿頼耶識の存在とその働きが決定的であるとするのです。唯識派にとって、阿頼耶識が先人称的であることは自明なことであり、[28] この先人称的阿頼耶識が、一人称と三人称（主観／客観）の二元性の視点を通して把握することができないこともまた、当然のことです。

ということは、間主観性の淵源は先人称的阿頼耶識であるのですから、この領域では、それを仮に原エゴといったとしても、先人称的である以上、自我と他我の概念で理解できないこともまた、当然です。だからこそ、フッサールは、エゴロギーの枠を超えてモナドロギーの領域での間主観性の分析を遂行し、間モナド的原コミュニケーションという超越論的原事実を指摘しているのです。こうして、ヴァレラによって指摘されている仏教の倫理の方向性が、間身体的無私性（第一段階の沈黙）に発し、倫理領域（第二段階の沈黙と言語）をへて、無我の境地の「無私性」（第三段階の沈黙）に方向づけられているとする、発生的倫理に対応していることが明らかにされるのです。

このとき、先にあげたスルバールのいう「意味の生起を三人称的なもの、生産物」とみなすという理解の限界が顕現します。「規範が事実」であるとするときの事実、すなわち、第三人称的なものとするときの客観的事実とフッサールのいう超越論的原事実とは、次元が異なっています。また、この超越論的原事実の次元を、通常問題にされる第二人称的なものとしての「他者」に関係づけるとき注意しなければならないのは、まず第一に、自己と他者（ないし自我と他我）というときの一人称、二人称の領域と先人称の領域は、次元を異にしていることです。第二に、レヴィナスのいう「自己の内部にすでに他者が浸透している」というときの「他者」は、人称次元での他者ではなく、まさに、間モナド的原コミュニケーションとしての環境（周囲世界）と生命との相互作用（相互覚起）として理解されねばならず、倫理以前の倫理の基礎が形成される第一段階の間身体性の領域において働いているということです。したがって、第三に、ヴァレラが、「開けの次元」と訳す空性（スニャーター）において、二人称としての他者に出会うのではなく、自己自身が見出しがたいと同様に、そのような自己に対置する意味での他者ではない「汝」と出会われている、つまり、第三段階の超言語的沈黙における「我-汝-関係」において汝に出会っているということなのです。

したがって、相互主観性の問題に関して、構造的カップリングに依拠するはずのルーマンのコミュニケーション論は、他者とのコミュニケーションが、作動の産物である「内なる態度を観察可能なものへと移し変える」ということを意味するとすれば、作動によって生成する内と外の観察という枠内でコミュニケーションが成立しているということになり、ヴァレラのオートポイエーシス論で開示されている、二人称がそこから生成する間身体性の、先人称的経験に到達しているとはいえないのです。

⑥　さらに、フッサールの相互主観性論に対するルーマンの『社会的システム』での批判は、フッサールが『論理学研究』で論述している「指標と表現」を批判的に検討し、表現を「意識のオートポイエーシス」と理解し、「意味ないし意義」を「何らかのものへの志向的関係という形式において構造を獲得する必然性である」と

みなすことにより、フッサールのいう〝孤立した心の生活〟が想定されるのは、記号を用いない表現が可能であるからとしています。しかし、ルーマンの意味でのコミュニケーションが生じる場合、必然的に表現が指標として作動しているとすることから、そこには、ルーマン自身の哲学史的見解を背景にした独断的なフッサール現象学の解釈が提示されることになります。「フッサールの哲学的興味は、指標にあるのではなく、表現にある、つまり、意識がそれ自身の内部でそれ自身に対自的に遂行するものに向けての興味である[29]」、あるいは、「意識の生きる固有の生（Eigenleben des Bewusstseins）」であると解釈するのです。つまり、先ほど論じた、主観／客観図式にフッサール現象学を無理に押し込んだ解釈を行い、意識体験を端的に主観として位置づけるのです。

しかし、フッサールが『論理学研究』で言及している「孤立した心の生活」は、そもそも、相互主観性論の問いが問いとして立てられる以前の論述であり、この論述に依拠してフッサールの相互主観性について解釈を呈示しようとするのは、フッサールの設問の水準にまでにさえ達していない論述であり、少なくとも、『デカルト的省察、第五省察』の受動的綜合としての「対化」の概念への何らかの言及がなされない以上、発生的現象学の視点からの相互主観性の根拠づけと無縁の独断としてしか言いようがありません。

さらにルーマンは、この相互主観性論に関係づけて、デリダのフッサール批判、すなわち「現前の形而上学批判」に言及し、主観に代えて差異に中心をおく主張を紹介し、ルーマン自身のコミュニケーション論は、この「主観と差異の意味論」という二つの立場を統合するよう方向づけられていると述べています[30]。この時間論を介在させての、意識主観と時間構成との対比という図式は、周知のデリダの「現前の形而上学批判」をそのまま妥当とみなした議論に他ならず、原印象の現在と過去地平の空虚な形態と表象との間の同時性のパラドクスというフッサールの時間論に妥当しないことは明らかです。

こうしてみると、オートポイエーシス論による、フッサール相互主観性論の克服というルーマンの意図は、彼自身の探求の時期を考慮にいれなければならないのは当然とはいえ、ヴァレラが展開している、フッサールの時間論との協働作業である「現在-時間意識」を介した「神経現象学」におけるフッサール相互主観性の積極的評価と完全に対立することになり、皮肉なことに、ルーマンは、オートポイエーシス論を媒介にしてコミュニケーション論を展開しようとするまさにその場面で、それに挫折しているとみなさなければならないでしょう。

⑦　ヴァレラが、『空性の現象学』で定題化している宗教性の次元は、先にとりあげた沈黙の第三段階における「我-汝-関係」という倫理の完成態の次元に直接関わっています。先にあげた金剛般若経の「法のパラドクス」の例に示されているように、沈黙の倫理において語られた、倫理の目的が実現される「我-汝-関係」の第三段階においては、いわゆる論理学の基礎原理としての同一律や矛盾律が成立しない、論理が沈黙する段階が、実体験されるといわれています。その体験の表現が大乗仏教の仏典における空の思想のパラドクスを意味しているのです。宗教が「偶発性の解決」という機能を果たしているとするルーマンの理解は、確かにダルマンのいうように、「宗教的コミュニケーションと宗教的経験」ならびに「生の実践」から遊離した、偶発性の解決を求める宗教という一面的解釈に陥っているといわなければならないでしょう[31]。

最後にここでテーマとされた、法のパラドクスとフッサールの超越論的事実性との対比的考察と倫理との関係についてまとめてみましょう。

(1)　まず第一にいえることは、法のパラドクスは、システムの作動の閉鎖性と開放性の同時成立というパラドクスを意味していて、そのパラドクスは、一方で、「同時成立」という時間の側面からのパラドクス性を、他方で、制御と予期における意味構成と環境に由来する偶発性との内容上の対立において、偶発性が、システムのパラドクスの事実性という規定を与えているといえます。意味構成は、ノエシス－ノエマの相関関係として考察されており、偶発性は、作動の事実性という発生と創発のパラドクスであり、その脱パラドクス化が、予期という秩序の意味構成なのです。秩序がそのようにしてのみ成立していることが、「規範は事実である」というときの事実性の意味規定となっています。

それに対してフッサールの超越論的事実性は、「本質と事実」という近世哲学の二項対立に先行する時間化のパラドクスを意味します。つまり、本質が成立しているノエシス－ノエマの相関関係の成立以前に、ということは、そのような本質に対峙するものとしてのみその意味を獲得しうる、いわゆる実在する事実が事実として成立する以前に、超越論的事実性が、生の本能と周囲世界の間の相互覚起を通して間モナド的原コミュニケーションとして先行し、時間化しているのです。

この対比において、倫理に関していえることは、能動的志向性の働く倫理の領域の段階、すなわち先の第二段階は、ルーマンにとって、システムの自己言及という閉鎖系に属するものであるということができます。このシステムの自己言及と脱パラドクス化のプロセスは、フッサールの意識の相関関係である「ノエシス－ノエマの相関関係」の観察に属するといえます。システムの開放性は、意識の外としての周囲世界に対する開放性であり、その限りで、倫理以前の第一段階における間身体性の領域に関わるといえるのですが、ルーマンの場合、「なんらかの区別に関わる」とする観察の方法では、間身体性において形成される表象以前の形態の現象学的分析に至ることはできません。妥当性の生成する基盤である倫理以前の領域の解明には至りえないのです。

（2） ルーマンの場合、システム作動の事実性をさらに解明する方法として、三人称的観察と一人称的観察の両観察の併用をとりますが、一人称の観察の際、ノエシス―ノエマの相関関係に即した観察の他に、この意味の相関関係そのものの生成を一人称の領域に展開する明確な観察方法をもちません。ルーマンがオートポイエーシスに依拠して、先行する「考え」に差異を作りつつ連鎖してくる後続の「考え」というモデルを考案しても[32]、考えの連鎖は、すべて、ノエマ化した諸意味の連鎖に他なりません。どうして偶然、当の差異化する考えが浮かんだのか、その規則性を重ねて問う（この問いこそ、『受動的綜合の分析』において感覚野の現象学として定題化されたものに他なりません）方法論をもちあわせていないのです。また、コミュニケーションの成立を、フッサールの相互主観性の考察方法を回避し、オートポイエーシス論に依拠して、システム間の同時性における構造的カップリングとして理解しようとする場合[33]、ルーマンの目指す方向そのものは、クラムのいうように、「システム基底の匿名化（Anonymisierung）」に関わり、「自己媒体性（Autokatalyse）」、「自己組織的濃縮（selbstorganisierende Kondensation）」[34]が問題になるとされ、ヴァレラの示唆する「相互主観的経験の先人称的領域」に接近しているということはできます。ただし、この領域の解明の方法としてルーマンは、ヴァレラと異なり、現象学的還元の方法を意識的に貫徹しようとしていないことが明確であり、やはり、方法論的欠陥といわねばならないでしょう。このように、ルーマンにおいて、相互主観性が成立する基盤としての間身体性が確保されていません。システムの開放性とされるシステムと周囲世界との関係の把握である構造的カップリングの理解が不足しているからです。

（3）　こうしてみてくると、ルーマンはとりわけ、オートポイエーシス論を取り込むことによって、自己組織化の運動による社会秩序、社会制度の成立と展開に関して、また、生活世界の理論的把握の可能性に関して、フッサールの発生的現象学とメルロ＝ポンティの間身体性論と同じ方向性を示唆してはいます。しかし、神経現象学を標榜し、現象学的還元を不可欠な方法とするヴァレラと異なり、ルーマンのシステム論は、明確な方法論が欠けていると指摘せざるをえないと思います。このことからルーマンの作動の時間性の議論は、確かにこのままでは、クラムのいうように、「洞察の困難な〔形而上学的〕構築物」としてしか理解されないでしょう。そして、実は、作動の時間性は、ヴァレラの「相互作用」、フッサールの「相互覚起」を通して、「オートポイエーシスの現象学」の分析としてすでに、十分に展開され、呈示されているのです。これまでの時間と他者の詳細な発生的現象学の現象学的分析を経た倫理の基礎と倫理の領域の論述は、時間論と相互主観性論の両理論において、ルーマンの社会システム論による社会の自己組織化の豊かな理論を批判的に包摂し、統合していくことができることを十分に論証しえたと思います。

注

序論

（１）以下、フッサリアーナに関しては、Hua.（必要があるときのみ記載）と略称し、巻数と頁数をカッコ内に示します。

（２）第二八巻において導入されている「実有的現出論（Phanseologie）」は、フッサールの述べるように、「時間意識」の解明を通して、「最終的に構成する意識」、ないし「絶対的意識」の実有的現出の学とされています。Hua. Bd. 28, S. 328ff. を参照。この超越論的実有的現出論は、価値論（Axiologie）の領域にも妥当するものとされます。

（３）受動的発生の能動的発生の区別について、例えば、E・フッサール『デカルト的省察』浜渦辰二訳、一四一頁以降を参照。

（４）この論点に関して、自著『存在から生成へ』、一五九頁以降を参照。

（５）B・ヴァルデンフェルスは、このように、善悪の区別、正偽の区別が立つ以前の領域（„diesseits von gut und schlecht, von richtig und unrichtig,"）に「遭遇（Widerfahrnis）」の概念を位置づけます。B. Waldenfels, Bruchlinien der Erfahrung, S. 124. 受動的綜合の領域と遭遇の概念については、さらに、本著、一九五頁以降を参照。

（６）『哲学入門』（Hua. XXXV）では、『イデーン』期の超越論的還元の素朴性が指摘されるなかで、この概念が、相互主観性論との関連で、新たな探求領域を開いていることが示されています。Hua. XXXV, S. 111ff. を参照。

（７）F・ヴァレラ「現在‐時間意識」、『現代思想、オートポイエーシスの源流』二〇〇一年所収、一七六頁。

第Ⅰ部　フッサール発生的倫理学の構築

第一章　フッサールのイギリス経験論快楽主義批判とヒューム道徳哲学批判

（１）本著七一頁以降を参照。

（２）『デカルト的省察』邦訳、一四六頁を参照、フッサールの「先述定的経験（vorprädikative Erfahrung）」を主題にするD・ローマーは、ヒュームにおける自然化されている「連合」の概念という根本特質を、ホーレンシュタインの指摘とともに、改めて確定しています。「ヒュームは、Treatise において、原因と結果の習慣的移行を、いまだ心理学的な規則性、すなわち、最終的には、自然の因果に当てはまると理解する。彼は精神の領域にある種の普遍的な万有引力を証明しようとする。」Dieter Lohmar, Erfahrung und kategoriales Denken（『経験とカテゴリー的思惟』), S. 33.

（3）B. Waldenfels, Bruchlinien der Erfahrung, S. 34ff. 参照。

（4）この論点の詳細に関しては、本著一四五頁以降を参照。

（5）B. Waldenfels, 同上、三六頁。

（6）本著一八〇頁以降を参照。

（7）村田純一『知覚と生活世界』、現象学におけるゲシュタルト心理学の位置づけに関して、仮現運動に言及しています。五四頁以降参照。

（8）一ノ瀬正樹『原因と結果の迷宮』一七六頁。

（9）同上、一七七頁。

（10）本著三三四頁以降を参照。

（11）大森荘蔵『時間と自我』四〇頁以降を参照。

（12）この論点に関する詳細な論証は、本著一四七頁以降を参照。

（13）乳児における原共感覚に関して、本著二一四頁以降を参照。

（14）この点につき、一ノ瀬正樹『原因と結果の迷宮』四一頁参照。

（15）この論点について、E・フッサール『受動的綜合の分析』第四部第一章再想起の領域における仮象、邦訳、二七三頁以降を参照。

（16）この三人称における観察を基準にした、ルーマンのシステム論の倫理学的帰結について、本著四二九頁以降を参照。

（17）ヒュームの道徳哲学における理性と感情の関係について、伊勢俊彦氏は、道徳の言語の使用による道徳感情の共有の可能性をさぐっていますが、観察の立場に立つ限りこの可能性は見えて来ないと思います。伊勢俊彦「ことばと印象」、『西洋哲学史再構成試論』渡邊二郎（監修）二一二頁以降参照。

第二章　フッサールのカント道徳哲学批判

（1）本著、第二部第二章第二節を参照。
（2）内田浩明氏は、感情が肯定されている時期のカントからの展開を、「道徳的感情を道徳の第一原理とすることはできない」という道徳の基礎づけに関わる原理的問題として捉え、いわゆる利他主義的感情にも、「自己愛の隠れた衝動」を見抜き、感情の主観性と偶然性を強調するところにあるとしています（内田浩明『カントの自我論』一四〇頁以降を参照）。
（3）B. Waldenfles, *Schattenrisse der Moral*（『道徳のシルエット』）S. 28, Anm. 9.
（4）同上、S. 29.
（5）「遭遇」の概念は、「それを何かとして理解する以前に、自分を襲い、答をもとめること」を意味しており、ヴァルデンフェルスの著書 *Bruchlinie der Erfahrung*（『経験の裂け目』近刊）を中心に展開されています。本著一九五頁以降をも参照。
（6）B. Waldenfles, *Schattenrisse der Moral*（『道徳のシルエット』）S. 34.
（7）時間と空間を感性の形式としてのみ捉えるカントが、それと同時に身体性を失ってしまうことに関して、対談の中での、牧野氏と大橋氏の発言を参照してください。『カント　現代思想としての批判哲学』（牧野英二・中島義道・大橋容一郎（編））三七頁を参照。

第三章　フッサール発生的倫理学の基本構造

（1）カントが主張する、機械論的にのみ説明することのできない自然の合目的性は、規定的判断力と反省的判断力との原理的把握能力の間にその論議が展開しています。佐藤康邦氏は、部分と全体の関係の問題に注視し、全体の表象の可能性と目的論との結びつきに、目的論の認識論的条件を精査していきます。そこで明らかにされる、解釈学において部分と全体の、不可逆的時間に結びついた循環の議論と現在の生命科学で展開されている目的論的考察方向の指摘は、興味深い指摘といえますが、やはり、近世哲学の主客の二元性という根本性格が、有機体の目的論の方向性を狭めていることは、否めないでしょう。佐藤康邦『カント『判断力批判』と現代――目的論の新たな可能性を求めて』第七章を参照。
（2）ユリア・V・イリバルネ「フッサールの神理解とそのライプニッツとの関係」、レナート・クリスティン／酒井潔編著、大西弘光訳『現象学とライプニッツ』七九－一〇六頁を参照。

（3） 同上、八六頁。
（4） E. Husserl, Hua. XXXV, 二三節、九七頁以降を参照。
（5） フッサールのマーンケの博士論文を介したライプニッツのモナド論に関する研究に関しては、北野孝志氏の「現象学的モナドロギーへの一視座――フッサールとマーンケ」『現象学年報』一四巻、二〇九頁以降を参照。フッサールとマーンケの間に交わされたテーマとして興味深いのは、「諸モナドが相互内在的に包含されている、諸モナドの志向的包含（intentionale Implikation der Monaden）」（同上、二一四頁）であるといえます。
（6） E・レヴィナス『実存の発見』邦訳、二四五頁。
（7） E. Husserl, Hua. X, S. 93.
（8） N. Depraz〝The rainbow of emotions: At the crossroads of neurobiology and phenomenology〟注の1。
（9） 同上、二頁。
（10） 本著、第IV部第一章を参照。
（11） E. Husserl, Hua. XV, S. 642.
（12） F・ヴァレラ『知恵の樹』三〇四頁。
（13） この時期のフッサール現象学に依拠して、フッサール倫理学を概観しようとする試みとして、吉川孝氏の論稿「感情のロゴス・理性のパトス――フッサール倫理学の可能性」（『フッサール研究第四／五号』所収）、がありますが、感情のロゴスとフッサールのカント道徳哲学批判の関係についての積極的言及はみあたりません。
（14） この時間論の展開にとって決定的な歩みについての詳論は、自著『存在から生成へ』第一部第二章および、本著一四五頁以降を参照。
（15） このテキストの注として、「ここでは、普遍的な生に、ヒュレー的与件（hyletische (n) Daten）の流れが帰属されている」（同上）と述べられ、モナド的生に非自我的ものとして、ヒュレー的与件の流れが属することが明記されています。
（16） したがって、モナドを「歴史性と具体性を担う自我」と狭く理解することは、非－自我的なヒュレー的契機とヒュレー的先構成をも含むモナド的生からする適切なモナド概念の理解に適応しません。フッサールは、一九二九年に書かれた草稿C8において、「諸モナドの本能－志向性」について語り、「動物モナド」と「人間モナド」の「系統発生」と「個体発生」について、積極的に言及しています。「一定の時間、単一細胞の本質存在として生きているモナドから、動物のモナド、動物のモナドから人間のモナドが生成するその個別性は、保たれる。ただし、この持続性を一貫する〝意識の〞統一はない。――その際、個別性が中断しないということが考えられるか問題となろう。」『フッサリアーナ資料集』第八巻、一六九頁以降を参照。

（17）　この間身体的なモナド的自然の成立の可能性について、昨今の相互主観性の成り立ちについての議論において、受動的綜合の視点を十分に組み込めていない例として、ザハヴィの論証をあげなければなりません。D. Zahavi, Husserl und die tranzendentale Intersubjektivität, 1995 を参照。

（18）　この批判は、すでに、B・ヴァルデンフェルスによって、「構成する原自我への一方的な比重の置き方は、同様に根源的な汝に対置することのない原自我であり、根本において私を、対するパートナーを欠いたものにしてしまう」と表現されています。B. Waldenfels, Das Zwischenreich des Dialogs, S. 28. 非時間的な原エゴに固執して、『危機書』における、自他の区別以前の分節化以前の原エゴを主張し、時間化に巻き込まれずに、なおも、時間化に「居合わせる」自我を主張しても、「自我は、機能中心であり、いつでも、活動的でない場合にも自己から発し、何かに向かい、何かに向けられ、活動的な機能中心となりえ、」（XIV, 29）とあるように、居合わせる以上、機能中心としての自我は、すでに形成されているはずです。機能中心としての自我の生成そのものが、発生的現象学で問われているという決定的事柄が見失われてはなりません。

（19）　石田三千雄氏は、「モナド論的相互主観性の時間的構成」と題して、ヘルトの見解を呈示していますが、現象学の方法論である「必当然的明証性への還元」（Hua. XXXV, 第三部第六章参照）の視点が希薄なことから、ヘルトのいう「原受動的で先反省的な、滑り去るにまかせる取り集め」とは、実は、ヒュレー的与件と衝動志向性との間の相互覚起として現象学的分析に供されていることに、考えが及んでいないように思われます。石田三千雄『フッサール相互主観性の研究』一六二頁以降を参照。

（20）　「動機」概念とライプニッツのモナドロギーとの関係、さらに、マーンケの『新モナドロギー』とフッサールの『イデーンⅡ』における動機概念の関係について、北野孝志「現象学的モナドロギーへの一視座――フッサールとマーンケ」、『現象学年報一四巻』所収、二一一頁以降を参照。

（21）　自著『文化を生きる身体』で、我-汝-関係が、脱自我性を通して実現することを、十分に論証できました。同著、第四章Ⅳ生き生きした現在における汝の存在を参照。

（22）　E・フッサール、Hua. Ⅳ（『イデーンⅡ』）S. 278.

(23) この論点に関し、自著『文化を生きる身体』第四章を参照。
(24) このことは、自著『存在から生成へ』において、厳密に論証されています。『存在から生成へ』三八〇頁以降を参照。
(25) E・レヴィナス『実存の発見』邦訳、二九五頁。
(26) この誤認に関しては、レヴィナスの理解する「感覚と時間」の概念の批判として、すでに詳細な批判的検討がなされています。自著『存在から生成へ』三九〇頁以降を参照。
(27) 自著『文化を生きる身体』において、「汝の光のもとに位置づけられる〈それ〉という〈汝〉と〈それ〉の関係が明らかにされています。同著、一五二頁を参照。
(28) E・レヴィナス『実存の発見』邦訳、三一六頁。
(29) 同上。
(30) 同上、二三五頁参照。
(31) 同上、二四二頁及び次頁。
(32) 同上、二四三頁。
(33) 同上、三二七頁参照。
(34) 同上、三二八頁。レヴィナス現象学の根底に流れるユダヤ神秘主義思想の伝統について、永井晋『現象学の展開』特に第II部第五章二を参照。
(35) 同上、三三〇頁参照。
(36) 同上、三三五頁。
(37) 同上、三三七頁。
(38) このブーバーの馬との触れ合いの記述に関しては、特に自著『存在から生成へ』三七八頁以降を参照。
(39) E・レヴィナス『実存の発見』邦訳、三三九頁。
(40) レヴィナスの倫理の真の強さと弱さを熟知しているヴァルデンフェルスは、その弱さを、自他間の関係性に関して、四項目に渡り次のように、簡潔に呈示しています。第一に、他者の他者性が、不在の面のみ強調される「否定的倫理」になっていること。その結果、戦争と暴力に支配された社会生活の論争に傾斜し、実践に含まれている創造的な構想力の面が失われていること。

第二に、他者の他者性に固執することが、社会の超人格主義化［Überpersonalisierung］に傾き、匿名的で無意識の人間関係の力動性が見失われること。第三に、他者に与えられる力能の過剰は、耐え忍ぶ「忍従の倫理」を導き、第三者的存在による解放を示唆するのみとなり、応答する自己が省みられずに、応答の倫理に至らないこと。第四に、このような他者に依拠する倫理は、政治的社会的構想力の能力を過小評価することにつながっていること。以上の四点です。B. Waldenfels, Schattenrisse der Moral, S. 157f. を参照。幼児期の倫理の土壌が喪失されてしまうという批判は、上記、第一から第三の論点に対応します。

第II部　発生的現象学における「倫理以前」の領域の開示

第一章　「事実／本質」の二項対立に先行する「超越論的原事実」の概念

（1）E. Husserl, Hua. III, S. 138 参照。

（2）E・フッサール『危機書』邦訳、三六〇頁及び次頁。

（3）この論証の詳細については、自著『存在から生成へ』六五頁以降を参照。

（4）超越論的事実性について論述されている論稿において、「われ有り」と「世界におけるわれ有り」の必当然的明証性が主張されていますが（XV, S. 385 を参照）、絶対的時間化の原理からして、時間化における「世界におけるわれ有り」こそ、「われ有り」の明証性を基礎づけると考えるべきであると思います。したがって、時間化以前の非時間的な原エゴの構築と、非時間的原エゴが、時間化を起こすという形而上学的構築は、時間化している次元の解明には繋がらないのです。

（5）E・フッサール『危機書』邦訳、三六四頁。

（6）L・ランドグレーベ「目的論と身体性の問題」、邦訳、『現象学とマルクス主義II』所収、三〇二頁。なお、山形頼洋氏は、ランドグレーベの「受動的に生起している統合であるキネステーゼ的先反省」を的確に描出し、アンリの「内在の概念」との共通性を指摘し、運動的志向性の「独自の志向性」の解明方向を示唆しています。山形頼洋『声と運動と他者』、九一頁、及び一〇九頁以降を参照。

（7）草稿 C17IV, S6, K・ヘルトによっても引用されています。K. Held, Lebendige Gegenwart, S.101

（8）L・ランドグレーベ、同上、三〇五頁。

（1）草稿 BIII9, 79b. 原文を提示しておきます。“Im Vorontischen, das dem Ich (nehmen wir das profiale Ego) vorliegt, haben wir eine strömende Einheit, (…) Zu dieser strömenden Einheit gehört eine Einheitsstruktur, die nach drei Richtungen ihre Besonderheiten hat und doch eine übergreifende Gemeinsamkeit: diejenige der Assoziation der Zeitigung (der Assoziation im prägnanten Sinne). Andererseits die Gefühle und wiederum die Kinästhesen haben ihre besonderen Weisen, sich ureinigen. Nur als Erlebnis sind sie einig durch Assoziation.“

（2）この意識「位相」という表現で語られている内実は、実は、時間の構成が問題になるころ、一九〇九年の講義である『認識の現象学入門』では、意識の位相を中軸にした実有的現出論（本著三頁参照）としての Phanseologie の概念が、頻出していることに注目すべきです。Husserliana Materialien Bd. VIII, S. 155ff. 参照。

（3）Querintentionalität を「交差志向性」、Längsintentionalität を「延長志向性」と訳すことが適訳と思えることについて、多くの個所で主張してきましたが、この主張は John Barnett Brough による英訳によっても裏づけられます。Brough は、Querintentionalität を transverse intentionality（交軸の志向性）、Längsintentionalität を horizontal intentionality（地平的志向性）と訳しています。Längsintentionalität は、地平的に、軸とすれば横軸の方向性をもつのです。E. Husserl, On the phenomenology of the consciousness of internal time, p. 85f. を参照。

なお“Quer-”を「横断」と訳し“Längs-”を「縦断」と訳すとする提案がみられますが、「横断」の「横」が作図上の横軸を「縦断」の「縦」が縦軸を連想させることから、無用な混乱をもたらすことになり、やはり、不適切であると思われます。

（4）『ベルナウ草稿』でも明確に、“Die E bezeichnen in jeder Querkontinuität (im Diagramm sind es die vertikale gezeichneten Reihen)「Eはすべての交差持続性（この図式で垂直に描かれた系列において）において描かれている」(XXXIII, 18) というように、交差持続性（志向性）と垂直の縦軸での表現が一致しています。なお、時間図式の変遷について、中澤栄輔「時間意識と時間図表」、『現象学年報』第二三号（二〇〇七）所収、一八五頁以降を参照。

（5）E. Husserl, *Erfahrung und Urteil*, Hua. XXXI: *Aktive Synthesen: Aus der Vorlesung „Transzendentale Logik“ 1920/21.* を参照。

（6）カントの超越論的構想力の解明が、目的論をめぐる認識論的条件性に関して、カテゴリーの普遍性に対する直観内容の特殊性と偶然性との間の解けない謎に留まっていることに関して、佐藤康邦『カント『判断力批判』と現代――目的論の新たな可能性を求めて』二二九頁以降を参照。

(7) I. Kant, Kritik der reinen Vernunft, Felix Meiner, S. 137ff

(8) M・ハイデガー『カントの純粋理性批判の現象学的解釈』邦訳、三六〇頁。

(9) 同上、三六七頁。

(10) 同上、三六八頁。

(11) 同上、三六五及び次頁。

(12) 同上、三六七頁。

(13) 同上、三五二頁。

(14) 同上、三五五頁。

(15) 同上、三五六頁。

(16) 本著三三四頁以降を参照。

(17) この論点の詳細な論証に関して、自著『存在から生成へ』六二頁以降を参照。

(18) M・ハイデガー『カントの純粋理性批判の現象学的解釈』邦訳、三五六頁。

(19) M・ハイデガー『ハイデッガー全集第二五巻　カントの純粋理性批判の現象学的解釈』邦訳、三八二頁を参照。

(20) 同上、三八五頁。

(21) M. Heidegger, Kant und das Problem der Metaphsik, S. 174.

なお、この超越論的統覚の自我と時間との関わりに関して、村井則夫氏は、「自我性の内奥、あるいは衝動と言われたモナドの暗い根底に孕まれる異他性の契機であり、根底に秘匿された複数性」を主張して、ハイデガーの注目する衝迫とフッサールの衝動志向性を対応させますが、自我性の有無をめぐる両者の根本的相違を無視することはできないでしょう。村井則夫「振動と分散、あるいは「哲学の二つの迷宮」」現象学年報二一、四三頁参照。

(22) フッサールは、『受動的綜合の分析』で、読書に夢中になっていて、隣の部屋でなっていたことに気づかない音楽のメロディーが流れる途中で、その音楽が聞こえ、それまで経過していたメロディーの部分を遡及的に聞くという、気づかずに、意識されずに過去把持されていた音の連なりを聞くという例を出しています。E・フッサール『受動的綜合の分析』邦訳、二二四頁参照。

(23) 本著三三八頁以降を参照。

(24) 原意識Iと原意識IIの違いについては、自著『存在から生成へ』二五七頁を参照。

(25) E. Husserl, Hua. XXXIV, S. 181

(26) 「現象学する自我が時間を構成する」と述べられているテキストにおいて、注意して読まなければならないのは、フッサールがこの論述の直後に、「しかし、とはいっても、この体験の時間化が常に行使されたものであって、超越論的に純粋な時間化として行使されているのではなく、つまり、超越論的、現象学的自我、すなわち、エポヘにおいて活動的である自我を必要とする時間化なのではないことだ。明らかなのは、絶えざる流れることが、それ自身の内で流れることとして現実の志向性をもつとすれば、無限後退に陥ってしまうだろうことである。」(XXXIV, 181) と述べていることです。つまり、現象学する自我が時間を構成するというのは、時間化に現象学的反省を遂行していることに他ならないからこそ、超越論的に純粋な超越論的自我を必要とする体験の時間化に先行する、流れることとしての時間化が並存的に考察されているのです。この流れることとしての時間化が、この時期にあってもなお、無限遡及の問題に結びつけられて確証されている点も重要な興味深い論点です。また、この論点に関して、稲垣諭氏は、厳密でバランスのとれた解釈を展開しています。ただし、解釈上の自己の立場決定の一貫性を通して、事象の記述がより豊かなものになりえたように思えます。稲垣諭『衝動の現象学』二一〇頁以降を参照。

(27) これらのテキストに関して、自著『存在から生成へ』、特に第三部第一章を参照。

(28) E. Husserl, Husserliana Materialien Bd. VIII, 2006

(29) 同上、八〇頁以降を参照。

(30) 同上、S. 87.

(31) 同上、強調は筆者による。

(32) E. Husserl, Husserliana Materialien Bd. VIII, S. 82.

(33) E・フッサール『受動的綜合の分析』邦訳、二五三頁参照。

(34) 本著一四三頁注(1)を参照。強調は筆者による。

(35) M・アンリ『実質的現象学』邦訳、五九頁。

(36) B. Waldenfels, Arbeit an Phänomenen, Fischer, S. 230.

(37) B. Waldenfels, Bruchlinie der Erfahrung, S. 178 参照。

(38) M・メルロ＝ポンティ『見えるものと見えないもの』邦訳、四〇一頁を参照。この同時性の概念について、広瀬浩司「反転する身体とパースペクティヴ性――メルロ＝ポンティ後期思想の射程」『身体・気分・心』木村敏、坂部恵他著、一一〇頁、一二二頁参照。

(39) M・メルロ＝ポンティ『見えるものと見えないもの』邦訳、四〇一頁参照。

(40) 同上、参照。

(41) B. Waldenfels, Phänomenologie der Aufmerksamkeit, S. 22.

(42) B. Waldenfels, Bruchlinien der Erfahrung, S. 104.

(43) 村上靖彦氏は、自閉症の現象学的分析においてレヴィナスの隔時性に依拠して、「第三の志向性」として「視線触発」の時間性を指摘しています。その際、「共通の現在のないズレの隔たり」において、「私とあなたの直接的コンタクト（共有される持続）」がそもそもどのように成立しうるか、不明に留まっています。村上靖彦『自閉症の現象学』七三頁以降を参照。

(44) 同上、S. 112 なお、ヴァルデンフェルスは、その意味での応答が、「精神と生命」、「霊と肉」、「作用と受苦」という従来の二元性に基づく、シェーラーの「応答反応（Antwortsreaktionen）」と次元を異にしていることを強調しています。B. Waldenfels, Schatteurisse der Moral, S. 289 を参照。

第III部　発生的倫理学の三層構造

第一章　間身体性と相互主観性の発達

(1) 「認知運動療法」は、宮本省三氏により、日本での受容と活用が展開され、河本英夫『システム現象学』で、現象学との結び付きが考察されています。宮本省三・沖田一彦（編）『認知運動療法入門』、宮本省三『リハビリテーションルネサンス』、河本英夫『システム現象学』IVの1を参照。

(2) E. Husserl, Hua. XV, S. 609.

(3) E. Husserl, Hua. XIV, S. 115.
(4) 同上。
(5) 同上。
(6) 小西行郎『赤ちゃんと脳科学』四〇頁。
(7) パオラ　プッチーニ「発達期における神経系損傷の認知神経理論」、『認知運動療法研究』六号、二〇〇六年所収、八頁。
(8) 小西行郎「胎児・乳児の運動能力」、正高信男（編）『赤ちゃんの認識世界』所収、二二頁。
(9) 河本英夫『システム現象学』二八四頁以降を参照。
(10) P・プッチーニ、同上、一一頁参照。なお、脳損傷を負う小児の認知運動療法にあたる人見眞理氏は、「例えば、注視は「自分から何かに向かう」という最も原初的な「行為」の一つであろう。それを「志向性」と呼ぶなら、認知運動療法は志向性を実際の行為として表出させることを徹底的に取り上げたセラピーであると言える」と述べ、プッチーニと同様、志向性概念による事象解明に取り組もうとしています。人見眞理「小児期の脳損傷に対するリハビリテーション――認知運動療法とともに（総論）」、『認知運動療法研究』六号、二〇〇六年所収、七八頁。
(11) D・ヒューム『人性論』邦訳、一四頁参照。
(12) D・N・スターン『乳児の対人関係、理論編』邦訳、五七頁。
(13) 浅野大喜氏は、「乳幼児・発達障害児の内的世界――内部観察的視点をもったリハビリテーション」（『認知運動療法研究』六号、二〇〇六年所収、五七頁）で、この事例を紹介し、幼児の共感覚を背景にした治療の可能性を問うています。
(14) D・N・スターン『乳児の対人関係、理論編』邦訳、五七頁及び次頁。
(15) 同上、五八頁参照。
(16) 同上、六〇頁。
(17) 同上、五八頁から六三頁を参照。
(18) ミラーニューロンの働き、および運動野のニューロンの働きに関して、宮本省三氏は、認知運動療法の観点からの詳細な記述を展開しています。宮本省三『リハビリテーションルネサンス』二三〇頁以降を参照。
(19) 池上貴美子「模倣することの意味」、正高信男（編）『赤ちゃんの認識世界』所収、八八頁。

(20) 同上、八九頁参照。
(21) D・N・スターン『乳児の対人関係、理論編』邦訳、六一頁。
(22) 同上。
(23) 同上、六二頁。
(24) 同上、六三頁および次頁。
(25) 空虚な形態と空虚表象の違いについては、自著『存在から生成へ』一八三頁参照。
(26) D・N・スターン『乳児の対人関係、理論編』邦訳、六二頁。
(27) 本著七一頁以降を参照。
(28) 自著『存在から生成へ』一八二頁以降を参照。
(29) D・N・スターン『乳児の対人関係、理論編』邦訳、六四及び次頁参照。
(30) 同上、六八頁。
(31) 同上、六九頁。
(32) 同上、二三〇頁に示されているTompkins, S. S. の文献を参照。
(33) 同上、八四頁。
(34) 同上、八六頁。
(35) 同上、八七頁。
(36) 同上、九四頁。自他の身体におけるキネステーゼの意志の働きの有無については、自著『現象学ことはじめ』一九〇頁以降、『存在から生成へ』二五八頁以降を参照。
(37) 同上、一〇二頁。
(38) 同上。
(39) スターンは、「笑ったり泣いたりした時に起こる固有覚〔キネステーゼ〕のフィードバックは、生まれてから死ぬまで変わらないのです」（同上、一一〇頁）、と述べています。
(40) 同上、一〇七頁。

(41) 同上、一〇八頁。
(42) 同上、一一三頁参照。
(43) 同上、一一三頁。
(44) 同上、一一五頁。
(45) 同上、一三三頁参照。
(46) 同上。
(47) 同上。
(48) 同上、一三四頁。
(49) 同上、一三三頁。
(50) 同上、一三六頁を参照。
(51) 同上、一四〇頁参照。
(52) 同上、一三七頁を参照。
(53) 同上、一三九頁。
(54) 擬似知覚と欠損の現象について『存在から生成へ』の索引、欠損の項を参照のこと。
(55) スターン、同上、一五一頁。
(56) 同上、一五二頁。
(57) 同上。
(58) 同上、一五三頁。
(59) キネステーゼによる客観的空間構成に関しては、現在準備されているフッサリアーナ第一六巻の邦語訳を参照。
(60) スターン、同上、一五四頁。
(61) 同上、一五九頁。
(62) 同上、一六三頁。
(63) メルロ＝ポンティ『幼児の対人関係』、『眼と精神』所収、邦訳、一三〇頁

(64) 自著『存在から生成へ』三九〇頁以降を参照。
(65) ミラーニューロンとフッサールの相互主観性論を関係づけた論文として、Dieter Lohmar, Mirror neurons and the phenomenology of intersubjektivity, in: PHENOMENOLOGY AND THE COGNITIVE SCIENCES, p. 5-16. 参照。
(66) V・S・ラマチャンドラン／L・M・オバーマン「自閉症の原因に迫る」、日経サイエンス、二〇〇七年二月号特集『ミラーニューロンと自閉症』所収、二八頁以降を参照。
(67) 同上、三四頁。
(68) スターン、同上、一六六頁。
(69) 同上。
(70) 同上、一六六頁。
(71) 同上、一三三頁。
(72) 同上、一六七頁。
(73) 本著、一九八頁以降を参照。
(74) スターン、同上、一六七頁。
(75) 同上、一七一頁参照。
(76) 同上、一七三頁。
(77) 同上。
(78) 同上、一七五頁。
(79) 同上、一七四頁。
(80) 同上、一八一頁。
(81) 同上、一八二頁。
(82) 同上、一七七頁。
(83) スターン『乳児の対人世界　臨床編』三五頁。
(84) 同上、三五頁及び次頁参照。

(85) 同上。
(86) 同上、二九頁。
(87) 同上、三一頁及び次頁。
(88) 小林隆児『自閉症の関係障害臨床』六九頁。
(89) 同上。
(90) 同上、一一六頁。
(91) スターン『乳児の対人世界　臨床編』二五頁以降を参照。
(92) 同上、二八頁。
(93) 同上。
(94) 小林隆児『自閉症の関係障害臨床』七八頁。
(95) D・N・スターン『乳児の対人関係、理論編』一八八頁、強調は筆者によります。
(96) スターン『乳児の対人世界　臨床編』五四頁。
(97) スターンは、『乳児の対人関係、理論編』で、ピアジェの遅延摸倣の能力を指摘して、その際、「オリジナルの行動の内的表象を基盤に行動を起こす能力」（一六七頁）が前提とされ、「感情状態の表象を示す今までとは違う表象概念が必要」（一六八頁）とされ、「表象は長期記憶として記号化されている」（一九〇頁）のでなければならず、現実の二面性、すなわち、行為の表象と行為の遂行という二面性が精神図式と運動図式の調整における〝可逆性〟において成立している（一九〇頁参照）、とされているのですが、ピアジェが、この表象と運動の可逆性をどう説明するのかは、不明にとどまります。
(98) 同上、二〇四頁。
(99) 同上、二〇六頁。
(100) 同上、一九九頁。

第二章　間身体性における倫理の基盤の形成と倫理の領域との関係

（1） 衝動志向性の原触発としての露呈に関して、自著『存在から生成へ』第三部第一章、二七一頁以降を参照。

（2）本著、二六四頁を参照。
（3）松尾正『沈黙と自閉』、また、この事例についての現象学的分析として、自著『文化を生きる身体』八九頁以降を参照。
（4）文献上の検証はすんでいませんが、この趣旨の話を、二〇〇二年、B・ヴァルデンフェルス氏の訪日の際、箱根でおこなわれたワークショップで、参加者が氏から聞いています。

第三章　沈黙からの倫理――「我-汝-関係の無私性」から湧出する倫理

（1）この主客関係を基準にした三つの段階づけに関しては、自著『文化を生きる身体』第八章、三四九頁以降を参照。
（2）自著『文化を生きる身体』三六一頁以降参照。
（3）オイゲン・ヘリゲル、Zenweg, S. 103 を参照。
（4）本著第II部第二章第二節を参照。
（5）M・ブーバー『我と汝』邦訳、一三頁及び次頁参照。
（6）マイスター・エックハルトの「離脱」について、大津留直「「離脱」について――哲学の根本様態としての離脱」（『東洋大学哲学講座4　哲学を享受する』所収）を参照。
（7）大津留直、同上、一七三頁。
（8）自著『文化を生きる身体』二七三頁以降を参照。
（9）E. Levinas, Martin Buber und die Erkenntnistheorie, Martin Buber, von Schilpp/Friedman（編）所収、S. 127.
（10）特に、本著第II部第二章第一節を参照。
（11）M・フィリードマン「ブーバー倫理の基底」、『ブーバー著作集一〇、ブーバー研究』五九頁。強調は、筆者によります。
（12）B. Waldenfels, Schattenrisse der Moral. S. 158.
（13）この論点に関して、自著『文化を生きる身体』第八章を参照。なお、西田と井筒の思惟を「超越論的媒体性」を介して超越論的経験の現象学に向けて開示する論考として、新田義弘「知の自証性と世界の開現性」（『思想』九六八号所収）を参照。
（14）上田閑照『私とは何か』九三頁及び次頁。
（15）上田閑照『西田哲学への導き　経験と自覚』六九頁参照。

(16) 上田閑照『私とは何か』九六頁。
(17) 上田閑照同上、一四九頁参照。
(18) 同上、一五二頁及び次頁。
(19) 同上、一五三頁。
(20) 西田の自覚の概念を心身統一の視点から考察し、フッサールの受動的綜合との関連を指摘する論点として、佐藤康邦『カント『判断力批判』と現代——目的論の新たな可能性を求めて』一七七頁以降、及び、三章の注(20)、三〇六頁を参照。また、大西光弘氏は、西田の純粋経験とメルロ＝ポンティの「癒合的社会性」を関連づけるなかで、ここでいわれる「志向的越境」とは、「受動的綜合の働き」であると的確に指摘しています。大西光弘「志向的越境と「日本的」研究原理」、統合学術国際研究所編、清水博他著『「統合学」へのすすめ』所収、二六八頁以降を参照。
(21) E. Husserl, Hua. X, S. 119f.:「さらに、すべての統握作用〔意識作用、ノエシスのこと〕それ自身、構成された内在的持続統一〔体〕である。この作用が構成されるとき、その構成の対象にするべきものは、すでに過ぎ去ってしまっており、——もし、原意識と諸過去把持との全体の働きを前提にするのでなければ——その作用にとってもはや到達できないのである。しかし、原意識と諸過去把持があるがゆえに、反省において構成された体験と構成する諸位相を見やる可能性があるのだ」、を参照。
(22) この論点に関して、トム・ニーノン「真正性としてのフッサールの理性概念」、『フッサール研究、第三号』二〇〇五年、五九頁以降を参照。
(23) 上田閑照『私とは何か』一二八頁及び次頁参照。
(24) 上田閑照『経験と場所』岩波現代文庫、一〇八頁。特に、「経験と自覚」の章を参照。
(25) 上田閑照『私とは何か』一二〇頁及び次頁。
(26) E. Herrigel, Der Zen-Weg, S. 103.
(27) 座禅の修行と倫理の関係に関する、愛宮ラサールの論述に関して、自著『文化を生きる身体』三三七頁以降、及び、四〇七頁の注52を参照。なお「間文化哲学」の創設の意義をもつともいえるPhilosophie der Interkulturalität(『間文化性の哲学』)でシュテンガーはヘリゲルの「弓の経験」を現象学の「明証性」の概念と対応づけているのは、興味深いことといえます。G. Stenger, Philosophie der Interkulturalität, S. 435f. を参照。

（28） E. Herrigel, Zen in der Kunst des Bogenschießens, S. 32を参照。

第IV部　発生的倫理学の個別問題

第一章　脳科学と発生的倫理

（1） B. Libet, Mind Time The Temporal Factor in Consciousness, 2004.
（2） V・S・ラマチャンドラン／サンドラ・ブレイクスリー『脳のなかの幽霊』邦訳、一一〇頁以降を参照。
（3） F・ヴァレラ「現在‐時間意識」、『現代思想、特集オートポイエーシスの源流』一七〇‐九八頁。
（4） 同上、一七六頁、強調は筆者による。
（5） 同上。
（6） F. J. Varela, The Specious Present: A Neurophenomenology of Time Consciousness, in: Naturalizing Phenomenology, p. 275-6.
（7） F・ヴァレラ「現在‐時間意識」、『現代思想、特集オートポイエーシスの源流』一七七頁。
（8） 本著一七頁、九三頁以降を参照。
（9） F・ヴァレラ「現在‐時間意識」、『現代思想、特集オートポイエーシスの源流』一八九頁以降を参照。
（10） V・S・ラマチャンドラン／サンドラ・ブレイクスリー『脳のなかの幽霊』邦訳、一五六頁。
（11） 同上、一五五頁。
（12） 自著『存在から生成へ』二五三頁以降を参照。
（13） V・S・ラマチャンドラン／サンドラ・ブレイクスリー『脳のなかの幽霊』邦訳、一五五頁。
（14） 同上、一五六頁。
（15） この想像は、過去地平に沈積する記憶の別名ですが、ここでいわれている記憶と知覚の関係について、脳科学において、二つの異なった見解が提示されています。記憶の問題を専門にする山鳥氏は、ラマチャンドランと同様な記憶を仲介しない知覚はありえないとするのに対して、連合野について論述する酒田氏は、知覚の論理であり、記憶とは無関係に働きうると主張します。この主張は、ゼノンのパラドクスに潜む「論理の無時間性、ないし超時間性」の主張につながり、具体的な知覚の把握に繋がらないように思えます。『頭頂葉』酒田英夫、他著、四四頁以降の議論を参照。

(16) V・S・ラマチャンドラン／サンドラ・ブレイクスリー『脳のなかの幽霊』邦訳、一五五頁。

(17) F・ヴァレラ「神経現象学」、『現代思想、特集オートポイエーシスの源流』一三六頁を参照。

(18) 本質直観の方法については、自著『存在から生成へ』一八七－一八九頁、及び四一〇－四一二頁を参照。

第二章　認知運動療法と現象学、そして倫理の問題――運動と自由

(1) この章の記述にあたっては、二〇〇七年八月にイタリア、サントルソのリハビリセンターでの認知運動療法の治療の見学が、その基盤となっています。見学を可能にしていただけた、認知運動療法研究会会長、宮本省三氏、サントルソ・リハビリセンターのリゼロ先生他、セラピストの皆さん、並びにセラピストとして見学の際に通訳にあたっていただけた鶴埜益巳氏に、深く感謝申し上げます。

(2) 独自の「システム現象学」において、認知運動療法の現実に迫る功績として、河本英夫氏の『システム現象学』を挙げることができます。特にその「Ⅳ　人間再生プログラム」を参照。

(3) この点に関して、F・ヴァレラは、過去把持の交差志向性（Querintentionalität）において生物の系統発生的進化が力動的に反映していることについて述べています。F・ヴァレラ「現在－意識」『現代思想、特集オートポイエーシスの源流』一九〇頁を参照。

(4) サントルソの治療センターを見学したさい、お世話をいただいた鶴埜益巳氏にお聞きした事柄です。

(5) 見取り稽古については、自著『文化を生きる身体』一一二頁を参照。

(6) 本著、第Ⅲ部第一章を参照。

(7) E・フッサール『受動的綜合の分析』邦訳、一六三頁を参照。

(8) 自著『現象学ことはじめ』第三章、八一頁以降を参照。

(9) 本著、二五三頁以降を参照。

第三章　法のパラドクス、規範を事実とみなせるか？

（1）J・クラム「法の根本パラドクスとその展開」、『ルーマン　法と正義のパラドクス』（G・トイプナー編、土方透監訳）一五六頁以降を参照。

（2）このような『金剛般若経』で典型的なパラドクスの表現について、これまで重厚な考察が重ねられてきていますが、一例として、長尾雅人「大乗仏教における存在論」、『講座仏教思想第一巻　存在論時間論』七一頁以降を参照。

（3）精神分析におけるフッサールの内的意識の射程について、ベルネ「フロイトの無意識概念の基礎づけとしてのフッサールの想像意識概念」、『思想　現象学の一〇〇年』二〇〇〇年所収、一八八頁以降を参照。

（4）本著、一五一頁を参照。

（5）河本氏は、この論点を追求して、作動の継続を、大枠の文脈（コンテクスト）の内部で新たな意味を形成していくプロセスにおいて解明しようとしています。それは、「複数の構成素間の接続関係」であり、驚愕させるもの、新たのもの、偶発性の強調、予期があっての予期はずれ、意外性、今までに体験しことのないもの、等々が、含蓄性、習慣性、コンテクストを前提にしていることが指摘されています。河本英夫『システム現象学』、三七七頁以降を参照。

（6）J. Clam, Unbegegnete Theorie. Zur Lummann-Rezeption in der Philosophie, in: Rezeption und Reflexion, Henk de Berg/Johannes Schmidt (hg.), S. 309.

（7）この逆説的同時性については、本著、特に一八三頁以降、及び『存在から生成へ』八七頁を参照。

（8）J・クラム、同上、三〇九頁。

（9）I. Srubar, Vom Milieu zur Autopoiesis. Zum Beitrag der Phänomenologie zur soziologischen Begriffsbildung, in: Phänomenologie im Widerstreit, S. 318.

（10）同上、S. 320.

（11）同上、S. 324.

（12）同上、S. 325.

（13）F・ヴァレラ「生物学的自律性の諸原理」、『現代思想　オートポイエーシスの源流』所収、八九頁。

（14）このコミュニケーションにおける二人称の問題に関して、水野和久氏は、「対面性」の問題として、ルーマンにおける難点として「心理システム」が、「生命システム」と「社会システム」との間で相互浸透ではない一方的圧力を受ける点を指摘しており、心理システムは、発達段階の初期において、対面性を基礎とする「身辺的生活世界」が先行し、「他者の他性」との遭遇がすでに生成していることをルーマンが見落としているという適切な批判を行っています。水野和久『他性の境界』二三八頁以降を参照。

(15) B. Waldenfels, Bruchlinie der Erfahrung, S. 420.

(16) F・ヴァレラ「神経現象学」、『現代思想　オートポイエーシスの源流』所収、一二八頁。

(17) 同上、一二九頁。

(18) 同上、一二八頁。

(19) N. Luhmann, Soziale Systeme, S. 202.

(20) 長岡克行氏は、フッサールの相互主観性論に対するルーマンの批判的言及を、引用にあるように解釈して、超越論的な理論は、「社会性という端的な事実」を指摘することができない、としています。この議論がフッサールの相互主観性論、並びに「超越論的事実性」の概念に妥当しえないことは、明白です。長岡克行『ルーマン／社会の理論の革命』三七二頁及び次頁参照。

(21) 関係主義の議論とこの文章の引用は、長岡氏の同著、三七三頁と三七四頁（ルーマンのテキストの引用）を参照してください。

(22) この引用文は、長岡氏の著作からの引用によります。原文は、N. Luhmann, Lebenswelt - nach Rücksprache mit Phänomenologie, in: Archiv für Rechts- und Sozialphilosophie 72, S. 6-15（青山治城訳「生活世界－現象学者たちとの対話のために」、『社会学理論の〈可能性〉を読む』情報出版、二〇〇一年）にあたります。長岡克行『ルーマン／社会の理論の革命』五五六頁を参照。

(23) 長岡克行、同上、五五七頁。

(24) E・フッサール『デカルト的省察』邦訳、八八頁。

(25) 同上。

(26) F・ヴァレラ「空性の現象学（I）」『現代思想オートポイエーシスの源流』所収、一五二頁。

(27) 同上、一五三頁参照。

（28）現象学と唯識の対照的考察に関して、自著『文化を生きる身体』第六章を参照

（29）N. Luhmann, Soziale Systeme, S. 202.

（30）同上、S. 202f. 参照。

（31）H-U. Dallmann, Von Wortübernahmen, produktiven Missverständnissen und Reflexionsgewinn, in: Rezeption und Reflexion, S. 248 を参照。

（32）J. Clam, Unbegegnete Theorie, S. 303 を参照。

（33）同上、S. 305.

（34）同上、S. 306.

あとがき

本著の書き始めは、すでに、前著『存在から生成へ』の第四部、第一章「汝の現象学にむけて」にありました。自分と他の人という自他の間でいつも生じているそのつど「新たなもの」を自覚にもたらすこと、それを倫理学という学問の形に作り上げてみること、具体的には、ブーバーの語る汝とレヴィナスの語る「汝への接近」にあって、通底するものと異質なものを突き詰め、フッサールの語りえたであろう倫理、すなわち、意味の生成を辿り、明らかにしうる「発生的倫理学」の構築を試みることなど、「汝の現象学にむけて」で兆しが見えていた考察の始まりがここにありました。

考察の途上で、構築の構想を決定づけたのは、二〇〇四年に刊行されたフッサリアーナ第三七巻『倫理学入門』と、D・N・スターンの『乳児の対人世界、理論編／臨床編』でした。前者で、発生的倫理学の方向性が明確になり、後者で、発生的現象学の領域で、乳幼児の対人関係という、倫理の基礎が構築される現場に接近することが可能になり、それによって、本著の基本構想である第III部「発生的倫理学の三層構造」の第三章「沈黙からの倫理」の構想が明確になりました。この第三章の論述は、自著『文化を生きる身体』が土台になり、二〇〇六年に開催された国際間文化哲学会（GIP）での発表論文 Religiosität aus dem Schweigen（「沈黙からの宗教性」）を、倫理の完成態（エンテレヒー）に向けて書き改めることを通して成立しました。

第III部までに論述された発生的倫理学の基本構想が、脳科学、リハビリテーションにおける間身体性の形成、ルーマンのシステム論といった他の学問研究領域での研究成果や見解とどのような対応関係を構築することができるのか、第Ⅳ部で、各領域の具体的諸現実と取り組むことを通して試されることになりました。第一章「脳科学と発生的現象学の倫理」は、発生的現象学の中核概念の一つである「時間」の意識に関する脳科学研究、B・リベットの『マインド・タイム』と対峙して論述されました。もともと、『白山哲学』第四一号で執筆された「リベットの「無意識的時間持続（〇・五秒）」とフッサールの過去把持」を拡充し大幅に書き改めた論述です。第二章の論述にあたっては、本著で記したように、認知運動療法研究会会長、宮本省三先生のご紹介で実現した、イタリア、サントルソの認知運動療法リハビリテーション・センターの見学が土台となっています。改めて、宮本先生をはじめて、多くの関係者の方々に深く感謝申し上げます。第三章のルーマンのシステム論と、発生的倫理学との関係についての論稿は、昨年開催された「応用現象学研究会」の国際シンポジウムで発表された「法のパラドクス（ルーマン）と超越論的事実性（フッサール）」を大幅に拡充した論稿です。

この第Ⅳ部での、諸学問領域において問題となる倫理の問いを発生的倫理学において解明し、解決方向を探ることの成否は、発生的倫理学の基本構想である、発生的倫理学の三層構造が、学的原理としての一貫性と統合力をもちうるかにかかっています。この基本構想の成立にあたって、フッサール現象学研究の進展という観点から決定的であったのは、『イデーン』期に考察された「超越論的還元」が、「時間と他者」をめぐり、いまだ、そこに「超越論的素朴性」が含まれたままであったとする、『哲学入門』（一九二二／二三年）におけるフッサール自身の自己批判でした。したがって、発生的倫理学の基本構想の一貫性と統合力の真意は、「時間と他者」をより徹底した超越論的考察に導く、「時間と他者」の必当然的明証性の問いと十全的明証性への解明の努力をともに担おうとするとき、初めて明らかになるといわなければなりません。この必当然的明証性への問いと現象学的還元の遂行を、問いのはじめから拒絶する人々には、それが、観念論の立場であれ、実在論の立場であれ、フッサール発生的現象学の領域は、開示されることなく、それを基盤にする発生的倫理学の基本構想の学問性についての論議は、困難なものとなります。

発生的倫理の基本構想を構築する際、いつも気がかりであったのは、自然科学としての脳科学の研究と発生的現象学との関係を問題にするとき、F・ヴァレラのように、「神経現象学」の研究の際、現象学的還元が不可欠であり、還元の仕方を学ばねばならないとする立場は、現在、自然科学研究者になかなか受け入れ難いという現状でした。

「自然の因果か意識の自由か」という二元対立のもとでは、現在の倫理学の構築は不可能であり、狭い意味での意識を超えて包み込む「無意識」に対峙しうる倫理学の領域は、開示されません。この新たに開示された無意識の領域は、脳科学で「相互作用」という概念で、また、発生的現象学で「相互覚起」という概念で、その働き方の解明がされようとしているのです。

以上の基本構想による「人を生かす倫理」の解明が、どの程度、その目的を達成しえたか否かは、読者のご批判にお任せする他ありません。

本著の刊行にあたり、著者の意図を深くご理解いただき、いつも、有益なご助言をいただいている知泉書館の小山光夫氏と、実務上のご助力をいただいている髙野文子氏に、心より、感謝申し上げます。

二〇〇八年九月

残暑の中で、ドイツのFとSを想いつつ

山口一郎

山口 一郎（やまぐち・いちろう）

1947年宮崎県に生まれる．1974年上智大学大学院哲学研究科修士課程終了後，ミュンヘン大学哲学部哲学科に留学．1979年ミュンヘン大学にて哲学博士（Ph. D.）取得．1994年ボッフム大学にて哲学教授資格（Habilitation）取得．1996年以来，東洋大学文学部教授．

〔著書〕Passive Synthesis und Intersubjektivität bei Edmund Husserl, Phaenomenologica Bd. 86. 1982,『他者経験の現象学』（国文社，1985年），Ki als leibhaftige Vernunft, Übergänge Bd. 31, 1997,『現象学ことはじめ』（日本評論社，2002年），『文化を生きる身体－間文化現象学試論』（知泉書館，2004年），『存在から生成へ－フッサール発生的現象学研究』（同，2005年）．

〔論文〕Bewußtseinsfluß bei Husserl und in der YogācāraSchule, 1984,「改めて時間の逆説を問う」（『現象学会年報15号』北斗出版，1999年），「原触発としての衝動と暴力」（『哲学を使いこなす』知泉書館，2004年）．

〔訳書〕エドムント・フッサール『受動的綜合の分析』（共訳，国文社，1997年），ベルンハルト・ヴァルデンフェルス『講義・身体の現象学－身体という自己』（共監訳，知泉書館，2004年）．

〔人を生かす倫理〕　ISBN978-4-86285-046-1

2008年11月25日　第1刷印刷
2008年11月30日　第1刷発行

著　者　山　口　一　郎
発行者　小　山　光　夫
印刷者　藤　原　愛　子

発行所　〒113-0033　東京都文京区本郷1-13-2
電話 03(3814)6161 振替 00120-6-117170
http://www.chisen.co.jp
株式会社　知泉書館

Printed in Japan　印刷・製本／藤原印刷

人名索引

事項索引

ア行

カ行

サ　行

タ　行

ハ　行

マ　行

ラ 行

ワ 行

参考文献

I　フッサールの文献（主に参考にした文献のみ記す。）

1．フッサーリアーナ（フッサール全集）から

Bd. I: Cartesianische Meditationen und Pariser Vorträge,（『デカルト的省察』浜渦辰二訳，岩波書店，2001年）

Bd. III: Ideen zu einer reinen Phänomenologie und phänomenologischen Philosophie. Erstes Buch（『イデーンＩ』渡邊二郎訳，みすず書房，1979年，1984年）

Bd. IV: Ideen zu einer reinen Phänomenologie und phänomenologischen Philosophie. Zweites Buch（『イデーンII－１』立松弘孝・別所良美訳，みすず書房，2001年）

Bd. VI: Die Krisis der europäischen Wissenschaften und die transzendentale Phänomenologie（『ヨーロッパ諸学の危機と超越論的現象学』細谷恒夫・木田元訳，中央公論社，1974年）

Bd. VIII: Erste Philosophie. Zweiter Teil.

Bd, X: Zur Phänomenologie des inneren Zeitbewusstseins (1893-1917)（『内的時間意識の現象学』立松弘孝訳，みすず書房，1967年）

BD. XI: Analyse zur passiven Synthesis. Aus Vorlesungs- und Forschungsmanuskripten (1918-1926)（『受動的綜合の分析』山口一郎・田村京子訳，国文社，1997年）

Bd. XIII: Zur Phänomenologie der Intersubjektivität. Erster Teil

Bd. XIV: Zur Phänomenologie der Intersubjektivität. Zeiter Teil

Bd. XV: Zur Phänomenologie der Intersubjektivität. Dritter Teil

Bd. XVI: Ding und Raum. Vorlesung 1907

Bd. XV II: Formale und transzendentale Logik

Bd. XIX/2: Logische Untersuchungen. Zweiter Teil,（『論理学研究４』立松弘孝訳，みすず書房，1976年）

Bd. XXIII: Phantasie, Bewusstsein, Erinnerung. Zur Phänomenologie der anschaulichen Vergegenwärtigungen.

Bd. XXVII: Aufsätze und Vorträge (1922-1937)

Bd. XXVIII: Vorlesungen über Ethik und Wertlehre 1908-1914

Bd. XXXI: Aktive Synthesen. Aus der Vorlesung “Transzendentale Logik” 1920/21.

Bd. XXXIII: Die Bernauer Manuskripte über das Zeitbewusstsein (1917/18).

Bd. XXXIV: Zur phänomenologischen Reduktion. Texte aus dem Nachlass (1926-1935).

Bd. XXXV: Einleitung in die Philosophie. Vorlesungen 1922/23.

Bd. XXXVII: Einleitung in die Ethik. Vorlesungen Sommersemester 1920 und 1924.
Bd. XXXVIII: Wahrnehmung und Aufmerksamkeit. Texte aus dem Nachlass (1893-1912).

2. Husserliana Materialien

Bd. VII: Einführung in die Phänomenologie der Erkenntnis, Vorlesung, 1909
Bd. VIII: Späte Texte über Zeitkonstitution (1929-1934)

3. 他の著作

Erfahrung und Urteil.（『経験と判断』長谷川宏訳，河出書房新社，1975年）

II 他の文献（アルファベット順）

浅野大喜「乳幼児・発達障害児の内的世界－内部観察的視点をもったリハビリテーション－」，『認知運動療法研究』No. 6，所収，2006年
Buber, M.「我と汝 対話」『ブーバー著作集１』田口義弘訳，みすず書房，1967年
Bernet, R.,「フロイトの無意識概念の基礎づけとしてのフッサールの想像意識概念」，『思想 現象学の 100 年』所収, 岩波書店, 2000 年
Clam, J.: Unbegegnete Theorie. Zur Luhmann-Rezeption in der Philosophie, in: Rezeption und Reflexion, Henk de Berg/Johannes Schmidt (hg.), Suhrkamp, 2000.
――― 「法の根本パラドクスとその展開」，『ルーマン 法と正義のパラドクス』G.トイプナー（編），土方透監訳，ミネルヴァ書房，2006年
クリスティン，R.／酒井潔『現象学とライプニッツ』晃洋書房，2008年
Dallmann, H-U.: Von Wortübernahmen, produktiven Missverständnissen und Reflexionsgewinn, in: Rezeption und Reflexion, Henk de Berg/Johannes Schmidt (hg.), Suhrkamp, 2000.
Depraz, N. : The rainbow of emotions: At the crossroads of neurobiology and phenomenology., in: Phenomenology and the Cognitive Sciences, 2008
Friedman, M.「ブーバー倫理の基底」，『ブーバー著作集10 ブーバー研究』みすず書房，1970年
Heidegger, M.: Kant und das Problem der Metaphysik, Frankfurt. A. M. 1991
――― 『カントの純粋理性批判の現象学的解釈』ハイデッガー全集，第25巻，石井誠士他訳，創文社，1997年
Held, K.: Lebendige Gegenwart, Den Haag, 1966（『生き生きした現在』新田義弘他訳，北斗出版，1997年）
Henry, M.『実質的現象学』法政大学出版局，2000年
Herrigel, E., Zen in der Kunst des Bogenschießens, München, 1955.
――― Der Zen-weg, O. W. Barth, 1983.
人見眞理「小児期の脳損傷に対するリハビリテーション－認知運動療法とともに（総

論）－」，『認知運動療法研究』No. 6，2006年
広瀬浩司「反転する身体とパースペクティヴ性－メルロ＝ポンティ後期思想の射程－」，『身体・気分・心』木村敏，坂部恵他著所収，河合文化教育研究所，2006年
Hume, D.『人性論』大槻春彦訳，岩波書店，1948-52年
一ノ瀬正樹『原因と結果の迷宮』勁草書房，2001年
池上貴美子「模倣することの意味」，正高信男（編）『赤ちゃんの認識世界』所収，ミネルヴァ書房，1999年
稲垣　諭『衝動の現象学』知泉書館，2007年
石田三千雄『フッサール相互主観性の研究』ナカニシヤ出版，2007年
イリバルネ・v・ユリア「フッサールの神理解とそのライプニッツとの関係」，レナート・クリスティン／酒井潔編著，大西弘光訳『現象学とライプニッツ』晃洋書房，2008年
伊勢俊彦「ことばと印象」，『西洋哲学史，再構成試論』渡邊二郎（監修），昭和堂，2007年
Kant, I.: Kritik der reinen Vernunft, Felix Meiner, 1956
河本英夫『システム現象学』新曜社，2006年
北野孝志「現象学的モナドロギーへの一視座－フッサールとマーンケ－」，『現象学年報第14巻』所収，1998年
小林隆児『自閉症の関係障害臨床』岩崎学術出版社，2001年
小西行郎「胎児・乳児の運動能力」，正高信男（編）『赤ちゃんの認識世界』所収，ミネルヴァ書房，1999年
――― 『赤ちゃんと脳科学』集英社，2003年
ランドグレーベ，L.「目的論と身体性の問題」，『現象学とマルクス主義II』所収，白水社，1982年
レヴィナス，E.『実存の発見』法政大学出版局，1996年
――― Martin Buber und die Erkenntnistheorie, in: Martin Buber, von Schilpp/Friedman Stüttgart, 1963
Libet, B. Mind Time The Tempral Factor in Consciousness,（『マインド・タイム』下条信輔訳，岩波書店，2005年）
Lohmar, D.: Erfahrung und kategoriscales Denken, Phänomenologica Bd. 147. Kluwer Academic Publischers, 1998.
――― Mirror neurons and the phenomenology of intersubjektivity, in: Phenomenology and the Cognitive Sciences, 2006
Luhmann, N. Soziale Systeme, Suhrkamp, 1987
――― Lebenswelt－nach Rücksprache mit Phänomenologie, in: Archiv für Rechts- und Sozialphilosophie 72,（青山治城訳「生活世界－現象学者たちとの対話のために」，『社会学理論の〈可能性〉を読む』情報出版，2001年）
――― 『法と正義のパラドクス』G. トイプナー編，土方透監訳，ミネルヴァ書房，2006

年
牧野英二・中島義道・大橋容一郎（編）『カント 現代思想としての批判哲学』状況出版，1994年
松尾正『沈黙と自閉』海鳴社，1987年
メルロ＝ポンティ，M.『見えるものと見えないもの』中島盛夫監訳，法政大学出版局，1994年
―――『幼児の対人関係』，『眼と精神』所収，滝浦静雄・木田元訳，みすず書房，1966年
水野和久『他性の境界』勁草書房，2003年
宮本省三『リハビリテーションルネサンス』春秋社，2006年
宮本省三・沖田一彦（編）『認知運動療法入門』協同医書出版社，2002年
村井則夫「哲学の二つの迷宮－ハイデガーのモナド論解釈をめぐって－」，『現象学年報 第21号』所収，2005年
村上靖彦『自閉症の現象学』勁草書房，2008年
村田純一『知覚と生活世界』東京大学出版会，1995年
長尾雅人「大乗仏教における存在論」，『講座仏教思想第一巻 存在論時間論』理想社，1974年
長岡克行『ルーマン／社会の理論の革命』勁草書房，2006年
中澤栄輔「時間意識と時間図表」，『現象学年報 第23号』所収，2007年
新田義弘「知の自証性と世界の開現性」，『思想 968号』2004年
ニーノン，T.「真正性としてのフッサールの理性概念」，『フッサール研究 第３号』2005年
大津留直「「離脱」について－哲学の根本様態としての離脱－」（『東洋大学哲学講座４．哲学を享受する』所収）知泉書館，2006年
大森荘蔵『時間と自我』青土社，1992年
大西光弘「志向的越境と「日本的」研究原理」，統合学術国際研究所編，清水博他著『「統合学」へのすすめ』所収，晃洋書房，2007年
プッチーニ・パオラ「発達期における神経系損傷の認知神経理論」，『認知運動療法研究』No. 6，2006年
ラマチャンドラン V. S.／ブレイクスリー・サンドラ『脳のなかの幽霊』山下篤子訳，角川書店，1999年
ラマチャンドラン VS／L. M. オバーマン「自閉症の原因に迫る」，日経サイエンス2007年２月号特集『ミラーニューロンと自閉症』所収
酒田英夫『頭頂葉』医学書院，2006年
佐藤康邦『カント『判断力批判』と現代－目的論の新たな可能性を求めて－』岩波書店，2005年
Stenger, G., Philosophie der Interkulturalität, Kahl Alber, 2006
Stern, D. N. The Interpersonal World of the Infant（『乳児の対人関係 理論編』，『乳児

の対人世界 臨床編』小此木啓吾他訳，岩波書店，1989年）
Srubar, I. Vom Milieu zur Autopoiesis. Zum Beitrag der Phänomenologie zur soziologischen Begriffsbildung, in: Phänomenologie im Widerstreit, Ch. Jamme/O. Pöggeler, Suhrkamp, 1989
内田浩明『カントの自我論』京都大学学術出版会，2005年
上田閑照『西田哲学への導き　経験と自覚』岩波書店，1998年
――― 『私とは何か』岩波書店，2000年
――― 『経験と場所』岩波書店，2007年
Varela, F. :『知恵の樹』筑摩書房，1997年
――― The Specious Present: A Neurophenomenology of Time Consciousness, in: Naturalizing Phenomenology, Stanford University Press, 1999.
――― 「神経現象学」,『現代思想 特集オートポイエーシスの源流』所収，2001年
――― 「空性の現象学」，同上所収
――― 「現在－時間意識」，同上所収
――― 「生物学的自律性の諸原理」，同上所収
Waldenfels, B. : Das Zwischenreich des Dialogs, Den Haag, 1971.
――― Arbeit an Phänomenen, Fischer, 1993
――― Bruchlinien der Erfahrung, Suhrkamp, 2002
――― Phänomenologie der Aufmerksamkeit, Suhrkamp, 2004.
――― 『講義・身体の現象学－身体という自己－』山口一郎・鷲田清一監訳，知泉書館，2004年
――― Schattenrisse der Moral, Suhrkamp, 2006
山形頼洋『声と運動と他者』萌書房，2004年
山口一郎『他者経験の現象学』国文社，1987年
――― 『現象学ことはじめ』日本評論社，2002年
――― 『文化を生きる身体－間文化現象学試論－』知泉書館，2004年
――― 『存在から生成へ－フッサール発生的現象学研究－』知泉書館，2005年
吉川孝「感情のロゴス・理性のパトス－フッサール倫理学の可能性－」,『フッサール研究 第4/5号』所収，2007年
Zahavi, D.: Husserl und Intersubjektivität, Phänomenologica Bd. 125, Springer, 1996